Politische Vierteljahresschrift Sonderheft 15/1984

Deutsche Vereinigung für Politische Wissenschaft

Politische Theoriengeschichte

Probleme einer Teildisziplin der Politischen Wissenschaft

Herausgegeben von Udo Bermbach

Westdeutscher Verlag

Druck und buchbinderische Verarbeitung: Lengericher Handelsdruckerei, Lengerich

Printed in Germany

ISBN 3-531-11727-0

Inhaltsverzeichnis

III. Teil

Vorwort

Liest man J. R. Seeleys oft zitierte Formel: 'Political Science without History has no root. History without Political Science bears no fruit' etwa in dem Sinne, daß hier 'History' für 'History of Ideas' steht, so mag damit zutreffend ein mögliches Verhältnis von politischer Theoriengeschichte zu den empirischen Teilen der Politikwissenschaft bezeichnet sein, dessen Triftigkeit freilich kaum mehr als selbstverständlich akzeptiert werden dürfte. Angesichts der während der vergangenen Jahre vollzogenen praxisorientierten Professionalisierung der deutschen Politischen Wissenschaft kann eher vermutet werden, daß die politische Theoriengeschichte in eine für die Gesamtentwicklung des Faches zunehmend marginale Rolle geraten ist, die ihre Existenz zwar nicht gefährdet, sie aber gleichwohl zu einem – im Zweifelsfalle vielleicht sogar verzichtbaren – Orchideenfach der Disziplin werden lassen könnte. So mag es vielleicht nützlich sein, sich dieser Teildisziplin als eines Kernbereichs der Politischen Wissenschaft zu erinnern, sich ihrer Leistungen und Möglichkeiten, auch ihrer Versäumnisse zu vergewissern und wenigstens in Umrissen ihre vergangene wie zukünftige Entwicklung zu bestimmen.

Das hier vorgelegte Sonderheft möchte einen Beitrag zur Bilanz, aber auch zur Perspektive der politischen Theoriengeschichte leisten. Im ersten Teil sind Beiträge versammelt, die das Verhältnis ideengeschichtlicher Forschung zu Nachbardisziplinen thematisieren, gefolgt von Überlegungen, die Fragen von Interpretationskonzepten behandeln. Der dritte Teil faßt Aufsätze zusammen, die sich einerseits der außerdeutschen Forschung zuwenden, andererseits die Lage der deutschen ideengeschichtlichen Forschung beschreiben und bewerten.

Ursprünglich war geplant, sehr viel stärker eine 'Ortsbestimmung der deutschen Theoriengeschichte' zu geben; daß dieser Plan sich trotz erheblichen zeitlichen Vorlaufes nicht voll realisieren ließ, hängt nichtzuletzt damit zusammen, daß feste Zusagen in letzter Minute nicht eingelöst wurden, andere Autoren dann aber nicht mehr zu gewinnen waren. Aber ungeachtet der dadurch entstandenen Lücken gibt der Band einen Einblick in die Probleme dieser Teildisziplin, der Anlaß und Anstoß für eine Intensivierung der Diskussion sein mag.

Hamburg, Frühjahr 1984 *Udo Bermbach*

Über die Vernachlässigung der Theoriengeschichte als Teil der Politischen Wissenschaft

Udo Bermbach

I.

Als Klaus von Beyme der politischen Ideengeschichte 1969 eine eigene Untersuchung widmete, begann er mit der Feststellung, die deutsche Politikwissenschaft habe sich seit dem Zweiten Weltkrieg „vornehmlich als politische Ideengeschichte“[1] verstanden. Dieses Urteil über eine eben erst wieder neu etablierte, noch im Aufbau befindliche Universitätsdisziplin dürfte damals kaum auf Widerspruch gestoßen sein und wird sicherlich noch heute von vielen Fachvertretern geteilt. In seiner Studie zur westdeutschen Politikwissenschaft von 1977 behauptet beispielsweise Kastendiek lapidar: „Die Politologie war – besonders in den ersten Jahren – ausgesprochen ideengeschichtlich orientiert“[2] und er bekräftigt diese Behauptung noch mit dem Hinweis, dieses Arbeitsgebiet stehe bis heute an der Spitze aller Aufstellungen politikwissenschaftlicher Forschungs- und Lehrgegenstände[3].

Solche Urteile über die thematische Ausrichtung der frühen deutschen Politischen Wissenschaft ließen sich gewiß ohne große Schwierigkeiten vermehren: nur vereinzelt finden sich gelegentlich entgegengesetzte Bewertungen, die in der politischen Ideengeschichte eine „ephemere Position der Disziplin überhaupt“[4] sehen. Daß immer wieder eine „Voreingenommenheit vieler für die politische Ideengeschichte“[5] festgestellt worden und in solcher Feststellung eine zutreffende Beschreibung fachlicher Schwerpunktorientierung gesehen werden konnte, mag freilich eher mit einer speziellen Interpretation der Entstehungs- und Entwicklungsbedingungen der Politischen Wissenschaft nach 1949 und einem sehr weiten Begriff von Ideengeschichte zusammenhängen als mit der realen Forschungs- und Lehrausrichtung des Faches insgesamt.

Die „Politologen der ersten Stunde“[6] sahen sich bei ihrem Vorhaben, das Fach Politische Wissenschaft in Deutschland wieder einzuführen und als Universitätsdisziplin durchzusetzen, vor erhebliche Schwierigkeiten gestellt. Die Erfahrungen mit dem nationalsozialistischen Dritten Reich und dessen vollständigem Zusammenbruch mochten zwar einem solchen Vorhaben politisch förderlich sein, zumal die westlichen Alliierten, insbesondere die Amerikaner, kräftige Unterstützung leisteten, nicht zuletzt in der Hoffnung, durch wissenschaftliche Fundierung der politischen Bildung demokratische Aufklärung zugunsten der entstehenden Bundesrepublik leisten zu können. Aber zugleich wurde sehr rasch der Widerstand sprübar, den die Universitäten, und hier die durch eine denkbare Etablierung der Politischen Wissenschaft am meisten betroffenen Nachbardisziplinen, einer solchen Absicht entgegenbrachten. Insbesondere Juristen und Historiker, aber auch Wirtschaftswissenschaftler und Soziologen unternahmen erhebliche Anstrengungen, die universitäre Einrichtung des neuen Faches nach Möglichkeit zu blockieren, zumindest aber zu erschweren und zu verzögern. Lediglich die Philosophen hielten sich in diesen Auseinandersetzungen zurück[7], was wohl darin seinen Grund hatte, daß die Philosophie – ihrer damaligen Ausrichtung entsprechend – wenig Grund sah, in der sich durchsetzenden Politischen Wissenschaft eine Konkurrenz fürchten zu müssen.

Die interdisziplinären Auseinandersetzungen der fünfziger und auch noch der sechziger Jahre, die gelegentlich bis in erbitterte persönliche Fehden zwischen den Fachvertretern hineingingen[8], sind hinsichtlich ihres sachlichen Gehaltes recht zutreffend auf drei „Argumentationslinien"[9] verdichtet worden:

– auf ein wissenschaftshistorisches Argument, das besagt, daß die Politische Wissenschaft aus aktuellen politischen Gründen der reeducation den deutschen Universitäten aufgezwungen werden solle, da sie sich selbst im Prozeß der fachlichen Ausdifferenzierung und Spezialisierung, der seit dem 19. Jahrhundert an den Universitäten vonstatten gegangen war, nicht habe behaupten können;
– auf ein wissenschaftsmethodisches Argument, wonach die Politische Wissenschaft weder über einen eigenen Gegenstandsbereich noch über eigene Methoden verfüge, obwohl beides zusammen erst eine wissenschaftliche Disziplin konstituiere;
– auf ein wissenschaftsorganisatorisches Argument, nach welchem die Aufgaben universitärer politischer Bildung von den dafür geeigneten Fächern durch verstärkte interdisziplinäre Kooperation übernommen werden könne.

Aus solchen Vorhaltungen resultierte ein massiver Rechtfertigungszwang, dem die Fachvertreter in mehrfacher Weise zu begegnen suchten: zum einen dadurch, daß sie die Politische Wissenschaft auf die Analyse gegenwartsbezogener Probleme festzulegen suchten, daß sie überwiegend diese Disziplin in einem normativen Sinne verstanden, daß sie darüberhinaus durch ‚ideengeschichtliche Rückgriffe' auch für die deutsche Politikwissenschaft eine lange, wenn auch häufig unterbrochene und mehrfach abgebrochene Traditionslinie nachzuzeichnen suchten, auf welche das neue Fach sich legitimierend berufen konnte, was freilich nicht hieß, die politische Ideengeschichte zum Schwerpunkt des neuen Faches zu machen.

Bereits die Schlußresolution der ersten, die Fachgründung vorbereitenden Konferenz von Waldleiningen (1949) verdeutlichte diese Strategie. Mit jener Resolution wurde die „Einbeziehung der politischen Wissenschaft in den Studienplan der Universität und Hochschulen" gefordert und zwar so, daß Lehrstühle errichtet werden sollten, die sich „insbesondere der Weltpolitik, der politischen Soziologie, der vergleichenden Staatenkunde, der auf die Gegenwart bezogenen Universalgeschichte und der politischen Theorien u. a. m."[10] widmen sollten.

Mag die Reihenfolge der Gegenstandsbestimmungen des Faches (‚Politische Theorien", nicht: Ideengeschichte, und diese an letzter Stelle) hier noch als eher zufällig interpretiert werden, so fällt eine solche Einschätzung angesichts der folgenden Tagungen der 1951 gegründeten Deutschen Vereinigung für Politische Wissenschaft freilich schon schwerer. Die erste Tagung der DVPW in Berlin (1952) war überwiegend bestimmt von der Abgrenzung zu anderen Fächern und der Verdeutlichung eigener Forschungsfelder. Alfred Weber[11], der den Eröffnungsvortrag hielt, konnte zwar feststellen, daß das neue Fach mittlerweile „eine gewisse Art von Bürgerrecht an den Universitäten" erlangt habe; aber er betonte mehrfach, daß damit der Widerstand und der Vorwurf (der bis heute nicht verstummt ist), daß „in die Hochschulen politische Fragen hineingetragen würden und die Hochschule politisiert wird", noch keineswegs überwunden seien. Er bekannte sich mit großem Nachdruck zu einer „wertenden Wissenschaft", die von den Grund- und Menschenrechten auszugehen habe. Das Referat von C. J. Friedrich zeichnete die „Geschichte der Wissenschaft von der Politik" nach, suchte Belege für die These, „daß die Wissenschaft von der Politik die älteste und zugleich die jüngste aller Wissenschaften von der Gesellschaft des Menschen ist". Für Alexander Rüstow sollte das Fach jene Integrationsleistung übernehmen, die die bestehenden Einzeldisziplinen aus Gründen ihrer Spezialisierung nicht mehr zu erbringen vermochten, die Politikwissenschaft sollte die „Gesamtgestalt des sozialen Körpers und den ihn beherrschenden Wirkungsgesetzen" als Gegenstand eigener Erkenntnisleistung begreifen. Denn Politische Wissenschaft – so Rüstow – sei mehr als die Addition vieler Teilgebiete, sie sei eine „Wissenschaft vom Gesamtzusammenhang, aus dem dann erst sich ergibt, welche Funktionen innerhalb dieses Gesamtzusammenhanges die einzelnen Teile, die einzelnen Maßregeln, die einzelnen Veränderungen haben".

Schon hier – und ebenso auf den nachfolgenden Tagungen der DVPW[12] – wird deutlich, daß der ‚politischen Ideengeschichte' keineswegs jene dominierende Rolle für Strukturierung und Organisation des neuen Faches zukam, die ihr häufig im nachhinein zugesprochen worden ist. Fast alle Tagungen der DVPW in jenen Jahren wurden von Fragen beherrscht, die sich aus einem aktuellen Interesse an der allmählichen institutionellen Entwicklung des parlamentarischen Regierungssystems der Bundesrepublik ergaben. Probleme der Koalitionsbildung, des politischen Stils, des Parteiensystems und der parlamentarischen Opposition, der Gegensatz von repräsentativer und plebiszitärer Komponente im demokratischen Staat standen im Mittelpunkt der Diskussionen, und erst die achte Tagung der DVPW (1963 in Heidelberg) wandte sich mit einem Referat von Otto Vossler (der als Romanist an der Frankfurter Universität lehrte) zu Burke und Rousseau und einer Analyse zur Genese und Entfaltung des modernen Parteienwesens von Erwin Faul ‚ideengeschichtlichen' Themen eingehender zu[13].

Weitgehende Vernachlässigung der politischen Ideengeschichte kann freilich auch für die späteren Kongresse der DVPW in den sechziger und siebziger Jahren festgestellt werden. Zwar gab es immer wieder Themen, die gleichsam ideenhistorisch aufbereitet waren, für die der theoriengeschichtliche Rückgriff auch systematische Notwendigkeit war: so etwa Probleme des Parlamentarismus und der damit zusammenhängenden Fragen der Gewaltenteilung, des Wahl- und Parteiensystems, der Verbände, auch der Räte-Demokratie und der Rätebewegungen – um nur einige Beispiele aus dem Bereich der „Innenpolitik' zu nennen. Genuin theoriengeschichtliche Themen, die Behandlung eines „Klassikers" oder eines historisch-systematischen Problems der ‚alten' Politikwissenschaft etwa, sucht man indessen vergeblich. Sie finden sich nur gelegentlich in den – am Rande der Kongresse veranstalteten – Sitzungen des 1969 gegründeten Arbeitskreises „Politische Philosophie", die allerdings nicht immer regelmäßig stattfanden. Die Akzente der Kongresse lagen eindeutig auf aktuellen Fragestellungen, was freilich in Hinsicht auf die Etablierungs- und Durchsetzungsprobleme des Faches verständlich war und naheliegend deshalb, weil sich hier Forschungsfelder eröffneten, die von konkurrierenden Wissenschaftsdisziplinen nicht oder nicht ausreichend besetzt wurden, soweit es sich um traditionelle Wissenschaften handelte – wie etwa die Geschichtswissenschaft – auch für kaum ‚wissenschaftsfähig' gehalten wurden. Für die Soziologie jener Jahre hat Lepsius gelegentlich konstatiert, daß weder der Zusammenbruch der Weimarer Republik und des Herrschaftssystems des Nationalsozialismus noch die Entwicklungen in der DDR und die Problematik der deutschen Spaltung bei den deutschen Soziologen Interesse fanden, daß selbst die Struktur der neuen, demokratischen Ordnung der Bundesrepublik kein Feld soziologischer Forschung gewesen sei. Vielmehr sei die Soziologie in starkem Maße an die Wirtschaftswissenschaften angebunden geblieben[14]. Und Tenbruck hat dieses Urteil bekräftigt mit dem Hinweis, die personelle Selbstrekrutierung des Soziologen-Nachwuchses habe mehr und mehr zur „Abschneidung von jenen allein aus den geisteswissenschaftlich-historischen Realfächern erwerbbaren Tatsachenschatz", zur „Absetzung gegen die philosophischen Fächer" und damit zum Verlust der klassischen Tradition und zur Aufspaltung in unverbundene Spezial-Soziologien geführt[15]. Was also lag für Politologen näher, als sich solcher Forschungsfelder zu versichern?

Die eher marginale Rolle der Ideengeschichte für die Gesamtentwicklung der Politischen Wissenschaft läßt sich freilich – wenn auch in grob vereinfachter Weise – noch an weiteren Indikatoren ablesen: an der Besetzung und Ausrichtung der Lehrstühle wie an den Publikationen der Fachvertreter. Schon die ‚Gründungsväter' waren überwiegend – häufig geprägt durch die Erfahrungen im Faschismus oder gar durch Exil – in ihrer Lehr- und Forschungstätigkeit an Problemen orientiert, die sich aus dem neuerlichen Versuch ergaben, in der Bundesrepublik eine parlamentarische Demokratie einzurichten. Wenn Lepsius in seiner ‚Denkschrift zur Lage der Politischen Wissenschaft' (1961) feststellte, der Kern dieses neuen Faches bestehe in einer „Theorie des politischen Prozesses, die auf der Analyse politischer Ordnungsvorstellungen, Institutionen und Verhaltensformen in ihrer historischen Entwicklung" gründe[16], so war damit zugleich die Ausrichtung des Faches in seinen Lehrstühlen – 1960 an 12 der 18 deutschen Universitäten als selbständige Disziplin institutionalisiert[17] – zutreffend beschrieben. Auch wenn die Prüfungsordnungen (zumeist für Lehrerexamina) die ‚Theorie der Politik' oder die ‚Geschichte der politischen Ideen' häufig an erster Stelle benannten: mit Ausnahme des Otto-Suhr-Instituts in Berlin, das eine Sonderstellung hinsichtlich seiner personellen und sachlichen Ausstattung, auch aufgrund seiner Herkunft aus der Deutschen Hochschule für Politik von Anfang an einnahm, konzentrierte sich das Lehrangebot an den meisten Hochschulen auf den Bereich der ‚Regierungslehre'. Ideengeschichte, sofern sie nicht die Funktion historisch-philosophischer Teilerklärungen für gegenwartsbezogene Analysen übernehmen konnte, blieb ebenso nachgeordnet wie etwa der Bereich der deutschen Außenpolitik und der internationalen Politik, von dem Lepsius damals notierte, daß er „praktisch überhaupt noch nicht in Angriff genommen worden sei"[18].

Die Feststellung Arndts, die „Politologen der ersten Stunde" hätten „so gut wie gar nicht die konkrete Entfaltung der Bundesrepublik Deutschland in ihrer konkreten Problematik zum Gegenstand ihrer Studien"[19] gemacht, bedarf einer entschiedenen Relativierung. Auch wo „viel ‚Theorie' in der Produktion der Lehrer"[20] konstatiert werden kann, war solche Theorie auf Gegenstandsbereiche bezogen, die mit aktuellen Entwicklungen der Bundesrepublik zusammenhingen, war allenfalls moderne politische Theorie, jedenfalls kaum Ideengeschichte. Und insoweit ist Lepsius recht zu geben, wenn er schreibt: „Der Neubeginn der Politischen Wissenschaft in Deutschland fiel mit dem Zusammenbruch der nationalsozialistischen Diktatur und der Wiedererrichtung der parlamentarischen Demokratie zusammen. Auf diese beiden Problemkreise hat sich aus naheliegenden Gründen auch die Forschung der Politischen Wissenschaft bisher bevorzugt gerichtet"[21].

Dieses Urteil gilt – cum grano salis – bis in die späten sechziger Jahre, und es wird im wesentlichen auch durch die thematische Ausrichtung der frühen Publikationen der Fachvertreter bestätigt. Die Arbeiten von Kogon, Eschenburg, Sternberger, von der Gablentz, Stammer, Fraenkel, von Eynern, Hermens oder Abendroth, die Arbeiten ihrer Schüler wie Bracher, Sontheimer, Wildenmann u. a. waren vorwiegend gegenwartsbezogen in jenem schon beschriebenen Sinne, als sie die parlamentarische Demokratie (der Bundesrepublik) und deren (historische) Voraussetzungen wie Vorbelastungen zum Hauptgegenstand ihrer Untersuchungen machten. Gewiß, all diese Arbeiten waren, auch in ihren empirischen Teilen, von einem meist explizit formulierten normativen Interesse geleitet, das sich im Horizont westlich-demokratischer Wertvorstellungen bewegte. Aber daß sie damit schon in einem engeren Sinne Beiträge zur ideengeschichtlichen Forschung gewesen wären, kann schwerlich behauptet werden. Die von Arndt selbst vorgenommene Aufschlüsselung der Fachpublikationen ergibt für die ‚Gründungsväter' zwei ideengeschichtliche Arbeiten von insgesamt 66[22], für die Generation der ‚ersten Schüler' 11 von insgesamt 87[23]. Sieht man genauer hin, so zeigt sich, daß wichtige ideengeschichtliche Arbeiten, die das Gesamtbild wie die Gesamtentwicklung der deutschen Nachkriegs-Politologie mitgeprägt haben, entweder von deutschsprachigen, aber selbst nicht in der Bundesrepublik lebenden Autoren geschrieben wurden – wie beispielsweise die Arbeiten von Hannah Arendt und Leo Strauss – oder von Autoren stammten, die sich selbst nicht ausschließlich der Politischen Wissenschaft zurechneten, auch wenn sie ihrer Fachvereinigung angehörten – wie etwa Eric Voegelin oder Gerhard Leibholz.

Für die Situation der politischen Ideengeschichte innerhalb der sich entwickelnden Politikwissenschaft gleichermaßen bezeichnend war die Tatsache, daß es in jenen frühen Jahren keine von einem Fachvertreter geschriebene Einführung in die Geschichte des politischen Denkens gab. 1960 schrieb O. H. von der Gablentz am Ende seines Berichtes über ‚Politische Forschung in Deutschland': „Es fehlt eine zusammenhängende Darstellung der politischen Ideen, wie sie in Amerika Sabine und in Frankreich Touchard gegeben haben"[24]. Walter Theimers umstrittenes Buch ‚Geschichte der politischen Ideen'[25] blieb über längere Zeit die einzige deutschsprachige ‚Gesamtdarstellung', die sich freilich mit G. H. Sabines 'History of Political Theory'[26] nicht ernsthaft vergleichen konnte. Die von Möbus/von der Gablentz edierte dreibändige Einführung[27] konnte, ebenso wenig wie die von Bergsträsser/Oberndörfer besorgten ‚Klassiker der Staatsphilosophie'[28] die offensichtlich bestehende Lücke wirklich ausfüllen, weil es sich hier

in beiden Werken im wesentlichen um kommentierte, einführende Textauszüge von ‚Klassikern' handelt. Studenten der Politischen Wissenschaften waren so auf englischsprachige bzw. französische Einführungswerke verwiesen.
Erst gegen Ende der sechziger Jahre begann sich die Lage zu bessern. Maier/Denzer/Rausch legten ihre zweibändige, seither sich behauptenden „Klassiker des politischen Denkens"[29] vor, und im List-Verlag München begann eine mehrbändig konzipierte ‚Geschichte des politischen Denkens' zu erscheinen, herausgegeben und erarbeitet von Schülern Eric Voegelins, die anspruchsvoll prätendierte, „alle wichtigen Zivilisationen und die Dokumente der jeweiligen Selbstauslegung menschlicher Existenz in Gesellschaft in die Betrachtung einbeziehen" (Text der Herausgeber) zu wollen, die allerdings nie vollständig erschien und inzwischen aus dem Buchangebot verschwunden ist[30]. Bernard Willms publizierte wenig später eine Einführung[31], im selben Jahr erschien die auf neuere Theorien bezogene Darstellung von Kurt Lenk[32]; Weber-Schäfer schrieb eine Einführung in die antike politische Theorie[33] und Franz Neumann edierte den Band ‚Politische Theorien und Ideologien'[34]. Das anfangs bestehende Defizit an allgemeinen Einführungen schien langsam behoben zu werden.
Doch die scheinbare Fülle der ideengeschichtlichen Einführungen wirkt weniger imponierend, vergleicht man sie mit der gesamten politikwissenschaftlichen Produktion einer sich mehr und mehr professionalisierenden Disziplin und bedenkt man, daß eine nahezu ähnlich starke Zahl theoriegeschichtlicher Überblicksdarstellungen von Nichtpolitologen bereits existierte oder veröffentlicht wurden, so – um einige Beispiele zu nennen – die Darstellung von Werner Hofmann[35], die umfängliche Arbeit zur „Geschichte der sozialen Ideen in Deutschland" von Gottschalch, Karrenberg, Stegmann[36], Kurt Schillings ‚Geschichte der sozialen Ideen'[37], die ‚Einführung in die soziologische Theorie' von Gabor Kiss[38], Reinhard Zippelius „Geschichte der Staatsideen"[39] sowie die Arbeiten Ernst Reibsteins[40].
Schließlich in diesem Zusammenhang ein letzer Hinweis: die seit 1960 erscheinende ‚Politische Vierteljahrsschrift', erstes fachwissenschaftliches Periodikum der DVPW, enthielt zwar von Beginn an Aufsätze zur ‚Politischen Theorie und Ideengeschichte'; aber der Anteil der rein ideengeschichtlichen Abhandlungen trat auch hier hinter den Arbeiten zur modernen politischen Theorie, zu Fragen des deutschen Regierungssystems und seiner Voraussetzungen, der vergleichenden Regierungslehre oder der internationalen Politik deutlich zurück. In den Jahren bis 1970 lag er, großzügig gewichtet, bei maximal 20 %, in einzelnen Jahrgängen dieser Zeit teilweise bis zur Hälfte weniger; in späteren Jahren ist er dann noch weiter zurückgegangen.
Nun ließe sich vermuten, daß die Ideengeschichte im Zusammenhang mit den – durch die Studentenbewegung wesentlich veranlaßten – kapazitären Ausweitungen der Politikwissenschaft zu Anfang der siebziger Jahre an Bedeutung hätte gewinnen können, daß sie vom Ausbau des Faches in eben dem Maße hätte profitieren können, wie dies die übrigen Teilbereiche taten, für die überwiegend die neuen Lehr- und Forschungsstellen eingerichtet wurden. Doch dies war nicht der Fall. Im Gegenteil: es läßt sich eher eine Tendenz des Rückgangs und der schwindenden Bedeutung ausmachen, deren vielfältige Ursachen hier nur kurz angedeutet werden sollen.

Da ist einmal die Tatsache, daß die institutionelle Förderung der Politischen Wissenschaft in jenen Jahren wesentlich an Intentionen ihrer ersten Begründung wieder anschloß, d.h. daß die Kultusbürokratien von der Politikwissenschaft gegenüber den zunehmend radikaler werdenden Studenten sich eine durch politische Bildung vermittelte, aufklärende Pazifizierung erhofften. Und dies umso eher, als die Politolgen „an der Entstehung der Protestbewegung keinen nennenswerten Anteil hatten"[41], sondern erst relativ spät die vor allem aus der Soziologie kommenden Impulse aufnahmen und sie auch innerwissenschaftlich verarbeiteten. An die Tradition der ‚Demokratiewissenschaft' noch einmal anzuschließen aber bedeutete auch, jene Bereiche des Faches zu stärken, die auf die aktuellen politischen Fragen zu reagieren in der Lage waren; und eben dies vermochte die politische Ideengeschichte nicht in jenem unmittelbaren Sinne, in dem dies vielleicht von ihr erwartet worden war. Hinzu kam, daß mit der einsetzenden Bildungs- und Universitätsreform das Postulat einer praxisrelevanten Berufsbezogenheit von Studiengängen eine immer stärkere Bedeutung gewann, daß im Kontext politischer Planungseuphorie jene Politologen gefragt waren, die sich als kritisch aufgeklärte Sozial-Technokraten sinnfällig am Prozeß der ‚Verwissenschaftlichung' von Politik zu beteiligen vermochten. Auch hierfür schien die politische Ideengeschichte mit ihrem gleichsam antiquarischen Interesse wenig geeignet.

Schließlich: seit Mitte der sechziger Jahre war das Fach Politikwissenschaft mit „Theorie-Importen"[42] unterschiedlichster Provenienz beschäftigt. Zum einen wurden neuere amerikanische Theorien in der Bundesrepublik bekannt gemacht, zum anderen begann sich der Einfluß der ‚Frankfurter Schule' in den Diskussionen über eine ‚kritische Politikwissenschaft' stärker allgemein auszuwirken. In beiden Fällen rezipierte die Disziplin Entwicklungen, die außerhalb ihrer selbst sich vollzogen hatten und die überdies für den Bereich der politischen Theoriengeschichte zunächst keine unmittelbaren Folgen hatten, sieht man einmal von den Arbeiten Iring Fetschers und seiner Schüler ab, die schon sehr früh (vor allem auch methodisch) die Traditionen einer kritischen Sozialwissenschaft aufgenommen hatten. Dieser Prozeß zeitlich verzögerter Rezeption von Entwicklungen benachbarter Disziplinen einer ‚verspäteten Politikwissenschaft' läßt sich auch eindrucksvoll an den Themen der wissenschaftlichen Kongresse der DVPW jener Jahre ablesen; es waren allesamt Themen, die einen unmittelbaren Bezug zur politischen Diskussion in der Bundesrepublik hatten, Themen, die auf eine Gesprächslage reagierten, wie sie vor allem in der Soziologie, aber auch in Teilen der Philosophie und Pädagogik damals vorherrschten[43].

Wissenschaftsinterne Selbstprofilierung und zunehmende Professionalisierung wie gesellschaftlicher Außendruck, kompliziert noch durch interne richtungspolitische Differenzierungen in Reaktionen auf allgemeine gesellschaftliche Entwicklungen sorgten dafür, daß die politische Ideengeschichte am allgemeinen Ausbau des Faches nicht angemessen teilnahm. Dieses ‚institutionelle Defizit' hat sich bis heute erhalten, verglichen mit der personellen Ausstattung, die die allgemein als ‚Kernbereiche' der Disziplin verstandenen ‚Regierungslehre' und ‚Internationale Politik' (auch wenn diese sich nach Politikfeldern aufgliedern und organisieren) aufzuweisen haben.

So läßt sich feststellen, daß es an deutschen Hochschulen nur wenige Hochschullehrstellen gibt, die speziell für politische Ideengeschichte eingerichtet sind. Gleichwohl ist die faktische Situation ein wenig günstiger. Denn vielerorts werden theoriengeschichtliche Lehrveranstaltungen angeboten, wie eine Durchsicht der Vorlesungsverzeichnisse deutscher Hochschulen zeigt, auch wenn jene spezifizierten Stellen fehlen. Vor allem dort, wo das Fach über Institute verfügt, die personell einigermaßen zufriedenstellend ausgestattet sind – wie etwa in Berlin, Hamburg, Köln, Frankfurt oder München –, hat die Ideengeschichte einen festen Platz in der Lehre. Da aber auch an kleineren politikwissenschaftlichen Instituten häufig Hochschullehrer unterrichten, die im Laufe ihrer wissenschaftlichen Tätigkeit zumindest zeitweilig theoriengeschichtlich orientiert gearbeitet haben, finden sich auch hier entsprechende Lehrangebote. Jedoch bleibt festzuhalten, daß die Ideengeschichte zumeist lediglich Beiprodukt einer generellen theoretischen Orientierung von Forschung und Lehre ist, daß ihre Verankerung in der Lehre, so sie vorhanden ist, noch keine Auskunft über ihre Bedeutung für das Fach insgesamt gibt. Für letztere gilt die oben formulierte These abnehmender Relevanz innerhalb eines wissenschaftlichen Kontextes, der durch methodische Professionalisierung und thematische Ausdifferenzierung wie Spezialisierung charakterisiert ist.

II.

Es bleibt die Frage zu beantworten, weshalb das (Vor-) Urteil entstanden und immer wiederholt worden ist, die frühe deutsche Politikwissenschaft habe sich vorwiegend ideengeschichtlich orientiert. Von sicherlich mehreren möglichen Antworten soll eine denkbare hier kurz formuliert werden.

1. Der Begriff der ‚Ideengeschichte' ist seit den Anfängen der deutschen Politikwissenschaft unscharf und vieldeutig. Er deckt die Beschäftigung mit ‚Klassikern' des politischen Denkens ebenso wie die Beschäftigung mit systematischen Problemen der Theoriebildung, der Theorienformulierung, ja auch der Theorien-Anwendung, sofern es sich hier um Fragen der Umsetzung und Vermittlung und nicht um unmittelbar empirische Probleme handelt. Von Beyme hat in seiner schon erwähnten Studie die differierenden Zugänge und unterschiedlichen Methoden, die üblicherweise als ideen-, dogmen- oder theoriengeschichtlich bezeichnet werden, einigermaßen vollständig aufgelistet. Daraus ergibt sich, daß nahezu alle Arbeiten, die eine historisch-philosophische Dimension haben, üblicherweise unter diesen politikwissenschaften Teilbereich subsummiert werden. So gesehen gibt es folglich auch kaum Möglichkeiten, die politikwissenschaftliche Ideengeschichte von konkurrierenden, auch ergänzenden Disziplinen abzugrenzen: politische Ideengeschichte geht ebenso gut in Sozialphilosophie über, wie sie Teil der Geschichte, einer historisch verfahrenden Literaturwissenschaft, Jurisprudenz, Pädagogik oder Soziologie sein kann. Das mag von der Sache her sinnvoll sein; für eine Funktionsbestimmung innerhalb der Politikwissenschaft aber ist der Hinweis, es handele sich a priori um einen interdisziplinären Forschungsbereich[44] unzulänglich, weil trivial. Denn für welche wissenschaftliche Disziplin, für welche wissenschaftlichen Sektor gilt das Postulat der Interdisziplinarität eigentlich nicht? Gleichwohl wird man doch darauf bestehen müssen, ein spezifisch politikwissenschaftliches Verständnis von Ideenge-

schichte auszuarbeiten, diese als „Subdisziplin"[45] zu konzeptualisieren, um ihre möglichen Leistungen verdeutlichen und einfordern zu können. Auch wenn einzuräumen ist, daß die Politikwissenschaft, so sie nur wollte, schwerlich ihre „Definitionsmacht"[46] gegenüber anderen Wissenschaften durchzusetzen vermag, so kann dieses Faktum allein kein Grund für Definitionsverzicht innerhalb des eigenen Faches sein.
Eben dieser ‚Definitionsverzicht' prägte und prägt indessen das Profil dieser Teildisziplin. Das läßt sich beispielsweise ablesen in der häufig zu findenden Doppelbezeichnung ‚Politische Theorie und Ideengeschichte', in der ebenso häufig synonymen Verwendung beider Bezeichnungen. Ein so unscharf wie folglich weitgespanntes Verständnis erlaubt es dann freilich, eine Fülle von historisch-systematischen Untersuchungen als ideengeschichtlich zu reklamieren, selbst solche, die sich normativen Analysekonzepten verdanken und eher gegenwartsbezogene Fragestellungen thematisieren auf einem dann allerdings „ideengeschichtlich" interpretierten Hintergrund. Und dies geschieht in Bezug auf zahlreiche politikwissenschaftliche Arbeiten der fünfziger und sechziger Jahre, soweit sie sich mit Fragen etwa der Entwicklung und Rechtfertigung parlamentarisch-demokratischer Systeme, des Nationalsozialismus und seiner historischen und ideologischen Wurzeln, des Totalitarismus und seiner strukturellen Bedingungen und Konsequenzen, der Parteien und ihrer Programme und ähnlichen Themen mehr beschäftigen. In der Konsequenz eines solchen Sprachgebrauch liegt es, alles, was sich nicht strikt empirisch-analytischem Wissenschaftsverständnis fügt, den Funktionalismus eingeschlossen, einer im weitesten Sinne ideengeschichtlichen Forschungsausrichtung zuzuschreiben.

2. Da die deutsche Politikwissenschaft nach 1949 – wie mehrfach betont – vornehmlich als ‚Demokratiewissenschaft' angetreten ist, war eines ihrer zentralen Probleme, einen Demokratiebegriff zu entwickeln, der gleichermaßen normativ wie analytisch brauchbar sein konnte, und zugleich zu versuchen, an westliche, wo möglich auch an deutsche Traditionen anzuschließen.
Es kann hier nicht darum gehen, diese unterschiedlichen Versuche im einzelnen vorzustellen und zu diskutieren. Sie reichen vom Anknüpfen an westlich-liberale Demokratievorstellungen (Fraenkel, Sternberger, C. J. Friedrich) über Bezugnahme auf deutsche Demokratie-Traditionen (Abendroth, C. J. Friedrich, Eschenburg, Kogon) bis zum Rückgriff auf antikes Politikverständnis, das im Rahmen einer erneuerten philosophia practica politische Orientierungen liefern sollte. Vor allem dieser letztere Versuch, alte Traditionen der Politik wieder aufzunehmen und sie zu aktualisieren – im allgemeinen Bewußtsein der Fachwissenschaftler vornehmlich mit den Leistungen der ‚Freiburger' und ‚Münchner Schule', mit den Namen Eric Voegelin und Arnold Bergsträsser und deren Schüler verbunden – hat für die Entwicklung und Bewertung der Ideengeschichte in der Bundesrepublik eine erhebliche Rolle gespielt. Voegelins These, wonach die „Wiederherstellung der Politischen Wissenschaft nicht ohne Rückgriff auf die platonisch-aristotelische episteme möglich" sei[43], da deren Gültigkeit von Zeit und Ort unabhängig und es sich somit nicht um das „willkürliche Aufgreifen einer historisch bedingten Ansicht, sondern die theoretische conditio sine qua non der Politischen Wissenschaft"[48] handele, wurde zur grundlegenden Ausgangsposition einer Reihe politik-

wissenschaftlicher Arbeiten, in denen ideengeschichtliche Argumente eine wesentlich subsidäre Funktion innerhalb eines sozialphilosophischen Grundkonzeptes zugewiesen bekamen. Für Voegelin sollte der Rückgriff auf antikes politisches Denken – vor allem des Aristoteles – zu einem Theoriebegriff führen, der „nicht ein beliebiges Meinen über menschliche Existenz in Gesellschaft", sondern „vielmehr ein Versuch, den Sinn der Existenz durch die Auslegung einer bestimmten Klasse von Erfahrungen zu gewinnen[49] beinhaltete. Voegelin und seine Schüler versuchten ein Programm politischer Philosophie zu formulieren, das sich bezüglich der Diskussion politisch-gesellschaftlicher Grundprobleme auf die in der antiken politischen Philosophie gleichsam archetypisch entwickelten Konstellationsanalysen und deren Lösungsvorschlägen rückbeziehen wollte. Solcher Rückbezug, der „die theoretische Grundlegung der Wissenschaft von menschlicher und gesellschaftlicher Ordnung, nicht etwa die besondere Form einer Theorie der Polis, die sie angenommen hat"[50] betraf, intendierte die Rekonstruktion und faktische Wiederbelebung der aristotelischen Einheit von Politik, Ethik und Ökonomie in einem programmatischen Sinne, dabei überhaupt nicht bedenkend, daß die Politik des Aristoteles an vorindustrielle historische Bedingungen geknüpft ist. Als Forschungsprogramm hatte dies u.a. zur Konsequenz, die Tradition der klassischen philosophia practica in ihrer jahrhundertelangen Rezeptions- und Interpretationsgeschichte nachzuverfolgen, wobei sich in der Regel diese Geschichte als ‚Verfallsgeschichte'[51] einer nach wie vor gültigen, wenn auch nicht geltenden Bestimmung des ‚zoon politokon' darbot. Bei aller Schwierigkeit, von einer „Freiburger" und „Münchner" Schule zu sprechen[52]: gemeinsam ist den meisten Arbeiten jener Autoren, die man sich angewöhnt hat zu einer der beiden ‚Schulen' zu zählen, in den fünfziger und sechziger Jahren insoweit eine ideengeschichtliche Ausrichtung, als eben die Geschichte des politischen Denkens das Material abgeben mußte, Rezeptionen, Traditionsabbrüche oder auch kontinuierliches ‚Vergessen' einer klassischen Position nachzuzeichnen, so auch die ‚alteuropäische' Tradition in einen Gegensatz zur Moderne bringend, die charakterisiert ist durch ihre rationalistische Seinsvergessenheit.

Die Freiburger und Münchner Schule, deren beträchtlicher personaler Erfolg vor allem an süddeutschen Universitäten sie häufig fachdominanter erscheinen ließ als sie faktisch war[53], hat die Ideengeschichte in einer bestimmten Weise für ihr politisch-philosophisches Programm in Anspruch genommen. Unter Ausblendung der sozial-historischen Strukturanalyse von Theorie-Konzepten dienten brauchbare Versatzstücke dem Versuch genereller Rekonstruktion der Politischen Wissenschaft. Es ist kein Zweifel, daß dieses Vorgehen zugleich, vor allem bei Hans Maier und seinen Schülern, auch und gleichsam nebenbei, zu wichtigen ideengeschichtlichen Studien geführt hat, die zudem noch den großen Vorzug hatten, große Bereiche der deutschen Tradition aufzuarbeiten. Aber ebensowenig ist zweifelhaft, daß die meisten dieser Arbeiten der Intention eines generellen Programms zu dienen suchten, also der Perspektive einer Neubestimmung des Demokratie-Begriffs folgten, in der Absicht, praktisch politische Wirkungen zu erzielen[54]. Es mag diese Art der ideengeschichtlichen Argumentation mit Blick auf moderne Politik-Probleme gewesen sein, die das Urteil über die starke ideengeschichtliche Orientierung der Politischen Wissenschaft entschieden beeinflußt hat. Wobei die Freiburger und Münchner keineswegs alleine standen: aus jeweils anderem Traditionsverständnis, aber mit ähnlichem Argumentationsverfahren gab es vergleichbare Bemühungen etwa von Sternberger, C. J. Friedrich, Fraenkel oder auch Landshut. Sie alle, der deutschen geistesgeschichtlichen Tradition besonders verbunden, haben in ihren theoretischen Bemühungen unter Inanspruchnahme der Theoriengeschichte argumentiert, wie viele ihrer Schüler, so daß sich aus dem Eindruck eines vorherrschenden historisch-theoretischen Argumentationstyps innerhalb der deutschen Politikwissenschaft jenes (Vor-) Urteil ergeben konnte.

III.

Unbeschadet der These, daß die immer wieder behauptete ideengeschichtliche Voreingenommenheit der deutschen Politikwissenschaft sich bei näherem Zusehen eher als Vorurteil erweist, gibt es aber seit Wiederbegründung des Faches eine Vielzahl theoriegeschichtlicher Arbeiten. Ohne im folgenden eine Bilanz im Sinne eines einigermaßen vollständigen Forschungsberichts vorlegen zu wollen, lassen sich doch im Rückblick einige Schwerpunkte und Entwicklungslinien andeuten.

1. Den quantitativ wohl stärksten Anteil an der deutschen ideengeschichtlichen Forschung kann zweifellos die Freiburger und Münchner Schule für sich in Anspruch nehmen. Im Kontext ihrer Wiederaufnahmebemühungen des aristotelischen Programms sah sie – wie Oberndörfer dies 1962 formulierte – nach der neuzeitlichen Trennung von Politik und Ethik die vornehmliche Aufgabe der „Philosophie des Gemeinwesens heute in der historischen und philosophischen Verarbeitung der klassischen Tradition der Politik"[55]. Entsprechend dieser Überzeugung wurden Ansätze einer systematischen Begründung von Staatsphilosophie von einer Vielzahl ideengeschichtlicher Studien begleitet, die wenigstens zu Teilen geeignet erschienen, ein solches Vorhaben zu unterstützen. Einen deutlichen Akzent in dieser Richtung setzten hier die frühen Arbeiten von Hans Maier zum Verhältnis von katholischer Kirche und Französischer Revolution, vor allem auch die Studien zur älteren deutschen Staats- und Verwaltungslehre[56]. In der so gegebenen Thematisierung zweier Forschungsschwerpunkte, die freilich in einem inneren Zusammenhang standen, folgten Arbeiten – besonders von Schülern und Mitarbeitern Hans Maiers – nach, die sich ihrerseits der deutschen Tradition politischen Denkens zuwandten[57], aber auch die Französische Revolution in ihren politisch-ideologischen Auswirkungen zum Gegenstand nahmen[58]. Selbst dort, wo Probleme des Regierungssystems, genauer: des deutschen Parlamentarismus in den Vordergrund des Interesses traten, blieb die begriffsgeschichtliche Aufarbeitung parlamentstheoretischer Grundlagen im Zentrum der Aufmerksamkeit[59].
Es ist gewiß unmöglich, die zahlreichen Arbeiten, die im Umkreis der Freiburger und Münchner Schule im Laufe der Jahre entstanden sind, in einem forschungssystematischen Sinne aufeinander beziehen zu wollen. Sofern ideengeschichtliche Untersuchungen vorgelegt worden sind, haben sie eine breite thematische Streuung. Ideengeschichte wird hier in einem geisteswissenschaftlich umfassenden Sinne verstanden, die Themen reichen in die Literaturgeschichte[60] ebenso hinein wie in die Philosophie[61] und die

Theologie[62], sie betreffen die deutsche Tradition[63] ebenso wie die Antike[64] oder das vorrevolutionäre China[65]. Wollte man eine Gemeinsamkeit all dieser Arbeiten suchen, so ließe sie sich – mit einigem Vorbehalt und grober Vereinfachung – in der gemeinsamen normativen Theorieorientierung finden, die ihre Bestätigung u.a. in ideengeschichtlichen Untersuchungen zu finden hoffte. Und gemeinsam ist überdies die Tatsache, daß die Themenstellungen überwiegend – entsprechend dem theoretischen Programm – um ordnungspolitische Probleme zentriert waren. Untersucht wurden primär die theoretischen Rechtfertigungsmuster von Institutionen, ausgeblendet blieben revolutionäre Ideologien und die ihnen zugrundeliegenden sozialen Bewegungen. Analysen zu radikal-demokratischen Vorstellungen und Bewegungen sucht man vergebens, sie spielen allenfalls dann eine Rolle, wenn sie als Beispiel der Bedrohung traditionaler ordnungspolitischer Vorstellungen fungieren können. Die sozialistische Arbeiterbewegung ist kein Thema, und zur marxistischen Theorie existieren keine größeren Arbeiten, es sei denn, man zählt solche, auf von der Studentenbewegung wesentlich verursachten tagespolitischen Auseinandersetzungen zielende Arbeiten[66] in diesen Kontext. Aber dann wird fraglich, ob diese Arbeiten noch der Ideengeschichte zugerechnet werden können.

Die primär philosophische Orientierung der Freiburger und Münchner Schule, ihr neoaristotelisches Forschungsprogramm haben sie in einen interdisziplinären Gesamtzusammenhang gebracht, der sie im Kontext der „Rehabilitierung der praktischen Philosophie"[67] in den siebziger Jahren zum Gravitationszentrum einer politisch konservativen Sozialphilosophie hat werden lassen[68]. Die Grenzen von Ideengeschichte und Sozialphilosophie wurden noch stärker als zuvor schon fließend, der ideengeschichtliche Zugriff geriet im Rahmen systematischer Argumentationen noch stärker zu einem subsidiären Instrument[69], das fallweise immer dann benutzt wurde, wenn der Argumentationsgang eine historische Stützung angeraten sein ließ. In gewisser Weise büßte so die Ideengeschichte ihren eigenen disziplinären Status ein; das in ihr bereitstehende Argumentationsmaterial wurde – entsprechend dem ‚Steinbruch-Prinzip' – selektiv zur Stützung einer traditional verfahrenden, politisch konservativ gerichteten Sozialphilosophie verwandt.

2. Einen methodischen, aber auch thematischen Gegenakzent setzten die Arbeiten von Iring Fetscher, seinen Schülern und Mitarbeitern. Fetschers Interesse galt zunächst der politischen Philosophie des 19. Jahrhunderts, hier vor allem Hegel und Marx, und darüberhinaus den theoretischen Ausdifferenzierungen innerhalb der Arbeiterbewegung. Zu einer Zeit, da die marxistische Theorie in der deutschen Politikwissenschaft allenfalls noch als Rechtfertigung totalitärer Herrschaft von Interesse schien, begann Fetscher in vielen Studien zu Marx und marxistischen Theorietraditionen eine differenziertere Rezeption und Diskussion einzuleiten und anzuregen, teilweise im Kontext einer internationalen Marxismus-Debatte, für die die jugoslawische ‚Praxis-Gruppe' richtungssymbolisierend stehen mag. Auf der Suche nach einer „realistische(n) Sozialphilosophie, die sowohl Erkenntnisse des Marxismus als auch der Psychoanalyse und der klassischen deutschen Philosophie angemessen in sich integrieren würde"[70], ergab sich auch eine thematische Ausweitung der Arbeiten zur bürgerlichen Philosophie Eng-

lands über die französische Aufklärung bis hin zu gegenwärtigen Positionen westlich-liberaler Demokraten. Methodologische Auswirkungen hatten vor allem die Marxismus-Studien in einer immer stärker sozial-historisch verstandenen Ideengeschichte; Fetschers Arbeiten zeichneten sich hier durch den Versuch aus, politik-theoretische Konzepte in einem strikten Sinne auf ihren sozial-historischen Entstehungs- und Bedingungszusammenhang zu beziehen, sie also zunächst einmal als ‚historische Konzepte' zu interpretieren, deren Leistung nicht in der Thematisierung archetypischer Überzeitlichkeit lag, sondern in der theoretischen Verarbeitung historisch zurechenbarer Entwicklungen und Konflikte[71].

Die damit angedeutete Konzeption von Ideengeschichte hat die politikwissenschaftliche ‚Frankfurter Schule'[72] in einigen wichtigen theoriegeschichtlichen Untersuchungen einzulösen versucht. Zu verweisen ist in diesem Zusammenhang beispielsweise auf die Arbeiten von Euchner, vornehmlich zur englischen politischen Philosophie, auf Saages Arbeiten zu Kant und neuerdings der niederländischen und englischen Pamphletistik des 17. Jahrhunderts oder auch auf Münklers großes Machiavelli-Buch[73]. All diesen und anderen Arbeiten aus Fetschers Umkreis ist gemeinsam, daß es ihnen vorab um die Rekonstruktion gesellschaftstheoretischer Modelle geht, daß sie die „materiale Verankerung von politischen Theorien durch die Verbindung von Ideen- und Sozialgeschichte"[74] nachzuzeichnen suchen, daß sie sich also auf ihren Gegenstand insofern völlig einlassen, als sie ihn nicht zum Zwecke einer für Gegenwartsbedürfnisse zu formulierenden Politischen Philosophie selektiv instrumentalisieren. Hierin liegt wohl die entschiedenste Differenz zu den ideengeschichtlichen Arbeiten der Freiburger und Münchner Schule.

Gleichwohl lassen auch diese Arbeiten ein über die Beschäftigung mit den historischen Texten hinausgehendes allgemeines gesellschaftstheoretisches Interesse erkennen. Das Anknüpfen an Interpretationstraditionen, die etwa mit dem Namen Borkenau, später mit den philosophiegeschichtlichen Studien von Habermas oder auch den Untersuchungen von Macpherson charakterisiert sind, Studien also, die kritische Analyse mit politischtheoretischer Aufklärung zu verbinden suchten, ist insoweit implizite programmatisch, als damit die Hoffnung verbunden wird, durch die Analyse der Konstitutionsbedingungen von politischem Denken lasse sich zugleich eine Relativierung historischer Politik-Konzepte leisten, die jeglichen Anspruch auf eine ein für allemal feststehende Theorie politischer Ordnung von vornherein demontiere. Es ist folglich das Interesse an historischen Entwicklungen, die zu mehr Aufklärung, zu mehr Toleranz, zu mehr Freiheit und mehr demokratischer Organisation geführt haben, das zahlreiche Studien dieser ‚Frankfurter Schule' leitet, ohne daß solche Intentionen in einem umfassenden Theorie-Anspruch formuliert wäre. Fetscher selbst hat – in bezug auf einige seiner kleineren Arbeiten – gelegentlich bemerkt, er habe „nebeneinander kritische Methoden und Kategorien der Psychoanalyse, der Marxschen Kritik, der Schelerschen Ethik und der Phänomänologie benützt"[75], je nach Brauchbarkeit und Leistung, wobei der eigene Standpunkt, bzw. der normative Gehalt des eigenen analytischen Ansatzes nur „indirekt sichtbar"[76] werde. In seinen ideengeschichtlichen Arbeiten – ebenso wie in denen seiner Schüler – verschmelzen freilich diese Analyseelemente zu einem Interpretationskonzept, das politisches Denken als Reflexion historischer Entwicklungen begreift und damit der Ideengeschichte im Kontext der Politischen Wissenschaft einen auch methodologisch eigenständigen Status zuweist.

3. Es versteht sich von selbst, daß es an den verschiedenen politikwissenschaftlichen Instituten eine Reihe ideengeschichtlicher Arbeiten gab und gibt, die sich allerdings kaum einer jeweils identifizierbaren ‚Schulrichtung‘ zuweisen lassen. Noch am ehesten ist dies vielleicht möglich bezüglich der ‚Marburger Schule‘ von Wolfgang Abendroth, in dessen Umkreis eine Reihe von Arbeiten vornehmlich zur Theorie und Geschichte der deutschen Arbeiterbewegung entstanden sind[77], aber auch zur Theorie bürgerlicher Gesellschaften[78]. Die meisten dieser Arbeiten nehmen die ideologiekritische Tradition marxistischer Analysen auf und wenden sie mehr oder weniger differenziert auf ihre jeweiligen Gegenstandsbereiche an, wobei im Laufe der Zeit eine zunehmend stärkere Dogmatisierung der Marx'schen Methode – im Sinne einer Ökonomisierung der Theorie – zu beobachten ist. Es ist unverkennbar, daß die allgemeine gesellschaftspolitischen Diskussionen der sechziger Jahre eine thematisch stimulierende Funktion hatten. Wenn gelegentlich festgestellt worden ist, die ‚Marburger Schule‘ sei „Profiteur der spontaneistischen Aufbruchsbewegungen“[79] dieser Jahre geworden, so zeigt diese sicherlich zutreffende Beobachtung, daß auch ideengeschichtliche Interpretationen sich außerwissenschaftlichen Impulsen verdanken können. Dieses gilt freilich nicht nur für die Marburger.
Vielleicht läßt sich auch im Umkreis des Heidelberger Instituts von C. J. Friedrich und Dolf Sternberger ein vierter ideengeschichtlicher Schwerpunkt ausmachen, ohne daß hier freilich von einer ‚Schule‘ gesprochen werden könnte. Denn die hier entstandenen Arbeiten sind jeweils so unterschiedlich, daß allenfalls diese Verschiedenheit – ihr methodischer Eklektizismus – ein gemeinsames Kriterium für eine solche Schulbildung abzugeben geeignet wäre. Während Friedrich von Anfang an auch, neben Themen aus allen Bereichen der Politikwissenschaft, theoriengeschichtliche Arbeiten publiziert hat[80], ist Sternberger erst allmählich – über seine Absicht, eine historische Theorie parlamentarischer Regierungsweise zu formulieren, die zusammenhängend allerdings leider nie vorgelegt worden ist – mehr und mehr zu ideengeschichtlichen Themen übergegangen. Sein letztes großes Werk, von dem Euchner zurecht gemeint hat, es gehöre „zu den besten Werken der deutschen Nachkriegs-Politikwissenschaft“[81], verbindet Ideengeschichte mit Politischer Philosophie zu einem Plädoyer für den modernen Verfassungsstaat, in mancher Hinsicht der Argumentationsmethode und den neo-aristotelischen Intentionen der Münchner Schule sehr nahekommend. Die hier explizierte Position einer auf Aristoteles zurückgreifenden Theorie der gemischten Verfassung hat Sternberger in zahlreichen früheren Arbeiten schon vorbereitet, und er hat damit einige Arbeiten stimuliert – etwa die von Faul, Nuscheler, Gralher, Nonnenmacher, auch die thematisch scheinbar abseits liegende Studie von Landfried[82] – so unterschiedlich diese Arbeiten auch jeweils nach Anlage und Vorgehen sein mögen.
Für einen auch nur einigermaßen zuverlässigen Überblick über die Entwicklung ideengeschichtlicher Forschung in der deutschen Politikwissenschaft wäre es sicherlich notwendig, eine Vielzahl von Arbeiten aufzuführen, die jenseits einfacher Schul-Zuordnungen für die Entwicklung dieser Teildisziplin von erheblicher Bedeutung gewesen

sind. Das kann hier nicht geleistet werden. Gleichwohl muß ein Hinweis erfolgen auf so wichtige Studien wie die zum deutschen Konservatismus von Greiffenhagen[83], auf die demokratiehistorischen Beiträge von Kielmansegg[84], auf die maßstabsetzenden Hobbes-Analysen von Willms[85], auf die ideologiekritischer Tradition verpflichteten Arbeiten von Lenk[86]. Hinzuweisen wäre auch auf die zahlreichen Arbeiten von Beymes[87], auf die Studien von Röhrich[88] oder Gerstenberger[89], und gewiß ließen sich eine Reihe weiterer Namen nennen, mit denen sich die Publikation wichtiger ideengeschichtlicher Arbeiten verbindet: das Bild ideengeschichtlicher Forschung und Publikation weitet sich an dieser Stelle so, daß sich die Studien nicht mehr schulmäßig bündeln lassen.

4. Es ist schließlich in diesem Zusammenhang ein Faktum zu benennen, dem im Kontext der vielbeschworenen Interdisziplinarität eine große Bedeutung zukommt: die Tatsache nämlich, daß die politikwissenschaftlich organisierte ideengeschichtliche Forschung immer wieder von Nachbardisziplinen erheblich Anstöße bzw. Ergänzungen erfahren hat, ja daß wichtige Themenfelder sogar eher von Nachbardisziplinen besetzt worden sind und innerhalb der politikwissenschaftlichen Forschungen dementsprechend eine defizitäre Berücksichtigung gefunden haben. Das gilt zunächst einmal, wie schon erwähnt, für die vorliegenden theoriegeschichtlichen Einführungen, die vielfach von Nicht-Politologen stammen. Auch die beiden neuesten Publikationen, die von Fenske et. al. besorgte ‚Geschichte der politischen Ideen'[90] und die von Steinvorth geschriebenen ‚Stationen der politischen Theorie'[91] stammen von Historikern bzw. einem Philosophen. Möglicherweise wird erst das gegenwärtig in Vorbereitung befindliche, von Fetscher und Münkler herausgegebene mehrbändige ‚Handbuch der politischen Ideen' hier eine zumindest qualitative Abhilfe schaffen.
Die Lage ist freilich allgemein unbefriedigend. Um einige wenige Beispiele anzuführen: überblickt man die Literatur, die zum neuzeitlichen politischen Denken der Deutschen verfaßt worden ist, so stellt man auch hier das Überwiegen nichtpolitologischer Autoren in vielen zentralen Themenbereichen fest. Vor allem Historiker haben zahlreiche Studien zu Autoren oder zu Einzelproblemen des deutschen Staatsdenkens der frühen Neuzeit geschrieben, die Dreitzel – der selbst eine vorzügliche Darstellung zur ‚Politik' des Arsinaeus geliefert hat[92] – in mehreren ausführlichen Literaturberichten eingehend vorgestellt und diskutiert hat[93]. Obgleich die Herausbildung der neueren deutschen Politikwissenschaft seit dem 17. Jahrhundert von Fachvertretern immer wieder beschworen worden ist – nichtzuletzt als Rechtfertigung ihrer erneuten, universitären Reetablierung nach 1949 – sind gerade zu diesem und dem folgenden Jahrhundert erstaunlich wenige Untersuchungen vorgelegt worden. Die Freiburger und Münchner Schule hat hier zweifellos mit einigen ihrer Arbeiten eine Pionierleistung für die gegenwärtige Politikwissenschaft erfüllt; aber abgesehen davon, daß manche ihrer Arbeiten aufgrund hochselektiver Interpretationen, mehr noch ihrer mangelhaften historischen Fundierung wegen harte Kritik auf sich zogen[94], bleiben sie doch schon an Zahl weit hinter den von Vertretern anderer Disziplinen geleisteten Forschungsarbeit zurück und können nicht ausgleichen, was Aufgabe einer ganzen Teildisziplin und sehr viel breiterer Forschungsanstrengungen wäre. Das zeigt sich darin, daß die zahlreichen Autoren der sich ausbildenden deutschen Staatslehre des 17. und 18. Jahrhunderts, die Theoretiker

des Naturrechts und der Staatsklugheit, bisher ebensowenig die verdiente Aufmerksamkeit politikwissenschaftlicher Forschung gefunden haben wie die Repräsentanten der deutschen Frühaufklärung im Vorfelde der Kant'schen Philosophie[95]. Die Überbewertung der großen Systementwürfe des 19. Jahrhunderts hat die Rolle jener, die vielfach die Vorarbeiten, jedenfalls im Bereiche der politischen Theorie geleistet haben, weitgehend in den Hintergrund treten lassen, so wie auch im 19. Jahrhundert selbst bedeutsame Theoretiker und Populisatoren politischer Philosophie – wie beispielsweise Rotteck[96] – durch die Konzentration auf eben jene Systementwürfe politologischer Aufmerksamkeit entzogen worden sind.
Die Tatsache, daß wichtige Beiträge zu Kernbereichen der Geschichte und Entwicklung des deutschen politischen Denkens, zu denen politologische Analysen eigentlich zu erwarten wären, eher von anderen Wissenschaftsdisziplinen stammen, läßt sich vielfach belegen. So haben die Historiker Conze und Koselleck mit ihrem ‚Historischen Lexikon'[97] ein außerordentlich verdienstvolles Unternehmen in Gang gesetzt. Erinnert sei in diesem Zusammenhang an die Publikationen von Grab, der den deutschen Jakobinismus – und die in dessen Umkreis vorfindlichen radikaldemokratischen Positionen – mehrfach thematisiert hat[98], an Epsteins monumentales Werk zur Entstehung des deutschen Konservatismus[99]. Erinnert sei auch an die von Philosophen wie Ritter eingeleitete Neuinterpretation von Hegels politischer Philosophie[100], an die theoriegeschichtlichen Arbeiten von Riedel[101], Lübbe[102], Spaemann[103] oder Habermas[104]. Juristen wie Böckenförde[105] und Quaritsch[106] haben die Genese des deutschen Konstitutionalismus verfolgt, Soziologen wie Luhmann[107] Analysen zum Verhältnis von gesellschaftlichem Wandel und gehobener Semantik vorgetragen, wobei Luhmann zugleich damit den Versuch verbunden hat, seinen eigenen systemtheoretischen Ansatz am ideengeschichtlichen Material zu bewähren und damit der theoriengeschichtlichen Forschung neue methodologische Wege bereitgestellt hat.
Alle diese Beispiele sind beliebig gewählt und sie ließen sich beliebig vermehren. Sie illustrieren den Sachverhalt, daß Theoriengeschichte ein interdisziplinärer Forschungsbereich ist, freilich auch den – und darauf kommt es hier an –, daß die politikwissenschaftlich organisierte Forschung bisher einige, auch für ihre eigene Entwicklungsgeschichte zentral bedeutsame Gegenstandbereiche nicht ausreichend bedient hat.

IV.

Nun wäre es ein Mißverständnis, würden die bisher vorgebrachten Hinweise auf Unterrepräsentation, Versäumnisse und Forschungsdefizite politikwissenschaftlicher Ideengeschichte als vorbereitende Bemerkungen für einen zu formulierenden Forderungskatalog interpretiert, der seinerseits durch überzogene Vorstellungen die Ideengeschichte zum Zentrum der Politischen Wissenschaft avancieren ließe. Ein solches Vorhaben wäre angesichts der weithin – und im übrigen zurecht – bestehenden empirischen Orientierung und verhaltswissenschaftlichen Ausrichtung der Politikwissenschaft nicht nur anachronistisch, er wäre auch von vornherein zum Scheitern verurteilt. Arbeitsteilige Spezialisierung und hohe Professionalisierung bedingen auch in der Politikwissenschaft einen entsprechend hohen Grad an fachlicher wie thematischer Ausdifferenzierung und damit einhergehend unterschiedliche Affinitäten zu Nachbardisziplinen mit notwendig folgender Kooperation.

Freilich: Selbstverständnis und Rang der politischen Ideengeschichte im Rahmen der Gesamtdisziplin können von der szientistischen Entwicklung nicht unberührt bleiben. So stellt sich die – gewiß nicht neue – Frage, welche Aufgaben einer politikwissenschaftlichen Theoriengeschichte abverlangt werden können und unter welchen Voraussetzungen dies geschehen kann.

Die möglichen Antworten auf diese Frage sind bekannt. Zugespitzt ließe sich formulieren, daß die Alternative besteht zwischen einer ‚Ideengeschichte', deren primäre Funktion die historische Fundierung systematischer Theoriebildung ist und einer ‚Theoriengeschichte', der es vornehmlich um die Rekonstruktion historischer Politik-Konzepte geht, und die solche Konzepte aus deren sozial-historischen Kontext- und Konstitutionsbedingungen zu erschließen sucht. Für beide Positionen lassen sich gute Argumente beibringen, auch für einen ‚pragmatischen' Zwischenweg, der vor allem aus forschungspraktischen Gründen Elemente dieser Alternativen zu verbinden sucht[108].

Gleichwohl ist zu bedenken, daß auch eine Teildisziplin wie die politische Theoriengeschichte einer eigenen systematischen Fundierung und ihrer Erinnerung immer wieder bedarf, aus der heraus sie ihren Gegenstandsbereich gegenüber konkurrierenden Fächern erst deutlich bestimmen kann, aus der heraus sie aber auch erst jenes Selbstverständnis zu gewinnen vermag, das sie andererseits befähigt, in interdisziplinäre Kooperation einzutreten und doch identifizierbar zu bleiben. Aus solcher Perspektive ergibt sich die Notwendigkeit eines umfassenden Konzeptes, das zum einen in die Analyse historisch-politischer Theorien spezielle politikwissenschaftliche Fragestellungen einführt, zum anderen die von Nachbardisziplinen bereitgestellten Ergebnisse unter ihren eigenen systematischen Überlegungen aufnehmen und verarbeiten kann. Nicht die Abschottung und Isolierung von Theoriengeschichte also – die in der Realität ohnehin nicht durchzuhalten und forschungspraktisch nicht wünschenswert wäre – ist das Ziel, sondern die unter politikwissenschaftlichen Gesichtspunkten erfolgende systematische Integration von Ergebnissen verwandter Fächer in ein theoriengeschichtliches Interpretationskonzept, das als ein spezifisch politikwissenschaftliches erkennbar und somit der Gesamtdisziplin zurechenbar sein muß.

Die Umrisse eines solchen Konzeptes sind an anderer Stelle[109] skizziert worden und können hier weder wiederholt noch weiter ausgeführt werden. Die dagegen – in einer leider allzu schnell wieder abgebrochenen Diskussion – vorgebrachten Einwände der Überforderung[110] verkennen vielfach, daß die Frage der Formulierung eines systematischen Konzeptes und die seiner forschungspraktischen Einlösung voneinander unterschieden werden müssen. Es geht zunächst einmal darum, durch Elaborierung eines Interpretationskonzeptes die Aufgabenstellung – und auch den inner- wie interdisziplinären Status – der Theoriengeschichte zu bestimmen. Und dies nicht etwa deshalb, weil eine Teildisziplin aus bloß konventionellen Gründen am Leben erhalten werden soll; sondern entschieden deshalb, weil eine rein empirisch orientierte Politikwissenschaft, die auf Theoriengeschichte keinen Bezug mehr nimmt, sich ihres eigenen Reflexionsmaterials entschlagen würde. Dahinter steht allerdings die Überzeugung, daß alle Bemühungen politikwissenschaftlicher Theoriebildung in einen historischen Erfahrungshorizont eingebunden bleiben, der nichtzuletzt im Material, das theoriengeschichtliche Forschung bearbeitet, sich über die Jahrhunderte hinweg konkretisiert hat. Insoweit Theoriengeschichte diese Aufgabe innerhalb der Politikwissenschaft erfüllt, gehört sie zugleich zu deren konstitutiven Voraussetzungen und bleibt sie ein unverzichtbarer Teil des Faches.

Anmerkungen

1 *Klaus von Beyme:* Politische Ideengeschichte, Probleme eines interdisziplinären Forschungsbereichs, Tübingen 1969, S. 5.
2 *Hans Kastendiek:* Die Entwicklung der westdeutschen Politikwissenschaft, Frankfurt/M 1977, S. 187.
3 *Kastendiek:* a.a.O., S. 188, Anm. 3.
4 *Wolfgang Jäger:* Ethik, Politik, Ökonomie – Zur Entwicklung der wissenschaftlichen Politik in Deutschland, in: *Dieter Oberndörfer/Wolfgang Jäger* (Hrsg.): Die neue Elite. Eine Kritik der kritischen Demokratietheorie, Freiburg 1975, S. 357.
5 *Klaus von Beyme:* a.a.O., S. 6.
6 *Hans-Joachim Arndt:* Die Besiegten von 1945. Versuch einer Politologie für Deutsche samt Würdigung der Politikwissenschaft in der Bundesrepublik Deutschland, Berlin 1978, S. 253.
7 Eine der wenigen Ausnahmen war *Jürgen von Kempski:* Wissenschaft von der Politik – sozusagen, in: Merkur, 1966, S. 454–468.
8 *Karl Heinz Janßen:* Sprachlose Seminare, in: Die Zeit, Nr. 41, 1982, S. 34 berichtet über die Situation in Freiburg: „Die Kollegen benachbarter Disziplinen betrachteten den Paradiesvogel (gemeint ist Bergsträsser, U. B.) argwöhnisch, befürchteten einen Einbruch in ihre geheiligten Gefilde. Gerhard Ritter zog mit privat gedruckten Plakaten wider ihn zu Felde". Den Hinweis auf diese Beschreibung verdanke ich meinem Mitarbeiter *Horst-Dieter Schmitt.*
9 *Bernhard Blanke, Ulrich, Jürgens, Hans Kastendiek:* Kritik der Politischen Wissenschaft 1, Frankfurt/M 1975, S. 63.
10 Der Text der Schlußresolution findet sich in *Kastendiek*, a.a.O., S. 177.
11 Alle folgenden Zitate von *Alfred Weber, C. J. Friedrich* und *Alexander Rüstow* sind den jeweiligen Vortragsmanuskripten entnommen, deren Einsicht mir freundlicherweise Herr Dr. Volker Bartsch, Geschäftsführer der DVPW, ermöglichte.
12 Die einzelnen Tagungen der DVPW sind verbandsintern dokumentiert. Die 2. Tagung (1953, Bad Orb) beschäftigte sich schwerpunktmäßig mit den politischen Parteien, die 3. Tagung (1954, Hamburg) mit Fragen parlamentarischer Opposition, die 4. Tagung (1956, Schlangenbad) mit Problemen der Koexistenz von Rechtsstaat und totalitärem Regime. Erst mit der 5. Tagung (1958, Tutzing) kommt mit Fraenkels Referat ‚Repräsentative und plebiszitäre Komponente im demokratischen Staat' eine ideengeschichtliche Komponente zum Zuge. Die 6. Tagung (1959, Königswinter) hatte den Schwerpunkt: Autorität und Demokratie (C. J. Friedrich) und ‚Versuch einer theologischen Theorie der Macht' (B. Welte); die 7. Tagung (1961, Bad Eilsen) diskutierte: Politik in der pluralistischen Gesellschaft (v. d. Gablentz) und Gewaltenteilung (Steffani). Da auch (mit Ausnahme der 8. Tagung 1963, Heidelberg) die weiteren Kongresse sich nahezu ausnahmslos je aktuellen Problemen widmete, gab es seit Gründung der DVPW keinen einzigen wissenschaftlichen Kongreß, der ein ideengeschichtliches Thema ins Zentrum der Diskussion gerückt hätte.
13 Vgl. die Referate und Diskussionsprotokolle dieser Tagung in: PVS 1964, S. 1–149.
14 *M. Rainer Lepsius:* Die Entwicklung der Soziologie nach dem Zweiten Weltkrieg, 1945–1967, in: Deutsche Soziologie seit 1945. hrsg. von *Günter Lüschen*, Sonderheft 2/1979 der KZfSS, S. 40.
15 *Friedrich H. Tenbruck:* Deutsche Soziologie im internationalen Kontext, ebenda S. 92.
16 *M. Rainer Lepsius:* Denkschrift zur Lage der Soziologie und der Politischen Wissenschaft, im Auftrage der Deutschen Forschungsgemeinschaft verfaßt, Wiesbaden 1969, S. 82.
17 ebenda, S. 87.

18 ebenda, S. 86.
19 *Hans-Joachim Arndt,* a.a.O., S. 263.
20 ebenda, S. 254.
21 *M. Rainer Lepsius,* a.a.O., S. 85.
22 *Hans-Joachim Arndt,* a.a.O., S. 260.
23 ebenda, S. 277.
24 *Otto Heinrich von der Gablentz:* Politische Forschung in Deutschland, in: *Otto Stammer* (Hrsg.): Politische Forschung, Beiträge zum zehnjährigen Bestehen des Instituts für politische Wissenschaft, Köln und Opladen 1960, S. 173. Vgl. auch den „Ideengeschichte" überschriebenen Bericht, S. 160 ff.
25 *Walter Theimer:* Geschichte der politischen Ideen, Bern und München 1955.
26 *Georg H. Sabine:* A History of Political Theory, 3rd ed. 1951.
27 *Gerhard Möbus:* Die politischen Theorien von ihren Anfängen bis zu Machiavelli, Köln und Opladen 1958; derselbe: Die politischen Theorien von der Antike bis zur Renaissance, Köln und Opladen 1964; *Otto Heinrich von der Gablentz*: Die politischen Theorien seit der französischen Revolution, Köln und Opladen 1957.
28 *Arnold Bergsträsser, Dieter Oberndörfer* (Hrsg.): Klassiker der Staatsphilosophie, Ausgewählte Texte, Stuttgart 1962.
29 *Hans Maier, Heinz Rausch, Horst Denzer* (Hrsg.) Klassiker des politischen Denkens, 2 Bde, München 1968.
30 Die Reihe wurde herausgegeben von Jürgen Gebhardt, Manfred Henningsen und Peter J. Opitz. Erschienen sind von *Eric Voegelin*: Zwischen Revolution und Restauration, Politisches Denken in England im 17. Jahrhundert, München 1968; *Arno Baruzzi*: Aufklärung und Materialismus im Frankreich des 18. Jahrhunderts, München 1968; *Jürgen Gebhardt*: Die Revolution des Geistes, Politisches Denken in Deutschland 1770–1830, München 1968; *Peter Weber-Schäfer*: Das politische Denken der Griechen, München 1968; *Manfred Henningsen*: Vom Nationalstaat zum Empire. Englisches politisches Denken im 18. u. 19. Jahrhundert, München 1970; *Peter von Sivers*: Respublica Christiana. Politisches Denken des orthodoxen Christentums im Mittelalter, München 1969; *Tilo Schabert*: Aufbruch zur Moderne, Politisches Denken im Frankreich des 17. Jahrhunderts, München 1974; *Manfred Weber*: Der gebändigte Kapitalismus; Sozialisten und Konservative im Wohlfahrtsstaat, Englisches politisches Denken im 20. Jahrhundert, München 1974; *Peter J. Opitz*: Chinesisches Altertum und Konfuzianische Klassik. Politisches Denken in China von der Chou-Zeit bis zum Han-Reich, München 1968; *Friedemann Büttner*: Reform und Revolution in der Islamischen Welt. Von der osmanischen Imperialdoktrin zum arabischen Sozialismus, München 1971; *Martin Sattler*: Staat und Recht. Die deutsche Staatslehre im 19. u. 20. Jahrhundert, München 1972; *Stephan Otto*: Die Antike im Umbruch. Politisches Denken zwischen hellenistischer Tradition und christlicher Offenbarung bis zur Reichstheologie Justinians, München 1970; *Martin Greiffenhagen, J. B. Müller, R. Kühnle:* Totalitarismus. Zur Problematik eines politischen Begriffs, München 1971.
31 *Bernard Willms:* Die politischen Ideen von Hobbes bis HoTschi Minh, Stuttgart 1971.
32 *Kurt Lenk:* Volk und Staat. Ideologien im 19. u. 20. Jahrhundert, Stuttgart 1971.
33 *Peter Weber-Schäfer:* Einführung in die antike politische Theorie, 2 Bde., Darmstadt 1976.
34 *Franz Neumann* (Hrsg.): Politische Theorien und Ideologien, Baden-Baden, 1974/75.
35 *Werner Hofmann:* Ideengeschichte der sozialen Bewegungen, Berlin 1971.
36 *Wilfried Gottschalch, Friedrich Karrenberg, Franz Josef Stegmann:* Geschichte der sozialen Ideen in Deutschland, hrsg. von Helga Grebing, München 1969.
37 *Kurt Schilling:* Geschichte der sozialen Ideen, Stuttgart 1966.
38 *Gabor Kiss:* Einführung in die soziologischen Theorien, 2 Bde., Opladen 1972/1973.
39 *Reinhard Zippelius:* Geschichte der Staatsideen, München 1976.
40 *Ernst Reibstein:* Völkerrecht, Eine Geschichte seiner Ideen in Lehre und Praxis, 2 Bde., Freiburg/München 1958/1963; Volkssouveränität und Freiheitsrechte, 2 Bde., Freiburg/München.
41 So zutreffend *Hans Kastendiek*; a.a.O., S. 284 ff.
42 *Erwin Faul:* Politikwissenschaft im westlichen Deutschland, in: PVS 1979, S. 71–103, hier S. 85.
43 Der 11. Kongreß der DVPW 1969 in Berlin stand unter dem Thema: Probleme der Demokratie heute; 1971 in Mannheim lautete das Tagungsthema: Gesellschaftlicher Wandel und europäischer Friede; 1973 in Hamburg: Politik und Ökonomie – autonome Handlungsmöglichkeiten des politischen Systems; 1975 in Duisburg: Legitimationsprobleme politischer Systeme;

1977 in Bonn: Politische Wissenschaft und politische Praxis; 1979 in Augsburg: Politikfeld-Analysen, und 1982 in Berlin: Gesellschaftliche Probleme als Anstoß und Folge von Politik. Die Kongresse 1969–1977 sind als PVS-Sonderhefte, die beiden letzten Kongresse als gesonderte Publikationen dokumentiert.

44 So mehrfach *Klaus von Beyme*: Politische Ideengeschichte, a.a.O. passim; derselbe: Die Rolle der Theoriengeschichte in der amerikanischen Politikwissenschaft, in diesem Sonderheft, ebenso Günther Nonnenmacher: Ideengeschichte zwischen Un-Sinn und Unmöglichkeit? in: PVS 1981, S. 423–431, bes. S. 429.

45 So *Klaus von Beyme:* Die Rolle der Theoriengeschichte in der amerikanischen Politikwissenschaft, a.a.O.; es soll freilich nicht behauptet werden, ‚Ideengeschichte' sei ausschließlich eine „Subdisziplin" der Politikwissenschaft; daß sie es aber auch ist, kann wohl kaum bestritten werden.

46 *Klaus von Beyme:* ebenda.

47 *Eric Voegelin:* Die Neue Wissenschaft der Politik, Eine Einführung, München 1959, S. 12.

48 ebenda, S. 13.

49 ebenda, S. 96.

50 ebenda, S. 13.

51 *Wilhelm Hennis:* Politik und praktische Philosophie? Eine Studie zur Rekonstruktion der politischen Wissenschaft, Neuwied 1963, S. 9 ff.

52 *Klaus von Beyme:* Politische Ideengeschichte. a.a.O., S. 49, meinte schon 1969, die ‚Freiburger Schule' existiere „zum Teil nur noch in der Phantasie ihrer Gegner". *Manfred Henningsen:* Politische Philosophie heute. Tagungsbericht zu einem wissenschaftlichen Symposion mit Eric Voegelin in: ZfP, 1981, S. 193–195 wendet sich gegen den Begriff einer „Münchner Schule". Dagegen sprechen *Leonhard Reinisch*: Politische Wissenschaft heute, München 1971, S. VII und *Hans Maier*: Eine Münchner Schule: Die Politische Wissenschaft in Deutschland und das Geschwister-Scholl-Institut, in: *Peter Mayer-Tasch*: Münchner Beiträge zur Politikwissenschaft, Hrsg. im Namen und Auftrag des Geschwister-Scholl-Instituts, Freiburg 1980, sehr bewußt von „Münchner Schule". Zu den sicherlich bestehenden Schwierigkeiten, den Schul-Begriff zu gebrauchen vgl. *Gerhard Göhler*: Die Freiburger und Münchner Schule als Scientific Community, Occ. Papers Nr. 4, November 1982 (es handelt sich um die ausgearbeitete Fassung eines Referats für den Kongreß des DVPW 1982 in Berlin).

53 Vgl. *Gerhard Göhler:* Die Freiburger und Münchner Schule, a.a.O., S. 48.

54 Dies betont *Claus E. Bärsch*: Vom Sinn der Politischen Ideengeschichte für das Studium, in: PVS 1981, S. 327–333, bes. S. 328.

55 *Dieter Oberndörfer:* Politik als praktische Wissenschaft, in: *Dieter Oberndörfer* (Hrsg.): Wissenschaftliche Politik. Eine Einführung in Grundfragen ihrer Tradition und Theorie, Freiburg 1962, S. 54.

56 *Hans Maier:* Revolution und Kirche. Studien zur Frühgeschichte der christlichen Demokratie 1789–1901, Freiburg 1965; derselbe: Die ältere deutsche Staats- und Verwaltungslehre, Neuwied 1966. Vgl. auch derselbe: Politische Wissenschaft in Deutschland, Aufsätze zur Lehrtradition und Bildungspraxis, München 1969.

57 Als Beispiele seien genannt: *Jutta Brückner:* Staatswissenschaften, Konservatismus und Naturrecht, München 1977; *Horst Denzer:* Moralphilosophie und Naturrecht bei Samuel Pufendorf, München 1972; *Rolf K. Hočevar:* Stände und Repräsentation beim jungen Hegel, München 1968; *Paul-Ludwig Weinacht:* Staat, Studien zur Bedeutungsgeschichte des Wortes von den Anfängen bis ins 19. Jahrhundert, Berlin 1968.

58 Vgl. *Theo Stammen:* Goethe und die Französische Revolution, München 1966.

59 So etwa *Heinz Rausch:* Repräsentation und Repräsentativverfassung. Anmerkungen zur Problematik, München 1979.

60 *Hans-Peter Schwarz:* Der konservative Anarchist. Politik und Zeitkritik Ernst Jüngers, Freiburg 1962.

61 *Arno Baruzzi:* Mensch und Maschine. Das Denken sub specie machinae, München 1973. *Alexander Schwan:* Der Ort der Gegenwart in der Eschatologie des Seins. Eine Studie zur Ortsbestimmung der Gegenwart im ‚neuen Denken' Heideggers, Freiburg 1959.

62 *Alexander Schwan:* Geschichtstheologische Konstitution und Destruktion der Politik. Friedrich Gogarten und Rudolf Bultmann, Berlin-New York 1976.

63 *Claus E. Bärsch:* Der Staatsbegriff in der neueren deutschen Staatslehre und seine theoretischen Implikationen, Berlin 1974.

64 Vgl. Anm. 33.
65 Vgl. Anm. 30.
66 So etwa einige Arbeiten von Alexander Schwan zur Theorie und Praxis der SPD, z. B. *Alexander Schwan, Gesine Schwan:* Sozialdemokratie und Marxismus. Zum Spannungsverhältnis von Godesberger Programm und marxistischer Theorie, Hamburg 1974; in einem weiteren Sinne vielleicht auch *Kurt Sontheimer:* Das Elend unserer Intellektuellen. Linke Theorie in der Bundesrepublik Deutschland, Hamburg 1976.
67 So der einprägsame Titel der beiden Bände von *Manfred Riedel:* Rehabilitierung der praktischen Philosophie, Freiburg 1972/1974.
68 *Gerhard Göhler:* a.a.O., S. 45 f. formuliert diesen Sachverhalt treffend wie folgt: „Ende der 60er Jahre/Anfang der 70er Jahre schienen nur noch einige Münchner Politikwissenschaftler um Helmut Kuhn am normativ-ontologischen Programm festzuhalten. Die einstigen Freiburger sahen inzwischen die Unmöglichkeit einer ausgearbeiteten Ontologie (als allgemeiner Metaphysik) und schienen selbst nicht mehr so genau zu wissen, was als gute Ordnung zu thematisieren war. Als nun die Kritische Theorie der Frankfurter Schule, später der Marxismus Auftrieb und wachsenden Zulauf erhielten, gaben viele Vertreter der Freiburger Schule ihren emphatischen Anspruch, „gutes" politisches Handeln vorzudenken, auf und bezogen schlicht konservative Positionen. Hennis, Maier u.a. wiesen das emanzipatorische Verlangen nach Mündigkeit und Demokratisierung als revolutionäre Phrase von sich und schränkten den Begriff der Demokratie auf die gegebene politisch-repräsentative Demokratie ein".
69 Als Beispiel sei verwiesen auf *Ulrich Matz:* Politik und Gewalt. Zur Theorie des demokratischen Verfassungsstaates und der Revolution, Freiburg 1975.
70 So *Iring Fetscher* selbst in: Reflexionen über meine geistige Entwicklung, in Arbeit und Spiel, Essays zur Kulturkritik und Sozialphilosophie, Stuttgart 1983, S. 14.
71 Ein Verzeichnis der Arbeiten Fetschers findet sich in: *Eike Hennig/Richard Saage* (Hrsg.): Konservatismus – eine Gefahr für die Freiheit? Für Iring Fetscher, München 1983, S. 351 ff.
72 *Iring Fetscher* spricht selbst vom Einfluß der ‚Frankfurter Schule' auf seine eigene Entwicklung, vgl. Arbeit und Spiel, a.a.O., S. 14.
73 Vgl. *Walter Euchner:* Naturrecht und Politik bei John Locke, Frankfurt 1969; derselbe: Egoismus und Gemeinwohl. Studien zur Geschichte der bürgerlichen Philosophie, Frankfurt/Main 1973. *Richard Saage:* Eigentum, Staat und Gesellschaft bei Immanuel Kant, Stuttgart 1973; derselbe: Herrschaft, Toleranz, Widerstand. Studien zur politischen Theorie der niederländischen und der englischen Revolution, Frankfurt/M. 1981. *Herfried Münkler:* Machiavelli. Die Begründung des politischen Denkens der Neuzeit aus der Krise der Republik Florenz, Frankfurt/M. 1982.
74 So im Vorwort zu *Eike Hennig/Richard Saage* (Hrsg.): Konservatismus, a.a.O., S. 9.
75 *Iring Fetscher:* Arbeit und Spiel, a.a.O., S. 18.
76 ebenda.
77 Als Beispiele seien angeführt *Werner Link:* Geschichte des internationalen Jugendbundes (IJB) und des Internationalen Sozialistischen Kampfbundes (ISU), Meisenheim 1964; *Hanno Drechsler:* Die sozialistische Arbeiterpartei Deutschlands (SAPD) Meisenheim 1965; *Karl-Heinz Tjaden:* Struktur und Funktion der KPD-Opposition (KPD), Meisenheim 1964; *Herbert Steiner:* Die kommunistische Partei Österreichs von 1918 bis 1933, Meisenheim 1967; *Hans Manfred Bock:* Syndikalismus und Linkskommunismus von 1918–1923, Meisenheim 1969. *Olaf Ihlau:* Die Roten Kämpfer – Ein Beitrag zur Geschichte der Arbeiterbewegung in der Weimarer Republik, Meisenheim 1969; *Frank Deppe:* Verschwörung, Aufstand und Revolution. Blanqui und das Problem der sozialen Revolution, Frankfurt/M. 1970.
78 *Hans-Gerd Schumann:* Edmund Burkes Anschauungen vom Gleichgewicht in Staat und Staatssystem, Meisenheim 1964; *Reinhard Kühnl:* Formen bürgerlicher Herrschaft I, Hamburg 1971; *derselbe:* Formen bürgerlicher Herrschaft II, Hamburg 1972.
79 *Erwin Faul:* Politikwissenschaft im westlichen Deutschland, a.a.O., S. 85.
80 Vgl. besonders: Der Verfassungsstaat der Neuzeit, Berlin-Göttingen-Heidelberg 1953; Die Philosophie des Rechts in historischer Perspektive, Berlin-Göttingen-Heidelberg 1955. Die Staatsräson im Verfassungsstaat, Freiburg/München 1961. Vgl. auch Bibliographie der Arbeiten *C. J. Friedrichs* in *Klaus von Beyme* (Hrsg.): Theorie und Politik, Festschrift zum 70 Geburtstag von C. J. Friedrich, Haag 1971, S. 646–662.
81 *Walter Euchner:* Psyeudopolitik und wahre Politik; über Dolf Sternberger: Drei Wurzeln der Politik, 2 Bde., Frankfurt/M. 1982, in: PVS-Literatur, 1/1981, S. 10.

82 *Erwin Faul:* Der moderne Machiavellismus, Köln-Berlin 1961; *Franz Nuscheler,* Walter Bagelhot und die englische Verfassungstheorie, Meisenheim 1969; *Martin Gralher:* Demokratie und Repräsentation in der Englischen Revolution, Meisenheim 1973. *Günther Nonnenmacher:* Theorie und Geschichte. Studien zu den politischen Ideen von James Harrington, Meisenheim 1977; *Klaus Landfried:* Stefan George – Politik des Unpolitischen, Heidelberg 1975.

83 *Martin Greiffenhagen:* Das Dilemma des Konservatismus in Deutschland, München 1971.

84 *Peter Graf Kielmansegg:* Volkssouveränität. Eine Untersuchung der Bedingungen demokratischer Legitimität, Stuttgart 1977.

85 *Bernard Willms:* Die Antwort des Leviathan – Thomas Hobbes' politische Theorie, Neuwied 1970; derselbe: Der Weg des Leviathan. Die Hobbes – Forschung von 1968–1978, in: Der Staat, Beiheft 3, Berlin 1979.

86 *Kurt Lenk:* Marx in der Wissenssoziologie, Neuwied 1972; derselbe: Theorien der Revolution, München 1973; derselbe: Volk und Staat. Strukturwandel politischer Ideologien im 19. und 20. Jahrhundert, Stuttgart 1971.

87 u.a. auf *Klaus von Beyme* (Hrsg.): Robert von Mohl, Politische Schriften, Köln-Opladen 1966; derselbe: Die politischen Theorien der Gegenwart, München 1980.

88 *Wilfried Röhrich:* Der Staat der Freiheit. Zur politischen Philosophie Spinozas, Darmstadt 1969; derselbe: Sozialvertrag und bürgerliche Emanzipation. Von Hobbes bis Hegel, Darmstadt 1972; derselbe: Robert Michels. Vom sozialistisch-syndikalistischen zum faschistischen Credo, Berlin 1972; derselbe: Sozialgeschichte politischer Ideen, Hamburg 1979.

89 *Heide Gerstenberger:* Der revolutionäre Konservatismus. Ein Beitrag zur Analyse des Liberalismus, Berlin 1969, dieselbe: Zur politischen Ökonomie der bürgerlichen Gesellschaft. Die historischen Bedingungen ihrer Konstitution in den USA, Frankfurt/M. 1973.

90 *Fenske/Mertens/Reinhard/Rosen:* Geschichte der politischen Ideen. Von Homer bis zur Gegenwart, Königstein/Ts. 1981.

91 *Ulrich Steinvorth:* Stationen der politischen Theorie, Stuttgart 1981.

92 *Horst Dreitzel:* Protestantischer Aristotelismus und absoluter Staat. Die „Politica" des Henning Arnisaeus (ca. 1575–1636), Wiesbaden 1970.

93 *Horst Dreitzel:* Das deutsche Staatsdenken in der Frühe Neuzeit I, in: NPL 1971, S. 17–42; II in: NPL 1971, S. 256–271; III in: NPL 1971, S. 407–422; ebenso derselbe: Der Verfall und Wiederaufstieg der Praktischen Philosophie, in: NPL 1973, S. 31–60; derselbe: Ideen, Ideologien, Wissenschaft: Zum politischen Denken in Deutschland in der Frühen Neuzeit, in: NPL 1980, S. 1–25.

94 Siehe *Horst Dreitzel* in: NPL I–III, 1971, a.a.O.

95 So fehlen, um einige beliebige Beispiele herauszugreifen, neuere politologische Arbeiten etwa zu Christian Thomasius, Christian Wolff, Christian Weise.

96 Zum deutschen Frühliberalismus vgl. *Zwi Batscha:* Studien zur politischen Theorie des deutschen Frühliberalismus, Frankfurt/M. 1981: Zu Rotteck, Welcker, Mittermaier, zu Dahlmann, Robert von Mohl u.a. liegen kaum politologische Arbeiten vor. Der Vormärz ist nach wie vor Domäne der Historiker, der Literaturwissenschaftler, auch der Staatsrechtslehre.

97 *Otto Brunner, Werner Conze, Reinhart Koselleck* (Hrsg.) Geschichtliche Grundbegriffe, Historisches Lexikon zur politisch-sozialen Sprache in Deutschland, Stuttgart 1972 ff.

98 Vgl. *Walter Grab:* Demokratische Strömungen in Hamburg und Schleswig-Holstein zur Zeit der ersten französischen Republik, Hamburg 1966; derselbe: Norddeutsche Jakobiner, Demokratische Bestrebungen zur Zeit der französischen Revolution, Frankfurt/M. 1967. Hinzuweisen wäre auch auf die Arbeiten von *Hans Werner Engels, Alfred Körner* und *Gerhard Steiner* in der von *Walter Grab* herausgegebenen Reihe: Deutsche revolutionäre Demokraten, Frankfurt/M. 1971, 1972, 1973, auf die Arbeiten von *Heinrich Scheel* und zahlreicher anderer Historiker. Vgl. dazu das Nachwort von *Jörn Garber:* Politische Spätaufklärung und vorromantischer Früh-Konservatismus: Aspekte der Forschung, in: *Fritz Valjavec:* Die Entstehung der politischen Strömungen in Deutschland 1770–1815, Kronberg/Ts.-Düsseldorf 1978, S. 543–591.

99 *Klaus Epstein:* Die Ursprünge des Konservativismus in Deutschland. Der Ausgangspunkt: Die Herausforderung durch die Französische Revolution. 1770–1806, Frankfurt/M. 1973.

100 *Joachim Ritter:* Metaphysik und Politik, Studien zu Aristoteles und Hegel, Frankfurt/M. 1969.

101 *Manfred Riedel:* Studien zu Hegels Rechtsphilosophie, Frankfurt/M. 1969; derselbe: Metaphysik und Metapolitik. Studien zu Aristoteles und zur politischen Sprache der neuzeitlichen Philosophie, Frankfurt/M. 1975.

102 Vgl. u.a. *Hermann Lübbe:* Politische Philosophie in Deutschland, Basel 1963; derselbe: Säkularisierung. Geschichte eines ideenpolitischen Begriffs, München 1964.
103 *Robert Spaemann:* Der Ursprung der Soziologie aus dem Geist der Restauration. Studien über V.G.A. de Bonald, München 1954; derselbe: Zur Kritik der politischen Utopie, Stuttgart 1977.
104 *Jürgen Habermas:* Strukturwandel der Öffentlichkeit. Untersuchungen zu einer Kategorie der bürgerlichen Gesellschaft, Neuwied 1962; derselbe: Theorie und Praxis, Sozialphilosophische Studien, Neuwied 1963.
105 *Ernst-Wolfgang Böckenförde:* Staat, Gesellschaft, Freiheit. Studien zur Staatstheorie und zum Verfassungsrecht, Frankfurt/M. 1976.
106 *Helmut Quaritsch:* Staat und Souveränität, Bd. I: Die Grundlagen, Frankfurt/M. 1970.
107 *Niklas Luhmann:* Gesellschaftsstruktur und Semantik, Studien zur Wissenssoziologie der modernen Gesellschaft, Bd. 1, Frankfurt/M. 1980; Bd. II, Frankfurt/M. 1981; derselbe: Liebe als Passion. Zur Codierung von Intimität, Frankfurt/M. 1982.
108 So vor allem *Klaus von Beyme:* Politische Ideengeschichte, a.a.O., generell für alle Theoriebildung, derselbe: Die politischen Theorien der Gegenwart, a.a.O., S. 278 ff.
109 Vgl. *Udo Bermbach:* Bemerkungen zur politischen Theoriengeschichte, in: PVS 1981, S. 181–194.
110 *Claus E. Bärsch:* Vom Sinn der Politischen Ideengeschichte für das Studium, in: PVS 1081, S. 327–333; *Günther Nonnenmacher:* Ideengeschichte zwischen Un-Sinn und Unmöglichkeit, in PVS 1981, S. 423–431.

I. Teil

Politische Ideengeschichte, Politikwissenschaft und Philosophie

Bernard Willms

I. Vorüberlegungen: Sinn und Unsinn methodologischer Diskussionen

Eine Besinnung oder Neubesinnung auf das, was man in einer bestimmten Wissenschaft oder wissenschaftlichen Disziplin tut oder tun soll, welches deren methodische Voraussetzungen sind, inwiefern ihre grundlegenden Selbstverständlichkeiten tatsächlich selbstverständlich sind oder bleiben können und wie weit ihre Ansprüche eingelöst werden oder eingelöst werden können, ist grundsätzlich sinnvoll. Unsinn ist freilich manches, was bei den dieserhalb ausgelösten methodologischen Diskussionen herauskommt. Das bedeutendste Beispiel für jenen Sinn gründlicher Reflexion auf die Voraussetzungen wissenschaftlicher Erkenntnis ist sicher die Kant'sche Vernunftkritik; ein unbestrittener, ein ‚klassischer' Fall. Aber Klassizität schützt vor Torheiten nicht: auch in diesem Fall hat die zeitgenössische Diskussion eine Menge Unsinn produziert.[1]
Da sie aber grundsätzlich Sinn machen, läßt sich den Methodendiskussionen dieser Art nicht prinzipiell ausweichen – namentlich nicht in methodisch so relativ unstabilen Wissenschaften wie den Sozialwissenschaften. Deren Unsicherheit zeigt sich nicht zuletzt daran, auf welche Weise in ihren Methodendiskussionen Sinn und Unsinn verteilt sind. So war schon der an Max Weber sich entzündende „Werturteilsstreit" – gemessen an den Problemdimensionen Kant'scher Erkenntniskritik – eine recht mittelmäßige Angelegenheit – was freilich nicht an Max Weber lag.[2] Erinnert man sich an den „Positivismusstreit" der 60er Jahre, so hat man allen Grund, das Urteil der Nachwelt über uns, die wir uns daran beteiligt haben, zu fürchten – da wir doch zu gleicher Zeit Gelegenheit gehabt hätten, Arnold Gehlen etwa gründlicher zu studieren, oder auch, wie Raymond Chandler sagt, die Brüder Karamasow auswendig zu lernen.[3]
In der Diskussion um das wissenschaftliche Selbstverständnis des Bereiches „Geschichte der politischen Ideen"[4] innerhalb des Faches Politikwissenschaft hilft dem einzelnen jene resignative Einsicht über die Verteilung von Sinn und Unsinn wenig bei der Entscheidung über Beteiligung oder Nichtbeteiligung an einer solchen Diskussion. Der enge Zusammenhang von Sinn und Unsinn macht die Mitarbeit für denjenigen, der in dieser Arbeit seine wissenschaftliche Heimat gefunden hat, zu etwas, dem er sich nicht entziehen kann. Aber die erfahrungsgesättigte Prognose über die statistische Verteilung von Sinn und Unsinn läßt ihn nicht vor der Gefahr die Augen schließen, mit großer Wahrscheinlichkeit auf die Seite des Unsinns zu geraten.

Angesichts solcher Aussichten sollen diese Vorüberlegungen wenigstens auf einige Fehlerquellen hinweisen, auf die der meiste Unsinn zurückzuführen ist. Da diese neuere Diskussion über das Selbstverständnis der politischen Ideengeschichte keineswegs erst am Anfang steht, sondern ziemlich genau 20 Jahre alt ist[5], bietet sie den Vorteil, daß man die Beispiele für jene Fehler z.T. schon aus ihr selber nehmen kann. Nichtsdestoweniger soll es sich hier nicht einfach um Kritik von Autor zu Autor handeln. Gängige Fehler weisen auf objektive Fehlerquellen hin und mit gutem Willen läßt sich daraus auf problematische Bereiche der Sache selbst schließen. Eine Diskussion über das Selbstverständnis des Bereiches ‚Politische Ideengeschichte' innerhalb der Politikwissenschaft muß vorab mindestens folgende Probleme berücksichtigen:

1. das Problem der Folgenlosigkeit
2. das Problem der verstellenden Zuschreibung
3. das Problem der Normalverteilung
4. das Problem Marginalitätsangst
5. das Problem der Kompetenz.

1.

Mit dem Problem der *Folgenlosigkeit* ist die auffallende Tatsache gemeint, daß Methodendiskussionen selbst bei denen, die sie anstellen und weitertreiben, für die eigene Arbeit oft unverbindlich und folgenlos bleiben. In großem Stil zeigt sich das an der auch institutionellen Verselbständigung der Wissenschaftstheorie, die einen weltweit selbstläufigen Betrieb unterhält, der mit den Wissenschaften selber fast überhaupt nicht mehr vermittelt ist. Hier ist die Reflexion auf die Wissenschaftlichkeit von Wissenschaft ganz eigenständig, und innerhalb dieses merkwürdigen Bereiches „Wissenschaftstheorie" werden völlig autochthone Helden, Heldendarsteller oder Clowns produziert: ein Carnap, ein Kuhn, ein Lakatos oder ein Feyerabend. Die international gut organisierte Wissenschaftstheorie erhält sich selbst nach Gesetzen, die rein aus Organisationsprinzipien der Intellektuellen-Soziologie aufzustellen wären.

Aber auch innerhalb der Wissenschaften selbst ist das Problem, sogar in Personalunion, zu beobachten. Ein Beispiel ist der Soziologe Talcott Parsons, der neben seinen viel diskutierten, systemfunktionalistischen Konstruktionen ja auch wichtige soziologische Arbeiten verfaßt hat, die mit jenen Konstruktionen eigentlich kaum etwas zu tun haben.[6]

Bei der Anlage des Soziologiestudiums und den Prämien auf esoterische Abstraktheit, die das Wissenschaftssystem verteilt, ist es natürlich gerade für jüngere Intelligenzen leichter, sich auf eine Methodendiskussion zu werfen, als nun selber ihrerseits wichtige soziologische Arbeiten zu verfassen, für die ja eine gewisse Erfahrungsbreite notwendig ist. Es gibt also ein Interesse an methodologischen Diskussionen, das relativ leicht erklärbar ist. Schwieriger wäre schon das unvermittelte Nebeneinander von Methodenanspruch und sachlicher Arbeit bei den bedeutenden Protagonisten selbst, wofür eben Talcott Parsons nur ein Beispiel ist. Die Diskussion über den Stellenwert der naturwissenschaftlich orientierten Methode für das politische Denken bei Thomas Hobbes zeigt, daß auch bei ganz großen Vorbildern diese Eigentümlichkeit zu studieren ist.[7] Womit wir wieder bei der Ideengeschichte wären und bei ihrer neueren Methodendiskussion.

Das eindrucksvolle Werk "The Machiavellian Moment" von J. G. A. Pocock kann man durchaus für einen der wichtigeren neueren Beiträge zur politischen Ideengeschichte halten – auch und gerade, wenn man es von der ersten bis zur letzten Seite liest.[8] Aber gerade die erste Seite wartet mit einer Irritation auf: "Here the reader is asked to remember, that this is not a history of political thought, whatever that might be".[9] Man könnte dies abschätzige „was immer das sein mag" sicher auch als die Art und Weise ansehen, in der sich ein Autor, dessen komplexe Thematisierung des Zeit- und Geschichtsbewußtseins und dessen Darstellung in den Zusammenhängen realer Situationen („moment") der Politischen Ideengeschichte zweifellos neue Impulse gegeben haben, von bloß herkömmlicher Ideengeschichtsschreibung absetzt, von der es zweifellos gerade im anglo-amerikanischen Bereich eine Menge gibt. Jedenfalls bezieht sich Pocock hier auch auf seine Arbeit von 1971 über "The Transformation of the Study of Political Thought".[10] Die Komplexitäts- und Reflexionsdimensionen von Pococks eigenen inhaltlichen Arbeiten wirken aber keinesfalls revolutionär. Auffallend ist also auch bei Pocock die Differenz zwischen methodischen Anspruch und inhaltlicher Durchführung. Diese Diskrepanz zwischen der beanspruchten Bedeutung seiner „transformation" – die eine „revolution" zu nennen, Pocock nur der inflationäre Gebrauch des Wortes Revolution hindert[11] – und den sicher guten, aber keineswegs revolutionär wirkenden Arbeiten selbst, ist das Problem.

Für Pocock war und ist das Feld herkömmlicher Politischer Ideengeschichte immer noch von „Gespenstern" heimgesucht. Er sieht und begrüßt aber „historische Morgendämmerung"[12]; aus einem Zusammenwirken von Sprachanalyse und historischer Kontextforschung soll nichts Geringeres folgen als die Entdeckung und Entwicklung einer "truly autonomous method" für das Gebiet der Erforschung politischen Denkens[13], eine Entwicklung, die folglich diese letztere jetzt und erst jetzt in den Rang einer eigentlichen Wissenschaft erheben könne.

Die gleiche Emphase – vielleicht noch betonter – fand sich schon bei Quentin Skinner, der ebenfalls den Anspruch erhob, die Erforschung der Geschichte des politischen Denkens auf eine völlig neue Grundlage zu stellen. Den Aufsatz von 1964, in dem dies zum erstenmal programmatisch erkennbar wurde, hält denn auch Pocock für einen der Meilensteine der von ihm als revolutionär erkannten Entwicklung.[14] Skinner, als Hobbes-Forscher, zeigte sich in dieser Arbeit beunruhigt darüber, daß die Hobbes-Forschung so wenig irritiert sei von der Tatsache, daß in der Interpretation etwa des ‚Leviathan' so außerordentlich divergierende Meinungen möglich sind, wie z. B. die von Hood, Warrender und Macpherson.[15] Alle die genannten Autoren seien damit befaßt, Hobbes auf eine Kohärenz zu bringen, die im Dienste einer je subjektiven Annahme über das, was er eigentlich gemeint habe, stehe.[16] Die Autoren halten nach Skinner eine solche Annäherung für sinnvoll, ohne jedoch – wozu ihre diskrepanten Ergebnisse sie eigentlich zwingen müßten – kritische Reflexion darauf zu verwenden.

Aber zu kritischer Reflexion geben natürlich Skinners Ausführungen selbst Anlaß genug. Es ist ja keineswegs als selbstverständlich vorauszusetzen, daß der Aufweis von

bestimmten Kohärenzen notwendigerweise eine „Reduktion" bedeuten muß, mindestens müßte man eine „erschließende Kohärenz" von einer „reduktionistischen" unterscheiden. In Skinners Auffassung liegt aber die Überzeugung, daß ein Kohärenznachweis immer und lediglich nur auf einem schulmäßig vorgeprägten Epochenbegriff, auf angenommene geistige Entwicklungslinien, die der historischen Wirklichkeit aufgezwungen würden, oder auf simples individuelles Vorurteil zurückzuführen seien.[17] Als Beweis für diese Auffassung dient eben die große Divergenz z.B. der Leviathan-Interpretationen. Diese müßten nach Skinner immer reduktionistisch im negativen Sinne sein. Jede Interpretation, die einen Autor auf diese Weise – auf Kohärenz hin – rationalisiere, könne in Wirklichkeit nur auf Vergewaltigung der Texte beruhen.[18] Das eigentliche Übel aber sei der Versuch, das Studium historischen und politischen Denkens als „ersatzphilosophy" zu betreiben.[19]
Skinners eigene Vorschläge beruhen auf der Voraussetzung, daß man sich politischem Denken, wenn es ein entsprechendes Alter erreicht habe, nur noch historisch und nicht etwa philosophisch nähern dürfe. Diese krasseste aller Reduktionen nimmt historischem Denken den Charakter der Philosophie; durch die Reduktion auf "social activity" kann "political thinking" dann nur Gegenstand von "properly historical investigation"[20] sein. Handelt es sich bei historischer Philosophie um ‚gesellschaftliches Handeln', so können und müssen dessen Intentionen – was also eigentlich gemeint war, bzw. gemeint sein könnte – von ihrem ‚Kontext' her erforscht werden. Kontext wird zum Schlüsselwort für Skinners Unternehmen, das er in bezug auf Hobbes programmatisch wie folgt zusammenfaßt: „Wenn überhaupt eine Klärung der Konfusion, in die das Hobbes-Studium geraten ist, erwartet werden kann, dann ist weniger Philosophie und mehr Geschichte notwendig".[21]
Ich teile Skinners Bedenken über „ersatz-philosophy". Hier jedoch steht die Diskrepanz jenes Skinner'schen und Pocock'schen revolutionären Anspruchs auf Neubegründung der Erforschung historischen und politischen Denkens zu den eigentlichen ideenhistorischen Beiträgen beider Autoren zur Diskussion. Diese Beiträge bringen in durchaus gelehrter, profunder, faszinierender bis brillanter Weise auch neue Einsichten, können aber kaum jenen ‚revolutionären' Anspruch plausibel machen. Pocock nennt in seiner Arbeit von 1971 nur wenige Gegner, und der Autor W. H. Greenleaf, auf den er sich bezieht, mag in der Tat als Beispiel für eine bloß geistesgeschichtliche, historisch-gesellschaftlicher Wirklichkeit kaum verbundene Art der Annäherung an klassisches politisches Denken gelten.[22] Aber kann die diesen Autoren mit Recht entgegenzuhaltende Einsicht in die historische Bedingtheit auch klassischen, namentlich politischen Philosophierens im Ernst als ‚revolutionär' oder auch bloß als Transformation im Sinne eines Kuhn'schen Paradigmawechsels ausgegeben werden?
Historizität von Denken und die damit verbundenen, auch hermeneutischen Probleme, in deren Reflexion sich die Angelsachsen Pocock und Skinner innovativ bis revolutionär fühlen, müssen demjenigen höchst anfängerhaft und stümperhaft vorkommen, der, etwa durch Hegellektüre, einmal gelernt hat, daß jeder Philosoph „ein Sohn seiner Zeit" ist, eine Erkenntnis, zu der vorzudringen bekanntlich nicht mehr notwendig ist als die Kenntnisnahme von Vorreden. Die Einbeziehung historischen Kontextes für die Erklärung politischen Denkens – auch des philosophischen, oder der ‚Ideen' – ist

zweifellos notwendig, aber die Einsicht in diese Notwendigkeit ist ebenso zweifellos trivial, bzw. von vorgestern. Dies wissen wir mindestens seit Hegel, wenn nicht schon seit Xenophanes, von Marx ganz zu schweigen, dessen Beitrag zur Reflexion des Problems doch in etwas mehr bestehen dürfte als in einer vulgärmarxistischen Reduktion von Denken auf Sein.[23] Die Reduktion auf historische Kontextforschung läßt die Problemdimensionen begreifbarer oder begreifbar gemachter Geschichte, d.h. die Probleme konzeptionellen Geschichtsdenkens – völlig außer acht; abgesehen also davon, daß die Einsicht in historische oder Kontextbedingtheit von Denken alles andere als neu ist, fällt diese Methode in eine neue „selbstverschuldete Unmündigkeit" in Bezug auf die Probleme des Geschichtsdenkens zurück. Und abgesehen davon, daß man zur Unterscheidung von sprachlichen Akten als Philosophie genuin philosophische Kategorien braucht, reflektiert dieser Anspruch auch nicht das Problem der ‚schlechten Unendlichkeit' von Kontextforschung: Kontext im rein historischen Sinn ist ein unendliches Feld im Sinne freilich eben der ‚schlechten Unendlichkeit'.[24]

2. Das Problem der verstellenden Zuschreibung

Unter dem Problem der *verstellenden Zuschreibung* ist gemeint, daß eine vorgängige, aus dem Vorwissen der Schule stammende Einordnung eines Denkens – als ‚Idealismus' oder ‚Nominalismus', ‚Scholastik' oder ‚Naturrechtsdenken' – der Erschließung des besonderen Textes entgegensteht. In diesem Punkt kann man sich durchaus mit der Kritik von Pocock und von Skinner einverstanden erklären. Daß dies immer wieder anzutreffen ist, kann freilich nicht bedeuten, das Verhältnis von Allgemeinem und Besonderem in diesem Verhältnis zugunsten des puren Besonderen lösen zu wollen. Wenn die große Philosophie und ihre Geschichte nicht eine Vorgabe für die Epochenstrukturierung des historischen Gegenstandsbereiches liefern würde, könnte ein solcher Gegenstand nicht einmal bestimmt werden – es sei denn schematisch in einer rein willkürlich begrenzten Zeitspanne. Dies Problem, das weder bei Pocock noch bei Skinner hinreichend reflektiert ist, ist bei methodischen Überlegungen zu ideenhistorischer Forschung durchaus unausweichlich.

In einem Aufsatz von 1977 über die Frage, ob man Hobbes – Leibniz folgend – einen ‚Ultranominalisten' nennen können oder müsse, gelangt Hübener zu Überlegungen über dieses grundsätzliche Problem ideenhistorischer Arbeit.[25] Er führt, ähnlich wie Skinner und Pocock, aus, daß sich in Arbeiten zur Geschichte der politischen Ideen – und keineswegs nur auf dem Niveau von Lehrbüchern – häufig ein Vorgehen findet, das etwa, ausgehend von der schulmäßigen Feststellung: Thomas Hobbes ist der Begründer des modernen Kontraktualismus, das Denken dieses Autors nunmehr so darstellt, als sei es dessen Absicht gewesen, den ‚modernen Kontraktualismus' zu begründen.[26]

Die Frage ist hier die des Verhältnisses von mehr oder weniger kurrenten Epochenbegriffen bzw. allgemeinen Begriffen zur Charakterisierung von Denkrichtungen und -strömungen zu den besonderen Texten dieses Autors als diesen. Und eben dies ist u.a. das Problem von Hübeners Arbeit. Hübener kritisiert u.a. Largeaults Auffassungen in dessen großem Werk über den Nominalismus als Anwendung eines „grobschlächtigen"

Epochenbegriffs, dem ein Autor wie Hobbes einfach „subsumiert" würde, eine Auffassung, die in „Beweisnot geraten" müsse, „wenn sie ihre Thesen am Text selbst belegen sollte".[27] Er kritisiert damit aber grundsätzlich die Anwendung von Epochenbegriffen, die in ihrer „Unbekümmertheit" zur Verfälschung der Autoren führen müssen. Dagegen müsse die individualhermeneutische Textanalyse angesetzt werden, die Hübener, in einem anspruchsvollen Understatement, als den „Versuch, einige Seiten eines kleinen Kapitels der neueren Philosophiegeschichte erneut aufzublättern" bezeichnet.[28]

Aber die Gegenüberstellung von „Epochenbegriff" und „Textbefund" stellt keine Alternative dar. Hübeners eigener Text macht deutlich, daß seine ganze Arbeit an der Interpretation der Hobbes'schen Philosophie auf der Folie des generellen Nominalismusbegriffs vor sich geht. Mit anderen Worten, die Herausarbeitung der ‚differentia specifica' oder gar der ‚differentia propriissima' ist ohne den einkreisenden, präformierenden, bestimmenden Charakter des generellen Begriffs durchaus unmöglich. Die Beziehung von Epochenbegriff und Textbefund entspricht der Dialektik von Begriffenem und Begriff. Diese Dialektik impliziert ihrerseits dreierlei:

– Ohne die – generell begriffliche Ordnungsleistung – Kennzeichnung etwa einer Epoche oder Denkrichtung – kann das Besondere – dieser Text als dieser – nicht verstanden, geschweige denn begriffen werden.

– In dem Besonderen eines Textes oder Autors als diesem liegt begründet, daß dies Besondere sich stets auch gegen den Epochenbegriff sperrt. Der Epochenbegriff muß deshalb, um die Arbeit am Besonderen zu ermöglichen, *notwendigerweise hinreichend ungenau* sein.

– Ohne die ortsbestimmende Leistung des Epochenbegriffs verliert das Besondere eben seinen Ort und damit seine Erklärbarkeit überhaupt. Der Epochenbegriff seinerseits muß von dem Besonderen her auf diese Brauchbarkeit hin kontrollierbar sein. Erweist der Textbefund – den zu bearbeiten ohne allgemeinen Begriff nicht möglich ist – die Unbrauchbarkeit eines Epochenbegriffs, so ergibt sich nicht der Sieg der Invidualhermeneutik, sondern die Notwendigkeit eines revidierten Epochenbegriffs. Die Brauchbarkeit eines Epochenbegriffs oder seine „Griffigkeit" liegt nicht in einer Abstempelungsfunktion, die zwar mittelmäßiges Denken häufig in dieser Weise anwendet, sondern in seiner Funktion innerhalb dieses dialektischen Gegeneinanders von Epochenbegriff und Textbefund. Dies Gegeneinander kann in einer bestimmten Konstellation vielleicht eine Zeitlang als zufriedenstellender Besitzstand aufgefaßt werden, muß aber immer wieder von beiden Seiten her in Frage gestellt werden können.

Ein Epochenbegriff ohne Arbeit am Text ist sinnlos, eine Arbeit am Text ohne Epochenbegriff ist unmöglich.

3. Das Problem der Normalverteilung

Konnte man das Problem der ‚verstellenden Zuschreibung' des vorigen Abschnittes auch das der ‚hinreichenden Ungenauigkeit' nennen, so könnte für die Plausibilität des Gemeinten auch auf Aristoteles' klassische Einsicht hingewiesen werden, daß jeder Gegenstand von sich her seine eigene Exaktheit verlange – eine Einsicht, die bei der Frage nach dem Stellenwert der ,Politischen Ideengeschichte' innerhalb einer sich als Wissenschaft verstehenden Politologie bedacht werden sollte.[29] Für das hier angesprochene Problem der *Normalverteilung* ist auf eine andere klassische Einsicht griechischer Provenienz hinzuweisen: die nämlich, daß alles, was existiert, vor allem alles, was getan wird oder getan werden muß, ,schlecht', ,mittelmäßig' oder ,gut' getan wird bzw. getan werden kann.[30] Diese reale Erfahrung – die übrigens jedem späteren, recht verstandenen ,Idealismus' zugrunde liegt – führt zu einer Verteilung der Ergebnisse, die der Gauß'schen Normalverteilung entspricht. So trivial es aussehen mag, die Normalverteilung ist einer der fundamentalsten Befunde aller menschlichen Produktion. Die Anwendung des Prinzips auf unsere Sache ist eindeutig: Niemand kann Ideengeschichte fruchtbar kritisieren, der nicht aus der Kenntnis der Normalverteilung Kategorien für diese Einteilung der Befunde anzuwenden in der Lage ist: Er muß wissen, was schlechte, mittelmäßige und gute Arbeiten in der Ideengeschichte sind. Die Souveränität des Urteils ergibt sich aus der Befassung mit der Sache selbst, d.h. aus dem ständigen Vergleich in Kenntnisnahme eines wirklich breiten Feldes einschlägiger Produktion. Eine von außen her errichtete Konstruktion, die dann das Ergebnis hat, Ideengeschichte sei a priori „Unsinn"[31], ist nur mit der Reaktion der Florentiner Professoren auf die Entdeckungen Galileis bei Brecht zu vergleichen: Sie weigerten sich, durch sein Fernrohr zu sehen und hielten sich an die Konstruktion des Aristoteles, nach der Jupitermonde unmöglich seien.[32] Mit anderen Worten, die Bedeutung und Leistungsfähigkeit der unter der Bezeichnung ,Politische Ideengeschichte' laufenden Wissenschaftsproduktion kann nicht nach der oberflächlichen Kenntnisnahme eines mehr oder weniger kleinen Ausschnittes aus dem nach der Gauß'schen Normalverteilung gesetznotwendig mengenmäßig überwiegenden Anteil der Mittelmäßigkeit beurteilt werden. Die Bedeutung und Leistungsfähigkeit eines Faches ergibt sich aus den ,guten' Produktionen, wobei man eben jene Kategorien der Unterscheidung ebenso benötigt, wie man sich darüber klar sein muß, daß die Spitzenleistung stets ein breites Mittelfeld voraussetzt.

4. Das Problem der Marginalitätsangst

Das Problem ist bei Bermbach deutlich formuliert.[33] Abgesehen davon, daß Kramm, freilich aus durchsichtigen Gründen – er braucht eine kräftige Ideengeschichte, um seinem Unsinn-Unsinn selbst Kraft zu verleihen – diese Marginalität bestreitet[34], liegt in Bermbachs Befürchtung ein ernstes Problem. Die Bedeutung eines Fachgebietes nach Befunden statistischer Verteilung zu beurteilen, ist problematisch. Die statistische Annäherung widerspricht absolut der elitären Bestimmung wissenschaftlicher Spitzenproduktion, es kann ihr aber schon durch Hinweis auf die Normalverteilung begegnet werden. Es könnte ja durchaus sein, daß, wenn man das Fach ,Politikwissenschaft' als Ganzes betrachtet, die ,Politische Ideengeschichte' schon von vornherein deshalb in den „guten" Bereich der Normalverteilung gerät – also statistisch „marginal" sein kann – weil aufgrund der schwierigeren Voraussetzungen, etwa einer interdisziplinären Orientierung, die Mehrfachqualifikation voraussetzt, ein besonders zeitaufwendiges

Studium usw., diese Fachrichtung „normalerweise" nicht so häufig gewählt wird wie andere Spezialisierungen. Diese besonderen Schwierigkeiten haben dann natürlich wiederum zur Folge, daß innerhalb dieses Bereichs viel Mittelmäßigkeit mitläuft, was wiederum für den Außenstehenden den Eindruck der Marginalität – jetzt im Sinne der Bedeutungslosigkeit – verstärken kann. Diese Überlegung, so simpel sie scheint, könnte verhindern, daß die laufende Diskussion eine falsche Richtung einschlägt.

5. Das Problem der Kompetenz

Eine wissenschaftstheoretische Diskussion über die ‚Politische Ideengeschichte' kann nur sinnvoll sein, wenn sie kompetent geführt wird. Dies ist natürlich auch trivial – nichtsdestoweniger wird dieser Fehler schon sichtbar. Wenn etwa ein wenig Platon'sche Idee – bei offensichtlich völliger Unkenntnis dessen, was ‚Idee' im Idealismus bedeutete – schon genügt, um die Produktion eines ganzen Fachbereiches nicht nur als schlecht gemacht, sondern als a priori unsinnig zu verurteilen[35], so wird deutlich, was hier gemeint ist. Die Aufgabe, innerhalb der internationalen Produktion ‚Politischer Ideengeschichte' jene Normalverteilungskategorien von schlecht, mittelmäßig und gut zu entwickeln, ist vielleicht besonders schwierig, aber solchen Schwierigkeiten kann eben nur mit Kompetenz begegnet werden.[36]

II. Ermunterungen

1. Keine Angst vor Ideen!

„Es liegen einige gute Ideen in diesem Rock" sagte Heinrich Heines Schneider, und schon damals war solcher und ähnlicher Sprachgebrauch für Heine Anlaß, das, was wohl ‚Idee' sei, ironischerweise in Frage zu stellen – nicht ohne selbst sein ‚Buch Le Grand' mit ‚Ideen' zu überschreiben.[37] In der neueren Diskussion wird eine grundsätzliche Kritik an „Ideengeschichte" u.a. damit begründet, daß ein Autor Ideengeschichte produziere, ohne selbst etwa zu sagen, „was nach seiner Ansicht (!) eine Idee eigentlich ist".[38] Bermbach hält die Ideengeschichte für problematisch, weil sie eine „Autonomie politisch-theoretischer Entwürfe" jenseits ihrer historischen Bedingungen „suggeriere", und die „Existenz von Ideen" und deren Relevanz „unterstelle".[39] Solche Einwürfe zeigen, daß in der Diskussion um die ‚Politische Ideengeschichte' auch noch andere Fehler gemacht werden können als die im Abschnitt I erwähnten. Der Ideenhistoriker von Profession, dessen Reflexionsstand u.a. durch das Bewußtsein jener Fehlerquellen angedeutet ist, kann dieser Diskussion über „Ideen" und ihre „Geschichte" eigentlich nur begegnen wie Diogenes: Als in einem Kreise von Philosophen scharfsinnig die Unmöglichkeit von ‚Bewegung' deduziert wurde, bestand Diogenes' Beitrag zu dieser Grundlagendiskussion darin, aufzustehen und stumm auf- und abzugehen.[40]
Die Fruchtbarkeit ideenhistorischer Forschung hängt eher von der hinreichenden Ungenauigkeit dessen ab, was der tatsächlich Forschende als Idee bezeichnet, als Idee vor-

findet oder aufnimmt. Die vorgehende Diskussion über Idee „und was sie sei" könnte sehr wohl das Ergebnis haben, das Brechts Herr Keuner als Gärtner bei dem Versuch erzielte, einen Lorbeer kugelförmig zu stutzen. Der Meister charakterisierte das Ergebnis schließlich mit der Feststellung: „Gut, das ist die Kugel, aber wo ist der Lorbeer?"[41] Es ist sinnlos, eine wissenschaftliche Diskussion von einem Punkt Null anfangen zu wollen, gerade die ideenhistorische Forschung kann zeigen und zeigt, daß dies selbst da nicht möglich war und ist, wo ein derartiger Beginn an einem Nullpunkt den Intentionen des Autors selbst entsprach.[42] Also muß der Forschungsstand und d.h. das, was wirklich gemacht wird, in seiner Breite zur Kenntnis genommen werden. Die Ideenhistoriker befassen sich mit Texten, und zwar zu bestimmten Zeiten gehäuft mit stets den gleichen. Sie gelangen in bezug auf diese Texte zu unterschiedlichen Ergebnissen, dies wiederum zu erklären, gehört zu ihrer Profession, soweit ist auch im übrigen gegen Skinner gar nichts zu sagen. Warum die Befassung mit Thomas von Aquin signifikant zurückgeht, warum Thomas Hobbes oder Wilhelm von Ockham im 20. Jahrhundert eine deutliche „Renaissance" erleben – die Lebendigkeit und Bedeutung der reflektierten Diskussion selbst stellt jene Demonstration der Vitalität einer Forschungsrichtung dar, die nicht darauf angewiesen ist, aufgrund der penetranten Frage eines Naseweis' vorab zu klären, was eigentlich eine ‚Idee' sei. „Die Idee des Gesellschaftsvertrages", „Die Idee der Volkssouveränität", „Die Idee des Klassenkampfes", „Die Idee des Naturrechts", „Die Ideen der Französischen Revolution" sind immer noch sinnvolle Titel von Büchern, Vorlesungen oder Aufsätzen. Und welche Texte im Zusammenhang mit der Behandlung solcher „Ideen" dann sinnvollerweise herangezogen werden müssen, stellt das allergeringste Problem der Ideengeschichte dar. Die historischen Texte, in denen es um eine solche Idee ging, wurden gelesen, sie wurden zu widerlegen versucht, sie entfachten begeisterte Zustimmung oder Stürme der Entrüstung, sie wurden verbrannt oder kanonisiert, sie wurden „zu praktischer Gewalt, wenn sie die Massen ergriffen", sie machen und haben Wirkung, also Geschichte. Niemand nimmt mehr an oder tut so, als fielen solche Ideen vom Himmel. Ideen in diesem bewußt ungenauen Sinne sind gedachte, verbalisierte, aufgeschriebene Antworten auf Probleme der Zeit; sie stehen zur Realgeschichte im Verhältnis von Herausforderung und Antwort.[43] Diese Struktur nachzuweisen, gehört zu den Anfangsgründen der Ideengeschichte. Wenn dann jemand der Meinung ist, der Student, der sich für eine bestimmte Zeit und ihre „Ideen" interessierte, könne aus der Lektüre eines Romanes mehr lernen als aus der Lektüre von Sekundärliteratur zur Ideengeschichte[44], so mag dies sinnvoll sein, ebenso wie es sinnvoll ist, die Masse der „Pamphletliteratur und politischen Journalistik" zur Kenntnis zu nehmen und aufzuarbeiten.[45]

Solche Erinnerungen sind fruchtbar, aber sie schaffen ein Problem, das ohne die Vorgaben der ‚Politischen Ideengeschichte' als kurrenter Wissenschaftspraxis überhaupt nicht zu lösen ist, bzw. das künstlich aufgeworfene Problem reproduziert. Woher soll jemand wissen, welchen Roman er etwa für das Verständnis einer bestimmten Zeit lesen soll? Es ist sinnvoll, zu antworten: möglichst viele, aber auch Ashcraft wird bei seiner Empfehlung, wenn sie konkret sein soll, eine Selektion mitliefern und nicht eine Gesamtbibliographie der Zeit von A–Z. Er muß also wissen, welcher Roman seiner wissenschaftlichen Erklärungsintention entspricht, dies Wissen aber kann nur einer vorgängigen ideenhistorischen Übersicht entspringen.

Politische Romane sind selten und ihre Substanz zu bestimmen, setzt erhebliche Kenntnisse voraus. Natürlich ist es gut, für die Zeit der konfessionellen Bürgerkriege in Frankreich Heinrich Manns „Henri Quatre" zu lesen oder für die Zeit der Errichtung des modernen Flächenstaates Willibald Alexis' „Die Hosen des Herrn von Bredow". Aber so kann Illustration von Verhältnissen erreicht werden, vielleicht auch Einsicht in treibende „Ideen": Wollte man aber diese aus der Masse historischen Materials dieser oder anderer Art je herausdestillieren, so würde man unausweichlich auf jene „Ideen" stoßen, die in den klassischen Texten bereitliegen – jedenfalls gilt diese These bis zum Beweis des Gegenteils. Stellt man fest, daß es zu den Ideen von Vertrag und Souveränität, die in Hobbes „Leviathan" entwickelt sind, ein breites Umfeld von populären und popularisierten Texten in Pamphleten, Flugschriften und Schriften durchaus unbekannter Autoren gibt, umso besser – aber kein Kontext ohne Text.[46] Mit einem solchen Nachweis wird man höchstens einen naiven Jünger schockieren, der mit dem Namen „seines" Autors so etwas wie die Vorstellung eines Genies verbindet, das eine Mischung zwischen Prophetie und Wahrheit, im Sinne der Zehn Gebote anbietet, die ja bekanntlich unmittelbar vom Himmel gefallen sind. Solche Naivität ist im Fach ‚Politische Ideengeschichte' wohl kaum noch anzutreffen.

Es handelt sich bei einem als ideenträchtig angesehenen Text um die Arbeit eines Zeitgenossen, der aufgrund spezifischer Lebensumstände und individueller Begabung einen reflektiert-distanzierenden Blick für die Realitäten seiner Gegenwart und deren bewegende Kräfte hat, zu denen auch das gehört, was geglaubt und erstrebt wird. Und der aus eben diesem Grunde eine Fülle von Minimalinformationen über das, was wird, und das, was vorgeht, aufzunehmen und zusammenzufassen in der Lage ist, nicht in der Breite künstlerisch-epischer Darstellung, sondern in der zugespitzten Schärfe des Begriffs, auf den er seine Zeit bringt. Von dem Grad an Wirklichkeitserfassung hängt dann seine spätere *Wirkung* ab, d.h. die seines Textes und dieser hat dann eine *Geschichte*, die, wenn sie selbst wiederum wirklichkeitsvermittelt bleibt, eben nicht nur eine akademisch-geisteswissenschaftliche, sondern auch eine politische bleibt bzw. wird. Zu der gelassenen Ungenauigkeit[47] mit der der praktisch, also in wirklicher Forschung, arbeitende Ideenhistoriker an die „Ideen" herangehen kann, gehört freilich eine gewisse Kompetenz; in diesem Falle auch eine Übersicht über die Entwicklung des Denkens in bezug auf Idee. In dieser Entwicklung, also in der „Ideengeschichte" sollte man sich bewegen wie der Fisch im Wasser oder der Partisan im Volke – nicht jedoch wie ein Ertrinkender, der „Idee" zu einem festen Punkt machen will angesichts seiner Unfähigkeit, sich mit genügend Luft zu versorgen.[48]

2. Keine Angst vor Klassikern!

Natürlich hängt das Problem des ‚Klassikers' aufs engste mit dem der Idee zusammen. Die Frage danach, was ein ‚Klassiker' sei, bzw. wieso sich Ideengeschichte an Autoren hält, die sie als Klassiker bezeichnet, klingt, so gestellt, ein wenig dilettantisch.[49] Der Verfasser macht sich anheischig, mit jedem Vertreter des Faches ‚Ideengeschichte', insofern er dem abendländischen Kulturkreis im weiteren Sinne angehört, also einschließlich jedes namhaften Vertreters der ‚Political Philosophy', einschließlich aber auch jedes gelehrten Vertreters aus dem sozialistischen Lager bei einer eintägigen Klausurtagung ein Verzeichnis derjenigen Autoren einvernehmlich aufzustellen, die in eine größere Sammlung von ‚Klassikern der politischen Ideen' aufzunehmen seien. Es sei zugegeben, daß die Auswahl der Texte oder auch schon die Bestimmung des jeweiligen Hauptwerkes auf gewisse Schwierigkeiten stoßen könnte, aber über die Namen als solche würde in jedem Fall Konsens zu erzielen sein. Hält es jemand für sinnvoll, auf die Suche nach neuen Namen zu gehen, seis drum. Wohl ihm, wenn er einen solchen unserer Sammlung hinzufügt. Hält es jemand für sinnvoll, Ideengeschichte von ‚Antiklassikern' her zu schreiben, umso besser: er bestätigt den Begriff des ‚Klassikers' ex negativo. Gelingt es jemandem, einen ‚Klassiker' vom Throne zu stoßen, indem er etwa dessen historische Überschätzung nachweist oder ihn gar als einen Plagiator entlarvt – nichts ändert dies an der Bedeutung des Begriffs des ‚Klassikers' als solchen. Und worin liegt diese Bedeutung? Man muß auch diese Überlegung nicht bei einem künstlich ausgedachten oder selbstgelegten Ei anfangen. Ein Klassiker ist ein Ariadnefaden für seine Epoche; er hat sie im angesprochenen Sinne auf Begriffe gebracht, und seine Texte haben deshalb eine notwendige Wirkung gehabt. Eine Wirkung, die nicht nur in anderen Büchern – sog. Sekundärliteratur – nachgelesen, sondern in den Spuren praktischen geschichtlichen Handelns erkannt werden kann. Ein ‚Klassiker der politischen Ideen' ist ein Autor, der aus der Geschichte in einem genauen Sinne nicht wegzudenken ist. Ein Ereignis wie die Französische Revolution „vergißt sich nicht"[50] sagte Kant und Hegel bestätigte erneut ihre historische Notwendigkeit.[51] Ebenso vergißt sich nicht der „Leviathan" oder der „kategorische Imperativ" – und wenn man es denn als revolutionär ansehen will, dies nicht „Ideen" zu nennen, sondern „gesellschaftliches Handeln", dann läuft das durchaus auf das gleiche hinaus.

Ein Problem, auf das Bermbach hinweist, ist freilich ernst zu nehmen. Wenn und wo es zutrifft, daß „eine an Klassikern orientierte Ideengeschichte mit überwiegend werkimmanenter Interpretation und der Suche nach zeitlos gültiger Aussage nach wie vor dominiert", so wird der Begriff des Klassikers allerdings problematisch.[52] Wenn er also dazu benutzt werden soll, auf dem Wege der Ideengeschichte – deren Geschichtscharakter dann auch gar nicht mehr ernst gemeint ist[53] – eine Auffassung von Absolutheit, allgemeingültiger Wahrheit oder irgendwelche Fundamentalismen zu lancieren, dann muß dies in der Tat zurückgewiesen werden. Wenn also Maier/Rausch/Denzer schreiben: „Von einem Klassiker des politischen Denkens sprechen wir nur dann, wenn sein Werk einmal, und sei es nur für eine kurze Frist, im Mittelpunkt der politischen Ideen und Vorstellungen einer Epoche stand, wenn es repräsentativ wurde für eine Gesellschaft, und wenn es – eine weitere nicht unwichtige Bedingung – sowohl die Möglichkeit universeller Verbreitung wie auch die Kraft geschichtlichen Weiterwirkens in sich trägt"[54], so kann man zwar bei bestimmten Formulierungen mißtrauisch werden – z.B. der „universellen Verbreitung" – im ganzen aber trifft sich diese Auffassung mit der hier angedeuteten geschichtlich-realen Auffassung des Klassikers. Wenn freilich dies nun wiederum verbunden wird mit der Bestimmung des „Zeitenthobenen, Immer-Gültigen, Allgemein-Menschlichen"[55], so ist Bermbach zuzustimmen, daß hier offenbar der Klassiker dazu benutzt werden soll, eine bestimmte eigene, normativ gedachte Po-

sition zu untermauern, und dagegen muß man freilich auf einem historisch-säkularen Begriff des Klassikers, wie er hier anzudeuten versucht wurde, bestehen.
Dem Problem der „werkimmanenten Interpretation“[56] ist mit den vorhergehenden Bemerkungen bereits begegnet, daß die Orientierung an ‚Klassikern‘ auch dazu führt, Autoren nur entsprechend eines intendierten Systementwurfs als solche gelten zu lassen, wirft freilich ein weitergehendes Problem auf, das mit der Themenstellung des nächsten Abschnittes zusammenhängt.

3. Keine Angst vor Philosophie!

Der Ausgangspunkt aller hier angestellten Überlegungen ist die Stellung des Faches ‚Politische Ideengeschichte‘ oder ‚Geschichte der politischen Ideen‘ innerhalb der Politikwissenschaft. Im Abschnitt „Keine Angst vor Ideen“ sollte deutlich geworden sein, daß die von Bermbach vorgeschlagene Umbenennung in „Theoriegeschichte“ nicht unbedingt der Sache förderlich scheint. ‚Hobbes‘ politische Ideen‘ könnten zwar ohne weiteres auch ‚Hobbes‘ politisches Denken’ oder eben auch ‚Hobbes‘ politische Theorie’ genannt werden. Schwieriger wäre es aber schon, gerade die auch von Bermbach geforderten kontextuellen Erweiterungen einer ‚Theoriengeschichte‘ zu subsummieren und seine weiteren Ausführungen, die auf eine ‚kritische Theorie‘ hinauslaufen, scheinen den abgrenzbaren Fachbereich ‚Politische Ideengeschichte‘ vollends zugunsten einer bestimmten – noch dazu schulspezifisch belasteten – Sichtweise aufzuheben.[57] Ruinös für die ‚Politische Ideengeschichte‘ aber müßte sein Vorschlag sein, wenn „Theoriengeschichte“ sich an einem spezifischen szientistischen Begriff von Theorie orientierte.[58] Die Politische Ideengeschichte muß zwar unbedingt das Problem reflektieren, warum und wieso – dem Anspruch nach schon bei Macchiavelli und Hobbes, deutlicher aber seit Marx und Max Weber – politisches Denken von ‚Philosophie‘ zu ‚politischer Wissenschaft‘ wird: dieser Wechsel scheint ja überhaupt das auslösende Moment für unsere ganze Diskussion zu sein. Nichtsdestoweniger darf dies nicht bedeuten, daß ein in der Geschichte politischen Denkens spät anzutreffender, szientistischer Theoriebegriff jetzt rückwirkend auf ‚Politische Ideengeschichte‘ im ganzen projiziert wird. Dies wäre nicht nur ungeschichtlich, sondern mußte das Bemühen um ‚Politische Ideengeschichte‘ zerstören – zum Schaden der ganzen politischen Wissenschaft. Die soziologisch induzierten szientistischen Tendenzen haben ohnehin im Fache eine verheerende, weil entpolitisierende Wirkung.[59] Läßt man jetzt die Ideengeschichte fahren, so verliert man die Chance, dem Fach ‚Politische Wissenschaft‘ Substanz zu erhalten. Trotzdem muß man natürlich sehen, daß die Irritation, die Bermbach zum Ausdruck bringt, ein echtes Problem andeutet, und zwar nicht nur, weil sie sich mit den Problemen, die Skinner, Pocock, Ashcraft u.a. aufgeworfen haben, deckt. Denn der gemeinsame Ausgangspunkt dürfte ja die Tatsache sein, daß ‚Political Philosophy‘ dort, ‚Politische Ideengeschichte‘ hier, sich häufig in geisteswissenschaftlich werkimmanenter Sekundärphilosophie oder gar in bloßer Textphilologie erschöpfen und daß solches Vorgehen, bloß als dieses in das Fach Politische Wissenschaft übertragen, kaum befriedigen wirken kann. Die methodischen Probleme stellen sich zwar für die ‚Political

Philosophy' insofern anders als für unsere ,Politische Wissenschaft', als jene die Philosophie selbst schon szientistisch reduziert. Würde man, dem folgend, aufgrund eines ohnehin nicht durchhaltbaren methodischen Purismus der Politikwissenschaft die philosophische, d.h. wirklichkeitsträchtige Dimension abschneiden, so würde sie damit zur Kugel gemacht, aber den Lorbeer würde sie verlieren – im materialen übrigens ebenso wie im methaphorischen Sinne.

Der desolate Zustand des Faches Philosophie auch in Deutschland, in dem die werkimmanente Sekundärliteratur oder die philologisch-gelehrte Befassung mit Klassikern als „ersatz-philosophy" erscheint, gibt zwar keinen großen Anlaß, von der im Fache Philosophie verankerten Beschäftigung mit den politischen Ideen viel interdisziplinären Gewinn für die Politikwissenschaft zu erwarten.[60] Wenn und wo die Politikwissenschaft überhaupt daran interessiert ist, aus dem politisch-unverbindlichen, weltläufig-provinziellen, soziologisierenden Szientismus herauszukommen, dann muß sie sich ihrer theoretischen Grundlagen selbst versichern und diese Grundlagen sind die politischen „Ideen" im traditionellen Sinne, für die oben eine gelassen-ungenaue Aufnahme als angemessen aufgezeigt wurde. Die Reduktion auf politische Soziologie macht die Politische Wissenschaft wurzellos, unverbindlich und scholastisch oder, noch schlimmer, sie läuft parteipolitischen Positionen und Subventionen hinterher. Die lebendige – nicht bloß additive – Integration ihrer philosophischen Dimension könnte ihr jenen Lorbeer verschaffen, der, seit Philosophie und Geschichte ihn verloren haben, auf eine neue praeceptorielle Wissenschaft wartet. Dazu müssen die Berührungsängste vor der Philosophie aber jedenfalls abgebaut werden, vor allem muß deutlich werden, daß jene blut- und politiklose „ersatz-philosophy" allerdings nicht das sein kann, was die Politikwissenschaft belebt. Die Stärke könnte nur aus der Neuverpflichtung der Philosophie auf ein substantielles Politikverständnis resultieren – was wiederum bedeutete, daß auch die Politikwissenschaft ein solches Verständnis ihres eigenen Gegenstandes hätte oder entwickeln müsse.[61] Solange die Politikwissenschaft sich nicht in soziologistische Szientizität verliert, oder sich damit begnügt – im letzteren Fall brauchte sie keine ,Ideengeschichte' – solange sie also auf ,Politischer Ideengeschichte' als einem Teil ihres Selbstverständnisses besteht, solange hat sie die Chance, als Wissenschaft ihre eigenen Grundlagen reflektierend und integrativ einzuholen.[62]

Die Neugeburt der deutschen Politikwissenschaft aus dem Geist der ,Politischen Idee' ist möglich, wenn man keine Angst vor der Philosophie hat – und natürlich auch nur dann, wenn man sich nicht etwa jenen Philosophiebetrieb zum Vorbild nimmt, der selber durch Ängstlichkeit vor seinem großen Gegenstand ausgezeichnet ist. Es hat Zeiten gegeben, in der deutsche Philosphen sich eben nicht mit „ersatz-philosophy" begnügten, also damit, in errötender, selbstzufriedener oder ohnmächtiger Bescheidenheit ihre Beiträge zu irgendwelchen Diskursen zu liefern. Es gab Zeiten, in denen die Philosophen wußten, daß sie ihre Zeit in Gedanken erfassen wollten, daß sie der Wirklichkeit die Bedingung ihres Erscheinens vorschreiben konnten, daß Philosophie es weder mit dem bloßen Meinen – schon gar nicht mit dem Gut-Meinen – noch mit Ausgedachtem, mit Utopien oder Ideologien zu tun hatte, sondern mit der Konstruktion bewußter Wirklichkeit und mit Weltentwurf. Natürlich ist es schwer, zu philosophieren[63], wenn die Nation geteilt ist, aber die Philosophie, die die Deutschen immerhin auch einmal zu einem Volk der Denker gemacht hat, war nie gedankliche Reproduktion bloßer Zustände, sondern Aufruf zur Veränderung aus den Imperativen strenger Theorie. Auf diese Weise war unsere große Philosophie politisch in einem substantiellen Sinne und diese Dimension muß der Politischen Wissenschaft erhalten bleiben bzw. zurückgewonnen werden, d.h. sie muß „philosophischer", d.h. strenger, wirklichkeitsbezogener, d.h. eben politischer werden als die Philosophie. Sie muß von sich aus der Philosophie, auch der der ‚Ideen' und der ‚Klassiker', die Bedingungen ihres Erscheinens, ihrer Aktualität vorschreiben, nur so könnte sie zu einer Wissenschaft werden, die denkt und etwas zu sagen hat – nicht nur sich selbst, sondern z.B. der eigenen Nation und damit der Welt.

III. Anregungen

1. Systematische Überlegungen zur Verbindung von Philosophie und Politik

Die folgenden Überlegungen sollen zu zeigen versuchen, in welcher Weise Philosophie so auf Politik bezogen ist, daß sie bei Integration philosophischer Bestände in die Politikwissenschaft hinein auch für diese eine neue Grundlegung ermöglicht. Arbeiten am historischen Kontext von Ideen im Sinne, wie sie hier bereits programmatisch angeführt sind, werden als selbstverständlich vorausgesetzt. Die Bemerkungen sind unausweichlich recht grundsätzlicher Natur. In den beiden nachfolgenden Abschnitten finden sie jedoch ihre Ergänzungen durch konkrete Hinweise auf Vorgehen und Forschungsperspektiven.

Inwiefern ist also Philosophie ‚im Grunde' politisch? Das Geschäft der Philosophie ist die Reflexion auf die ‚conditio humana' im weitesten Sinne. ‚Conditio humana' ist Existenzrealisierung innerhalb einer unausweichlichen Spannung von je Besonderem und Allgemeinem, die sich anthropologisch als das Verhältnis von Individuum zur Gattung, ethisch als das Verhältnis von Handlung und Norm, erkenntnistheoretisch als das Verhältnis von Begriffenem und Begriff und – fundamental in bezug auf die konkrete Verwirklichung der ‚conditio humana' – politisch als Verhältnis des Einzelnen oder Besonderen zum Konkret-Allgemeinen – also zur Politik, d.h. aber, neuzeitlich gesprochen, zum Staat darstellt.

Diese Bestimmung des Philosophischen sollte nicht schulspezifisch oder im Sinne individuellen Meinens angesehen werden: Sie versteht sich lediglich als Auseinanderlegung so fundamentaler und kaum bestreitbarer Feststellungen wie der aristotelischen, daß nämlich die ‚conditio humana' die eines Wesens sei, das „politikon" ebenso ist wie „noun echon" – das also politisches Wesen ist, insofern es denkendes Wesen ist und umgekehrt.[64]

Das Geschäft der Philosophie ist es, in allen Bereichen menschlicher Daseinsfristung oder menschlicher Praxis, die Dimension des Allgemeinen aufzuzeigen, so menschliche Wirklichkeit aus der Abstraktion bloß individuellen Meinens und Verhaltens in die Konkretion des Allgemeinen zu heben.[65] Die Philosophie lebt von der Spannung zwischen der Ahnungslosigkeit, der Bewußtlosigkeit der bloß individuellen Praxis und der objektiv aufweisbaren Angewiesenheit, Abhängigkeit und Bedingtheit dieser Praxis von allgemeinen Zusammenhängen.

Ideenhistorische Forschung steht auch insofern unter den Reflexionsbedingungen der ‚conditio humana', als sie selber das Verhältnis von Besonderem und Allgemeinem problematisierend reproduziert. Und dies nicht bloß im Gegenstand, sondern auch in der Methode. Was letztere angeht, so sollen einige kritische Bemerkungen aus den Abschnitten I,1 und 2, hier weiter vertieft werden.

Individuelles Denken ist jeweils das Besondere zu einem Allgemeinen, das seinerseits als Begriffs- und Ordnungsrahmen jenes Besondere erst verständlich oder gar begreifbar macht. Wie in allen philosophischen Reflexionen und allen praktischen Existenzbereichen ist auch hier die größte Gefahr die der abstrakten Verkürzung oder die unangemessene Präponderanz je einer Seite. Dabei scheinen die Risiken unterschiedlich verteilt: Die Versenkung in das Individuelle, das Zurückgehen auf die Texte, deren philologische Restitution und hermeneutische Erschließung, laufen prima vista anscheinend auch dann ein weit geringeres Risiko, wenn sie jene Seite des Allgemeinen relativ vernachlässigen.

Denn wie gezeigt gibt es immer hinlänglich kurrente Epochenvorstellungen, in die die individuell bezogene Forschungsarbeit mehr oder weniger arglos hineingestellt werden kann.

Die Gefahren sind nichtsdestoweniger groß. Sie bestehen in dem Verlust der philosophischen Dignität, d.h. letztlich jeder allgemeinen Bedeutung. Die ideenhistorische Arbeit wird dann eben zu reiner Historie oder reiner Philologie – beides nun allerdings wiederum so zweifellos honette wissenschaftliche Beschäftigungen, daß jener Verlust der allgemeinen Bedeutung umso leichter in Kauf genommen, als die Auffassung verbreitet und verstärkt werden kann, die Befassung mit Philosophie sei schon Philosophie.

Die Gefahr muß umso mehr einleuchten, wenn man sich klarmacht, daß jede Befassung mit individuellem Denken, wo sie auch nur um ein geringes über Probleme der Datierung und der Feststellung von Texten hinausgeht, unausweichlicherweise allgemeine Voraussetzungen mitbringen oder entwickeln muß, die, wenn sie nicht in das methodische Bewußtsein gehoben und reflektiert werden, der Befassung den Charakter des „Denkens" jedenfalls nehmen – eine Gefahr, die, ernst genommen, so tödlich ist, daß man eigentlich nur mit Verzweiflung oder Entsetzen die Versammlung von aus Bändern, Sehnen und Gebein geflickter Halbwissenschaft wahrnehmen könnte. Trotzdem kann eine solche Einseitigkeit – an sich der Tod des Denkens – ihren Sinn in einer Entwicklung haben, in der sie eine notwendige oder auch bloß historisch fällige Gegenposition markiert. Dies ist z.B. die Situation eines Teiles der gegenwärtigen Forschung über Wilhelm von Ockham, die in ihrem Rückgang auf die Texte selbst zunächst vor allem alte, schulmäßige Diffamierungen abwehren mußte.[66] Wilhelm von Ockham war allzusehr das Opfer willkürlicher, „geistesgeschichtlicher" Vorurteile geworden. Man konstruierte etwa so etwas wie eine „Destruktion" der wunderbar-einheitlichen Scholastik: Ockham wurde einer der hauptsächlichen Destruktoren. Man fürchtete die „gefährliche" nominalistisch-voluntaristische „Relativierung" – Ockham ist einer jener gefährlichen Relativierer gewesen. Solange solche oder ähnliche Epochenkonstruktionen herrschend sind, hilft zwar auch die Arbeit am Besonderen nicht direkt – wohl aber trägt diese, wenn sie sich auf das Besondere des jeweiligen Denkens wirklich einläßt, zur Transformation von „Paradigmen" oder zur Destruktion kontingenter Epochenvorstellungen in kleinen Schritten bei, kleine Schritte, die zu großen erst werden können, wenn die Veränderung der Orientierungsinteressen im großen Maßstab jene älteren Epochenvorstellungen zum Ärgernis und zur Torheit gemacht haben. Wie können aber Epochenbegriffe – im Gegensatz zu jenen schulmäßigen Deformierungen – bestimmt werden – d.h. wie bestimmt sich philosophisch das Denken über die Entwicklung des Denkens überhaupt? Dessen Auffassung kann sich ja nicht und niemals durch eine Addition von Besonderem – von Platon bis Max Weber – ergeben. Dies wäre in der Tat keine „Geschichte".

Die Geschichte aller menschlichen Existenz aber ist die Geschichte der *praktischen* Realisierung des für die ‚conditio humana' fundamentalen Spannungsverhältnisses von Besonderem und Allgemeinen – und der Reflexion darauf. Diese Geschichte verläuft spätestens seit dem 19. Jahrhundert als reflektierte Entwicklung, d.h. unter der ins Bewußtsein getretenen Tatsache der Historizität jener ‚conditio humana' selbst. Jede gegenwärtige Existenz verwirklicht sich unter den Bedingungen der bisherigen Entwicklung. Und wenn wir auch heute diese Entwicklung der Wirklichkeit und des Denkens nicht mehr – fasziniert von einem technischen Paradigma – als eitel Fortschritt, noch viel weniger als ständige Vervollkommnung „des Menschen" oder gar „der Menschheit" sehen können, so muß diese Erkenntnis doch keineswegs zu philosophischem Defätismus führen. Defätismus ist Ausdruck von Enttäuschung, aber jeder Enttäuschung geht eine Täuschung voraus: Die größte in der Entwicklung des Denkens ist die jenes Fortschrittsoptimismus und seiner sozialistischen Derivate. Philosophischer oder theoretischer Defätismus ist Verzicht auf die Erkenntnis des Allgemeinen, wie praktischer Defätismus den Verzicht auf das Geltendmachen des Besonderen, also Selbstaufgabe bedeutet. Das Allgemeine in der Entwicklung der menschlichen Existenz oder in der Geschichte ist aber das historisch akkumulierte Ergebnis eben dieser Entwicklung als der ständigen praktischen Auseinandersetzung des Besonderen und des Allgemeinen selbst. Der „Sinn" der historischen Entwicklung ist ihr Ergebnis: Das Ergebnis ist die Welt der Gegenwart und diese Welt ist weder Fortschritts- noch Menschheitswelt, sondern konkret Staaten- und Nationenwelt.[67] Der neuzeitliche Staat ist der Begriff der Entwickeltheit der konkreten Allgemeinheit unter Geltendmachen des Besonderen – d.h. der Freiheit. Und seit dem frühen 19. Jahrhundert wurde die Dynamik von individueller Freiheit und begriffenem Allgemeinen zum ‚Vernunftstaat', d.h. zu einer von den denkenden einzelnen lebendig ergriffenen und revolutionär angeeigneten Wirklichkeit: Kern des Hegel'schen Vernunftstaats oder der modernen Idee der Nation.

Ein historisches Ergebnis als Aktualität „löst" nie die Probleme der Zukunft, als Ergebnis nicht einmal die der Gegenwart. Aber es bestimmt den Rahmen, innerhalb dessen jene Grundspanung der ‚conditio humana' in jedem Falle ausgetragen wird. Die Geschichte aller wirklichen Existenz ist die Geschichte der Entwicklung des Politischen, d.h. neuzeitlich gesprochen, die Geschichte der Entwicklung des Staates und der Nation. Dies ist der Kern dessen, was seit Kant als ‚Primat des Praktischen' wichtig geworden ist.[68] Und damit ist auch die Geschichte des Denkens bestimmt, sofern dies Denken an jenen substantiellen Konditionen ausgerichtet war, ist oder bleibt. Gründliches Denken im Sinne der Reflexion auf „Grund“ ist also politisches Denken – von heute her gesehen „Staatsdenken“ und, noch konkreter: Nationalphilosophie.[69]

Diese Auffassung von Philosophie, unter deren Bestimmungen dann der Stellenwert der historischen Texte untersucht werden muß, enthält zwei Voraussetzungen, die als Forderung, besser als Verstehensvoraussetzungen an historisches Denken herangetragen werden. Einmal die Voraussetzung des Zusammenhangs der jeweiligen Philosophie mit der Wirklichkeit von Zeit und Ort, d.h. die Voraussetzung historischer Konkretion. Das Denken muß notwendig insofern sein, als es durch die historische Wirklichkeit vermittelt ist; nur so entstehen ‚Klassiker‘. Eine „absolute Ungeschichtlichkeit von Wahrheit“[70] ist nichts anders als ein übernächtiger, penelopeischer Alp- oder Wunschtraum, je nach dem. Das ‚Politische‘ ist allemal das Schiboleth, an dem sich reelle Philosophie ausweist oder ein ‚Begriff des Politischen‘ ist der entscheidende Ausweis der Gründlichkeit des Denkens – in der Philosophie ebenso wie in der Politikwissenschaft.[71] Dies muß selbstredend nicht immer in plakativ-eindeutiger Manier der Fall sein, aber der Bezug auf politische Wirklichkeit ist der eigentliche Test für die gesellschaftlich-historische Konkretheit, d.h. also für die human-allgemeine Bedeutung eines Denkens oder einer ‚Idee‘. Diese Anwesenheit des Politischen als des je Konkret-Allgemeinen in einem Denken kann die vielfältigsten Formen annehmen, (übrigens bis hin zum Extrem einer völligen Politikvergessenheit). Die vorauszuschickende Frage an historisches Denken wäre also die nach dem Grad der reellen Wirklichkeit, d.h. der begrifflichen Zeiterfassung. Daß hier der Berührungspunkt mit historisch-konkret arbeitender Politikwissenschaft ist, liegt auf der Hand.[72]

Die zweite Voraussetzung ist die systematische. Hier muß nach dem Zusammenhang des Denkens gefragt werden, insofern es – nach der traditionellen Bestimmung – theoretische und praktische Dimensionen vereinigt. Das Prinzip der systematischen Konsistenz hat nicht nur die methodische Dimension eines heuristischen Verstehensprinzips, sondern auch die Funktion der inhaltlichen Ordnung von massenhaft Gedachtem oder Geschriebenem. Das am Wirklichkeitsbezug des Denkens ausgerichtete Systematisieren als Suche nach der inneren Geordnetheit der betreffenden Philosophie ist der einzige Maßstab für das Erkennen des diesem Denken je Wesentlichen. Ist aus historischem Denken eine solche Systematik nicht rekonstruierbar – wobei freilich Unbeirrbarkeit und Zähigkeit des interpretatorischen Zugriffs vorausgesetzt werden müssen – so liefert dieses Denken bestenfalls ‚interessante‘, nicht aber philosophisch-wesentliche Aspekte – es handelt sich dann auch um keinen ‚Klassiker‘.

Eine aus den Inhalten sich ergebende, rekonstruierbare und rekonstruierte Systematik historischen Denkens bedeutet gleichzeitig die Möglichkeit der Scheidung von Wesentlichem und Unwesentlichem. Dies wiederum ist die Grundlage für die Auswahl von Texten, für die Bestimmung des Hauptwerkes, für die Erkenntnis des Stellenwertes des Autors überhaupt – alles notwendige Schritte der Arbeit in der ‚Politischen Ideengeschichte‘.

2. Annäherung an das Fach oder wie wird man ein guter Historiker der politischen Ideen?

Die Bemerkungen dieses Teiles stellen nichts weiter dar, als eine Zusammenfassung praktischer Konsequenzen aus den allgemeinen Erörterungen der vorhergehenden Abschnitte. Wie hier im II. Teil ausgeführt, braucht sich niemand, der die Fachrichtung ‚Politische Ideengeschichte' einschlagen will – ob mit dem Ziel einer akademischen Laufbahn oder einer auch nur schwerpunktmäßigen Qualifikation – vorgängige Gedanken darüber zu machen, was eine ‚Idee' ist oder was unter einem ‚Klassiker' zu verstehen sei. Auch die Kenntnisnahme der hier geführten methodologischen Diskussion ist für eine Annäherung an die Sache zunächst von durchaus sekundärem Interesse. In praktisch-didaktischer Absicht soll jedoch auf drei Punkte aufmerksam gemacht werden: Erstens auf individuelle Voraussetzungen, zweitens auf die Konsequenzen der Interdisziplinarität; schließlich sollen drittens einige praktische Hinweise allgemeinen Charakters angegeben werden.

Trotz des relativ ungeklärten Zustandes und des problematischen Selbstverständnisses der ‚Politischen Ideengeschichte', die die gegenwärtige Diskussion ausgelöst haben, kann man davon ausgehen, daß an den Universitäten, an denen Politikwissenschaft studiert werden kann, auch ein mehr oder weniger systematisches Lehrangebot ‚Politische Ideengeschichte' besteht. Abgesehen von höchst individuellen Neigungen und äußerlich-zufälligen Voraussetzungen wie Studienordnungen, Stundenplanung, Ruf des betreffenden Dozenten, kursierenden Ansichten über sein Prüfungsverhalten usw., sollen hier zwei grundsätzliche Möglichkeiten betrachtet werden: Das Studium der ‚Politischen Ideengeschichte' kann rein additiv, oder es kann grundlegend betrieben werden. Rein additiv bedeutet, daß ‚Politische Ideengeschichte' etwa als ein Prüfungsfach unter anderen angegangen wird. In diesem Falle sind von seiten des Studierenden keine andere Voraussetzungen notwendig, als mindestens mäßiges Interesse an theoretischen Zusammenhängen und Fragestellungen, Sinn für historische Konstellationen, die Bereitschaft und Fähigkeit, auch schwierige Texte zusammenhängend und nicht nur als ‚abstracts' zu lesen, sowie eine überdurchschnittliche Motivation zum Lesen überhaupt. Wenn das Fach ‚Politische Ideengeschichte' weiterhin innerhalb der Politikwissenschaft institutionalisiert bleiben soll und dies muß aus den hier angestellten grundsätzlichen Überlegungen jedenfalls so bleiben bzw. sogar in verstärktem Maße geschehen, so müßte in jedem Fall auch für ein standardisiertes Lehrangebot gesorgt sein, das es gestattet, dieses Fach unter den hier genannten Bedingungen mindestens als eines unter anderen zu studieren. Im Hinblick auf den wissenschaftlichen Status der politischen Ideengeschichte können solcherlei Bedingungen und Motivationen natürlich nur eine Mindestvoraussetzung sein.

Der andere Fall tritt ein, wenn das Fach in einer weiterführenden wissenschaftlichen Intention studiert werden soll. Damit ist gemeint die Wahl der ‚Politischen Ideengeschichte' als Hauptfach – mit dem Abschluß einer qualifizierenden Arbeit – bis hin zur ‚Politischen Ideengeschichte' als Beruf. Hier sind dann freilich andere individuelle Voraussetzungen notwendig. Die wichtigste Voraussetzung ist die aus der Sache sich ergebende Motivation selbst. Die Politikwissenschaft kann ‚positiv' betrieben werden und auf keinen Fall soll hier etwa – im Interesse der Ideengeschichte – eine neue Polemik gegen einen politikwissenschaftlichen Positivismus vom Zaune gebrochen werden. Aber unter der Voraussetzung einer individuellen Fragebereitschaft, eines individuellen Problembewußtseins oder individueller Nachdenklichkeit, gibt jede positiv betriebene Wissenschaft mindestens ebensoviel Fragen auf wie sie beantwortet. Die Politikwissenschaft, insofern sie sich auch nur irgendwie noch als Erscheinungsweise politischen Denkens auffaßt, hat in ihrem eigenen traditionellen Korpus, aufbewahrt in der Ideengeschichte, das Material, um in jeder, auch die intensivste Denkmotivation befriedigenden Weise, ihren eigenen Fragen auf den Grund gehen zu können. Die Motivation nicht nur des Lernens im Sinne der Übernahme von positiven Resultaten, sondern im Sinne der Verwirklichung der eigenen Freiheit im Denken des Grundsätzlichen ist die wesentliche Voraussetzung für die wissenschaftliche Befassung mit ‚Politischer Ideengeschichte' innerhalb der Politikwissenschaft.

Und diese Motivation muß beherrschend sein. Denn die Konsequenzen aus dem spezifischen Charakter der ‚Politischen Ideengeschichte' sind vor allem elitär: Das Fach verlangt schon von sich selbst her relativ mehr als andere Fächer. Weder soll hier dem Vertreter der ‚Internationalen Beziehungen' noch dem der ‚Vergleichenden Regierungslehre' noch dem der ‚Wahlforschung' zu nahe getreten werden: Spitzenleistungen sind in keinem Bereich des Faches mit einer 50-Stunden-Woche zu erreichen. Man könnte sich aber darauf einigen, daß die Eingangsschwelle für das Fach ‚Politische Ideengeschichte' höher ist, und zwar wegen der Disparität der verschiedenen Denkweisen, die die Konsequenz der Spannweite der einschlägigen Texte ist. Sie reichen ja von einer aktuellen ‚Grundwertediskussion' bis zu Werken wie Platons ‚Staat', Hobbes' ‚Leviathan' und Hegels ‚Rechtsphilosophie'. Und macht man sich die auch hier erörterte berechtigte Kritik an einem losgelösten, nur geisteswissenschaftlichen Vorgehen innerhalb der politischen Ideengeschichte klar, so wird deutlich, daß Interdisziplinarität hier unausweichlich in Personalunion realisiert werden muß. Neben dem sozialwissenschaftlichen geht es um den historischen und den philosophischen Zugang und zwar mindestens darum: Wer wollte bestreiten, daß nicht auch der juristische ebenso fast unentbehrlich ist wie der philologische? Dieser unausweichliche Charakter der Sache hat, wenn schon nicht mehr Arbeitsaufwand, dann doch jedenfalls längere Zeit bis zur Erreichung guter Ergebnisse zur Folge – dieser Umstand allein reicht aus, um jene von Bermbach beklagte statistische Marginalität dieser Fachrichtung zu erklären. Die individuellen Kosten sind höher, deshalb muß die Motivation überdurchschnittlich, wird also relativ selten sein. Jene relativ hohen Kosten können freilich mehr oder weniger geschickt umgangen werden: Dies führt dann zu jener Oberflächlichkeit und Mittelmäßigkeit, die wiederum von den Kritikern zu Recht festgestellt wird.[73]

Die ‚Politische Ideengeschichte' als Korpus von Texten sollte weder mit einem Steinbruch noch mit einem Scherbenhaufen verglichen werden. Am nächsten kommt der Sache der Vergleich mit einem Netz, das, der historisch-politischen Wirklichkeit übergeworfen, seine Verknüpfungen deutlich macht, wenn es an einer Stelle angehoben wird. Die Tatsache, daß alle Texte oder Ideen im hier angeführten Sinne miteinander – synchron und diachron – verbunden sind, als methodischen ‚regressus ad infinitum' zum Beweise der Unmöglichkeit ideenpolitischer Arbeit zu benutzen, ist töricht –

leichter wird diese freilich dadurch nicht. Die Beschäftigung mit den Texten demonstriert aufs deutlichste den direkten oder indirekten Zusammenhang des von den Autoren durch die Jahrhunderte Gedachten – wobei das Aufspüren verlorener Zusammenhänge eine der aufregendsten Aufgaben des Faches ist. Eine genaue Fragestellung hebt eine bestimmte Stelle des verzweigten Netzwerkes in deutliches Licht und niemand, dem es gelungen ist, einen bestimmten Bereich des Netzwerkes zu beleuchten, wird die weiteren Verknüpfungen und Verzweigungen, die von seinem Punkt ausgehen, leugnen. Aber wer sich von deren Ausgedehntheit von konkreter Arbeit abhalten läßt, zeigt nichts anderes als daß er eben in der ‚Politischen Ideengeschichte' nicht arbeiten kann oder will. Nichtsdestoweniger besteht jenes Netz, und seine Gesamtgestalt bestimmt den Stellenwert des einzelnen Textes ebenso, wie die einzelnen Texte und ihre mehr oder weniger reflektierte Verbindung das Netz ausmachen. Es ist also sinnvoll, eine erste, vorläufige Übersicht über den Gegenstand ‚Politische Ideengeschichte' zu gewinnen und dazu ist eine Zusammenstellung der Darstellung von ‚Klassikern' – wie z.B. die von Maier/Rausch/Denzer – allemal dem Anfänger zu empfehlen[74] – vorausgesetzt, er liest sie im Sinne vorläufiger *erschließender* Orientierung über die Weitläufigkeit des Faches, nicht aber im Sinne *abschließender* Kenntnisvermittlung. Jeder weitere Schritt sollte dann von einer konkreten Fragestellung ausgehen und dann muß die Vertiefung in die Werke der Autoren – ‚Klassiker' – erfolgen. Das heißt: lesen, lesen, lesen. Das Wesentlichste ist es dabei, sich auf den Autor einzulassen; wenigstens eine Zeitlang muß man versuchen, so zu denken wie er und am erschließendsten ist die strikte Annahme von denkerischer Konsistenz zu Gunsten des Autors: Gelingt es nicht, diese klar herauszufinden, muß man immer wieder die Schuld bei sich selbst suchen – nur so vermeidet man auf Dauer die schulmäßige Mediokrität voreiliger, scheinorientierender Einordnungen. Parallel zum Autor erfolgt das Studium von ‚Kontext' vor allem im historischen Sinne, man braucht ein Bild der gesellschaftlichen und politischen Verhältnisse – nicht um den Autor in vordergründigem Materialismus auf diese zu reduzieren, sondern um seine Problemstellungen als wirklichkeitsvermittelt zu erkennen und seine Antworten einordnen zu können. Mit Ashcraft stimme ich darin überein, daß die sog. Sekundärliteratur zunächst mit Vorsicht und Zurückhaltung zu lesen ist.[75] Wichtig aber werden dann bald jene Werke, die ich ‚strategische' nenne, erstens, weil sie größere Stellen jenes Netzes beleuchten und zweitens, weil sie einem die Lektüre ganzer Meter von sog. Sekundärliteratur ersparen können. Beispiele sind Neville Figgis: The Divine Right of Kings, Hazards Werke über die Aufklärung, Leo Strauß' ‚Naturrecht und Geschichte', Meineckes ‚Staatsräson' und ‚Nationalstaat'. Kosellecks ‚Kritik und Krise', Quaritschs ‚Staat und Souveränität' und viele andere mehr.[76] Zur Entdeckung ‚strategischer' Bücher gehört fachliche Beratung, Studium von Bibliographien, eigenes Suchen und ein schließlich durch Erfahrung geübter, glücklicher Griff.

Solchermaßen gefestigt sollte nach der Einführungs- und nach der Phase der Vertiefung in nicht nur einen ‚Klassiker' in jedem Fall mindestens einmal die Deutungs- und Wirkungsgeschichte eines Autors möglichst vollständig durchgearbeitet werden. D.h. alle erreichbare Sekundärliteratur und alle Wirkungen auf andere Autoren sollten gelesen und studiert werden. Dabei müssen mindestens die Arbeiten der letzten 50 Jahre vollständig aufgenommen werden – von der Lektüre her ergeben sich dann die Gesichtspunkte der Auswahl, nach denen die ältere Literatur zur Kenntnis genommen werden muß. Wenn auf diese Weise „mit Geduld und Augenmaß" an mindestens zwei oder drei Stellen das harte Brett gebohrt ist, werden sich die Früchte zeigen. Es ergibt sich eine zunehmende Sicherheit über den jeweiligen Stellenwert der ‚Klassiker', also eine nicht mehr nur vorläufige Übersicht über das ‚Netz'. Es ergibt sich ein gesichertes Urteil über die Bedeutung aktueller Probleme und kurrenter Ideen und Ideologien der Gegenwart. Es ergibt sich ein Urteil über das Fach Ideengeschichte als Wissenschaftsbetrieb im Sinne auch der Literaturproduktion nach den Kategorien gut, mittelmäßig und schlecht. Und schließlich ergibt sich der Blick für offene Fragen, unbegangene Wege und aufschließende neue Forschungsansätze. Und wer so arbeitet, wird erkennen, daß die ‚Politische Ideengeschichte' eine wissenschaftliche Anstrengung ist, die ‚des Schweißes der Edlen' wohl wert ist. Ihrer wissenschaftstheoretischen Infragestellung oder gar einem Beweis ihrer ‚Unsinnigkeit' kann er dann durchaus gelassen begegnen – und dies übrigens auch in dem ganz deutlichen Bewußtsein, sich international in bester Gesellschaft zu finden: Es gibt wenig vergleichbare Zeitschriften im Fach von dem Niveau etwa des "Journal of the History of Ideas" oder des "Journal of Politics".

3. Entwurf eines Forschungsfeldes für deutsche Ideenhistoriker

Wenn im vorigen darauf hingewiesen wurde, daß sich der Vertreter der politischen Ideengeschichte international in bester Gesellschaft befinde, so sollte dies nicht bedeuten, daß dieses Bewußtsein schon als Motivation für diese Wissenschaft als Beruf ausreiche. Ich betone, daß immer wieder auf den Ausgangspunkt von konkreten, also aktuellen Fragen hingewiesen wurde: Weder reicht die Erhebenheit eines ‚Klassikers' als solche noch ein vorausgesetzter geisteswissenschaftlich-philologischer Konsens für die Arbeit der ‚Politischen Ideengeschichte' innerhalb der Politikwissenschaft aus.

In diesem letzten Abschnitt soll – als Beispiel für konkretes Arbeiten – ein Forschungsfeld skizziert werden, dessen Ausgangspunkt eine konkrete Lage ist. Mit Hans-Joachim Arndt bin ich der Meinung, daß die deutsche Politikwissenschaft durch einen hohen Grad von Wirklichkeitsferne ausgezeichnet ist. Nach der Niederlage der Deutschen von 1945 neu konstituiert als Demokratiewissenschaft, erschöpft sie sich immer wieder in der Analyse relativ abstrakter Konstitutionalismen und verfehlte ihre Aufgabe, vor allem konkrete Situations- oder Lageanalyse zu betreiben.[77] Die Gründe sind mannigfaltig, sie resultieren aus der Situation der „Besiegten von 1945". Nun scheint es, als wolle man, Arndts Diagnose ausgerechnet mit einem Forschungsprogramm ‚Politischer Ideengeschichte' begegnend, Teufel mit Beelzebub austreiben. Aber eine Wissenschaft von Ideen ist, wie angedeutet, Wirklichkeitswissenschaft, und wohl zu unterscheiden von der Abstraktheit, die Arndt zu Recht der Politikwissenschaft in Westdeutschland vorwirft. Wird wirklich eine Idee gegriffen, so hat man das Bewußtseinsprinzip menschlich-politischer Wirklichkeit in der Hand mitsamt den Möglichkeiten zu deren streng theoretischer Beurteilung, zur Hierarchisierung ihrer Werte und Partikularitäten und zur Entfaltung ihrer kategorischen Imperative. Diese konkrete politische Auffassung von ‚Idee' als den Kern des ‚Deutschen Idealismus' herauszustellen, ist allerdings selbst ein Teil des hier zu entwickelnden Programms.

In seinem Buch „Die Besiegten von 1945" – einem Buch, dessen Bedeutung in dem Maße wächst, wie es in der Öffentlichkeit verdrängt wird – schreibt Hans-Joachim Arndt: „Das Ende der Nachkriegszeit bedeutet das Ende der Illusionen, die als „Wiedervereinigungsgebot", als „Rechtsstaat", als „Sozialstaat", als „Wirtschaftswunder" in der ersten Phase der Entwicklung der Bundesrepublik den unbefangenen Blick auf das Kernereignis verstellt hatten, das die Nachkriegszeit überhaupt determiniert: Die Niederlage der Deutschen im 2. Weltkrieg. Mit dem Beginn des Endes der Nachkriegszeit wurde paradoxerweise deutlich, daß die Deutschen, auch die Deutschen der Bundesrepublik, trotz Bruttosozialprodukt, Massentourismus, relativer Währungsstabilität, sogar relativer politischer Stabilität – dies aber nur als „Not- und Verstandesstaat" (Hegel) – doch primär politisch die Besiegten von 1945 geblieben sind. Und wenn sie aus gegebenem Anlaß gelegentlich triumphierend meinten, behaupten zu können: „Wir sind wieder wer", so erlagen sie damit einem doppelten Irrtum: Weder sind sie wieder der, der sie einmal waren, noch können sie „wer anders" sein, solange das Gewicht der Niederlage von 1945 noch auf ihnen lastet."[78]

Die Lage der Deutschen ist fortdauernd entscheidend durch jenes Ereignis der totalen Niederlage bestimmt, und zwar in einem solchen Maße, daß jede Errungenschaft politischer und gesellschaftlicher Art, auf die die Deutschen in Ost, West und auch die in Österreich, auf je ihre Art stolz sind, gleichzeitig und unausweichlich eine nationale Niederlage war und ist.

Die nachhaltigste Wirkung der Niederlage von 1945 war für die Deutschen ihr moralischer Aspekt. Der 2. Weltkrieg war, in noch viel höherem Maße als der 1., von seiten der Alliierten als Kreuzzug geführt worden: als ein Krieg des besseren Teiles der Menschheit gegen einen Menschheitsfeind schlechthin, gegen die reaktionären, militaristischen Deutschen und ihre verbrecherische Naziführung. Je weiter die Sieger auf deutsches Gebiet vordrangen, und mit der konkreten Herrschaft auch das Propaganda- und Informationsmonopol übernahmen, umso mehr konnten sie den Deutschen ihre Auffassung vom Wesen dieses Krieges einhämmern. Die letzte Widerstandskraft eines nationalen Selbstbewußtseins mußte zusammenbrechen, als die Enthüllungen über die nationalsozialistische Praxis der Konzentrations- und Vernichtungslager von den Siegermächten dazu benutzt werden konnte, und benutzt wurde, den erschütterten Deutschen kollektiv die Schuld am Nationalsozialismus, an seinen Verbrechen und vor allem am Krieg selber und seinen sämtlichen Folgen zuzuschreiben. Das Ausmaß des Grauens, das die rassistische Verfolgungspraxis im Verlauf der Entwicklung des Krieges angenommen hatte, mußte das Selbstbewußtsein der Deutschen nachhaltig erschüttern. Diese nachhaltige Erschütterung, die sich aus dem Entsetzen der enttäuschten Idealisten, der Scham oder der Selbstverleugnung der Mitwisser ebenso ergab wie aus der Orientierungs- und Ratlosigkeit der breiten unpolitischen Volksschichten und aus dem schlechten Gewissen der Mitläufer, wurde von den Siegern zur psychologischen Verstärkung ihres Sieges benutzt. Die Niederlage wurde erst vollständig in der Zerstörung des Selbstbewußtseins der Deutschen, die sich selbst nicht mehr „ins Gesicht sehen" konnten und durften. Infolgedessen mußten sie ihr moralisches Heil und ihr politisches

Bewußtsein, ihre weltanschauliche Orientierung ebenso in dem Maße aus der Hand der Sieger und entsprechend deren Zielen entgegennehmen, wie sie diesen ihr konkretes physisches Überleben zu verdanken schienen. Konfrontiert mit den Verbrechen der Nationalsozialisten und mit ihrer Schuld an diesen wie am Kriege und allen seinen Folgen konnte zunächst kein Deutscher sein Haupt erheben, es sei denn, er hätte sich, zumindest äußerlich, diesem moralischen Urteil der Sieger unterworfen und so in deren Sinne seine Niederlage verinnerlicht und verewigt. Dieser Aspekt der moralischen Niederwerfung der Deutschen war ein bewußter Teil alliierter Kriegsführung gewesen, und es waren nur die unterschiedlichen und schließlich gegeneinander gerichteten politischen Vorstellungen in West und Ost, die die einheitliche Wirkung dieser moralischen Niederlage verhinderten.

Auch eine totale Niederlage ist keine Vernichtung. Die Deutschen waren vielleicht nicht mehr „wer", aber sie waren noch da – auch die totale Niederlage ist eine ‚Lage', mit der man fertig werden muß. Die individuellen oder kollektiven Reaktionen auf diese Lage sind bekannt: Da gab es und gibt es das blinde „nie wieder", es gab und gibt die Zerknirschtheit des Schuldbekenntnisses, das wahre Entsetzen, die Enttäuschung der Gläubigen, die Existenzangst der Mitläufer und das Ersetzen der Politik durch gesellschaftlich-materiellen Wiederaufbau, aus dessen Notwendigkeit dann die Untugend einer politikvergessenen Selbstzufriedenheit gemacht wurde. Es gab und gibt das Auffassen der Niederlage als Weltgericht im Sinne der Widerlegung der eigenen historischen Existenz und das Bedürfnis, dieser scheinbar widerlegten Existenz durch das Aufgehen in etwas Größerem – wie dem ‚freien Westen', ‚Europa' oder ‚dem Sozialismus' – zu entgehen. Natürlich gab und gibt es auch das allzumenschliche Bedürfnis, sich die Niederlage dadurch erträglich zu machen, daß man sich den Siegern ähnlich zu machen versuchte oder die bis heute anhaltende Tendenz, sich, als Angehöriger von Gruppen, kollektiv aus Schuld und Schicksal herauszuwinden.

Natürlich kann nicht übersehen werden, daß es auch Ansätze zu wirklicher, nationaler – d.h. trotz aller Niederlage selbstbewußter – Besinnung gab, ebenso daß Politiker wie Adenauer oder Schumacher der Besatzungspolitik eine gewisse nationale Beharrlichkeit entgegensetzen konnten. Aber bei allem blieb die Niederlage Niederlage, d.h. für die Entwicklungen aus der Niederlage heraus blieben die Sieger die steuernden Subjekte und jede Entwicklung erfolgte im Sinne ihres politischen Zieles, also zunächst im Sinne des erklärten Zieles, Deutschland und die Deutschen für alle Zukunft bestenfalls zu einem nützlichen Mittel in der Hand der Sieger, niemals aber wieder zu seinem eigenen Zweck werden zu lassen.

Aber es gibt für die Besiegten nur eine wirklich politische Reaktion auf die Niederlage: Das ist zunächst die gründliche Rekonstruktion des eigenen Selbstbewußtseins.

Es kommt hier nicht darauf an, zu zeigen, wie die Rekonstruktion des Selbstbewußtseins der Deutschen als Deutsche von den Siegern verhindert oder behindert worden ist, mit, wie man weiß, nicht immer subtilen Methoden. Es kommt auch nicht darauf an, zu zeigen, wie wir, wie weit wir und welche von uns sich an diesem Ausbau der Niederlage zu einem Dauerzustand beteiligt haben. Es kommt vor allem darauf an, eines deutlich zu machen: Wenn anders es denn einleuchtet, daß die politische Reaktion auf die Niederlage allein die Rekonstruktion des eigenen Selbstbewußtseins ist, so sollte deutlich werden, daß von dieser Aufgabenstellung her sich ein zentrales Forschungsfeld für eine substantielle und praktisch auffassende ‚Politische Ideengeschichte' ergibt.

Es handelt sich um Bewußtsein, d.h. offenbar um Denken, und um Selbstbewußtsein, d.h. um eigenes Denken im Sinne der Rekonstruktion des Selbst – und dies alles nicht bloß subjektiv, sondern gründlich, also politisch, also von einem begründenden Ganzen her, das diesen seinen Charakter nicht durch die Niederlage verlieren kann.

Das ‚eigene Denken' kann nun nicht nur in dem abstrakt-subjektiven Sinne der Aufklärung: „Habe Mut, Dich Deines eigenen Verstandes zu bedienen" verstanden werden.[79] Das ‚eigene Denken' der ‚Besiegten von 1945' ist auch ihr Denken, insofern es als Geschichtliches diese Besiegten, die Deutschen, immerhin auch einmal zu einem Volk der Denker gemacht hatte. Ebenso wie die Sieger uns klarzumachen versuchten, daß eben dies, also das eigene Denken, also das deutsche Denken von Luther über Hegel und Nietzsche auch das deutsche Unheil bewirkte und bedeutete, so muß auch deutlich werden, daß die theoretische Leistung der Rekonstruktion des Selbstbewußtseins von eben diesem in seiner Radikalität ausgehen muß und kann. In der Notwendigkeit der Rekonstruktion des Selbstbewußtseins als der einzig politischen Antwort auf die Niederlage treffen sich Philosophie und Politik: diese Lage ist der Ausgangspunkt für substantielle Aufgaben der ‚Politischen Ideengeschichte'.

Eine der problematischsten Folgen des von den Siegern gesteuerten Niederlagenbewußtseins ist die Tabuisierung, Verdrängung des Nationalen. Nationalbewußtsein erscheint in dieser Verdrängung als eine Sache der Ewiggestrigen, ein Zeitvertreib von Rechtsradikalen, eine Kategorie des 19. Jahrhunderts, rückständig also, auch provinziell, anachronistisch, lächerlich. Vor allem aber auch vieldeutig, ungenau, keiner weiß genau, was eigentlich eine Nation sei, die Kategorie sagt man, sei wissenschaftlich ganz unbrauchbar.[80]

Es sollen hier keine Überlegungen darüber angestellt werden, warum die Deutschen ihr Recht, in der Niederlage zu verharren, mit Zähnen und Klauen verteidigen. Angesichts der faktischen Unsicherheit und mangelnder Selbstverständlichkeit im Umgang mit Nation sei eine vorläufige Definition vorangestellt, von der vor allem jene Aufgabe der ideenpolitischen Rekonstruktion des politischen Selbstbewußtseins als Forschungsaufgabe ausgehen könnte.

Die Nation zum Ausgangspunkt allen politischen Denkens zu machen und nicht etwa ‚die Gesellschaft', gar eine ausgedachte ‚Weltgesellschaft' oder ‚die Menschheit' oder ‚den Frieden' oder irgendwelche Internationalismen, oder abstrakte Vorstellungen von Institutionen ist keine Willkür und keine Beliebigkeit in dem Sinne, in dem man einen interessanten Aspekt oder ein aktuelles Thema auswählt.

Die Nation zum Ausgangspunkt zu nehmen, bedeutet nicht, eine andere Gesinnung zu empfehlen oder zu meinen, man müsse oder könne es vielleicht auch einmal wieder mit nationalen Werten versuchen. Die Nation zum Ausgangspunkt zu nehmen, bedeutet nicht Provinzialismus und schon gar nicht Anachronismus.

Die Nation ist – völlig jenseits von Auffassungen über ‚Links' und ‚Rechts' – die je bestimmte lebendige politische Wirklichkeit, in der ein Volk das Bewußtsein seiner selbst zur staatlichen Eigenexistenz entwickelt.

Damit ist die Definition der Nation innerhalb einer Dreiheit von Volk – Staat – Nation gegeben. Volk sei hier das historisch identifizierbare, empirisch bestimmte Kollektiv mitsamt der Ausbildung seiner bestimmten Kultur und seines bestimmten Charakters – also dessen, was seit Herder und Hegel der „Volksgeist" heißt.[81]

Staat ist der historisch ausgebildete institutionell selbständige Subjektcharakter, in dem ein Volk für sich und von sich her politisch handeln kann.

Die Nation ist also die umfassende Wirklichkeit der politischen Existenz der Menschen, insofern zu jeder menschlichen Wirklichkeit das Bewußtsein dieser Wirklichkeit dazugehört.

Politische Existenz der Menschen ist nie selbstverständlich, deshalb ist die Wirklichkeit der Nation auch immer Selbstbehauptung oder Kampf um Nation – in dem Sinne, wie Rudolf von Ihering die Wirklichkeit des Rechts als ‚Kampf ums Recht' bezeichnet hat.[82] Entsprechend der Entwicklung des neuzeitlichen Denkens ist Selbstbewußtsein immer sich selbst grundgebendes Bewußtsein, die Nation ist also, einmal bewußt geworden, der historisch objektive Grund aller politischen Entwicklung.

Und insofern jedes Bewußtsein sich individuell verwirklicht, ist Nation die objektive Verbindung nicht nur von Staat und Volk, sondern auch der Einzelnen. In der Nation ist der Einzelne von Grund auf bei sich selbst, d.h. die Nation ist auch die Voraussetzung der Möglichkeit seiner bewußten Freiheit.

Alle diese Bestimmungen, vom Begriff, von Wirklichkeit, vom Bei-sich-selbst-Sein, also von Freiheit und allgemeinem Bewußtsein sind im klassischen deutschen Denken zusammengefaßt in der ‚Idee'. Die Nation ist Idee im Sinne umfassender Wirklichkeit, bestimmter Begriffe und dem Bewußtsein davon. Danach existiert die Nation als Idee objektiv als umfassende Wirklichkeit, die die Existenz des Einzelnen in Freiheit begründet und ermöglicht. Und sie existiert wie jede Idee auch auf dem Boden der äußersten Entstellung.[83]

Die äußerste Entstellung der Nation ist die totale Niederlage mitsamt ihrem moralischen Aspekt. Erkennt man aber die politische Möglichkeit, auf die Niederlage zu reagieren, in der Rekonstruktion des politischen, d.h. des nationalen Selbstbewußtseins, also in der theoretischen Konzentration des eigenen Denkens auf das politische Selbst, so ergibt sich die Aufgabe, vom Idealismus her nationales Bewußtsein neu zu fassen und damit den Beginn des Endes der Lage als Niederlage zu denken.

Die Rekonstruktion eines deutschen Nationalbewußtseins im substantiellen Sinne von Wirklichkeitserkenntnis, Lageanalyse und streng theoretisch begründeter politischer Imperative kann von der Philosophie in ihrem gegenwärtigen Zustande nicht erwartet werden. Eine im Sinne dieses Aufsatzes selbstbewußt arbeitende ‚Politische Ideengeschichte' könnte innerhalb der Politikwissenschaft jedoch diese Aufgabe angehen. Die Arbeit kann nicht die eines Einzelnen sein. Dies ergibt sich schon aus der Vielfalt der Forschungskomplexe, die im folgenden, etwas schematisch, angedeutet werden.

Oben ist als eine der wichtigsten Voraussetzungen ideenpolitischer Arbeit die Bereitschaft genannt worden, sich auf seine Autoren einzulassen, sie von sich her auf- und ernstzunehmen. Diese sehr allgemeine Voraussetzung bedeutet angesichts des Forschungsfeldes „Rekonstruktion des politischen Selbstbewußtseins der Deutschen" einen entscheidenden Hinweis. Im Sinne dieses wissenschaftlichen Sich-Einlassens müßte über das Deutsche im deutschen Denken neu nachgedacht werden.[84] Dieses Denken muß in seinem spezifischen Gehalten, ohne wertende Vergleiche und ohne retrospektive Konstruktion von Schuldergebnissen aufgedeckt werden mit mindestens der wissenschaftlichen Annäherungsweise, die man im Sinne moderner Ethnologie und Anthropologie etwa jedem „Wilden Denken“ selbstverständlich zubilligt. Ist dies bereits ein sehr weitreichendes Feld, so handelt es sich doch lediglich um die Erarbeitung allgemeiner Voraussetzungen. Als nächstes müßte jener bedeutendste Beitrag, den die Deutschen zur Entwicklung des Denkens geleistet haben, nämlich ihr Deutscher Idealismus, im Sinne der Rekonstruktion des politischen Selbstbewußtseins konsequent auf seinen politischen Kern hin untersucht werden – gemäß dem dort entwickelten Anspruch vom ‚Primat des Praktischen‘. Es käme etwa darauf an, in allen Einzelheiten und mit der deutschen Gründlichkeit, die dem Gegenstand angemessen ist, die These des Amerikaners Calleo zu verifizieren, nach der der politische Ideenkern des deutschen Idealismus für die gegenwärtige Lage bessere Möglichkeiten des Verständnisses bietet als der Liberalismus.[85]

Die spezifische Staatsidee (‚Vernunftstaat‘) und ihr Charakter als „Wirklichkeit der Freiheit“ müßte sodann in einem dritten Bereich aufgearbeitet werden, dem des beginnenden deutschen Nationalbewußtseins auf der Ebene der Arndt, Kleist, Humboldt, Görres, Fichte usw.. Deren Zusammenhang mit demokratischen Freiheitsvorstellungen müßte deutlich gemacht werden und die Aktualität der damaligen Diskussion des Zusammenhanges der Ideen von Freiheit und Einheit müßte herauspräpariert werden. Ausgehend von einem so gewonnenen Begriff deutschen Nationalbewußtseins müßte dessen Lage- und geschichtsbedingte Entfaltung im 19. und 20. Jahrhundert aufgezeigt werden: Nur aus einer strengen Analyse seiner politiktheoretischen Implikationen ergäben sich dann die Kriterien zur Beurteilung der chauvinistischen, nationalistischen und nationalimperialistischen Abweichungen oder Perversionen. Unter diesem nationalen Gesichtspunkt müßte die ideenpolitische Geschichte der Deutschen mindestens seit Bismarck neu geschrieben werden. Dies wiederum ergäbe eine Grundlage für die differenzierende Analyse der ideenpolitischen und ideologischen Entwicklungen seit dem 1. Weltkrieg, also die Grundlage zur realistisch-wissenschaftlichen Behandlung der Entwicklung des Aufstiegs und Unterganges des Nationalsozialismus. Ein vorläufig letzter Bereich müßte die Frage der Aktualisierung eines spezifischen Politikverständnisses und Nationalbewußtseins auf die politische und gesellschaftliche Situation der Deutschen von heute beziehen.

Das gesamte Programm könnte in die Fragen zusammengefaßt werden: Gibt es eine deutsche Idee? Gibt es eine deutsche Freiheit? Gibt es eine deutsche Demokratie? Gibt es eine deutsche Nation? Gibt es eine Politik für deren Wiederherstellung? Gibt es eine deutsche Zukunft?

Das hier skizzierte Forschungsfeld, dessen Arbeitsaufträge nur zum geringsten Teil angedeutet werden konnten, scheint mir – im Sinne des Arndt'schen Rates an die Politikwissenschaft, von der Lageanalyse auszugehen – vielfältiger und drängender als herkömmliche Themenstellungen. Ich glaube an seine Faszination für alle diejenigen, die in der Arbeit am Fach ‚Politische Ideengeschichte‘ mehr erreichen wollen als nur die Stabilisierung einer individuellen Karriere oder die sybaritische Befriedigung individueller Bildungsbedürfnisse.

Mir ist klar, daß innerhalb der gegenwärtigen Politikwissenschaft der Entwurf eines ‚nationalen Forschungsfeldes' ungewöhnlich ist. Deshalb soll auf die üblichen Vorwürfe, die Idee der Nation sei provinziell oder anachronistisch, noch kurz eingegangen werden.

Bei dem Vorwurf der Antiquiertheit der Nation handelt es sich um die Erklärung, der Nationalstaat sei eine Konzeption des 18. und 19. Jahrhunderts, die nicht (mehr) in der Lage sei, Politik der Gegenwart zu bestimmen oder zu erklären. Politik müsse im Weltmaßstab erfaßt werden, und ihre gegenwärtige Wirklichkeit sei von Akteuren, Beziehungen und Einflüssen bestimmt, die den Nationalstaat in einem solchen Maße übergriffen, daß dieser seine Rolle ausgespielt habe. Außerdem sei er in sich ein Potential kriegerischer Auseinandersetzungen: Friedliche Lösungen müßten ohnehin übergreifend sein.

Den Vertretern dieser Auffassung muß zweierlei entgegengehalten werden. Das erste ist die grundlegende Auffassung von Politik im Sinne der hier nur angedeuteten Idee der Nation: Ihr Charakter als politisches Subjekt und ihre Idee der konkreten Einheit eines politischen Ganzen und des Bewußtseins davon. Das heißt also, die konkrete Verbindung von Freiheit und selbstbewußter Nation. Von dieser Grundeinsicht kann man absehen, wenn man etwa nach einer wissenschaftlichen Theorie der ‚Internationalen Beziehungen' suchen will; aber man kann sie nicht auslassen, wenn es um gründliches politisches Denken geht. Beziehungen sind nicht denkbar ohne die Subjekte von Beziehungen und an dieser fundamentalen Logik ändert sich auch nichts, wenn einen nur noch ‚Strukturen' interessieren.

Daß es in der internationalen Politik Akteure gibt, die sich in national übergreifenden Verhältnissen nur auf ihre partikularen Interessen beziehen, ist klar. Sie können sinnvoll zum Gegenstand wissenschaftlicher Analyse gemacht werden. Aber auch deren Aktionen und Interessenverflechtungen sind nur auf eine globale Wirklichkeit zu beziehen, die immer noch in Nationalstaaten organisiert ist. Deren Bedeutung kann nur geleugnet werden, wo die Denkkapazität nicht ausreicht, das Wesen des politischen Subjekts, konkret also des Nationalstaates zu denken.

Das zweite Argument gegenüber der Erklärung des Nationalstaates zu einem antiquierten Modell ist die für jeden deutlich erkennbare Realität gegenwärtiger Geschichte. Sowohl von der Bewegung des Antikolonialismus, die unsere Epoche kennzeichnet, wie auch von den imperialistischen Ergebnissen des realisierten Sozialismus oder überhaupt von der weltbedrohenden Prädominanz der Supermächte her zeigt sich, daß keine Idee so aktuell ist wie die der freien Nation. Noch gestern war die Idee der Nation eine europäische Angelegenheit, noch gestern war die Welt aufgeteilt in politische Subjekte einerseits und in Kolonien andererseits. Die Gegenwart brachte die endgültige Realisierung der politischen Subjektqualität auf der ganzen Welt, eine Entwicklung, die überhaupt nicht zu unterschätzen ist, und auf deren Grundlage alle zukünftige Weltpolitik aufruht. Das Prinzip dieser Entwicklung aber ist das der Entwicklung des Nationalstaates.

Beide Argumentationen für den Nationalstaat, die theoretische und die welthistorische, sind so eindeutig, daß man sich über die Bemühungen, ihn auf den Abfallhaufen der Geschichte zu werfen, nur wundern kann. Das Erstaunen muß freilich, angesichts der

Eindeutigkeit der realen Befunde, zur Erklärung dieser Argumentationen gegen den Nationalstaat aufgeschlossen werden. Hier kann eine Reihe von Faktoren benannt werden, die eine Erklärung andeuten können.

Der erste Faktor ist der aus der immanenten Entwicklung der Wissenschaft, hier der der ‚Internationalen Politik'.[86] Die szientistische Auffassung dieser Wissenschaft als Wissenschaft führte sie häufig dazu, sich von der Historie und damit von der Wirklichkeit zu entfernen. Für die Fülle der Erscheinungen des Gegenstandsbereiches wurden immer neue ‚Modelle' entwickelt, deren Erklärungskraft je getestet werden konnte oder sollte. Das zunehmende Bewußtsein der Wissenschaft als Modellkonstruktion oder als Entwicklung von ‚Ansätzen' ließ das Bewußtsein dafür schwinden, daß der ‚Nationalstaat' allerdings etwas anderes als ein ‚Modell' war oder ist, nämlich die historische Realität politischer Existenz. Der Anteil des Bewußtseinsfaktors an dieser Realität ‚Nationalstaat' konnte ihn bei nachlassender theoretischer Begriffskapazität dann auch seinerseits als ‚Modell' erscheinen lassen. Dann hatte man es also beim Nationalstaat mit einem ‚Modell' zu tun, und dann, ganz folgerichtig, mit einem ‚Modell' von gestern. Das Selbstverständnis eines unter Innovationsdruck stehenden Wissenschaftsbetriebes als Intellektuellenorganisation konnte so den Nationalstaat tabuisieren.

Hinzu kommen zwei zusätzliche Momente. Das erste spielt insbesondere für die Westdeutschen eine Rolle: Nämlich die generelle Tabuisierung des Nationalen als Folge der totalen Niederlage von 1945. Das andere Moment ist die Erkenntnis, daß der Nationalstaat sich historisch in kriegerischer Selbstbehauptung realisierte, und daß er überhaupt jenen Faktor von Besonderheit an sich hat oder hatte, der ‚Negativität', d.h. die Absetzung von den anderen nötig machte. Damit wurden die Auseinandersetzungen historisch habituell und die kriegerische Auseinandersetzung zum konstituierenden Selbstverständnis der Existenz des früheren Nationalstaates. Daran ist soviel richtig, daß Negativität allerdings zum Subjektcharakter des Nationalstaates dazugehört. Aber diese Negativität ist Folge des Besonderen als Besonderen, d.h. die unüberspringbare Signatur aller wirklichen Wirklichkeit. Wenn Auseinandersetzung für Selbstbehauptung habituell ist, liegt gemäß den historischen Erfahrungen die kriegerische Auseinandersetzung freilich nahe – theoretisch zwingend ist sie jedoch keineswegs. Die Forderungen, deswegen den Nationalstaat abzuschaffen, zeigen etwa die gleiche Argumentationsstruktur wie eine Forderung, die Familie abzuschaffen, weil kriminelle Jugendliche häufig aus gestörten Familien kommen.

Wird man sich dieser Voraussetzungen und Konsequenzen bewußt, so sollte deutlich werden, daß die Bearbeitung eines Forschungsfeldes wie des hier skizzierten, nämlich der Rekonstruktion des politischen Selbstbewußtseins der Deutschen, nicht nur keine provinzielle, sondern eine notwendige Aufgabe im Sinne der realistischen Analyse der eigenen Situation ist. Solche Forschungsansätze könnten, durch die Integration einer unverkürzten, sowohl die philosophischen wie die historischen Momente berücksichtigenden Ideengeschichte in die Politikwissenschaft, diese zu einem Rang erheben, der ihr heute, trotz aller Geschäftigkeit und trotz aller Verwendbarkeit in partei- und interessenpolitischen Zusammenhängen immer noch abgeht – ein Rang jedoch, der ihr gemäß der großen Tradition des politischen Denkens von Aristoteles bis heute, eigentlich zukäme.

Anmerkungen

1 Im Falle Kants unterrichtet darüber etwa: *W. L. G. Freiherr v. Eberstein*: Versuch einer Geschichte der Logik bei den Deutschen, Halle 1799, Bd. 2.

2 Zum Werturteilsstreit um Max Weber vgl. etwa *C. v. Ferber*: Der Werturteilsstreit 1909–1959., in: Kölner Zeitschrift für Soziologie und Sozialpsychologie, Jahrg. 11/1959.
Politisch war der ‚Werturteilsstreit' durchaus zweitrangig, wenn man sich klar macht, daß Max Weber bereits in seiner Freiburger Antrittsrede für die Beurteilung des Politischen einen „souveränen Wertmaßstab" behauptete, nämlich die „Nationalstaatsräson". Vgl. *Max Weber*: Gesammelte Politische Schriften, hrsg. von J. Winckelmann, Tübingen 1971, SS. 14 und 18.

3 Zum Positivismusstreit *Th. W. Adorno (Hrsg.) u.a.*: Der Positivismusstreit in der deutschen Soziologie, Neuwied 1978.
Was den Verfasser angeht vgl. *B. Willms*; Theorie, Kritik, Dialektik, in: Über Theodor W. Adorno, Frankfurt 1968, SS. 44 ff.

4 Wenn anders man denn nicht davon ausgeht, daß dieser wissenschaftliche Gegenstand a priori ‚unsinnig' ist, (vgl. w.u.), so ist die Bezeichnung relativ gleichgültig. Im Folgenden wird immer von ‚Politischer Ideengeschichte' gesprochen, was etwa ebenso problematisch ist, wie etwa von ‚Entwicklungsländern' zu sprechen, hier aber aus ebenso pragmatischen Gründen beibehalten wird. Eine deutlichere Abgrenzung scheint mir allerdings gegenüber dem Versuch notwendig zu sein, das Ganze jetzt „Theoriengeschichte" zu nennen; die Argumente dazu finden sich hier im Abschnitt II,3.

5 Vgl. Anmerkung 14.

6 Vgl. etwa *Talcott Parsons*: Democracy and Social Structure in Pre-Nazi-Germany (1942) oder *ders.*: Some Social Aspects of the Fascist Movement (1942), beide in: *Talcott Parsons*: Essays in Sociological Theory, Pure and Applied, New York 1949.

7 Vgl. dazu *B. Willms*: Der Weg des Leviathan. Die Hobbes-Forschung von 1968–1978. Beiheft 3 zu ‚Der Staat', S. 72 ff., Berlin 1979, (im weiteren zitiert als ‚Weg').

8 *J. G. A. Pocock*: The Machiavellian Moment. Florentine Political Thought and the Atlantic Republican Tradition, Princeton and London 1975.

9 ebda., S. VII.

10 *ders.*: Languages and their Implications: The Transformation of the Study of Political Thought, in: Politics, Language and Time. Essays on Political Thought and History, London 1971.
Für weitere Informationen zu Pocock und der um ihn sich versammelnden methodischen ‚Schule' vgl. ‚Weg', S. 36 ff.

11 Vgl. *Pocock*: Anm. 10, S. 3.

12 ebda., S. 11.

13 ebda.

14 Vgl. dazu die Angaben in ‚Weg', S. 39, Anm. 22 und bei *Pocock*: Anm. 10, S. 6.

15 *F. C. Hood*: The Divine Politics of Thomas Hobbes, Oxford 1964, interpretierte Hobbes strikt theologisch, *H. Warrender*: The Political Philosophy of Hobbes. His Theory of Obligation, Oxford 1957, versucht, aus Hobbes einen traditionellen Naturrechtler zu machen und *C. B. Macpherson*: The Political Theory of Possessive Individualism; Hobbes to Locke, Oxford 1962, interpretiert Hobbes ökonomisch-klassenspezifisch.

16 Vgl. ‚Weg', S. 40.

17 Natürlich kann eine solche Kritik im einzelnen viel für sich haben, vgl. hier die Bemerkungen zu den weiteren Problemen und Fehlerquellen.

18 Vgl. Anm. 16.

19 ebda.

20 *Quentin Skinner*: Hobbes's Leviathan, in: The Historical Journal, S. 321–333, hier: S. 333, 8/1964.

21 ebda.

22 Vgl. z.B. *W. H. Greenleaf*: Order, Empiricism and Politics. Two Traditions of English Political Thought. 1500–1700, Oxford 1964.

23 Vgl. *Pocock*, Anm. 10, S. 10.

24 Dieser scheinargumentative Umgang mit ‚schlechter Unendlichkeit' findet sich auch bei Kramm, vgl. *L. Kramm*: Vom Unsinn einer politischen Ideengeschichte, in: PVS, Jahrg. 22 Heft 2, SS. 168–180, hier: S. 169 f.

25 Vgl. meine Diskussion in: ‚Weg', S. 34 ff.

26 Im Prinzip ist Hübeneres Kritik – wie auch einem großen Teil der von Pocock und Skinner – durchaus zuzustimmen. Ein Beispiel für die inadäquaten Ergebnisse, die aus einem an den Autor heran getragenen schulmäßigen Begriff resultieren, ist Iltings Behandlung der Frage des ‚Naturrechts' bei Hobbes, vgl. ‚Weg', S. 54 ff.

27 *W. Hübener*: Ist Thomas Hobbes Ultranominalist gewesen?, in: Studia Leibnitiana 9/1977, hier: S. 92, *J. Largeault*: Enquête sur le nominalisme, Paris/Louvrain 1971.

28 *Hübener*: a.a.O., S. 100.

29 Vgl. *Aristoteles*: Nikomachische Ethik, Buch I, 1.

30 Vgl. Anm. 64.

31 Vgl. den Aufsatz von *Kramm*: Anm. 24.

32 *Bertolt Brecht*: Leben des Galilei, 4. Szene.

33 *U. Bermbach*: Bemerkung zur politischen Theoriengeschichte, PVS, Jahrg. 22, Heft 2, S. 181 ff, hier: S. 181.

34 Vgl. *Kramm*: a.a.O., S. 168, dazu *Bermbach*; a.a.O., S. 181.

35 Soviel zu *Kramm*; a.a.O.

36 Hinweise auf den Weg, der zu entsprechender Kompetenz führen kann, versuche ich im Abschnitt III,2 zu geben.

37 Die zitierte Stelle findet sich im Kapitel XIV von „Ideen. Das Buch Le Grand". Zur Heine'schen Charakterisierung der auch hier etwas ironisierten Systematik und als ermunternde Unterbrechung sei hier die vorangehende Stelle aus „Ideen. Das Buch Le Grand" vom Ende des XIII. Kapitels hergesetzt: „Sie sehen, Madame, es fehlt mir nicht an Gründlichkeit und Tiefe. Nur mit der Systematik will es noch nicht so recht gehen. Als ein echter Deutscher hätte ich dieses Buch mit einer Erklärung seines Titels eröffnen müssen – Madame ich spreche demnach!
I Von den Ideen.
A Von den Ideen im Allgemeinen.
a) Von vernünftigen Ideen.
b) Von unvernünftigen Ideen.
α) Von den gewöhnlichen Ideen.
β) Von den Ideen, die mit grünem Leder überzogen sind.
Diese werden wieder eingeteilt in – doch das wird sich alles finden."

38 *Kramm*: a.a.O., S. 169.

39 *Bermbach*: a.a.O., S. 182.

40 Vgl. *Diogenes Laertius*: Leben und Meinungen berühmter Philosophen, Hamburg 1967, S. 313.

41 *B. Brecht*: Geschichten vom Herrn Keuner (Versuche 27/32), Berlin 1953, S. 151. Die Parabel wird übrigens von Brecht ausdrücklich auf „manche Philosophen" bezogen.

42 So drückt Hobbes seine Ablehnung alles Aristotelischen aus, nicht ohne daß man ihm Abhängigkeit von diesem deutlich nachweisen könnte.
Die Darstellung dieser Gemeinsamkeit von Ablehnung und (trotzdem) nachweisbarem Einfluß ist die Stärke des Buches von *L. Strauss*: Hobbes' politische Wissenschaft, Neuwied/Berlin 1965.

43 Dies Begriffspaar ist eine Anwendung von Toynbee's berühmtem "challenge and response" Ansatz; ich kenne keine zutreffendere Charakterisierung für das, was hier gemeint ist.

44 Vgl. *Richard Ashcraft*: Political Theory and the Problem of Ideology, in: The Journal of Politics, Vol. 42, S. 687 ff., hier: S. 689. So zitiert bei *Bermbach*: a.a.O., S. 181.

45 *Bermbach*: ebda., S. 189.

46 Skinners Arbeiten zu Hobbes zeigen deutlich die Reichweite und die Grenzen dieses Vorgehens, vgl. hier die Anmerkungen 10–20.

47 Diese gelassene Ungenauigkeit ist für die Annäherung unumgänglich. Selbstverständlich kann ‚Idee' auch präzisiert werden, vgl. dazu die Bemerkungen im Abschnitt III,1 und 3.

48 Um zu einer eindeutigeren Bestimmung (nicht ‚Fetischisierung') von ‚Idee' zu kommen, braucht man mindestens die genauere Erkenntnis des Idealismus als Wirklichkeitswissenschaft, hinter die man nun wirklich nicht zurück gehen kann. Die Aussage, man müsse, um irgendwann mit der ‚Ideengeschichte' anfangen zu können, über das Bescheid wissen, was der ‚Idee', mit der man anfängt, vorausging, ist trivial. Kramm, der dies (a.a.O., S. 170) mit Verve gegen meine Gegenüberstellung von (neuzeitlichem) ‚poietischen Subjektivismus' und (mittelalterlichem) ‚Kosmos' geltend macht, sollte sich Gedanken über den Unterschied von Entstehungsweise und Darstellungsform machen, über den man bei Marx etwas erfahren kann – oder überhaupt über das Problem des Anfangs, für das es nützlich wäre, Hegel zur Kenntnis zu nehmen.

49 Vgl. *Bermbach*: a.a.O., S. 182.

50 Vgl. Kant-Werke (Akademie-Ausgabe, Nachdruck 1968), Bd. VII, S. 88.

51 Vgl. *Hegel*: Phänomenologie des Geistes: „Die absolute Freiheit und der Schrecken". Vgl. zum Problem *J. Ritter*: Hegel und die Französische Revolution, S. 16 ff., Köln/Opladen 1957[1].
52 Vgl. *Bermbach*: a.a.O., S. 183.
53 Kramm spricht vom „Aneinanderreihen", a.a.O., S. 169.
54 Zitiert bei *Bermbach*: a.a.O., S. 182.
55 ebda.
56 ebda., S. 183.
57 So bezieht Bermbach seine Vorschläge einer „sozialstrukturellen Theoriengeschichte" schließlich auf „kritische Theorie", eben die ist hier mit schulspezifischer Belastung gemeint. (191). Die hier gelegentlich geäußerte Kritik an Bermbach und Kramm deutet keine a limine-Ablehnung ihrer Äußerungen an. So ist Bermbachs Verweis auf „die gesellschaftlichen Bedingungen" selbstverständlich zuzustimmen und desgleichen einem Satz wie diesem: „Das verlangt freilich eine Historisierung auch des aktuellen politischen Denkens, in dessen Konsequenz auch modernen sozialwissenschaftlichen Theorien ihre geschichtliche Dimension zurückgewonnen werden kann." (a.a.O., S. 190). Ich möchte hinzufügen „und philosophische". Kramm stimme ich etwa in der These von der Notwendigkeit des Wegräumens von Bergen von schulspezifischem ideologischen Schutt zu (Kramm, a.a.O., S. 170).
58 Vgl. dazu die kritische Diskussion der Arbeiten von Bermbach und Kramm durch Seitter (*Walter Seitter*: Menschenfassungen. Studien zur Erkenntnispolitik, Habilitationsschrift (Einleitung), Aachen 1983. Seitter erkennt sowohl das Ruinöse einer Verschiebung zu „Theoriengeschichte" wie er die erschließende Unklarheit der „Ideengeschichte" begrüßt. Seine Arbeit selbst stellt eine außerordentlich fruchtbare Weiterführung moderner Ansätze dar. Die Übereinstimmung wird deutlich in folgendem Zitat: „Tatsächlich ist gegen Kramm zu betonen: das Eingehen auf real – durchaus ‚außenweltlich' und ‚dinglich' – vorliegende Spuren, Stimmen, Zeichen oder Bilder gehört durchaus zur spezifischen Realitätssuche von so etwas wie ‚Ideengeschichte'.", a.a.O., S. 28.
59 Außerordentlich überrascht war der Verfasser, als auf einer Tagung von Politikwissenschaftlern im Herbst 1983 diese die Feststellung, es gäbe zwischen dem, was sie machten bzw. vortrügen, und einer ‚politischen Soziologie' keinen Unterschied, offenbar nicht als Kritik auffaßten und keineswegs widersprachen.
60 Mit dem – vom Politischen her – desolaten Zustand der gegenwärtigen Philosophie befassen sich *meine Arbeiten*: Offensives Denken. Philosophie und Politik, Opladen 1978 und: Antaios – oder die Lage der Philosophie ist die Lage der Nation, in: *N. W. Bolz (Hrsg.)*: Wer hat Angst vor der Philosophie? Paderborn 1982.
61 Dazu noch ein Zitat aus der überaus bemerkenswerten ‚Einleitung' der Arbeit von Seitter (vgl. A. 58): „Welche Gründe gibt es, ... Erkenntnis zu einem Thema der Politikwissenschaft zu machen? ... Erstens die Vermutung, daß das Rätsel der Epochalität der Erkenntnis am ehesten mit einem anthropologisch-elementaren Begriff des Politischen erhellt werden kann. Und zweitens die entgegenkommende Vermutung, daß die Entfaltung des Begriffs des Politischen – verstanden als systematische Fundamentalpolitologie – ihrerseits der Erkenntnis eine konstitutive Funktion zuweisen muß.", a.a.O., S. 24.
62 Methodisch sehe ich die Intention am ehesten in Arnold Gehlens naturwissenschaftlich-empirisch begründeter Philosophie verwirklicht.
63 Vgl. dazu *B. Willms*: Antaios, (Anm. 60).
64 Daß „politikon" hier nicht einfach mit ‚politisch' oder gar bloß mit ‚gesellschaftlich – übersetzt werden kann, muß freilich deutlich sein: ‚politikon' bedeutet, daß der Mensch nur in konkreten politischen Ordnungen hoher Institutionalität bei sich selbst (also frei) sein kann. Vgl. dazu *J. Ritter*: Metaphisik und Politik, Studien zu Aristoteles und Hegel, vor allem S. 57 ff., Frankfurt 1977.
65 Vgl. MEW, 13, S. 631 ff.
66 Vgl. dazu *meine Arbeit*: Kontingenz und Konkretion. Wilhelm von Ockham als Vorbereiter des modernen Staatsdenkens. Erscheint 1984.
67 Diese These habe ich ausgeführt in dem Aufsatz: „Weltbürgerkrieg und Nationalstaat", in: Der Staat, 4/1983.
68 Die zentrale Stelle bei *I. Kant*: Werke VII, Hrsg. von W. Weischedel, S. 252, Wiesbaden 1956.
69 Vgl. dazu *meine Arbeit*: Idealismus und Nation. Zur Rekonstruktion des politischen Selbstbewußtseins der Deutschen. In der Reihe: Philosophische Positionen, Paderborn 1985.
70 So der Titel einer älteren Arbeit von *R. Lauth*: Stuttgart 1965.
71 Vgl. Anm. 61.

72 Für diesen Zusammenhang verweise ich gleichfalls auf *Seitter*, vgl. Anm. 58 und 61.
73 An dieser Stelle müßten oder könnten mindestens Überlegungen über Studienorganisation und Forschungsförderung angestellt werden, was aber sowohl den guten Willen wie wohl auch die Kompetenz des Verfassers übersteigen würde.
74 Neben dem erwähnten zweibändigen Werk von *Maier-Rausch-Denzer*: ‚Klassiker des politischen Denkens', München 1968, soll noch hingewiesen werden auf *R. Weber-Fas*: Der Staat, Pfullingen 1977 oder auf das didaktisch geschickt gemachte Bändchen von *W. Oelmüller u. a.*: Diskurs: Politik, Paderborn 1977, oder auch: *Möbius und v. d. Gablenz*: Politische Theorien. I–III. Erste Auflage Köln und Opladen 1957/58. Weit verbreitet ist international *G. H. Sabine*; A History of Political Theory, 3. Aufl. New York 1968.
Vgl. auch die allgemeine Bibliographie in: *B. Willms*: Die politischen Ideen von Hobbes bis Ho Tschi Minh, S. 243 ff., Stuttgart 1971.
75 Vgl. Anm. 44.
76 Die Auswahl ist relativ zufällig. Vgl. aber die in Anm. 74 erwähnte Bibliographie.
77 Vgl. *Hans-Joachim Arndt*: Die Besiegten von 1945. Versuch einer Politologie für Deutsche samt Würdigung der Politikwissenschaft in der Bundesrepublik Deutschland, vgl. vor allem S. 13 ff. und 34 ff., Berlin 1978.
78 *Arndt*: a.a.O., S. 97/98.
79 Kants bekannte Aufklärungsmaxime.
80 Vgl. dazu *meine Arbeit*: ‚Antaios' (Anm. 60) sowie *mein Buch*: „Die Deutsche Nation. Theorie, Lage, Zukunft, Köln 1982.
81 Dergleichen altertümliche Begriffe wie ‚Volksgeist' müßten der ‚Politischen Ideengeschichte' völlig neu erschlossen werden.
82 *Rudolf von Ihering*: Der Kampf ums Recht, 1872.
83 Die hier zwar nicht entwickelte, aber doch angedeutete präzisere Auffassung von Idee soll die oben positiv hervorgehobene methodische Ungenauigkeit in der Annäherung an das Fach keineswegs überflüssig machen.
84 Zum letzten Male ist eine Gesamtdarstellung dieses ‚Deutschen' am ‚Deutschen Denken' während des 2. Weltkrieges versucht worden. *Theodor Haering (Hrsg.)*: Das Deutsche in der Deutschen Philosophie, Stuttgart und Berlin 1942².
85 *David P. Calleo*: Legende und Wirklichkeit der deutschen Gefahr, S. 213 ff., Bonn 1981.
86 Zum Problem des ‚Soziologismus' in der Politikwissenschaft vgl. Anm. 59.

Einige anthropologische Prämissen und ihre Konsequenzen in politischen Theorien

Rudolf zur Lippe

Dieser erste Überblick kann nur an der Ideengeschichte entwickelt werden, während gerade Gegenmodelle zu herrschenden Einseitigkeiten aus sozialen Bewegungen zu rekonstruieren wären[1].

Die Zusammenhänge zwischen anthropologischen „Menschenbildern" und Idealtypen der Organisation gesellig-gesellschaftlichen Lebens sind zweifellos von großer Bedeutung, übrigens durchaus auch wechselseitige. Die Wissenschaften von der Politeia behandeln aber in der sogenannten politischen Anthropologie eher deskriptiv eine Typologie der Organisationsformen von Gemeinschaften; weniger analysieren sie bestimmte anthropologische Grundvorstellungen, die solche Formen beinhalten und von denen sie, mehr oder weniger offensichtlich, geprägt werden. Ohnehin werden, innerhalb der anthropologischen Diskussion wie außerhalb, erst gegenwärtig eine Reihe von Grundannahmen als Setzungen erkannt, die für Wissenschaft und Alltagsverständnis noch immer als solche nicht wahrgenommen oder doch kaum folgerichtig in Frage gestellt werden. Überdeutliche Probleme in der verwalteten Welt einerseits, Bemühungen um ein offeneres Verständnis andererseits zwischen Industriegesellschaften und Gesellschaften der übrigen Welt – deren noch gegenwärtigere traditionelle Lebensform uns auch noch einmal an eigene Geschichte erinnern können – bringen die stillschweigenden Setzungen neu zum Bewußtsein. Zwar galten sie stillschweigend, obwohl sie doch eigentlich sehr spezielle Behauptungen sind; trotzdem war auf ihre Geltung das europäische Superioritätsbewußtsein aufgebaut, das unter anderem auch die verbreitete Vorstellung, die eigene Kultur lebe im Mittelpunkt der Welt, aus einer geschichtlichen Erlebensweise zu einer objektiven Theorie umformte[2] nach dem physikalischen Modell etwa des Keplerschen Sonnensystems – dessen Grunderkenntnis, daß wir uns nämlich fern vom Mittelpunkt befinden, sonderbar umkehrend.

Einzelne Autoren haben diese zentralperspektivische Verengung der europäischen Sicht in verschiedenen Richtungen zu druchbrechen versucht. Aber seit der Fülle von strukturalistischen Untersuchungen zu den verschiedensten Kulturen der Welt kann niemand mehr hinter der praktisch unbegrenzten Vielfalt von Form- und Wertstrukturen zurückbleiben, um einem System universelle Geltung zuzusprechen. Freilich haben die Strukturalisten sich vorwiegend an phänomenologische Übersichten gehalten. Die Aufforderungen zum Vergleichen, die von ihren Bestandsaufnahmen ausgehen, werden auch auf die moderne Gegenwart bezogen, z.B. in den „Mythes d'aujourdhui" von Roland Barthes, oder kritisch gewandt zur Verteidigung menschlicher Entfaltung, z. B. in „Surveiller et punir". Wir wollen jedoch darüber hinaus zu bestimmten analytischen Zuspitzungen kommen, die auf entscheidende Annahmen unserer eigenen europäischen Konventionen zielen.

In der gegenwärtigen Situation mag damit auch der kultur-historisch anthropologisch arbeitende Sozialphilosoph einen Beitrag versuchen zu Klärungen der Theoriebildung in den politischen Wissenschaften; zumal wenn er seine Untersuchungen zur Vorgeschichte der Gegenwart und seine Vergleiche mit dem zeitlich und räumlich Entfernten in der politischen Absicht unternimmt, Vorstellungen zu ermöglichen, die auch praktisch herrschende Einseitigkeiten aufzuheben vermöchten.[3] Einige erste Schritte dazu könnten darin bestehen, eine Reihe von Einseitigkeiten unübersehbar als solche zu kennzeichnen, vielleicht noch gewisse Folgen ihrer Übernahme in bestimmten Theoriemodellen aufzuzeigen. Die folgenden Überlegungen sind dabei an einer Auswahl von Fragen ausgerichtet, die eine Systematik nicht bereits darstellen, wenn auch in einigen Zügen andeuten kann.

Überlegungen sollen entwickelt werden im wesentlichen zu (I) Primat des Einzelnen und additiver Vergesellschaftung, (II) Substraktionsanthropologie und Dichotomie von Mensch und Natur, (III) mechanischem Menschenbild (homme machine) und Suche nach dem „Motor", (IV) Gleichsetzung von Fortschritt und „Ersparnis", bis hin zum „Lebensentzug". Weitere Aspekte werden nur begleitend und ergänzend gestreift werden können, wenn nicht der gegebene Rahmen gesprengt und möglicherweise auch die Wirkung der vier Hauptrichtungen kritischer Besinnung beeinträchtigt werden soll.

I. Primat des Einzelnen und additive Vergesellschaftung

An der gängigen Rede von „dem" Menschen hängen einschneidende Probleme. Lange bevor die Frage nach der Berücksichtigung der beiden Geschlechter in der Gattungsbezeichnung gestellt wurde, hatten bestimmte Schulen betont, daß immer eine Vielheit und eine Vielfalt von Menschen die Geschichte bestimmen und erleiden. Diese historischen Unterschiede und die von Individuum zu Individuum, also die lebensgeschichtlichen, haben etwa die Autoren der Kritischen Theorie immer durch einen auffallenden Plural zum Ausdruck bringen wollen, um damit eine ahistorische Anthropologie schon in der Fragestellung zu verhindern.[4]

Zunächst soll aber die allgemeinste Form untersucht werden, in der die Rede von „dem" Menschen gerade politische Theoriebildungen bestimmt, und zwar einheitlich bestimmt fast für die gesamte europäische Neuzeit, auch wo diese sonst im stärksten Gegensatz zu einander stehen. Mit Ausnahme popularistisch oder proletarisch revolutionärer Lehren sind die Vorstellungen bis heute beherrscht von der Idee jenes idealtypischen einzelnen Menschen, an dem die ersten Phasen einer Entwicklung von Menschlichkeit, so oder so, festgemacht werden. Über die Häufigkeit solcher Menschen im „Naturzustande" wird in der Regel nicht gesprochen. Der Mensch wird zwar wie ein wirklich in unserer Vorgeschichte Lebender behandelt, aber eben idealtypisch gedacht. Er ist nicht mit der gegenwärtigen Menschheit wie ein biblischer Stammesgründer als leibhaftiger Vorfahre verbunden. Er setzt nicht auf der Erde eine himmlische oder paradiesische Rasse fort oder lebt nach Gesetzen und Regeln, die ihm von einem

Gott oder mehreren Göttern mitgeteilt worden wären.[5] „Der" Mensch ist entgegen allen mythischen Entwürfen zur Hervorbildung der Menschheit ein gewissermaßen voraussetzungsloser. Hobbes und Rousseau verfolgen gleichermaßen die aufklärerische Tendenz, das Menschliche am Menschen sich in dessen Auseinandersetzung mit seiner Situation in der Welt herausbilden zu lassen. Wie von Locke so könnte man auch von vielen anderen Autoren sagen, sie hätten gewissermaßen eine Naturgeschichte des Verstandes geschrieben.

Insofern kommen diese Theorien einem material-historischen Verständnis nahe, etwa in der Ausbildung des Eigentums bei Locke. Dabei ist immer „der" Mensch als ein einzelner Subjekt dieser Geschichte. Gemeinschaft, Gesellschaft sind dann Formen der Geltung des zuvor Ausgebildeten, sei es, daß durch den Gesellschaftsvertrag das wölfische Wesen des Menschen zum gemeinen Besten gezügelt wird (Hobbes), oder der naturhafte Edelmut unter gesellschaftlichen Bedingungen korrumpiert wird.[6] Auf die Idee vom Naturzustand und vom Gesellschaftsvertrag kann und muß hier nicht näher eingegangen werden. Betont werden soll nur noch einmal, daß im Modell des Naturzustands Bestimmungen der Menschen, die sich ohne Zweifel im gemeinschaftlichen Leben vieler und in der Überlieferung durch viele Generationen entwickelt haben, in ein Dasein vor einer Gesellschaftlichkeit, oder Gemeinschaftlichkeit, des Lebens zurückprojiziert und dieser gegenüber auch zu einem logisch Ersten gemacht werden, insofern ganz nach dem Modell des Mythos vom Paradies im alten Testament.

Die aufklärerische Pointe gegen Gesellschaftsverhältnisse, die unbefragbar über die Menschen verhängt wären, und für ein geschichtliches Gestaltungsrecht der Lebenden gegenüber den Modi ihres Zusammenlebens ist ebenso geschichtlich klar wie politisch unverzichtbar. Die spezifische Behauptung, die mit ihr verbunden ist, daß typisch Menschliches vor aller gemeinsamen Geschichte entstanden sei, nimmt, als selbstverständliche Unterstellung, Entscheidendes von dem Aufklärerischen dieses Denkens wieder zurück und bedarf einer Erklärung. Diese findet sich wohl am besten mittelbar in den Tendenzen der verschiedenen Theorien selbst.

Dabei werden sich solche Tendenzen desto deutlicher abzeichnen, je aufmerksamer man eine zweite Universalie derselben Theorien beobachtet: Der Übergang von „dem" einzelnen Menschen, von dem es irgendwann plötzlich viele gibt, zur Gesellschaft wird gewissermaßen additiv dargestellt und aufgefaßt. Dies ist eine Konsequenz aus der Vorstellung, das Wesen des Menschen sei bereits zuvor ausgebildet worden. Der Auffassung kommt dann jedoch auch eigene Bedeutung zu.

In mehrfacher Hinsicht steht am Beginn der neuzeitlich-säkularisierten Vorstellungen von der Politeia das Lehrgebäude von Jean Bodin[7]. Darin spielt eine wesentliche Rolle die Begründung des modernen Begriffes von Nation auf die materiale Basis eines Territoriums, also eines bestimmten Quantums der bekannten geographischen Ausdehnung. Politisches Handeln, im Begriff der Souveränität zusammengefaßt, wird darauf bezogen. Wesentlich bestimmt wird die Souveränität gerade im politischen Handeln nach außen, das heißt in der Vertretung der eigenen gegenüber den anderen Nationen, sowie in den zentralisierten Bereichen von Verwaltung. In diesen Feldern setzte sich moderne Vergesellschaftung sichtbar durch.

Kontinuität und Übereinstimmung mit Regeln werden zugleich an das geschichtlich Vorhandene angeschlossen und systematisch überhöht, und zwar in den zwei einander entsprechenden Institutionen des Souveräns und der Familie. Beide sind von einer materiellen Basis her bei Bodin gedacht. Die Souveränität ist Ausdruck der mit einem nationalen Territorium verbundenen Interessen, die Familie der Ausdruck der mit ihrem privaten Eigentum verbundenen. „Haushalt ist eine richtige Regierung über mehrere Untertanen unter dem Gehorsam gegenüber einem Familienoberhaupt sowie über das, was ihm zu eigen ist"[8]. Das private Eigentum gibt die einzige Aussicht auf eine Berechenbarkeit aller Handlungsweisen nach dem selben Modell. Jeder lebt von dem, was er hat und was ihm nützt. In der öffentlichen Sphäre treten die egoistischen Berechnungen der privaten Eigentümer als prinzipielles Interesse auf. Eine Sphäre des Gesellschaftlichen ist zwischen Nation und Privaten begründet. Am Eigentum bildet sich eine hintergründige Dimension von Vergesellschaftung. Der Antagonismus zwischen den Konkurrenten hat dabei weniger Bedeutung als die Gleichförmigkeit der Interessen, selbst wenn diese gegeneinander verwirklicht werden.

Das Prinzip eines allgemeinen Egoismus kann nur der Souverän, als Monarch zugleich im eigenen dynastischen wie im zentralisierenden nationalen Interesse handelnd, darstellen. Er ist außerdem der moderator mundi. In verschiedenen Bereichen moderiert er die Gegensätze, die Streitenden, die einander Bekämpfenden zum allgemeinen Besten. Das Vorbild ist juridisch, freilich im Geiste der Justiz für ein kaufmännisches Bürgertum, wie Bodin Legist war im Geiste eines Bürgertums zwischen Kommerz und Amtsadel. „Indem Für und Wider erörtert werden, läßt sich unvernünftige Gewalt gegen Einzelne und Gruppen vermeiden, Gerechtigkeit geht aus dem Moderieren der Extreme hervor, als procès verbal"[9]. Noch war es der Alleinherrscher, in dem die beiden Modelle zu einer ebenso pragmatischen wie metaphysisch begründeten Vorstellung vereinigt werden mußten. In der Politik, in der Ökonomie, überhaupt in allen allgemeinen Fragen stritten die Bürger oder Beamten, um den Ausgang des Streits durch den König in den Rang der Weisheit oder der Wahrheit erheben zu lassen. Das Grundmodell der Moderne ist aber schon da: Aus der aristotelischen Tugend der mesotes, des mittleren Masses, und dem allgemeinen Gegeneinander der Interessen der Privateigentümer wird die prästabilierte Harmonie der Antagonismen hervorgehen. „Denn ganz wie Gott die Gegensätzlichkeiten der himmlischen Bewegungen und der Elemente, der Sympathien und der Antipathien, in einem widerstrebenden Akkord (en un discordant accord) zusammenhält, gleich gegensätzlichen Stimmen in einer sehr angenehmen und süßen Harmonie, wobei er verhindert, daß eines der Elemente von einem anderen unterdrückt wird: so auch muß der Fürst, der das Abbild Gottes ist, die Querelen und Differenzen seiner Beamten zusammenhalten und regeln, so daß sie in keiner Weise im Gegensatz dazu verharren, daß ihre Feindschaften zum Wohle der Republik geraten können"[10]. Wenn an dieser Stelle nur die Beamten genannt werden, so an anderen die Parteien überhaupt.

Später wurde die Funktion der Moderation in das Handeln der Bürger selbst verlegt. Auch diese Entwicklung wird bei Bodin vorbereitet. Im Wettbewerb, könnte man modern sagen, der Guten mit den Bösen, der Temperamente miteinander, der Redner im Diskurs sah er Vernunft hervortreten. Deren Träger zu sein, war, in der Gleichung mesotes gleich Vernunft, der Dritte Stand mit der ihm eigenen vertu moyenne berufen.

Keine Qualität des Gemeinsamen verbindet die Gesellschaft, es sei denn das anziehend Gemeinsame gegenseitiger Abstoßung. Die privaten Einzelnen kommen additiv zu einander, freilich ist eine Triebkraft dabei am Werk.

Bei Macchiavelli[11] wird sie, Zeitverhältnisse beobachtend, in den drei Affekten der Menschen gesehen – Furcht, Begehrlichkeit, Ehrgeiz. Selbsterhaltung zwingt die Menschen, eine Art Koordinatensystem berechneten Handelns in der vernünftigen Berücksichtigung von Zeit und Raum zu suchen. Entsprechende Selbsterhaltung bauen die Menschen, wie Bodin sie sieht, auf die Liebe in der Familie und die Vernunft im Staate. Allerdings haben Liebe und Vernunft mehr den Charakter von Prinzipien, die durch nüchterne Kalkulation der schlechten Lage gewonnen sind. Wie überhaupt wird auch darin Utilitarismus nur als Moral dargestellt, so daß eigentlich Macchiavelli der moralischere Autor genannt zu werden verdient, weil er wenigstens noch einen eigenen Begriff von Tugenden hat und nicht einfach Zweckerwägungen so nennt, wenn sie nur in leidlich befriedeten bürgerlichen Verhältnissen institutionalisiert sind.

Sein hoher Begriff vom Menschen, der sein Leben im Recht organisiert, hat ihn dazu geführt, die Lebenden für Tiere erklären zu müssen unter dem Prinzip der Gewalt. Hobbes hat diese Argumentation umgedreht[12]. Was er unter den historischen Verhältnissen beobachtete, nannte er einen rohen Naturzustand der Menschen, in dem sie einer des anderen Wolf seien. So konnte er die allenfalls vernunft*förmigen* Ordnungserfolge des absolutistischen Staates als den Grund eines Sieges darstellen, der den Menschen im Gesellschaftszustand gegenüber dem mörderischen natürlichen wenigstens Leib und Leben sicherte. Diese Vernunft war eine historische List. Sie machte durch Vereinheitlichung eine schlechte Ordnung einigermaßen überschaubar und damit berechenbar. Und sie kehrte alle zerstörerischen Einzelbewegungen so gegeneinander, daß sie sich wechselseitig am Äußersten hinderten und eine allgemeine Leistung außerdem resultierte.

Das Geheimnis ist das gleiche wie schon in Bodins Konstruktion. Inzwischen wird es in Anlehnung an die damaligen Naturwissenschaften als Mechanismus von Repulsion und Adhesion aufgefaßt, dessen Triebkräfte aber immer aus der Negativität der Beziehungen zwischen Menschen stammen, sei es aus dem Begehren nach dem, was dem anderen gehört, sei es aus dem Verlangen danach, den anderen von dem auszuschließen, was einem selbst gehört. Vernunft bedeutet da nicht viel mehr, als daß man den mittelbaren Weg zum relativen Egoismus den Risiken des allgemeinen Raubs und Totschlags vorzuziehen versteht.

Freilich ist die brügerliche Gesellschaft in dieser Epoche erst im Aufbau ihrer Ordnungsvorstellungen. Als sie die souveränen Herrscher dann abzulösen vermochte, hatte kritische Vernunft höhere Freiheitsgrade errungen. Und doch blieb das Grundmodell der Konstruktion ex negativo prinzipiell bestimmend. Der Satz von Adam Smith, nachdem niemand von einem anderen mehr abhängen dürfe als dieser von ihm selbst, ist Ausdruck der Freiheit durch – wechselseitigen – Ausschluß der Menschen von einander[13]. Kants Mechanism der Antagonismen, der, auch wenn die Menschen Teufel wären, zu einem Ausgleich für das gemeine Beste führen würde, ist letztlich ein gesell-

schaftstheoretisches Modell, das auf der selben pessimistischen Anthropologie aufbaut wie das Hobbes'sche[14]. Für „die größte Freiheit" fordert Kant in der Gesellschaft „einen durchgängigen Antagonismus ihrer Glieder"[15].
Die Dichotomie von Vernunft und Natur der Menschen hatte zunächst für die Vernunft eine wie immer gefährdete Chance erwirkt. Seither läßt sie sich aber nicht mehr überwinden, es sei denn, man wäre bereit, sowohl den Rationalismus wie die mit ihm begründeten Gesellschaftsformen radikal in Frage zu stellen. Dies ist bislang von verschiedenen Seiten her unternommen worden, allerdings entweder eher zu revolutionär – auf den Kommunismus hin – oder zu humanwissenschaftlich – auf den ganzen Menschen hin – um in den politikwissenschaftlichen Theoriebildungen und Vorstellungen tiefer wirksam zu werden. Wer sich Karl Marx oder Victor von Weizsäcker, Mao tse Tung oder Wilhelm Reich anschließt, betreibt nicht länger „Politikwissenschaft".
Wenn man die moderne Befangenheit in dem Modell des Mechanism als ein Syndrom bezeichnen kann, so ist dieses sicher auf irritierende Weise durch Rousseau bestärkt worden. Er nimmt einen idealen Naturzustand an und tritt damit allen pessimistischen Anthropologien frontal entgegen. Aber auch er geht von dem Menschen aus und läßt diese Grundannahme nur umso gültiger erscheinen. Er stellt sich zwar den Zusammenschluß zum Gesellschaftszustand in der Hoffnung auf Brüderlichkeit vor, doch sind die Menschen fertig geprägt, bevor sie in die Geschichte eintreten. Dieser Eintritt bedeutet vorerst eher Verfall als Verbesserung, aber kommt wieder als formales Arrangement zur qualitativen Ausprägung der Einzelnen hinzu, als habe Robinson Crusoe nicht ein modernes Verhältnis zur Welt in die Natur unter ungeeigneten Umständen exportiert, sondern habe seine gesellschaftsspezifischen Formungen und Deformierungen, von der Insel zurückkehrend, in die europäische Geschichte eingeschmuggelt. Die qualitative Unterscheidung zwischen einer gewissermaßen statistischen volenté de tous und einer volonté générale, die mit dem Gang der Vorsehung und der Vernunft verbunden erscheint, trifft auf so große systematische Schwierigkeiten, weil sie nur aus einer gesellschaftlichen Geschichte der Herausbildung vernünftiger, wechselseitig erkennender Beziehungen zwischen den Menschen ihre Substanz gewinnen könnte.
Der neuzeitliche Mangel an solcher Substanz hat denn auch dazu geführt, daß realgeschichtliche Bewegungen brüderlicher Formen von Vergesellschaftung entweder religiösen Sonderstatus haben mußten oder in eine Subkultur abgedrängt, wenn nicht unterdrückt worden sind oder von faschistischen „Volksgemeinschaften" vereinnahmt werden konnten.

II. Substraktionsanthropologie und Dichotomie von Mensch und Natur

Scheinbar selbstverständliche Grundauffassungen unterscheiden die modernen Kulturen, vom Beginn der „Neuzeit" bis in die hochindustrialisierten Gesellschaften, von allen übrigen der Weltgeschichte. Neben der idealtypischen Vereinzelung des Menschen gegenüber dem geselligen Miteinander gehört dazu auch die Dichotomie von Mensch einerseits und übriger Schöpfung andererseits, gerade da, wo sie nicht ausgesprochen wird. Sie entsteht auf die Frage hin „Was ist der Mensch?" und stellt einen ganz bestimmten Gestus des Antwortens dar. Das Besondere wird nicht in seinen besonderen Beziehungen zu allem anderen begriffen, sondern definiert durch trennende Gegenüberstellungen. Dann fragt man nicht, was die Menschen im Gemeinsamen mit anderen Wesen und Dingen und Vorgängen von diesen unterscheidet, sondern wie sich das einzig und typisch Menschliche vom Gemeinen scheiden läßt: So verkündet Kant das Ziel, „daß der Mensch alles, was über die mechanische Anordnung seines tierischen Daseins geht, gänzlich aus sich selbst herausbringe, und keiner anderen Glückseligkeit, oder Vollkommenheit, teilhaftig werde, als die er sich selbst, frei von Instinkt, durch eigene Vernunft, verschafft hat“[16].

Stellvertretend für alles übrige werden die Tiere den Menschen gegenübergestellt, weil sie als frei sich bewegende Lebewesen den Menschen am ähnlichsten sind. Freilich gibt es Gemeinsames – die Körperlichkeit, die Sinnentätigkeit. Aristoteles betont noch die tierhaften, ja pflanzenhaften Wurzeln der Seele, während er den Intellekt, „das theoretische Leben“ als davon frei behauptet. So wird das eigentlich Menschliche unser Denken, die Vernunft genannt. Max Scheler sagt: „Das, was den Menschen zum Menschen macht, ist ein allem Leben entgegengesetztes Prinzip“[17]. Die dichotomische Auffassung ist zweifellos ein Erbe der griechischen Philosophie. Sie wurde verbunden mit der alttestamentarischen Auffassung, daß die leibliche Anstrengung „im Schweiße des Angesichts“ und in „den Schmerzen der Geburt“ nur Leiden unter der Vertreibung aus dem Paradies bedeute und Unreinheit. Im Zuge der einzigartig extremen Trennung von Hand- und Kopfarbeit, wie sie die Formierung des Lebens unter den Prinzipien von Kapital und Industrialisierung bedeutet, setzte die Dichotomie sich bis in die Alltagsgesten des Handelns, Denkens und Erlebens durch. So wurde die Natur zum Widersacher der Vernunft, das Tierische zum Bilde des Unter-Menschlichen.

Ihm gegenüber gilt es dann, das „eigentlich Menschliche“ frei zu machen. So läßt der Elan der Aufklärung das Naturhafte als lästige Voraussetzung einer des Menschen würdigen Existenz unter sich zurück. Der Mensch soll sich selbst verdanken, fordert Kant, was er ist, nämlich der Erhebung seiner Vernunft über alles Unvernünftige. Darüber wird bald vergessen, daß Menschen „tierisch“ gerade durch entwürdigende gesellschaftliche Verhältnisse werden und daß die menschlichen Vermögen sich eher graduell als prinzipiell von denen anderer Wesen unterscheiden könnten.

Die Trennung von Mensch und Natur oder Schöpfung oder einfach dem Anderen läßt sich ohne radikale Veränderungen in den Denk- und Lebensformen umso weniger überwinden, als sie anderen Trennungen entspricht und mit ihnen ein System zu bilden vermag. Die Definition der Beziehungen in der Gesellschaft durch die Ausgrenzung der anderen Menschen von jedem einzelnen ist nur ein Aspekt davon. Wo das Eigentum des Einzelnen als zentrale Kategorie und als Grund prinzipieller Ordnungen auftritt, sind weitere dichotomische Aspekte im Spiel. Auch Natur, bis hin zur inneren Natur des eigenen Leibes, wird dann nach Prinzipien der Ausgrenzung des Anderen betrachtet und behandelt. Ausgrenzung anderer Eigentümer wie Ausgrenzung fremden Einwirkens auf das, was ich mir eingegrenzt habe. Grundsätzlich ist „die gesamte Welt in Subjekt und Objekt dichotomisiert“[18], wie Bernhard Willms sagt.

Die Betrachtung der äußeren Natur nur als Objekt geht Hand in Hand mit der Verleugnung der polaren Geschichtlichkeit der Menschheit. Das ist noch nicht genügend als Zusammenhang erkannt worden. Von der Reduktion der Menschen, der weiblichen wie der männlichen, auf einen neutralen Faktor Arbeitskraft durch die Ökonomie wird gesprochen, besonders pointiert von Ivan Illich[19]. Dann wird die ausbeutende Beherrschung der äußeren Natur am Menschen selber vollzogen. Umgekehrt sind aber dialogische Beziehungen zur Natur nur dann denkbar, wenn wir jeder und jede selbst uns innerhalb der Gesellschaft nur zusammen mit dem Anderen, dem Männlichen oder dem Weiblichen, als Vertreter der Gattung Mensch erfahren. Dies wären geschwisterliche Beziehungen. ,,Brüderliche Beziehungen zur Natur" haben Gesellschaften gehabt wie etwa jene Indianer, die ohne Einwirkung auf ihre Resourcen vom Jagen und Sammeln und in gemeinschaftlichem Jagen von Großwild gelebt haben.

Wenn vielleicht Anthropologen solche Beispiele als Modelle einfach neben einander stellen dürften – eine historisch arbeitende und vergleichende Anthropologie[20] dürfte dabei schon nicht stehen bleiben –, so können Theorien von der Polis sich nicht damit begnügen. Für sie ist jedoch ein Stammesleben ohne die Institutionen, an denen sich moderne Gesellschaftlichkeit, aber auch schon feudale bestimmt, so schwer auf ihren Gegenstand zu beziehen. Für sie ist am Institut der Ausgrenzung der Privaten ein ganzes Gebäude von lebenssichernden Funktionen interessant – wie die Unverletzlichkeit im Sinne der Menschenrechte. Gleichzeitig werden immer mehr Kulturen der Welt in Organisationsformen von Weltwirtschaft und Weltpolitik gezogen, unter denen sie wesentliche Voraussetzungen der negativen europäischen Anthropologie reproduzieren. So scheint es, als seien deren Annahmen wohl tatsächlich in der stillschweigend behaupteten Allgemeinheit bestätigt: Etwa die Absolutheit, mit der einseitig evolutionistische Vorstellungen moderne europäische Entwicklungen zum Kriterium erhoben haben, ohne grundsätzlich genug hinterfragt zu werden wie Lewis H. Morgans Wort vom "natural and necessary progress from savagery to barbarism to civilization"[21] oder Sir James Frazer's "sequence of magical, religious, scientific thought"[22] oder die drei Typen von "state, stateless, band" nach Evans-Pritchard und Fortes.

Wegen dieser Schwierigkeiten wäre es besonders wichtig, theoretische Entwürfe als Brücken zu benutzen, die dem ganz anderen Denken und Leben sich aus der Erfahrung der Moderne und in seiner Begrifflichkeit zugewandt haben, allerdings, um darüber hinauszugelangen, wie Adorno es in der ,,Negativen Dialektik"[23] formuliert. Im Deutschland unmittelbar vor der großen Industrialisierung haben dem Projektionen in die griechische Antike gedient. In der ,,Vereinigungsphilosophie" der Tübinger Kollegiaten Hölderlin, Schelling und Hegel, vor allem aber bei Hölderlin, wie Kondylis[24] betont, bleibt ein großer Entwurf einzuholen. Vielleicht bilden die Utopien innerhalb der politischen Wissenschaften noch zu sehr einen Gegenstand ex alu genus. Vielleicht führen Anstrengungen verbindender und übergreifender Begriffe aber gerade zu einer Öffnung, in der bestimmt genug die kritisierten anthropologischen Annahmen relativiert werden können.

Besonders aus diesen beiden großen Trennungsprinzipien ergibt sich die spezifische Problematik der modernen Konzeption von Identität, sowohl des einzelnen Menschen wie der Menschen gegenüber der Natur. Definition durch Ausgrenzung hungert, unversehens, auch das Eingegrenzte aus. Quantitatives Denken ist von verschiedenen Seiten her vorgedrungen. Austausch mit der Mit-Welt, der gesellschaftlichen wie der naturhaften, muß dann verrechnet werden, statt Medium der Entfaltung zu sein. Der Atem, der Stoffwechsel, Hilfe und Anregung unter Menschen, die „wechselseitige Erziehung von Mensch und Tier“[25], von der Goethe spricht, wirken bedrohlich auf diese Identität. Schon weil sie dennoch das Tier im Menschen bedarf, ist ihr die Angst vor dem Anderen konstitutiv.

Die Erfahrung lehrt, daß die allgemeine Weltordnung die menschliche zunichte macht, sogar noch vor dem Tode. Max Scheler sieht die Menschen und ihre Ordnungen sich im Laufe ihrer Geschichte zu immer unbeweglicheren Panzern verhärten, eine Erstarrung vor dem Tode. Zu der gleichen Zeit, während der 20er Jahre, benutzte auch Wilhelm Reich[26] das Bild vom Panzer, und zwar für den menschlichen Charakter, jedenfalls in den modernen Gesellschaften. Für ihn war das freilich ein kritischer Begriff und fordert zu Übungen heraus, die uns wieder den Energieströmen der Schöpfung insgesamt einverleiben. Offenbar treffen beide Seiten der Beobachtungen eine bestimmte Seite der Wirklichkeit. Konsequenzen für das politische Leben zu ziehen, fällt aber um so schwerer, als die Theorien von der Polis weitgehend Institutionenlehre geworden sind. Und dies auch nicht ohne Grund. Woran sollen die Differenzierungen in einem komplexen gesellschaftlichen Zusammenspiel sehr vieler Menschen sonst ihren Ausdruck, ihren Halt und ihre Dauer finden? Dennoch ist sicher, daß mit solchen Kategorien in den als primitiv mißachteten Stammeskulturen eine unerhörte Fülle von differenziertesten Verwandtschaftsbeziehungen, Fürsorgeverhältnissen, Erfahrungen der Wechselseitigkeit zwischen den Menschen und mit der Natur unsichtbar gemacht werden.

Immer mehr hat sich die antike Identitätsphilosophie auch in der ungeschriebenen Faustregel ausgeprägt, daß immer das Festere das Wesentlichere ist.

Die Substraktionsanthropologie hat uns nicht nur der äußeren und der inneren Natur entfremdet, unsere fixierten Identitäten von den Bewegungen des Lebens abgehoben. Sie hat uns auch die Menschen und Kulturen fremd gemacht, die in lebhafterem Bewußtsein die naturhafte Wirklichkeit unserer menschlichen Existenzen leben. Deshalb betont etwa Léopold S. Senghor, daß wir von den Negern jenes, für rationalistische Begriffe „sousreale“ Leben wieder zu lernen haben. Er hat dies auszusprechen begonnen genau in der Zeit, als Margaret Mead den kulturanthropologischen Vergleich mit dem Leben in Samoa zur Aufforderung machte, unsere eigenen Lebensformen nicht als die allein denkbaren zu betrachten, sondern uns zu neuen Begegnungen mit vergessenen Beziehungsgefügen in der Gesellschaft und mit der Natur bereit zu machen. Sie sowohl wie Senghor, immer mehr, kann man sagen, gegenwärtige Stimmen fordern zu solcher Bereitschaft im Blick auf eine neue Gemeinschaft der Kulturen in der Welt überhaupt auf.[26a]

III. Mechanisches Menschenbild (homme machine) und Suche nach dem „Motor“

Auf der Suche nach leicht durchschaubaren und zuverlässigen Erklärungsmodellen für das Funktionieren des Menschen wurden nicht nur die Zusammenhänge mit der Mitwelt nach Prinzipien der Ausgrenzung und der Quantität wie der Addition aufgefaßt. Auch Anatomie, Physiologie und Psychologie des Menschen sollten mechanisch rekonstruierbar sein. Das Leitwort für diese Tendenz hat Lamettrie mit dem Titel seiner Schrift „L'Homme Machine"[27] gegeben. Begriff und Sachanalyse hatte Descartes[28] vor ihm und weit systematischer entwickelt.

Die Organfunktionen und die Sinneswahrnehmungen werden nach Vorbildern aus der neuen physikalischen Naturwissenschaft erklärt[29]. Zu Beginn des siebzehnten Jahrhunderts hat bereits Harvey behauptet, daß Herz und Kreislauf ein System von Röhren mit einer zentralen Pumpe seien, die für den Umlauf sorgt.[30] In dieser Sicht wird die periphere Eigentätigkeit der Blutgefäße, die auch selber pulsen, nicht berücksichtigt. Aktivität und Kontrolle werden einseitig der Zentrale zugeschrieben. Das entspricht dem Denken der Zeit. Interessant ist, daß zweifellos hier anthropologisches Denken besonders deutlich von den politischen Formen geprägt worden ist, bevor dieses wieder auf die politischen Theorien zurückwirkte. Das Pumpenmodell, so wird meist erklärt, geht auf die Anschauung von Pumpwerken im Bergbau zurück. Die Wahl gerade eines solchen Vorbildes muß aber selber erklärt werden. Dafür bietet sich das Denken von Absolutismus und Bürgertum in Formen eines neuen nationalen Zentralismus eindeutig an[31].

Descartes folgt diesem Denken, das der Durchschaubarkeit dient. Er verfolgt aber ein weiteres Ziel, die Rekonstruierbarkeit organischen Lebens. Erst angesichts von Klonen und Genmanipulation wird das einseitige Gedankenexperiment in seinen totalitären Konsequenzen praktisch erkennbar. Kant hat das Prinzip formuliert, daß der Mensch die Naturgesetze erkennen wolle, um nach ihnen selber synthetisch herstellen zu können, was er analytisch zu beherrschen gelernt hat[32]. Bei Descartes wird noch Gott die Rolle des Laborleiters angetragen. Er könnte doch eine Maschine konstruieren wollen, die nach den Prinzipien eines Uhrwerks, also mechanisch und damit physikalisch überprüfbar, einen funktionierenden Menschen simuliert.

Während Hobbes das Zusammenwirken der Menschen in der Gesellschaft, zur Zeit seiner grausamen Entstellung unter Bürgerkrieg, Religionshass und gewaltsamer Auflösung mittelalterlicher Lebensgemeinschaften, entzaubert, während er einen äußerst simplen Mechanismus nach physikalischem Vorbild zum politischen Modell erklärt, um wenigstens irgendeine Art von Regelverhalten greifbar zu machen, rekonstruiert Descartes aus dem Menschen selber ein mechanistisches Weltbild. Ermutigt offenbar von den zentralistisch und kalkulierend besser geordneten Verhältnissen im Frankreich Richelieus, mehr noch im ganz vom rechnenden Handel bestimmten Holland, das damals an der Spitze der Kapitalentwicklung stand, entwarf er einen Körpermechanismus, der von der unerklärlichen und daher unheimlichen Seele unabhängig funktionieren sollte.

Übrig bleibt dann die Frage, was den Motor dieses Uhrwerks bildet. Welche Kräfte ermöglichen seine Bewegungen? Um innerhalb des Menschen das Zusammenspiel auf die überschaubaren Faktoren einer berechenbaren Mechanik Körper und eines berechnenden Prinzips Vernunft reduzieren zu können, wurde die Seele, wurde alles weginterpretiert, was beide Bereiche untereinander und mit der rohen Natur verbinden würde. Als Antriebskräfte kamen zwei Elemente in Frage. Wie unter physikalischen Körpern auch kam ein Vorgang in einem Menschen und eine äußere Bewegung durch den Anstoß eines anderen von außen in Gang. Damit ist zwar das Problem der autonomen

Identität keineswegs gelöst, aber Überschaubarkeit hergestellt. Nach diesem Modell lassen sich auch die sozialen Verhältnisse darstellen. Die positivistische Psychologie nennt es das Prinzip von Reiz und Reaktion.

Alles ist aber nicht Reaktion. Woher kommen dann Aktionen? In der eigentlich schon zur Mechanik domptierten Physis werden zur Erklärung des Bewegungsproblems die spiritus animales festgestellt. Um der Reinheit des Geistigen als Vernunft willen muß dieses Denken allen Ursprung von Bewegung dem Anderen zuschreiben, das als roh Tierisches abgewertet worden ist. Diese Antinomie ist ebenso unüberwindbar wie die ihr zugrundeliegenden Trennungen.

Einen Ausweg kann nur strenge Hierarchie der Faktoren versprechen. Wenn schon die Vernunft dadurch erniedrigt wird, daß sie vom Unvernünftigen oder vom Antivernünftigen abhängig ist, dann muß wenigstens ihre durchgängige Kontrolle darüber garantiert werden. Wiederum entspricht das anthropologische Modell den Erfahrungen der politischen Ökonomie. Wenn die Herrschenden von den bewegenden Kräften der Beherrschten abhängig sind, dann muß mehr Herrschaft garantieren, daß diese Abhängigkeit nie offensichtlich oder zum Hebel von Veränderungen wird. Dies ist umso entscheidender, als die Verfügung von Kopf- über Handarbeit gar nicht der einzige Geltungsbereich dieser Abhängigkeit ist. Physische Bedürfnisse, physische Beweglichkeit sind in allen Bereichen und Schichten einer Kultur im Spiel, von der Ernährung bis zum Tanz, von der Gesundheit bis zu den Denkformen.

Die Herkunft des hierarchischen Modells in der Anthropologie aus der politischen Praxis bedeutet indessen nicht, daß es, einmal zum Modell erhoben, nicht unbefragt wie andere in die politischen Theorien reimportiert werden könnte.

Dies ist mit exemplarischer Wirkung geschehen, als der Behaviourismus das hierarchische Modell in neuer, komplizierterer Form proklamierte. Abraham Maslows Motivationstheorie teilt die menschlichen „Triebkräfte" in fünf Schichten ein, um die niedrigste, die physiologische Notdurft von Hunger und Durst, zu trennen von der zweitniedrigsten, dem Streben nach Sicherheit; dann folgen Liebe und Zusammengehörigkeitsgefühl, der Genuß von Achtung und schließlich Selbstverwirklichung sowie "various cognitive and aesthetic goals"[33]. Das Schlüsselwort des Mechanismus dieser Schichten heißt Befriedigung. Immer, wenn eine andere Schicht von Trieben befriedigt ist, kann eine höhere angestrebt werden. Zugunsten einer mechanischen Überschaubarkeit und der Beherrschung von Triebschichten durch die zielsetzende Vernunft wird eine Undurchlässigkeit von oben nach unten in Kauf genommen. Die höheren Bedürfnisse der Motivationsschichten können die niedrigeren nicht prägend durchdringen. Sie werden damit faktisch umso abhängiger von ihnen, können aber deren Tierisches von ihrer höheren Würde ausgrenzen.

Die behaviouristische Motivationstheorie stellt insofern eine modernisierte, eine verinnerlichte Variante von Descates' homme machine dar. Inzwischen sind nicht nur die Organfunktionen mechanisch rekonstruiert. Auch das System der motorischen Kräfte, der spiritus animales, ist klar und durchsichtig gemacht worden. Seine strenge Einteilung in Triebschichten und deren hierarchische Trennung von einander lassen auch die Psychologie als eine berechenbare Mechanik erscheinen. Die Berechenbarkeit ist dabei immer die, scheinbar wertneutrale, Grundlage für ein berechnendes Verwertungsinteresse.

Obwohl der Behaviourismus in seinen positivistischen Formen zumeist kritisiert wird, hat er als Verhaltensforschung und als Motivationsstrategie an Aktualität noch gewonnen. Die politischen Konsequenzen sind freilich eher indirekt oder ergeben sich unausgewiesenermaßen aus psychologischen, sozialpsychologischen und didaktischen Konzepten. In ihnen geht es immer darum, leiblich-sinnliche Momente menschlicher Existenz einerseits als niedrige Schichten aus angeblich vernünftigen menschlichen Ordnungen – des Lebens, Arbeitens, Lernens, Heilens usw. – auszugrenzen und ihre motorischen Potentiale rationalen Strategien dienstbar zu machen[34].

IV. Die Gleichsetzung von Fortschritt und „Ersparnis"

Die Ersparnis an physischem Kraftaufwand bei den Tätigkeiten des täglichen Lebens gilt in der Anthropologie als ein Kriterium für den Fortschritt der kulturellen Entwicklung. Arnold Gehlen hat diese Gleichsetzung, die in stark differenzierenden Zusammenhängen auch bei Helmut Plessner[35] erscheint, zu einem Leitmotiv gemacht[36]. Unübersehbar und unbestreitbar können Menschen eine höhere, differenzierte geistige Kultur nur entfalten, wenn sie einen gewissen Freiraum gegenüber den drängenden Subsistenznöten gewinnen und sich nicht ausschließlich in körperlichem Kraftaufwand verausgaben müssen. Gattungsgeschichtlich wurden Menschen dadurch möglich, daß im aufrechten Gang die Hände von der Funktion, den Körper zu tragen, frei wurden für das Tasten und Greifen, daß zugleich damit der Kopf dem Gehirn größeren Raum bieten konnte und der weiter schweifende Blick eine Orientierung auf Entfernung hin brachte.

Weitere Schritte in der Richtung solcher Entlastungen sind aber nicht länger allein derartigen Umorganisationen des Leibes, sondern bereits der Einführung von Werkzeugen zu verdanken gewesen. Entsprechend haben Anthropologen versucht, diesen Unterschied wegzuinterpretieren, indem sie die Werkzeuge als Verlängerungen von Körperorganen auffaßten[37]. Im Hinblick auf die jeweiligen Wirkungen nach außen, also für Bearbeitungstechniken, mag das auch grundsätzlich zutreffen. Die innere Organisation des Leibes und der Lebenstätigkeiten der Menschen dagegen stellen sich mit jedem solchen Schritt um und sie stellen sich ganz neu dar. Das wird mit der seit Hegel beobachteten und beklagten „Unterordnung des Menschen unter die Maschine"[38] auf dramatische Weise anschaulich. Parallel bezeichnen Verlagerungen jene Entwicklungsschritte, die von einer Organtätigkeit zu einer anderen stattfinden. Einfachstes und wichtigstes Beispiel ist das sogenannte Auge-Hand-Feld. Immer mehr wird die einschätzende Wahrnehmung vom distanzierten Blick übernommen und die Bewegung der Hand zur tastenden Berührung „erspart".

Sicherlich bedeutet Abstand zum Gegenüber immer auch den notwendigen Spielraum für ein freieres, klareres, menschlicher Existenz bewußteres Denken. Dumpfe Einbindungen in innere wie äußere Abhängigkeiten können nur in diesem Abstand begriffen und umgestaltet werden. Andererseits kann der Abstand auch zur Distanz sich erweitern, über die hin Beziehungen, Austausch, Zusammenhänge ihre Substanz verlieren. Wir stehen wieder vor der Trennungsproblematik, über die sich die fortschrittsgläubige Moderne vielfach hinweggetäuscht hat. Dies ist eins der Grundprobleme von Aufklärung insgesamt. Menschen scheinen immer wieder bei ihren geschichtlichen Entscheidungen für wesentliche Veränderungen zu meinen, daß ein gewünschtes Neues einfach zu dem erwünschten Alten hinzukommen werde, ohne das Gesamtgefüge der Lebensbedingungen und -formen auch in anderen Richtungen zu beeinflussen. Was gegenwärtig in den industrialisierten Ländern Lebensentzug genannt wird, ist nur ein Fall dieses Prinzips. Es zeigt sich, daß Ersparung von physischer Verausgabung zu einem Mangel an Bewegung, zu Entzugserscheinungen durch Unterforderung führen kann.

Der Mangel betrifft vor allem keineswegs den „Körpermechanismus" allein. Die Wechselzusammenhänge zwischen physiologischen und psychologischen Vorgängen, zwischen physischen und geistigen Organen lassen sich nicht länger leugnen. Begriffe wie „die Einheit von Wahrnehmung und Bewegung" (Victor v. Weizsäcker)[39], „Geist und Natur. Eine notwendige Einheit" (Gregory Batason)[40], „Co-Evolution" von Lebewesen und ihrer geschichtlichen Mitwelt (derselbe), „Co-History" (Humberto Maturana)[41] weisen auf die Notwendigkeit hin, in Bedingungsgefügen und Gleichgewichtszusammenhängen zu denken. „Selbstregulative Systeme" sind vermutlich noch zu stark von der Absicht bestimmte Modelle, dennoch operationalisieren zu können. Die sozialwissenschaftlichen Theorien zur symbolischen Interaktion, zum erweiterten, offenen Systemdenken u.a. sind nur erste Schritte auf dem Wege der Auflösung der konvenierten anthropologischen Annahmen – gleichzeitig immer in der Gefahr, die neuen Einsichten dazu zu benutzen, auf erweiternden Umwegen dennoch der Erhaltung der traditionellen Fiktionen dienstbar gemacht zu werden. Bestünde diese Gefahr nicht, so wäre dies wohl ein Warnsignal nach der anderen Seite: Die Geschichte der Aufklärung kann heute nicht abgebrochen werden zugunsten einer Option für unbegriffene und unbegreifbare Einbindungen in „Kreisläufe der Natur". Dies ist ebenso verhängnisvoll wie die Illusion, Aufklärung könne einfach im Sinne analytischer Erkenntnis fortschreiten. Aufklärung wird nur als Reflexion gerade auch auf die eigenen unbegriffenen Annahmen, auf die neu geschaffene negative Mythologie, weitergetrieben werden können. Dazu müssen eine historische Anthropologie und die anderen Humanwissenschaften, sicher auch die Wissenschaften von der Politeia, ein neues und ein gezieltes Bündnis eingehen, das für ein Drittes, ein noch unbekanntes Gleichgewicht jenseits falscher Alternativen engagiert ist.

Anmerkungen

1 Vgl. zu dieser Dimension u. a. *Oskar Negt, Alexander Kluge:* Geschichte und Eigensinn, Frankfurt/M. 1981; *Ulrich Sonnemann:* Negative Anthropologie, Hamburg 1970; *Rudolf z. Lippe:* Anthropologie für wen? in: Dietmar Kamper; *Volker Rittner* (Hrsgb.): Zur Geschichte des Körpers, München 1976, sowie verschiedene Studien von Michel de Verteau, Alain Touraine.

2 Wenn z. B. das alte China sich als „das Reich der Mitte" verstand, so ging diese Vorstellung mehr aus einem Beziehungsganzen zwischen der eigenen menschlichen Lebenswelt und dem Kosmos hervor, weniger aus einer theoretischen Rekonstruktion der Weltgeschichte. Kant formuliert dagegen in einer Fußnote zur „Idee einer allgemeinen Geschichte in weltbürgerlicher Absicht": „Nur ein gelehrtes Publikum, das von seinem Anfange bis zu uns ununter-

brochen fortgedauert hat, kann die alte Geschichte beglaubigen. Über dasselbe hinaus ist alles terra incognita; und die Geschichte der Völker, die außer demselben lebten, kann nur von der Zeit angefangen werden, da sie darin eintraten." Sonst könne es nicht gelingen, sie „wenigstens im großen, als ein System darzustellen". *Immanuel Kant:* Werke, herggn. von Wilhelm Weischädel, Frankfurt/M. 1964, Bd. XI, S. 48.

3 Vgl. hierzu ausführlicher *Rudolf z. Lippe:* Am eigenen Leibe. Zur Ökonomie des Lebens, 3. Aufl. Frankfurt/M. 1984.

4 Vgl. z. B. *Theodor W. Adorno, Max Horkheimer:* Die Dialektik der Aufklärung; *Theodor W. Adorno:* Minima Moralia u. a.

5 Beispiele hierfür lassen sich aus so unterschiedlichen Kulturen nennen wie denen der Bantu in Schwarzafrika oder von Lévi-Strauss analysierten Südseevölkern, um nicht allein im europäischen Kreise zu bleiben.

6 *Thomas Hobbes:* Leviathan, London 1651, und *Jean Jacques Rousseau:* bes. die Preisschriften von 1750 und 1753.

7 *Jean Bodin:* Les six livres de la République, Paris 1593. Vgl. *Rudolf zur Lippe:* Naturbeherrschung am Menschen, Bd. II, Teil IV, 2. Aufl. Frankfurt/M. 1981.

8 *Jean Bodin,* zit. nach *Henri Baudrillart:* Bodin et son temps, Tableau des théories politiques et des idées économiques au seizième siècle, Paris 1853, S. 233.

9 Naturbeherrschung am Menschen, Bd. II, S. 388.

10 *Bodin,* zit. nach *Baudrillart:* a.a.O., S. 385.

11 Zu Machiaville vgl. *Rudolf zur Lippe:* Naturbeherrschung am Menschen, Bd. II, a.a.O.

12 Vgl. *Rudolf zur Lippe:* Autonomie als Selbstzerstörung. Zur bürgerlichen Subjektivität, 2. Aufl. Frankfurt/M. 1984: „Rückblick auf die Aktualität des bürgerlich-autonomen Subjekts" und „Die Entstehung von Vernunft als vorerst instrumenteller".

13 *Adam Smith:* Eine Untersuchung über Natur und Ursache des Volkswohlstandes, dtsch. Jena 1923, Bd. I./2., S. 18 ff. (II, S. 21 f.). „wir wenden uns nicht an ihre menschlichen Gefühle, sondern an ihren Eigennutz, und sprechen ihnen nicht von unseren Bedürfnissen, sondern von ihren Vorteilen" usw., zit. nach *Werner Hofmann:* Sozialökonomische Studientexte, Berlin 1964, S. 41.

14 Vgl. *Rudolf zur Lippe* „Das bürgerlich-autonome Subjekt in den geschichtsphilosophischen Schriften von Kant" in: ders. Autonomie als Selbstzerstörung, a.a.O.

15 *Immanuel Kant:* Idee zu einer allgemeinen Geschichte in weltbürgerlicher Absicht, a.a.O., S. 39.

16 ebda., S. 36.

17 *Max Scheler:* Die Stellung des Menschen im Kosmos, 1928.

18 *Bernhard Willms:* Politische Ideen von Hobbes bis Hotschi Minh, Stuttgart 1971.

19 *Ivan Illich:* zuletzt in: Genus, Hamburg 1983.

20 Vgl. z. B. Wolf Lepenies, Jean Duvignaud, Edgar Morin, Margaret Mead, Lewis Mumford.

21 *Lewis Henry Morgan:* Ancient Society, 1877.

22 *James Frazer:* The Golden Bough, 1890.

23 *Theodor W. Adorno:* Negative Dialektik, Frankfurt/M. 1968.

24 *Panyotis Kondilis:* Die Geburt der Dialektik, Stuttgart 1978.

25 Johann Wolfgang Goethe, erste Schweizer Reise.

26 *Wilhelm Reich:* Charakteranalyse, Frankfurt/M. 1973, u. a. Publikationen *David Boddela:* Wilhelm Reich – Leben und Werk, Bern/München 1981.

26a *Margaret Mead:* Kindheit und Jegend in Samoa Gregory Bateson/Margaret Mead, Balenesse Character u. a..

27 *Julien Offray de Lamettrie:* L'homme machine, 1748.

28 *René Descartes,* insbes. Traité de l'homme, 1632, und La description du corps humain, 1648.

29 Vgl. *Descartes'* Principia Philosophiae, 1644.

30 *William Harvey:* De motu cordis et sanguinis, 1628.

31 Vgl. *Rudolf zur Lippe:* Une unité problématique: Eléments pour une histoire des conceptions de corps, in: *Claude Reichler:* Le corps et ses fictions, Paris 1983.

32 *Immanuel Kant:* Kritik der Urteilskraft, hrsg. von Karl Vorländer, Hamburg 1968, u. a. S. 309.

33 ebenda.

34 Hier wären Mechanismen der „verwalteten Welt" (Adorno, Horkheimer) in allen Bereichen der Organisation hochindustrialisierten, vergesellschafteten Arbeitens, Lernens, Therapierens, des Lebens überhaupt, zu untersuchen, in die z. B. *Peter Berger*'s "The Homeless Mind" analytisch einführt.

35 *Helmut Plessner:* Die Stufen des Organischen und der Mensch, 1928, Diesseits der Utopie, 1966, Die Frage nach der Conditio humana, 1976.
36 *Arnold Gehlen:* Der Mensch, 1940 (seit 1950: Der Mensch, seine Natur und seine Stellung zur Welt). Studien zur Anthropologie und Soziologie, 1962.
37 Z. B. bei *Gehlen,* a.a.O.
38 *Georg Wilhelm Friedrich Hegel:* Jenaer Realphilosophie (II), hrsg. von Johannes Hoffmeister, Hamburg 1969 (1931), S. 232 f.
39 *Viktor von Weizsäcker:* Der Gestaltkreis, Theorie der Einheit von Wahrnehmen und Bewegen, Stuttgart 1940.
40 *Gregory Bateson:* Geist und Natur. Eine notwendige Einheit, Frankfurt/M. 1981.
41 So vorerst m. W. nur in Vorträgen dargestellt.

Theoriengeschichte und Naturwissenschaften

Über gemeinsame Paradigmen

Otto Ullrich

Wissenschaftliche Erkenntnis ist nach gegenwärtigem Verständnis selektive Erkenntnis. Durch eine bestimmte Theorie und ein bestimmtes methodisches Verfahren wird aus dem möglichen Gegenstandsbereich der Wissenschaft ein bestimmter Teilbereich herausgelöst. Aber nicht nur die ausgearbeiteten Theorien und Methoden bestimmen die Auswahl der Themen und Gegenstände, sondern auch das noch nicht reflexiv ausgebreitete *Vorverständnis* der Wissenschaftler, das in der Grundlegung und in den logischen Konsequenzen noch nicht ganz ausgeleuchtete, dafür aber in der Forschungspraxis erfolgreiche ,,Beispiel" einer Disziplin. Für die entsprechende Wissenschaftsgemeinde steckt ein solches Musterbeispiel oft unausgesprochen den Rahmen ab, was als ,,sinnvolle" Forschung zu gelten hat. Es legt in einem meist stillschweigenden Konsens der Wissenschaftler beispielsweise fest, was zugelassene und was nicht zugelassene Fragen und Antworten der Disziplin sind. Erst in einer Krisensituation, in der das bislang beispielhafte Vorbild wissenschaftlicher Praxis anfängt, ungelöste Probleme aufzuhäufen, kann es für die Wissenschaftsgemeinde notwendig werden, auch über das mehr oder weniger unausgesprochene Vorverständnis ihrer Disziplin bewußter zu werden.

Spätestens seit den Arbeiten von Thomas S. Kuhn ist es in Mode gekommen, in diesem Zusammenhang von *Paradigmen* zu sprechen, von paradigmatischer Grundlegung einer Wissenschaft[1]. Kuhn hatte diesen Begriff auf die Naturwissenschaften bezogen, aber schon Jahre vorher verwendete ihn Robert K. Merton für die Soziologie. Sein "Paradigm for functional analysis in sociology"[2] gab für ungezählte sozialwissenschaftliche Arbeiten das Grundmuster der Forschung vor.

Der gegenwärtig etwas inflationäre Gebrauch des Ausdrucks Paradigma muß solange nicht von Schaden sein, solange man durch ihn in Erinnerung behält, daß Wissenschaften sich immer auch auf ,,vorwissenschaftliche" Annahmen gründen. Denn die gründliche Analyse eines Paradigmas führt zu dem Schluß, daß selbst die Wissenschaft, die von sich sehr selbstbewußt glaubt, sie stehe fest auf einem durchschauten ,,rationalen" Grund, letztlich sich doch auf ein meist unbewußtes kollektiv geteiltes Vorverständnis der jeweiligen Epoche gründet, auf einen ,,Glaubensgrundsatz", der jenseits der sprachlich aufgehellten Seite der entsprechenden Wissenschaft liegt. Ein Kollektivglaube, der soziale Institutionen rechtfertigen und tragen kann, wird auch Mythos genannt. Ein Aufspüren von gemeinsamen Paradigmen in Politikwissenschaft und Naturwissenschaft kann also auch bedeuten, gemeinsamen ,,fundierenden" Mythen auf die Spur zu kommen.

Bevor ich am Schluß begründet darauf zurückkommen kann, nach einem gemeinsamen „Hintergrund", nach dem gemeinsamen „kulturellen Paradigma" von Naturwissenschaft und Politikwissenschaft zu fragen, soll zunächst diskutiert werden, wie ein naturwissenschaftlicher Einfluß auf die Politikwissenschaft zu beurteilen wäre. Anschließend soll an zwei exemplarischen Fällen geprüft werden, ob eine Beeinflussung der Politiktheorien durch naturwissenschaftliche Denkmodelle nachweisbar ist. Ich habe hierzu zwei Beispiele ausgewählt, die ganz „offensichtlich" und grundlegend diese Beeinflussung zu belegen scheinen: die klassische Mechanik und das Regelkreismodell als Grundstein kybernetischer Systemtheorien. Läßt sich ein prägender Einfluß dieser beiden physikalischen Denkmodelle bei den politisch-sozialwissenschaftlichen Theorien nachweisen, die zum ersten Mal diese Modelle verwenden? Falls nicht, wäre ein ähnlicher Nachweis für spätere Politiktheorien kaum zu führen.
Bei der Beurteilung dieser Frage werde ich mich auf Autoren stützen, die hierüber speziell gearbeitet haben, auf C. B. Macpherson und auf Otto Mayr. Da ich ihre Einschätzung teile, werde ich sie zustimmend referieren. Selbstverständlich basiert meine Zustimmung auch auf einem Vertrauen in ihre gründliche und unvoreingenommene Arbeit.

Sind naturwissenschaftliche Modelle in der Politikwissenschaft unangemessen?

Wenn man davon ausgeht, daß Politiktheorien die politische Praxis beeinflussen, dann entscheidet die Gestalt eines politikwissenschaftlichen Paradigmas nicht nur über die zutreffende Analyse der vorhandenen oder vergangenen politischen Realität, sondern auch über die mögliche Zukunft. Das Problem der „Angemessenheit" der Paradigmen, Theorien und Methoden gegenüber dem „Gegenstand" hat darum Sozialwissenschaftler aus diesem doppelten Grund immer sehr beschäftigt. Eine der wichtigen Fragen in diesem Zusammenhang lautet: Ist das Paradigma, die Theorie, die Methode eigenständig entwickelt worden entsprechend der „Natur" des Gegenstandes, oder standen mangels Phantasie Vorbilder aus einer „erfolgreichen" anderen Disziplin Pate, was eine unangemessene Übertragung bedeuten könnte? Die erfolgreichste Wissenschaft, das übermächtige Vorbild für „Wissenschaftlichkeit", ist die Naturwissenschaft, und darum ist besonders für Sozialwissenschaftler die Frage, ob naturwissenschaftliche Denkmodelle einen prägenden und möglicherweise unangemessenen Einfluß auf ihre Disziplin haben, von großem Interesse.
Ein Motiv für die Nachforschung nach gemeinsamen Paradigmen von Politikwissenschaft und Naturwissenschaft ist also die Frage nach der Angemessenheit. Aber das Ergebnis dieser Nachforschung kann sehr unterschiedlich bewertet werden. Für jemanden, der in der Naturwissenschaft das Vorbild sieht für Wissenschaftlichkeit, der vor allem interessiert ist an exakten Daten, an prognosefähigen Theorien, der mit Kant glaubt, daß in jeder Wissenschaft nur so viel Wissenschaft enthalten ist, als Mathematik in ihr enthalten ist, der wird es begrüßen, wenn die Politikwissenschaft Methoden und mathematische Modelle übernimmt, wie sie in den Naturwissenschaften üblich sind. Mathematisierung bedeutet heute zunehmend mehr auch Computerisierung. Wer darum

Politikwissenschaft versteht als Verwaltungs- und Herrschaftswissen zur Bestandssicherung eines Staates, wird statistisch kontrollierte Befragungsmethoden mit vergleichbaren und reproduzierbaren Ergebnissen als Fortschritt begrüßen. Aus gleichem Grunde werden auch Computermodelle mit ihrer großen Zahl personenbezogener Daten zur Verhaltensvorhersage, wie sie heute etwa im politikwissenschaftlichen Zweig der Wahlforschung zu finden sind, als Fortschritt eingestuft. Standardisierung, Mathematisierung, analytisch-synthetisches Verfahren, also typische naturwissenschaftliche Vorgehensweisen werden hier als dem Forschungsgegenstand angemessen interpretiert.
Wer dagegen weniger an der Bereitstellung von Herrschaftswissen interessiert ist, sondern mehr an einer historisch-aufklärenden Analyse, hat immer betont, daß analytisch-synthetische Verfahren und standardisierte Kausalmodelle für gesellschaftlich-politische Prozesse unangemessene Denkmodelle sind. Ein Einwand ist: Die Verhaltenseigenschaften der isolierten „Elemente" (Personen, Gruppen) können sich grundlegend verändern, wenn sie integriert sind im gesellschaftlichen Kontext. Neben vielen anderen hat hierauf nachdrücklich erneut wieder Norbert Elias hingewiesen[3]. Er schlägt ein Modell der Gegenstandstypen verschiedener Wissenschaften vor, unterschieden nach Integrationsebenen und jeweils angemessenen Verknüpfungsmustern. Die Menschenwissenschaften, vor allem als Gesellschafts- und Politikwissenschaft, erforderten Figurationsmodelle. Naturwissenschaftliche analytisch-synthetische Verfahren und quantifizierte Kausalmodelle seien hier dem Gegenstand gegenüber unangemessen.
So könnte man zusammenfassend sagen: wenn in der Politikwissenschaft naturwissenschaftliche Vorbilder dominieren, dann ist sie vorwiegend gedacht und geeignet als Herrschafts- und Verwaltungswissen. Wenn dagegen gesellschaftlich-politische Prozesse „verstanden" werden sollen und erst recht, wenn Politikwissenschaft als Oppositionswissenschaft betrieben werden soll, so, verweist dies emphatisch darauf, daß naturwissenschaftliche Modelle unangemessen sind.
Leider sind hier die Zusammenhänge jedoch noch etwas verzwickter, worauf schon früh Horkheimer und Adorno aufmerksam gemacht haben[4]. Wenn gesellschaftliche Prozesse tatsächlich präzise mit naturwissenschaftlichen Methoden voraussagbar wären, dann wäre das zunächst ein vernichtendes Urteil über diese Gesellschaft. Typische menschliche Möglichkeiten wie Spontaneität, freie Entscheidung, Unberechenbarkeit wären nämlich in dieser Gesellschaft verknöchert zu maschinenhafter Routine. Aber nun können Gesellschaften durchaus in erheblichem Umfang in dieser Weise verknöchern. In vielen Bereichen zeigt unsere gegenwärtige Gesellschaft einen beachtlichen Anteil normierter und voraussagbarer Verhaltensweisen, etwa bei politischen Wahlen, im Arbeitsbereich, beim Verkehrsverhalten im Zeitraster und in der Verkehrsmittelwahl oder beim privaten Konsum. „Dort, wo die Menschen unter dem Druck der Verhältnisse in der Tat auf die ‚Reaktionsweise von Lurchen' heruntergebracht werden, wie als Zwangskonsumenten von Massenmedien und anderen reglementierten Freuden, paßt die Meinungsforschung, über welche sich der ausgelaugte Humanismus entrüstet, besser auf sie als etwa eine ‚verstehende' Soziologie"[5]. Zusammenfassend meinen darum Horkheimer und Adorno: „Wer gegen die Übertragung naturwissenschaftlicher Methoden auf das vorgebliche Gebiet des Geistes apologetisch eifert, der übersieht, daß die Gegenstände der Gesellschaftswissenschaft selber in großem Maß

‚naturhaft', Ausdruck der zur zweiten Natur geronnenen Gesellschaft, und darum alles andere eher als geistbestimmt sind"[6].

Unter bestimmten Umständen sind also naturwissenschaftliche Methoden in der Politikwissenschaft angemessen, auch dann, wenn sie nicht mit der Absicht der Herrschaftssicherung betrieben werden soll. Eine Sozialwissenschaft in emanzipatorischer Absicht hat dann die Hoffnung, daß durch Aufklärung über die empirisch gefundenen Gesetze der zweiten Natur, die bislang hinter dem Rücken der Menschen wirkten, genau dadurch die Wirkung dieser Gesetze aufgehoben werden kann. Soweit also versucht wird, Realität zu beschreiben und zu kritisieren, wären naturwissenschaftliche Methoden und Modelle in der Politikwissenschaft anders zu beurteilen als für den Fall, daß Politiktheorien auch dazu dienen, zukunftsbestimmend zu sein. Wenn Politikwissenschaft in praktischer Absicht sich an naturwissenschaftliche Vorbilder hält, wird darum der Verdacht auf Herrschaftssicherung bestehen bleiben. Eine Unterrichtung über gemeinsame Paradigmen bleibt hier wichtig.

Beeinflußte Newton's Mechanik die Staatstheorie von Hobbes?

In der eben geführten Diskussion um die Bewertung naturwissenschaftlicher Vorbilder standen die Methoden und (Teil-) Modelle im Vordergrund und nicht Politik*theorien* im umfassenderen Sinn. Was läßt sich nun sagen über den Einfluß, den naturwissenschaftliches Denken auf sozialwissenschaftliche und politikwissenschaftliche Theoriebildung ausgeübt hat? Auch hier sind die Zusammenhänge enttäuschend „unübersichtlich".

Als einleuchtendes Beispiel für eine Politiktheorie, die von naturwissenschaftlichen Denkmodellen geprägt ist, in diesem Fall von der klassischen Newtonschen Mechanik, gilt die Lehre von Hobbes. Die Übereinstimmungen, bis in sprachliche Formulierungen hinein, sind verblüffend. Im ersten Teil des Leviathan, in dem vom Menschen und seinen Sinnen die Rede ist, schreibt Hobbes beispielsweise: „Eine jede Empfindung setzt einen äußeren Körper oder Gegenstand voraus, der sich unserem jeweiligen Sinn aufdrängt... Und dieser Druck wirkt vermittels der Nerven und Fasern sofort innerlich auf das Gehirn und von da aufs Herz... Dies alles nennt man empfindbar und ist im Grunde genommen nichts anderes als eine Bewegung der Materie... Etwas anderes aber als verschiedene Bewegungen läßt sich in uns nicht auffinden." Und über die Bewegung schreibt er: „Was einmal ruht, wird, wenn es nicht anderweitig in Bewegung gesetzt wird, immer in Ruhe bleiben – das leuchtet wohl einem jedem ein. Daß aber ein einmal in Bewegung gebrachter Körper sich, wenn er nicht anderweitig daran verhindert wird, ohne Aufhören fortbewegen werde, das ist ... nicht so einleuchtend"[7].

Dieses nicht so einleuchtende Postulat fortdauernder Bewegung, das Hobbes im Leviathan für menschliche „Bewegungen" geltend macht, ist in Newton's „Principia" als allgemeines Bewegungsgesetz der Materie aufgestellt. Es ist ein zentraler Bestandteil der neuen Sicht der Neuen Wissenschaft von der Natur, die radikal mit „einleuchtenden" alten Vorstellungen bricht. Der Wissenschaftshistoriker John Desmond Bernal bemerkt hierzu: „Mit der Aufstellung seiner Bewegungsgesetze, die die Kraft nicht mit der Bewegung selbst, sondern mit der Änderung der Bewegung in Beziehung setzen, brach [Newton] endgültig mit der alten, dem gesunden Menschenverstand entsprechenden Anschauung, daß zur Aufrechterhaltung von Bewegung Kraft erforderlich sei... Newton ersetzte ein für allemal die statische Auffassung vom Universum ... durch die dynamische"[8].

Nun konnte Hobbes zur Begründung seiner Theorie der „dynamischen" Gesellschaft selbstverständlich noch keinen Blick in die Principia werfen, die erst nach seinem Tod erschienen, 36 Jahre nach dem Leviathan. Aber Hobbes war Zeitgenosse von Galilei, dessen analytisch-synthetische Methode er nach eigenem Bekunden sehr schätzte, und die neue Mechanik war auch schon vor Newton entwickelt worden, wenn auch nicht in der abstrakt-systematischen Weise wie bei ihm. Die Hobbes'schen Sätze über die „Bewegung der Materie" lassen sich ähnlich formuliert auch bei Galilei finden.

Man könnte durch eine lange Gegenüberstellung von Texten die erstaunliche Parallelität zwischen Hobbes und Galilei bzw. anderen Naturwissenschaftlern dokumentieren. Was wäre damit aber nachgewiesen? Daß die politische Theorie von Hobbes durch das mechanistische Weltbild der Physiker geformt worden ist?

Ein grobes Schema zum Belege dieser These wäre: Über die Analyse der Natur des Menschen und der anschließenden Synthese dieser Analyse gewinnt Hobbes seine Staatstheorie. Die Annahmen über die Natur des Menschen übernimmt er aus der neuen Physik, indem er Menschen beschreibt als Maschinen, die bestrebt sind, ihre eigenen Bewegungen fortzusetzen. Sowohl die Methode als auch die grundlegenden Annahmen entleiht er somit aus der Naturwissenschaft.

Bei genauerem Hinsehen erweisen sich die Zusammenhänge jedoch als komplizierter und im Resultat weniger eindeutig. In den Untersuchungen von C. B. Macpherson wird dies instruktiv vorgeführt. Macpherson schreibt: „Denn obgleich Hobbes von der Möglichkeit gesprochen hatte, seine psychologischen Prinzipien (und damit seine politische Theorie) aus den geometrischen und physikalischen Grundprinzipien der Materie und der Bewegung zu deduzieren, versuchte er in Wirklichkeit keine solche Deduktion"[9]. Stattdessen verweist er in seinen Beispielen und Erläuterungen immer wieder darauf, daß die von ihm postulierten „natürlichen" Verhaltensweisen der Menschen auch durch Selbstbeobachtung zu gewinnen sind. Seine allgemeingültig formulierten Aussagen über die Leidenschaften und Begierden der Menschen sind Aussagen über spezielle Verhaltensweisen, die Menschen an den Tag legen, wenn sie in einer zivilisierten Gesellschaft sozialisiert werden und leben. Sein Naturzustand, der Kampf aller gegen alle, „ist eine Feststellung über das Betragen, das Menschen, wie sie jetzt sind, Menschen, die in zivilisierten Gesellschaften leben und die Bedürfnisse zivilisierter Wesen haben, an den Tag legen würden, wenn niemand mehr die Einhaltung von Gesetz und Vertrag ... erzwingen würde. Um zum Naturzustand zu gelangen, schob Hobbes das Gesetz beiseite, nicht jedoch die gesellschaftlich erworbenen Verhaltensweisen und Begierden des Menschen"[10]. Auch wenn man die anderen Schriften von Hobbes heranzieht, könnten, so Macpherson, wenig Zweifel daran bestehen, daß der Naturzustand „eine logische Abstraktion aus dem Verhalten der Menschen in der zivilisierten Gesellschaft ist"[11].

Aber wenn man einmal annähme, die Beschreibung der Natur der Menschen durch Hobbes wäre dem naturwissenschaftlichen Modell der Mechanik entlehnt: würde dann aus diesen mechanistisch-physiologischen Annahmen seine politische Theorie zu entwikkeln sein? Macpherson verweist darauf, daß aus dem Bewegungsmodell der ruhelos strebenden Menschen nach Macht noch nicht gefolgert werden kann, daß dies ein Streben nach Macht über andere Menschen bedeuten muß und daß diese „Bewegung" mit allen anderen Menschen im Widerstreit stehen muß. Die Ableitung des Kampfs aller gegen alle wird zusätzlich auch dadurch erschwert, daß Hobbes bei seiner Element-Analyse einräumt, daß nur wenige Menschen nach immer mehr Macht strebten. Um dennoch folgern zu können, daß alle am Wettlauf um Macht teilnehmen und hierbei jeder mit jedem im Widerstreit steht, ist „offenbar ein soziales und kein physiologisches Postulat ..." notwendig[12].

Hobbes benötigt als Voraussetzung für seine politische Theorie zusätzlich zu den materialistisch-physiologischen Annahmen noch ein Gesellschaftsmodell, welches impliziert, daß jeder Mensch den ständigen Übergriffen aller anderen ausgesetzt ist. Macpherson überprüft nun einige Gesellschaftsmodelle nach diesem Kriterium. Die traditionsgebundene ständische Gesellschaft erlaubte nicht das Streben jedes Individuums nach Macht über andere Individuen. Aber auch die einfache Marktgesellschaft, in der es zwar keine autoritativen Zuweisungen der Arbeit und Regelungen der Entlohnung mehr gibt und in der Individuen schon rationalen Nutzungskalkülen folgen, kennt kein Wettrennen in Nullsummenspielen gegeneinander. In diesem Modell bereichert sich niemand auf Kosten anderer, niemand zieht größeren Nutzen aus den Fähigkeiten anderer als diese anderen aus seinen, weil jeder Boden und sonstige Ressourcen besitzt und es keinen Grund gibt, den Warenmarkt zu einem Arbeitsmarkt auszuweiten[13].

Einen Markt für die Arbeitskraft der Menschen gibt es erst im Modell der Eigentumsmarktgesellschaft. Hier hat ein Teil der Menschen den freien Zugang zu den Mitteln verloren, die es ihnen ermöglichen, ihre Fähigkeiten umzusetzen in produktive Arbeit zum Unterhalt ihres Lebens. Nachdem sie diese Fähigkeit verloren haben durch den Verlust an eigenem Boden und Kapital, sind sie „fortwährend gezwungen, den Rest ihrer Fähigkeiten an die Boden- und Kapitalbesitzer zu verkaufen"[14]. Die Eigentumsmarktgesellschaft erfordert ein auf Zwang beruhendes staatliches Stützwerk von Gesetzen, und sie installiert einen gesellschaftlichen Mechanismus, der gewährleistet, daß durch das Machtstreben einiger auch alle anderen gezwungen werden, an einem dauernden Wettstreit teilzunehmen[15]. Die Eigentumsmarktgesellschaft, die nach der Einschätzung von Macpherson Hobbes schon zu seiner Zeit in England als Realität beobachten konnte, ist genau das Gesellschaftsmodell, das Hobbes zur Konstruktion seiner Politiktheorie als Voraussetzung benötigte.

Die hier nur grob skizzierte Analyse von Macpherson faßt er bezüglich unserer Themenstellung so zusammen: „Da sowohl die materialistische als auch die Markt-Prämisse nötig war und beide benutzt wurden, brauchen wir uns keine Gedanken darüber zu machen, welche die wichtigere ist oder welche in Hobbes' Denken früher auftrat. Doch sei der Hinweis auf die Bedeutung der Markt-Prämisse erlaubt: nur eine so unorganische Gesellschaft wie die Marktgesellschaft kann glaubhaft als ein mechanisches System sich selbst bewegender Individuen beschrieben werden. Ob Hobbes von seiner Konzeption der Gesellschaft als eines Systems von Marktbeziehungen zu seiner kühnen materialistischen Hypothese geführt wurde, oder ob sein Bezaubertsein von der neuen Naturwissenschaft ihn veranlaßte, nach einem Gesellschaftsmodell zu suchen, das in mechanischen Begriffen umschrieben werden konnte, und ihn so das Marktmodell entdecken ließ, wissen wir nicht. Aber wir können sagen, daß es die Markt-Prämisse war, die ihm den Versuch ermöglichte, die mechanischen Postulate der neuen Wissenschaft einer Analyse der Gesellschaft dienstbar zu machen"[16].

Könnte der hier angedeutete bedeutsame Einfluß der gesellschaftlichen Praxis auf die Theorienbildung vielleicht sogar so weit gehen, daß er selbst naturwissenschaftliche Modelle prägt? In diesem Fall könnte die naturwissenschaftliche Theorie dem Gegenstand gegenüber unangemessen sein, weil sie dem Vorbild gesellschaftlicher Zusammenhänge folgt. Ein Beispiel für diesen Verdacht ist die bekannte Feststellung von Karl Marx über die naturwissenschaftliche Theorie von Darwin: „Es ist merkwürdig, wie Darwin unter Bestien und Pflanzen seine englische Gesellschaft mit ihrer Teilung der Arbeit, Konkurrenz, Aufschluß neuer Märkte, ‚Erfindungen' und Malthusschem ‚Kampf ums Dasein' wiedererkennt. Es ist Hobbes' bellum omnium contra omnes und es erinnert an Hegel in der Phänomenologie, wo die bürgerliche Gesellschaft als ‚geistiges Tierreich', während bei Darwin das Tierreich als bürgerliche Gesellschaft figuriert ..."[17].

Theoretiker, die von der prägenden Dominanz der gesellschaftlich-ökonomischen Verhältnisse überzeugt waren, haben wiederholt versucht, auch die naturwissenschaftlichen Theorien daraus herzuleiten. Bei Bernal – im Anschluß an die oben zitierte Stelle – heißt es noch unbestimmt: „Dieser Wandel, in Verbindung mit Newtons Atomismus, bewies, daß er sich in unbewußter Übereinstimmung mit den wirtschaftlichen und gesellschaftlichen Bedingungen seiner Zeit befand, in der die private Initiative, das ‚jeder für sich', an die Stelle der feststehenden hierarchischen Ordnung ... getreten war ..."[18].

Ein schon klassisches Beispiel für den Versuch, eine weit direktere als nur unbewußte Abhängigkeit nachzuweisen, ist die Arbeit von Boris Hessen über „die sozialen und ökonomischen Wurzeln von Newtons Principia"[19]. Der Physiker und Marxist Hessen legt dar, wie die gesamte Themenpalette der Principia vorgegeben ist durch ökonomische und technische Bedürfnisse der damaligen Zeit. Aber so eindrucksvoll diese Darstellung von Hessen auch sein mag, mindestens so eindrucksvoll kann der Historiker George Clark darlegen, daß die Principia durch andere Motive entstanden ist und daß Hessens Thesen nicht stimmig sind[20].

Ist das Regelkreismodell in der Politikwissenschaft naturwissenschaftlichen Ursprungs?

Die empirische Unentscheidbarkeit scheint ein durchgängiges Resultat zu sein bei Versuchen, zwischen Naturwissenschaften und Sozialwissenschaften eine eindeutige gegenseitige Beeinflussung bei der Theorienbildung festzustellen[21]. Könnte das Ergebnis anders ausfallen, wenn man nicht ganze Theorien heranzieht, sondern es mit einzelnen begrifflichen Konzepten versuchte, also mit Theoriebausteinen? Ein in Natur-, Technik- und Sozialwissenschaften gleichermaßen häufig benutztes Konzept ist die Gedankenfigur der Rückkopplung. Das feedback-Konzept ist ein zentraler Baustein für Kybernetik-Systemtheorien, die auch in der Politikwissenschaft Anwendung finden[22]. Man kann vorwegnehmend sagen: wenn es nicht gelingen sollte, für das feedback-Konzept nachzuweisen, daß es von der Natur- bzw. Technikwissenschaft in die Sozialwissenschaft übertragen worden ist, dann ist der gleiche Nachweis für die späteren, komplexeren Systemtheorien in der Politikwissenschaft erst recht nicht zu führen.

Mit der eben skizzierten Frage über den Ursprung des Regelkreisdenkens in gesellschaftlichen Analysen hat sich intensiv Otto Mayr befaßt[23]. Eher zufällig entdeckte er, daß das Denken in geschlossenen Wirkungskreisen gleichzeitig in zwei verschiedenen Bereichen, in der Technik und in der volkswirtschaftlichen Theorie, auftrat. Seine Nachforschungen begann er mit der Überzeugung, das aus der Technik heraus das feedback-Denken entwickelt wurde und dann auf andere geistige Tätigkeiten ausstrahlte.

Auffällig sind die Regelkreisgedanken in Adam Smith's Werk „Der Wohlstand der Nationen", und so machte sich Mayr daran, Beweismaterial zusammenzutragen, „um zu sehen, ob sich eine direkte Beeinflussung Adam Smith's durch die Technik nachweisen ließ"[24].

An Hand von Blockdiagrammen verzweigter Regelungen, die Mayr aus dem Text von Smith gewinnen kann, stellt er fest, daß das Konzept der Rückkopplung bei Smith „voll entwickelt" ist und daß er es mit „erstaunlichem Geschick" handhabt[25]. Den frühesten Fall einer angemessen formulierten ökonomischen Regelung findet Mayr bei David Hume, in seiner Theorie über den Mechanismus der Handelsbilanz. Aber während bei Hume das Konzept noch eng mit den ökonomischen Daten verknüpft ist, gewinnt es bei Smith schon „fast ein Eigenleben". Das gedankliche Konzept wird so entfaltet, daß es auch über beobachtbare Tatsachen hinausschießt. Das Regelmodell von Smith wurde durch die nachfolgenden Wirtschaftstheoretiker ohne Zögern übernommen, und beispielsweise schon bei David Ricardo findet man zahlreiche Regelungsformulierungen, „die ohne Schwierigkeiten in mathematische Sprache übersetzt werden können"[26].

Hat neben der kumulativen Entfaltung des feedback-Konzepts bei den Theoretikern des laissez faire und dem Genie von Smith nicht doch entscheidend die zeitgenössische Technik dazu beigetragen, daß in 'Wealth of Nations' das Regelmodell schon so vollendet erscheinen konnte? Die Technik des Altertums kannte eine Reihe von Regelungsvorgängen, aber diese Tradition bricht ab, so daß die „technische Literatur des christlichen Westens ... bis zur Zeit der industriellen Revolution keine Spur des Gebrauchs von Regelungen" zeigt.[27] Dann aber häufen sich die Anwendungsfälle und bemerkenswert ist, daß sie sich alle auf den Raum konzentrieren, in dem auch die ersten ökonomischen Regelungen beschrieben werden, auf die britische Umgebung.

Mayr findet viele Berührungspunkte zwischen Smith und der zeitgenössischen Naturwissenschaft und Technik, die es plausibel machen könnten, daß Smith das Konzept von ihr übernahm. Aber dann gibt es auch ebenso viele Gegenargumente. Warum erwähnt Smith nicht ein einziges Mal sein technisches Vorbild? Smith war mit dem Konstruieren von Gedankenmodellen vertraut. Auch das spricht dagegen, daß er bewußt

technische Regelungen als Modell angewandt haben könnte. Im übrigen wurde die interdisziplinäre Anwendbarkeit der Regelkonzepte erst sehr viel später durch Norbert Wiener erkannt. Diesen Blick schon Smith zu unterstellen, wäre „anachronistisch“.[28] Und außerdem spräche gegen die „einfache Erklärung, daß Ereignisse auf dem einen Gebiet direkt Entwicklungen auf dem anderen verursachten“, in diesem Fall die „strenge Gleichzeitigkeit der beiden Entwicklungen“[29].
Zusammenfassend ist Mayr der Ansicht – zehn Jahre nach der Abfassung seiner Arbeit noch mehr als zu Beginn –, „daß die beiden Phänomene, nämlich das Denken in Regelkreisen in der Technik und bei Adam Smith, nicht direkt in kausalem Zusammenhang stehen, sondern beide parallel auf eine Ursache zurückgehen ...“[30], auf eine „gemeinsame Quelle im geistigen Klima der Epoche“. Ähnliche Entwicklungen ließen sich auch in anderen Bereichen beobachten: in der Regierungslehre beispielsweise wird der Absolutismus durch die Gewaltenteilung ersetzt. „In allen diesen Fällen begann man, Systeme mit starren Programmen durch Systeme zu ersetzen, die die Fähigkeit der Selbstregulierung besaßen... Alle diese Phänomene sind Teile der Aufklärung; die Schwierigkeit liegt in der Erklärung der Verbindung dieser Idee in getrennten Gebieten des Denkens“[31]. Eine Erklärung durch das Wirken des „Zeitgeistes“ würde nur „das Unbekannte umbenennen“. Aber Mayr hat sich vorgenommen, dieses feinmaschige Netzwerk der Interaktionen zwischen den Teilnehmern einer Kultur, die Ursache für die Gemeinsamkeit im Denken einer Epoche „in einer längeren Arbeit“ demnächst zu untersuchen.

Die „Familienähnlichkeit“ von Naturerkenntnis und Politiktheorien im Mittelalter

Für einen früheren Zeitabschnitt liegt eine solche Arbeit vor: August Nitschke's „Naturerkenntnis und politisches Handeln im Mittelalter“[32]. Als erkenntnisleitendes Prinzip stellt Nitschke seiner Untersuchung die Forderung des Historikers Romein voran, daß Studien erforderlich seien im Sinne einer integralen Geschichtsschreibung, die für eine bestimmte Epoche den „Zusammenhang zwischen den verschiedenen Lebensäußerungen der Menschen“ und die den Übergang von einer Epoche zur anderen erkennen lassen müßten. Die Feststellung Romein's von 1957, „daß wir von beiden, von der Zusammenhangsstruktur und vom Sukzessionsprozeß, noch so gut wie nichts wissen“, dürfte auch heute noch zutreffen. Seit Historiker auf das Phänomen der „Korrespondenz des Gleichzeitigen“ aufmerksam geworden sind, ist die Forderung nach einer Untersuchung der „Zusammengehörigkeit aller Erscheinungen eines Zeitalter“ (Wittram), der zeitlichen „Familienähnlichkeit“ von Naturwissenschaft, Philosophie und politischem Denken (Jacques Barzun) oft gestellt worden[33]. Es gibt natürlich Autoren, die eine Klärung dieser Phänomene versucht haben. Dilthey beispielsweise beschreibt das Wirken des „objektiven Geistes“, in den die Individuen gleichsam eingetaucht seien in einem „Medium von Gemeinsamkeiten“. Der Mangel der meisten vorliegenden Ansätze ist aber ihre philosophisch-spekulative Vagheit oder im anderen Extrem auch ihr monokausales Erklärungsmuster, wie etwa in der marxistischen Analyse.

Nitschke versucht einen Zugang zu finden, der einerseits methodisch streng genug ist, der andererseits aber nicht durch die Vorgabe eines begrifflichen Rasters unsere Denkmuster auf andere Epochen überträgt. Er versucht es mit einem Begriff der *Wirklichkeit*, der anknüpft an die Alltagserfahrung und die bestimmte Art und Weise beschreibt, wie ein Mensch *Körper, Bewegung* und *Raum* wahrnimmt[34]. Um den gemeinsamen Hintergrund für die Verwandtschaft zwischen dem menschlichen Verhalten, der Art, die Natur zu beschreiben, und politischen Theorien aufzuspüren, stellt er die Frage: „Läßt sich aus den Darstellungen der ‚Naturwissenschaftler', aus den ‚Staatsschriften', aus dem Tun der Menschen darauf schließen, daß sie jeweils Körper, Bewegung und Raum in einer besonderen Weise sahen?"[35].
Nitschke ist sich selbstverständlich klar darüber, daß zur „Wirklichkeit" eines Menschen „unendlich viel mehr" gehört als diese „Größen aus dem physikalischen Bereich". Aber seine Analyse zeigt, daß einerseits Theorien über die Natur und Politik durch einen Abstraktionsvorgang sich so reduzieren lassen, daß „nur noch ihre Körperlichkeit, Räumlichkeit und ihre Bewegungsform erhalten bleiben". Und umgekehrt kann er auch darlegen, daß in jedem bestimmten „Verständnis von Gesellschaftsprozessen oder Naturvorgängen eine besondere Sicht von Körper, Bewegung und Raum mit enthalten" sind[36]. Die Bestimmung der Wirklichkeit durch die Wahrnehmung von Körper, Bewegung und Raum ist also nicht vollständig, aber grundlegend.
Nitschke vergleicht nun die unterschiedlichen Wahrnehmungen von Körper, Bewegung und Raum, wie sie sich in den Verhaltensweisen der Menschen und in ihren Theorien über die Natur und Politik ablesen lassen für die Zeit der Antike, des Mittelalters und der Moderne, wobei er sich auf das Mittelalter konzentriert und die beiden anderen Epochen nur zum Kontrast heranzieht. Es ist nun unmöglich, hier die material- und quellenreiche Studie von Nitschke auch nur zu skizzieren. Aber zur Illustration sei ein Beispiel herausgegriffen: der Wandel in der Auffassung des Bewegungsvorgangs.
Wie schon oben im Zusammenhang mit den Theorien von Hobbes und Newton erwähnt wurde, konzentriert sich das Interesse der Moderne auf die *Dynamik* der Bewegung. Körper werden durch innere Triebkräfte in ständiger Bewegung gehalten, und die „wahre Bewegung" ist für Newton erst die beschleunigte Bewegung. In der Politik ist der ständig tätige Politiker (Machiavelli), in der Ökonomie und Philosophie das ruhelose, ständig neue Produkte hervorbringende Subjekt das Ideal der neuen Zeit.
Ganz anders betrachtete die griechische Antike die Bewegung. Ihr Ideal war die *Ruhe*. Je ruhiger ein Körper war, um so vollkommener erschien er ihr. Auch in der Politik besaßen obersten Wert die ausgeglichene Ruhe, die Muße, die unwandelbaren Ideen. Eine eigentümliche Zwischenstellung zur Bewegung nehmen die Menschen im Mittelalter ein. Sie teilen mit der Moderne die positive Bewertung der Bewegung, da sie in ihrer Sicht einen göttlichen Ursprung hat. Der göttliche Ursprung ist jedoch Ruhe. Sie setzen also die Bewegung in Beziehung zum Ursprung, zur Ruhe. Alle Bewegungen gehen von einer Ruhe aus oder führen zu ihr hin. „Hierdurch entsteht eine überraschende Spannung, die die Antike nicht gekannt hat und von der die Moderne, also die Zeit seit dem 16. Jahrhundert, nichts mehr weiß"[37].
Für uns ist es sehr schwierig, ja unmöglich, uns die Wirklichkeit dieser Menschen zu vergegenwärtigen. Ähnlich fremd sind uns entsprechend auch ihre Handlungen und

Vorstellungen im politischen Bereich. Zum Beispiel die Auffassung, daß der Ursprung des Handelns etwas Unveränderliches ist: die Liebe, die Huld, die Tapferkeit; daß diese Tugenden im Handeln ausstrahlen müssen wie das Licht von der Sonne und daß nur dadurch die Ehre des Menschen zu bewahren ist.

Zusammenfassend gewinnt Nitschke folgende Ergebnisse. In der untersuchten Zeit des Mittelalters lassen sich drei deutlich voneinander abgrenzbare Epochen absetzen, in denen sich die Wahrnehmungen der Menschen von Körper, Bewegung und Raum unterscheiden. In diesem Zeitraum stellt er eine überraschende „Parallelität zwischen naturwissenschaftlicher Betrachtungsweise und politischen Theorien" fest und andererseits auch zwischen diesen und den Umgangsformen und Gruppenbildungen der Menschen. Aufgrund der gefundenen Entsprechungen in den naturwissenschaftlichen und politischen Schriften stellt Nitschke die Frage, ob die politischen Theorien „etwa von den naturwissenschaftlichen Lehren beeinflußt waren" und allgemeiner noch, ob die Äußerungen der Naturwissenschaftler und der politischen Publizisten nach und nach das Verhalten der Menschen beeinflußt haben.

Sein eindeutiges Ergebnis ist: es war genau umgekehrt. Am Anfang standen nicht Theorien, sondern das Handeln der Menschen. Das neue Verhalten, das man aus den neuen Theorien hätte ableiten können, kann zeitlich früher beobachtet werden. „Daraus kann man nur schließen: Das jeweils Neue, das eine Epoche charakterisiert, setzte sich am Anfang im Handeln durch und wurde erst später von Naturwissenschaftlern und politischen Publizisten beschrieben"[38]. Speziell für die Naturwissenschaften hebt Nitschke hervor – und nach seiner Analyse könnte das Gleiche auch für politische Theorien gesagt werden: „Also nicht vom veränderten Denken her erklärt sich der Wandel der Naturwissenschaften, sondern das Denken folgt der Art, die Beziehungen zwischen Körper, Bewegung und Raum wahrzunehmen, und diese Art äußert sich ... zuerst im Handeln der Menschen"[39].

Der gemeinsame Hintergrund einer Epoche, durch den sich die „Familienähnlichkeit" der verschiedenen Lebensäußerungen der Menschen ergibt, ist also die gemeinsame spezifische Definition der Wirklichkeit, und diese zeigt sich zuerst im Handeln der Menschen. Nitschke meint, solange keine andere überzeugende Erklärung für die Zusammenhänge einer Zeit gefunden werden könnten, dürfe man vermuten: „die Gemeinsamkeiten einer Epoche lassen sich am ehesten verständlich machen, wenn angenommen wird, daß die miteinander verbundenen Menschen einer Zeit sich und ihre Umwelt in gleicher Art wahrnehmen. Dabei handeln die Menschen zunächst dieser Sicht entsprechend und versuchen erst später, die Sicht in einer abstrakten Sprache zu formulieren"[40].

Der „Mensch ist immer an *eine* Art, Körper, Bewegung und Raum wahrzunehmen, gebunden: Er kann, lebt er im 8. Jahrhundert, sich und die Umwelt nicht so sehen wie die Menschen des 13. Jahrhunderts, und diese verfügen nicht über die Wahrnehmungen, die den Menschen des 16. Jahrhunderts selbstverständlich sind, so wenig wie wir die Wirklichkeit der Menschen des 21. Jahrhunderts kennen"[41]. Es ist also sinnlos, von *der* Wirklichkeit zu sprechen. Das gegenwärtige Verständnis der Naturwissenschaft geht davon aus, daß ihre Geschichte der Entdeckungen ein schrittweises Nähern an die Wirklichkeit sei, also ein „Fortschreiten" in der Bestimmung, was Körper, Bewegung und Raum „in Wahrheit" sind. Aber die Bestimmung der Wirklichkeit ist abhängig von der Wahrnehmung der jeweiligen Menschen. „Neben Einsteins physikalische Relativitätstheorie tritt eine historische Relativitätstheorie, die die Erkenntnisse und die Erkenntnismöglichkeiten der Physiker mit einschließt"[42].

Das gemeinsame Paradigma von Natur- und Politikwissenschaft in der Moderne

Die Ausgangsfrage nach gemeinsamen Paradigmen in Natur- und Politikwissenschaft führte zu der Frage nach der Beeinflussung sozialwissenschaftlicher Theorien durch naturwissenschaftliche Modelle. Diese Frage erwies sich – zumindest für die exemplarisch ausgewählten Beispiele – als nicht eindeutig entscheidbar. Die entsprechenden Nachforschungen verwiesen stattdessen auf einen jeweils „gemeinsamen Ursprung". Sie zeigen, daß es so etwas wie einen „gemeinsamen Hintergrund" einer Epoche zu geben scheint, der alle „Äußerungen" dieser Zeit in charakteristischer Weise kennzeichnet. Dieses gemeinsame, „Wirklichkeit" definierende Vorverständnis der Menschen einer Epoche, diese „Zusammenhangsstruktur" der grundlegenden, handlungsorientierenden Annahmen einer Kultur, kann man abgekürzt auch „kulturelles Paradigma" oder „Paradigma einer Epoche" nennen.

Die Epochenabgrenzung hängt nun selbstverständlich von der Wahl eines Kriteriums ab. Mit dem Kriterium der Wahrnehmungsveränderungen von Körper, Bewegung und Raum hatte Nitschke für das Mittelalter drei Epochen abgrenzen können. Mit anderen Kriterien könnte man die Zeit seitdem vermutlich in eine ganze Reihe von „Epochen" einteilen. Nun gibt es aber eine beachtliche Zahl von historischen und sozialwissenschaftlichen Arbeiten, vor allem aus jüngerer Zeit, die für die These sprechen, daß es etwa vor dreihundert Jahren in Europa einen „epochalen Einschnitt", einen kulturellen Paradigmenwechsel gegeben hat und daß seitdem trotz vieler wichtiger Veränderungen innerhalb dieser Zeitspanne ein einheitliches und neues Grundmuster, eben ein kulturelles Paradigma, sich durchhält und ausformuliert hat. Ein anerkannter Name für diese Epoche, in der wir leben, hat sich noch nicht durchsetzen können. Bekannt sind Zeitalter der Moderne, wissenschaftliches Zeitalter, Industriekultur oder auch Zeitalter der Vernunft, der Aufklärung, der Rationalisierung. Analog könnte gesprochen werden vom Paradigma der Moderne, vom Paradigma der verwissenschaftlichten Gesellschaft, vom industriekulturellen Paradigma oder auch von der Rationalität der Moderne, vom Paradigma der Vernunft.

Selbstverständlich gibt es Versuche, die letzten dreihundert Jahre der europäischen Geschichte aufgrund dominant werdender Strukturmerkmale als einheitlichen Prozeß zu analysieren. Am bekanntesten ist hier wohl die Kennzeichnung unserer Epoche als Zeitalter des Kapitalismus. Doch so wichtig und aussagekräftig etwa die marxistisch orientierten Kapitalismusanalysen auch sind, sie durchdringen nicht kritisch das dieser Epoche zugrundeliegende Rationalitätsmuster. Exemplarisch erkennbar wird dieser Mangel an den formulierten Alternativen zum Kapitalismus und vor allem am sehr unkritischen Verhältnis gegenüber dem herausragendsten Resultat der Moderne: dem wissenschaftlich-technischen Fortschritt. In der Regel wird hier nicht erkannt, daß die

sozialistischen Gesellschaftsentwürfe mit ihrem Vergesellschaftungsmodell und ihrer großen Betonung der verwissenschaftlichten Produktivkräfte von genau derselben Grundrationalität durchdrungen sind wie der kritisierte Kapitalismus[43].
Indem dies übersehen wird, übersieht man auch, daß die ausbeutende, entmündigende Herrschaft erhalten bleibt, weil sie u.a. auch über die verwissenschaftlichten Produktivkräfte in die vorgeblich neue Gesellschaft transportiert wird. Einige Stichworte zur Erklärung dieses Sachverhalts wären: Der Zugriff der mathematisch-experimentellen Naturwissenschaft auf die Natur und die daraus resultierende Zurichtung der Natur ist bis in Einzelheiten „ähnlich" dem Zugriff des Kapitals auf die menschliche Arbeitskraft und den damit verbundenen Zurichtungen der Menschen. Die Logik der naturwissenschaftlichen Technologie und die Logik des Kapitals sind „strukturell affin". Zur Entfaltung ihrer ähnlichen Logik setzen sich Kapital und naturwissenschaftliche Technologie gegenseitig voraus, und die Sicherung der kapitalistischen Herrschaft erfolgt so auch durch die entfalteten verwissenschaftlichten Produktivkräfte.
Diese Zusammenhänge habe ich an anderer Stelle ausführlich diskutiert[44]. Aber auch dort fehlt die Analyse des industriekulturellen Paradigmas, die sich hier geradezu aufdrängt. Es wäre nämlich wichtig, nicht nur die Tatsache der strukturellen Affinität zwischen Kapital und naturwissenschaftlicher Technologie aufzuzeigen, sondern auch die systematischen Gründe für diese „Familienähnlichkeit".
Die Frage nach gemeinsamen Paradigmen in Natur- und Politikwissenschaften hat also zu der Frage nach dem einen gemeinsamen Paradigma für beide Wissenschaftszweige geführt, womit jedoch auch ein neues Thema eröffnet wird, das hier zum Schluß nur noch an Hand einiger Stichworte exemplarisch andiskutiert werden soll. Im übrigen sollte nicht unerwähnt bleiben, daß es ebenfalls ein anderes und auch sehr wichtiges Thema wäre, wenn man die Frage nach dem möglichen Einfluß von Naturwissenschaft auf Politik nicht von der Theoriengeschichte her betrachtet, sondern gleichsam eine „Ebene tiefer" ansiedelte, nämlich auf der Ebene politischer Praxis und technologischer Entwicklung. Wenn auf dieser Ebene festgestellt werden kann, daß in weitem Umfang Politik den „Sachzwängen" technologischer Entwicklungen folgt oder daß Regieren über Personen zum Verwalten von in Sachen eingebundenen Personen wird[45], dann wäre allerdings auch immer zu fragen, ob nicht dieses Verabschieden von Politik letztlich mitgetragen wird von den Politikern selbst, weil auch sie die gleichen Fortschrittsmythen teilen wie ihre Zeitgenossen aus Naturwissenschaft und Technik[46]. Also auch auf dieser Ebene könnte die Analyse des handlungsorientierenden gemeinsamen Hintergrunds aufschlußreich sein.
Mit der Übertragung des sonst sehr viel enger gefaßten Paradigmenbegriffs auf konstituierende Grundmuster einer Epoche sehe ich zwei Vorteile verbunden. Einerseits würde die Analyse des Paradigmas der Moderne uns aufklären über das weitgehend unbewußte Vorverständnis, über die mythologische Fundierung unserer Industriekultur, also uns bewußter machen, daß auch unsere moderne wissenschaftliche Kultur sich letztlich auf Mythen gründet[47]. Zum anderen würde diese Betrachtungsweise auch den Blick lenken auf einen möglicherweise anstehenden neuen kulturellen Paradigmen*wechsel*. Bei Kuhn kündigt sich ein notwendiger Paradigmenwechsel dann an, wenn die durch das alte Paradigma definierten Problemlösungsverfahren nicht mehr in der Lage

sind, die anstehenden Probleme befriedigend zu meistern, sondern im Gegenteil einen größer werdenden Problemberg nur noch vor sich herschieben. Im übertragenen Sinn befinden sich die überentwickelten Industriegesellschaften in einer ähnlichen Situation. Bisher funktionierende institutionelle Problemlösungsstrategien etwa zur Wachstumsankurbelung, Arbeitsplatzsicherung oder Herstellung von Massenloyalität versagen. Die Akteure oder auch die Theoretiker in Wirtschaft und Politik sind ratlos, wie sie das „Projekt moderne Industriegesellschaft" über die nächste Runde retten können. Vereinzelt nagen Alternative, Grüne und Aussteiger an den Grundfesten dieses Projekts und praktizieren oder fordern eine „grundsätzliche Umorientierung", einen „Wertewandel", ein neues kulturelles Paradigma.

Die Erforschung des alten kulturellen Pardigmas könnte beginnen mit der Fortführung des Ansatzes von Nitschke, die Wahrnehmungsveränderungen in der Moderne von Körper, Bewegung und Raum zu bestimmen. Nur assoziativ möchte ich hierzu einige Stichworte aufzählen, wobei die Schwierigkeit besteht, daß nicht die einzelnen „Komponenten", sondern erst ihr Zusammenwirken ein zutreffendes Bild vermitteln können.

Für die Wirklichkeit von *Körpern* wird in der Moderne bestimmend die Isolierung, die Heraustrennung aus Wirkungszusammenhängen, die Atomisierung[48]. Die Konstruktion des auf sich gestellten bürgerlichen Subjekts verspricht zwar eine Emanzipation der Menschen, aber im Resultat führt sie zur „einsamen Masse", die abhängig wird vom Versorgungshandeln der Staatsmaschine. Obwohl es so aussah, daß hier ein Prozeß zur höheren Selbständigkeit der Menschen eingeleitet würde, führte die Abtrennung, die „Privatisierung" zur verwalteten Unselbständigkeit. In der Paradigmendiskussion auch der Politikwissenschaft steht darum die Frage an, wieweit einige Abtrennungen und gesellschaftliche Abstraktionsprozesse der „Körper" zurückgenommen werden müssen, etwa die rigorose Aufspaltung in Produzieren und Konsumieren. Wäre es nicht ein großer „Fortschritt", wenn die brutale Reduktion des Menschen zur „Arbeitskraft" wieder aufgehoben würde, wenn die gesellschaftliche Konstruktion eines Arbeitsmarkts als Irrweg zumindest zunächst theoretisch herausgestellt würde, anstatt immer wieder nach neuen Regelungskapazitäten des Staates Ausschau zu halten? Wäre es nicht sinnvoller, das „Recht auf Gemeinheit" höher einzustufen als das Recht auf Privatheit und Privatbesitz?[49] Im Abschnitt über Hobbes war ich vergleichsweise ausführlich auf die für Hobbes wichtige Voraussetzung der Eigentumsmarktgesellschaft eingegangen, um diesen grundlegenden gesellschaftlichen Mechanismus hervorzuheben, der ein sinnloses Wettrennen aller gegen alle erzeugt. Die Identitätsbildung als Abgrenzung gegen einen Feind, der Konkurrenzkampf als Bauprinzip einer Gesellschaft sind sozial-kulturelle Konstruktionen, die auch wieder aufgehoben werden könnten und angesichts der ökologischen Zerstörungen durch dieses ziellose ressourcenverschlingende Wettrennen vielleicht sogar aufgehoben werden müssen.

Diese Überlegungen leiten über zum Stichwort *Bewegung*. Daß für die Moderne nur die dynamische, die beschleunigte Bewegung die einzig „wahre" Bewegung ist, wurde schon erwähnt. Ziellose Bewegungen, die ihren Zweck in sich selbst tragen, Medien, die zur Botschaft werden, sind fundierende Bauprinzipien der Industriegesellschaft. Wenn die beschleunigte Bewegung der Warenproduktion, der Investition, der Wissensproduktion, der Herrschaftssicherung auch nur verlangsamt wird, läuft diese Gesellschaft Gefahr, umzukippen wie ein Radfahrer, der aufhört zu treten. Zu den schwierigen Umorientierungen auch im Paradigmatischen gehört der schrittweise institutionelle Abbau, die ökonomisch-gesellschaftliche Abrüstung von mittlerweile zerstörend wirkenden dynamischen Bewegungsprinzipien hin zu „stationären" Formen der Produktion und Reproduktion. Hierzu gehört, daß der produktivistische Bann der Moderne gebrochen wird. Das Zeitalter ist angetreten in dem Wahn, gottähnlich die Welt noch einmal neu herzustellen. Die Erde mit all ihren Lebewesen wurde dem herstellenden Kalkül des menschlich-männlichen Verstandes unterworfen, der mit „universal" gültigen Begriffen und Gesetzen Welt rekonstruiert nach seinen Herrschaftsansprüchen und dabei alles außerhalb einer so definierten Wirklichkeit Existierende zum bloßen Material degradiert oder es zerstört[50]. Alle „konkrete Mannigfaltigkeit des Gegebenen", alles Vielfältige der Sinnesempfindungen wird reduziert auf den Schematismus des männlich-mathematischen Verstandes[51]. Auch Politik versteht sich seit Hobbes als das „Herstellen eines künstlichen Gemeinwesens" – wie es in der Einleitung zum Leviathan heißt – nach dem Schema des Verstandes. Das Herstellen „vernünftiger" Verhältnisse, das „Bewirken von Fortschritten" ist bis heute das Kriterium für „Politikfähigkeit", um Menschen auszugrenzen, die im dynamischen Geschäft der Politik den Griff zur Notbremse eher als politische Tat einstufen, als den Zug zur Weiterfahrt anzuheizen[52]. Müßte zum neuen Paradigma der Politik gehören, daß Abschied genommen wird von der Vorstellung, Politik müsse das Glück der Menschen herstellen[53]?

Beim dritten Stichwort *Raum* wäre herauszustellen, daß die Moderne wie keine andere Kultur imperial ist, raumergreifend und raumerobernd. Nachdem alte Bindungen und andere Kulturen zerschlagen sind und das isolierte „nachfragende" Individuum hergestellt wurde, wird anschließend durch eine große Vernetzung die Gesellschaft bis hin zur Weltgesellschaft wieder mechanisch-organisatorisch verknüpft. Für diesen Prozeß sind die Geometrisierung und Begradigung des Raumes und vor allem die Universalisierung, Standardisierung, die Unterdrückung jedes Besonderen unabdingbar. Für den aufgeklärten, vernünftigen Politiker und auch Politikwissenschaftler sind Vereinheitlichungen zu größeren politischen Räumen, raumausgreifende internationale Wettbewerbsfähigkeit, Harmonisierung und Angleichung von Standards oder organisatorische großräumige Vernetzungen als Fortschritt einzustufende paradigmatische Selbstverständlichkeiten. Auch hier muß sehr wahrscheinlich grundlegend umgelernt werden. Im nach-modernen Politikparadigma hätten regionale Selbständigkeit, Dissoziation, Abkopplung vom Fernhandel, Pflege lokaler Besonderheiten, Abtrennung von Versorgungsnetzen im Gegensatz zu heute vermutlich einen hohen Stellenwert.

Nun kann die Analyse der Wirklichkeitsbestimmung an Hand der Wahrnehmungen von Körper, Bewegung und Raum für die Analyse des Paradigmas der Moderne sicher nicht ausreichend sein. Sie müßte ergänzt werden durch andere Untersuchungen. Wie in den obigen Formulierungen schon wiederholt anklang, gehört hierzu eine sorgfältige Auseinandersetzung mit dem neuzeitlichen Konzept der Vernunft oder anders gesagt eine Aufklärung der Aufklärung. Neben Arbeiten aus Frankreich wurde hierzu eine sehr anregende Studie von Harmut und Gernot Böhme vorgelegt[54]. Auf diese Arbeit möchte ich zum Schluß noch hinweisen, weil sie sich aus einem anderen Blickwinkel ebenfalls kritisch mit dem Projekt der Moderne auseinandersetzt und eine wichtige abstützende Ergänzung zu dem bisher Gesagten darstellt. Vernunft ist der oberste Wert der europäischen Zivilisation. „Vernünftig sein" hat bis heute bei fast allen einen ungebrochen guten Klang. Den meisten ist jedoch nicht bewußt, daß die Ausbildung der neuzeitlichen Vernunft ein äußerst schmerzhafter und auch brutaler Prozeß war, eine Ausgrenzung, Demarkation, Selektion und Umschichtung. „Wir nennen ihn Aufklärung, als handelte es sich bloß um Klärung darüber, was ist. In Wahrheit geht es um die Definition von Wirklichkeit, um die Reorganisation der menschlichen Konstitution, die Neubestimmung politischer Legitimität"[55]. Die Vernunft ist ein Züchtungsprodukt, der Selbst-Zucht, der Disziplin. Das Emanzipationsprogramm der Vernunft ist zugleich ein Programm der Verdrängungen, der Exilierung der Phantasie, der Leidenschaften und der Triebe, der Transformation der Erde von einem Lebewesen zum bloßen Objekt mechanischer Gesetze, der Transformation der vorneuzeitlich als weiblich angesehenen Natur in eine männlich beherrschbare Maschine. Was Vernunft wirklich ist, wird nur erkennbar, wenn dieses ausgegrenzte Andere der Vernunft mitgedacht wird.

In der Regel werden die Kosten dieser Ausgrenzung nicht mitgerechnet. Zwar wurden im Projekt der Moderne durch die Zentralisierung der Macht und die Schaffung weitgehend befriedeter Räume (Elias) die äußere Realangst reduziert. „Innere Angst aber, die als Scham, Peinlichkeit, Gewissen, Konkurenzangst und Angst vor Statusverlust Stützpunkt der sozialen Kontrolle darstellt, nimmt stark zu"[56]. Die Kosten des Vernunftprogramms sind heute auch angesichts der Zerstörung der natürlichen Lebensgrundlage vielleicht eher erkennbar als früher. „Nach dreihundert Jahren Erfahrung mit dem Projekt der Moderne hat Vernunftkritik ihren Ursprung heute nicht im philosophischen Diskurs. Die Anklage kommt von jenseits der Grenze: aus dem Anderen der Vernunft. Gesetzlichkeit, Einheit, Universalität, Selbstbeherrschung: als Verrechtlichung des gesellschaftlichen Lebens, als ökonomische und politisch unausweichliche Systemeinheit, als universelle Durchsetzung von Technologien, als Humanisierung der Natur unter dem Motto ‚Wir schreiben der Natur die Gesetze vor', als Exterritorialisierung von Affekten und vollständiger Dressur des Körpers gemäß den Anforderungen von Arbeit und Verkehr – in diesen Gestalten nimmt Vernunft ein fratzenhaftes Aussehen an"[57]. Darum kommen die Brüder Böhme zu dem Schluß, daß es nicht darum gehen kann, das Projekt der Moderne zu vollenden, wie noch Habermas meinte, sondern „es muß darum gehen, es zu revidieren"[58].

Die Revidierung des Projekts der Moderne müßte für die Politikwissenschaft u.a. bedeuten, daß die bislang vom Modernisierungsprozeß ausgegrenzte und unterdrückte Seite der politischen Tradition wieder zur Sprache käme: die anarchistische Bewegung. Die Vernunftsphilosophie der Moderne ist die „Austreibung des Anarchischen aus Natur und Gesellschaft"[59]. Auch in diesem Punkt haben also die moderne Natur- und Politikwissenschaft das gleiche Ordnungsmodell. Nicht zufällig beherrschen Marxisten und Systemtheoretiker das Feld der Politiktheorien[60]. Nicht Marx wäre aber der Klassiker einer nach-kapitalistischen, nach-modernen Politiktheorie, sondern Bakunin oder Kropotkin.

Anmerkungen

1 *Thomas S. Kuhn:* Die Struktur wissenschaftlicher Revolutionen, Frankfurt 1973 (Originalausgabe 1962).
2 *Robert K. Merton:* Social Theory and Social Structure, Glencoe, Illinois 1957 u.a., S. 50 ff.
3 *Norbert Elias:* Engagement und Distanzierung, Frankfurt 1983.
4 *Max Horkheimer/Theodor W. Adorno:* Soziologie und empirische Sozialforschung, in: Frankfurter Beiträge zur Soziologie Band 4, Soziologische Exkurse, Frankfurt 1956, S. 106 ff.
5 *Horkheimer/Adorno:* Sociologica II, Frankfurt 1962, S. 210.
6 *Horkheimer/Adorno:* Soziologie und empirische Sozialforschung, a.a.O., S. 111.
7 *Thomas Hobbes:* Leviathan, Suttgart 1970, S. 11 ff.
8 *John Desmond Bernal:* Wissenschaft, Science in History, Reinbek 1970, S. 457.
9 *C. B. Macpherson:* Die politische Theorie des Besitzindividualismus, Frankfurt 1973, S. 22.
10 a.a.O., S. 35.
11 a.a.O., S. 39.
12 a.a.O., S. 54.
13 Vgl. a.a.O., S. 65 ff.
14 a.a.O., S. 72.
15 Vgl. a.a.O., S. 72–76.
16 a.a.O., S. 96.
17 Marx an Engels in einem Brief vom 18.6.1862 in: *Karl Marx/Friedrich Engels:* Briefe über „Das Kapital", Berlin 1954, S. 105.
18 Vgl. Fußnote 8.
19 *B. Hessen:* Die sozialen und ökonomischen Wurzeln von Newtons „Principia", in: *Peter Weingart* (Hg.): Wissenschaftssoziologie II, Determinanten wissenschaftlicher Entwicklung, Frankfurt 1974, S. 262–325.
20 *George Clark:* Soziale und ökonomische Aspekte der Wissenschaft, im gleichen Band wie Hessen, S. 326 ff.
21 Vgl. zur empirischen Unentscheidbarkeit beim Streit zwischen Internalisten und Externalisten *Wolfgang Krohn*: Zur soziologischen Interpretation der neuzeitlichen Wissenschaft, in: *Edgar Zilsel*: Die sozialen Ursprünge der neuzeitlichen Wissenschaft, Frankfurt 1976, u.a., S. 34 ff.
22 Vgl. z.B. *Karl W. Deutsch:* Politische Kybernetik, Freiburg 1969.
23 *Otto Mayr:* Adam Smith und das Konzept der Regelung, Ökonomisches Denken und Technik in Großbritannien im 18. Jahrhundert, in: *Ulrich Troitzsch/Gabriele Wohlauf* (Hg): Technik-Geschichte, Frankfurt 1980.
24 a.a.O., S. 241.
25 Vgl. a.a.O., S. 243 ff.
26 a.a.O., S. 254.
27 a.a.O., S. 254 f.
28 Vgl. a.a.O., S. 260.
29 a.a.O., S. 258.
30 a.a.O., S. 241.
31 a.a.O., S. 264.
32 *August Nitschke:* Naturerkenntnis und politisches Handeln im Mittelalter, (Stuttgarter Beiträge zur Geschichte und Politik Band 2), Stuttgart 1967.
33 Vgl. a.a.O., S. 9 ff.
34 Vgl. a.a.O., u.a., S. 15, 24, 29.
35 a.a.O., S. 31.
36 Vgl. a.a.O., S. 248.
37 a.a.O., S. 243.
38 a.a.O., S. 211.
39 a.a.O., S. 253.
40 a.a.O., S. 214.
41 a.a.O., S. 252.
42 a.a.O., S. 256.
43 Vgl. hierzu *Otto Ullrich:* Weltniveau, In der Sackgasse des Industriesystems, Berlin 1979.
44 Vgl. *Otto Ullrich:* Technik und Herrschaft, Ffm 1977.
45 Vgl. *Wolfgang Schluchter:* Aspekte bürokratischer Herrschaft, Studien zur Interpretation der fortschreitenden Industriegesellschaft, München 1972.

46 Ein Beispiel wäre hier die Atomenergiepolitik. Vgl. hierzu *Joachim Radkau:* Aufstieg und Krise der deutschen Atomwirtschaft 1945–1975, Reinbek 1983.
47 Vgl. hierzu u.a. *Karl Heinz Bohrer* (Hg.): Mythos und Moderne, Ffm 1983.
48 Vgl. etwa *Gideon Freudenthal:* Atom und Individuum im Zeitalter Newtons, Ffm 1982.
49 Vgl. *Ivan Illich:* Vom Recht auf Gemeinheit, Reinbek 1982.
50 Vgl. zur Erd-Entfremdung durch den menschlich-männlichen Verstand *Hannah Arendt:* Vita activa oder Vom tätigen Leben, München 1981, u.a., S. 258 f., 264 f., zur Herstellung politischer Institutionen auch S. 291 ff.
51 Vgl. Arendt, a.a.O., S. 261.
52 Vgl. *Claus Offe:* Griff nach der Notbremse, Bewirken oder Bewahren – der Aufstieg der Grünen bringt zwei Politikbegriffe ins Spiel, die einander widersprechen, in: Die ZEIT, 20.8.1982, S. 14.
53 Vgl. *Brice Lalonde/Claus Leggewie:* Es lebe der Ökoliberalismus, in: links, Dezember 83, S. 8 ff.
54 *Hartmut Böhme/Gernot Böhme:* Das Andere der Vernunft, Zur Entwicklung von Rationalitätsstrukturen am Beispiel Kants, Ffm 1983.
55 a.a.O., S. 13.
56 a.a.O., S. 328.
57 a.a.O., S. 9.
58 a.a.O., S. 11.
59 a.a.O., S. 339.
60 Vgl. etwa *Wolfgang Schluchter:* Staat und Verwaltungshandeln, Anmerkungen zur neueren staatstheoretischen Diskussion, in: *Schluchter*: Rationalismus der Weltbeherrschung, Ffm 1980, S. 170 ff.

II. Teil

Staat und Politik

Zur Semantik der Selbstbeschreibung politischer Systeme

Niklas Luhmann

I.

Die nachfolgenden Analysen behandeln Themen der Ideengeschichte im Bereich von Politik. Sie sind jedoch nicht als Disziplingeschichte, nicht als Geschichte oder Vorgeschichte der Politikwissenschaft konzipiert. Ebenso wenig folgen sie dem klassischen Kanon der „wissenssoziologischen" Ideologiekritik. Sie begnügen sich nicht damit, Ideen auf offensiv oder defensiv gestimmte soziale Schichten, Klassen, Gruppen zu beziehen und sie damit pauschalpsychologisch zu erklären. Erst recht soll eine bloß deskriptive Erzählung des Bedeutungswechsels bestimmter Worte oder Begriffe im Laufe der Geschichte überwunden werden. Weder Fachgeschichte also noch Ideologiekritik, noch scheinbar neutrale Ideengeschichte: welche Möglichkeiten bleiben, wenn man diese bereits gebahnten Wege nicht betreten will?

Wir suchen den Ausweg in einer engeren Verwebung struktureller und semantischer Aspekte[1]. Die Schwächen der bisherigen Versuche sind Schwächen der soziologischen Theorie. Nur eine hinreichend komplexe (und das heißt immer auch: abstrakte) soziologische Theorie bietet die Möglichkeit, den Zusammenhängen zwischen strukturellen und semantischen Entwicklungen auf die Spur zu kommen. Für die Analyse relativ konkreter Sachfragen ist auf Seiten der Theorie adäquate Komplexität erforderlich. Der Weg zum Konkreten führt über Abstraktion, und zwar über ein für die heutigen Sozialwissenschaften ungewohntes, ja befremdliches Maß an Abstraktion. Oder anders formuliert: Die Tiefenschärfe, mit der man die Bedeutung und den Bedeutungswandel von Ideen nachvollziehen kann, variiert mit der Komplexität soziologischer Theorie. Nur so kann man auch den differenzierten Beziehungen zwischen strukturellen und semantischen Aspekten, zwischen Sozialstruktur und Kulturgut wenigstens annäherungsweise gerecht werden.

Auf Seiten der soziologischen Theorie bieten diverse systemtheoretische Ansätze heute wohl die besten Ausgangspunkte für ein solches Vorhaben, besonders wenn sie so konzipiert sind, daß sie handlungstheoretische und kommunikationstheoretische Traditionen in sich aufnehmen können. Dies erfordert den Einbau selbstreferentieller Figuren in die Theorie, und zwar so, daß nicht nur die Theorie selbst, sondern auch ihr

Gegenstand als selbstreferentiell begriffen wird. Wir gehen deshalb von einer Theorie selbstreferentieller Systeme aus. Im vorliegenden Zusammenhang kann eine derart implikationsreiche Theorie natürlich nicht dargestellt werden[2]. Wir müssen uns damit begnügen, die für die folgenden Analysen unmittelbar wichtigen Grundvorstellungen herauszuziehen und sie nicht in ihrem theoretischen Kontext, sondern durch Verwendung plausibel zu machen.

II.

Komplexe Systeme sind unfähig, ihre eigene Komplexität voll zu erfassen. Würde ihnen das gelingen, so wären sie eben damit bereits wieder komplexer als zuvor, da das System dann zusätzlich auch eine Beschreibung der eigenen Komplexität enthält. In komplexen Systemen sind daher alle Operationen reduktiv angelegt, und zwar sowohl in bezug auf die Umweltkomplexität als auch in bezug auf die eigene Komplexität. Komplexität zwingt zur Selektion, und dies gilt schlechthin, also auch für Versuche, die Komplexität selbst zu thematisieren. Jede Selbstbeobachtung und Selbstbeschreibung muß daher auf Selbstsimplifikation beruhen. Dafür gibt es, abstrakt gesehen, verschiedene Möglichkeiten, zum Beispiel Focussierung auf eine bestimmte Sinngebung, Verdrängung (Latenz) oder auch Unterspezifikation von Zielen[3]. In jedem Falle enthalten sie keine vollständige Abbildung ihrer selbst in sich selbst, benötigen aber trotzdem unter näher zu klärenden Umständen zur Orientierung ihrer eigenen Operationen Möglichkeiten der Selbstbeobachtung und Selbstbeschreibung, also eine eigene „Identität".

Der Begriff Selbstbeobachtung ist mithin komplexitätsbezogen einzusetzen. Er setzt voraus, daß man sich selbst nicht kennt. Nur unter dieser Voraussetzung hat der Versuch Sinn, sich selbst Informationen über sich selbst abzugewinnen. Und nur dafür setzt man Differenzschemata ein (vor allem, aber nicht nur: System/Umwelt), mit denen es möglich wird, Informationen als kontingente Selektionen aufzufassen – als dies und nicht etwas anderes. Ähnliches ist gemeint, wenn man sagt, daß ein System sich über Selbstbeobachtung Zufällen aussetzt. Je besser die semantische Ausstattung der Selbstbeobachtung, desto mehr kann es sein internes Operieren von externen Ereignissen abhängig machen, die es als Zufall behandeln muß (mag die Welt nun determiniert sein oder nicht).

Ein Moment der Selbstbeobachtung ist in alle sozialen Systeme eingebaut. Es besteht darin, daß die komplexen Zusammenhänge kommunikativer Informationsverarbeitung, aus denen das soziale System besteht, auf Handlungen reduziert werden. Handlungen sind zurechenbare Selektionen. Über Zurechnung kann man Beobachtung und Anschlußverhalten dirigieren. Kommunikation läßt, je nach Thema, ein weites Repertoire an Reaktionsmöglichkeiten offen. Handeln focussiert stärker, allein schon dadurch, daß man beim Verstehen von Kommunikationen sich daran orientieren kann, wer was gesagt hat.

Von Selbstbeobachtung kann man nur sprechen, wenn und soweit die eigene Operationsweise des Systems eingesetzt wird. Die Selbstbeobachtung psychischer Systeme involviert Bewußtsein, die Selbstbeobachtung sozialer Systeme involviert Kommunikation. Beide Medien müssen systemlogisch unterschieden werden, auch wenn man zu konzedieren hat, daß sie sich faktisch wechselseitig voraussetzen, weil soziale Systeme psychische Systeme als ihre Umwelt voraussetzen und umgekehrt. Die Besonderheit von Selbstbeobachtung liegt im übrigen nicht im privilegierten Zugang zu besonderen Informationsquellen (Introspektion), sondern in der Unauswechselbarkeit des Selbst. Für Selbstbeobachtung gibt es deshalb keine Kontrollen und deshalb auch keine Kriterien, während der Fremdbeobachter sich daran orientieren kann, was andere in ähnlicher Lage am selben Objekt beobachten.

Selbstbeobachtung ist daher — und all dies wird für die „Staats"-Semantik bedeutsam werden — weniger willkürlich und weniger informativ als Fremdbeobachtung. Sie ist weniger willkürlich, weil sie die Operationen des Systems selbst beim Beobachten benutzt, also deren Einsatzbedingungen nicht nach Belieben wählen kann. Sie kann bei bewußten Systemen nicht von Bewußtsein, bei Kommunikationssystemen nicht von Kommunikation und ihren Schranken abstrahieren. Dagegen kann ein Fremdbeobachter solche Systeme auch gegen das für sie Latente profilieren, sie zum Beispiel unter dem Schema bewußt/unbewußt bzw. kommunikabel/inkommunikabel beobachten[4]. Dabei muß man dann Verlust an Sicherheit mit Informationsgewinn kompensieren — das Problem aller Ideologiekritiker, Psychotherapeuten und ähnlicher Gewerbe.

Oft trifft man auf die Behauptung, daß für Selbstbeobachtung aus logischen Gründen eine Differenzierung von Ebenen, also eine hierarchische Organisation erforderlich sei[5]. Damit wird aber wohl die Logik in ihrem Realitätszwang überschätzt. Jedenfalls gibt es auch Bewußtseinsformen und auch Kommunikationsweisen, die ihren Reiz gerade aus dem Zusammenbruch dieses logischen Erfordernisses ziehen — zum Beispiel Paradoxien, Metaphern, Witz. Auch können wir offen lassen, ob die Unterscheidung mehrerer Ebenen wirklich hierarchisch angeordnet sein muß. Uns wird es genügen, die entsprechenden Semantiken, nämlich die Semantik der Politik und die Semantik des Staates zu unterscheiden. Dabei kann, je nach Umständen, die eine die andere führen und umgekehrt.

Durch diese allgemeinen Vorbemerkungen geleitet, handeln wir im folgenden von Besonderheiten der semantischen Steuerung der Selbstbeobachtung einer bestimmten Art von sozialen Systemen, nämlich politischer Systeme. Dem allgemeinen Theorierahmen entnehmen wir, daß diese semantische Steuerung, auch wenn sie Bewußtsein engagiert und damit immer auch Fremdbeobachtung sozialer Systeme durch psychische Systeme auslöst, auf der Ebene sozialer Kommunikation realisiert wird und hier gleichsam konkurrenzlos, jedenfalls ohne Abstimmung mit anderen Beobachtern fungiert. Die Begrifflichkeit, die dafür entwickelt wird, steuert mithin einen (mehr oder minder adäquat bewußten) Kommunikationsprozeß. Sie verleiht ihm Referenzen, die eine Verständigung und Anschlußverhalten erleichtern, aber auch Konflikte focussieren können. Sie beruht in jedem Falle auf *Selektionen* und benötigt *Komplexitätsreduktionen,* um im Wechsel kommunikativer Themen und Beiträge identische Orientierungsmarken bieten zu können. Sie konzentriert Selbstbeobachtung mit Hilfe von *Selbstbeschreibungen,* das heißt mit Hilfe von Sinnstiftungen, die den Akt (das

Ereignis) der Kommunikation von Selbstbeobachtung überdauern und nach Bedarf reproduziert werden können. Selbstbeschreibungen rekonstruieren die Komplexität des Systems, und zwar so, daß sie in vereinfachter Form (zum Beispiel als unklare Zielsetzung) in das System wieder eingeführt und dann als Orientierungsfaktor benutzt werden kann.

In der kybernetischen Literatur findet man oft an dieser Funktionsstelle von „Selbstbeschreibung" den Begriff des Modells. Ein System reguliert sich selbst mit Hilfe von Modellen. Dabei denkt man das Modell des Regulators jedoch als außerhalb der zu regulierenden Zustände befindlich[6]: Ein Thermostat muß zwar die Welt als Hitze/Kälte-Welt modellieren, aber er bezieht in dieses Modell die Möglichkeit nicht ein, daß die Welt ihn selbst überhitzen oder unterkühlen könnte. Diese Einschränkung soll mit dem Begriff Selbstbeschreibung aufgehoben werden.

III.

Ein Blick auf Staatswissenschaft, Staatslehre, Staatstheorie, politische Wissenschaft zeigt die Begriffe Staat und Politik in einer Gemengelage, die schwer zu entwirren ist. Der alte Begriff des Politischen, der durch die Differenz zum Hause bestimmt war und annähernd mit dem des „Zivilen" übereinkam (ja im 17. Jahrhundert zunächst auch entsprechend erweitert wurde[7]), ist aufgegeben. Politisches hat, wenn nicht begrifflich, so doch umgangssprachlich, einen Bezug auf den Staat angenommen. Im Staat und auf den Staat konzentriert nach heutigem Verständnis sich die Politik. Die damit notwendige, weil zentrale, Klärung des Staatsbegriffes hat sich jedoch nicht erreichen lassen. Nach wie vor begnügt sich die Staatslehre mit der Trias Staatsvolk, Staatsgebiet, Staatsgewalt, ohne nach der Einheit dieser Dreifaltigkeit auch nur zu fragen. Das Fehlen einer genuin „trinitarischen" Einheitskonzeption zementiert zugleich den „Rechtsstaat"; es ist ein verborgener Hinweis darauf, daß der Einheitsbegriff der Selbstbeschreibung des politischen Systems bei einem anderen Funktionssystem ausgeliehen werden muß, nämlich beim Rechtssystem. Er liegt im Begriff der juristischen Person.

Der Politikbegriff wird dadurch immer wieder ermutigt, sich vom Staatsbegriff zu lösen, ohne daß geklärt wäre, wohin er dann treibt. Die funktionale Definition der Politik als Herstellung kollektiv bindender Entscheidungen für das Gesellschaftssystem dürfte derzeit das einzige solide Angebot sein; aber es bleibt umstritten, teils weil es zu weit, teils weil es zu eng gefaßt ist.

Dieses Geflecht von politisch-staatlicher Begrifflichkeit läßt sich auflösen, wenn man die vorstehend skizzierte Theorie selbstreferentieller Systeme zu Grunde legt. Man sieht dann rasch, daß die auf den Staatsbegriff konzentrierte Semantik eine Selbstbeschreibung des politischen Systems ermöglicht. Staat – das ist dann kein unmittelbar zugänglicher Sachverhalt, kein Weltausschnitt, nicht das Volk in Form, nicht eine Menge von Menschen, die in näher anzugebenden Beziehungen (so z. B. im 18. Jahrhundert: öffentliche, im Unterschied zu privaten Beziehungen, seit 1800 eher Staatsangehörigkeit, Gewaltunterworfenheit etc.) zueinander stehen. Der *Staat*, das ist die *Formel für die Selbstbeschreibung des politischen Systems der Gesellschaft.*

Von „Selbstbeschreibung" kann bei sozialen Systemen nur mit Bezug auf Kommunikation die Rede sein. Der Staat hat seine Realität mithin nicht, wie bei Max Weber[8] im Bewußtsein des Einzelmenschen, der den Sinn seines Handelns am Staat orientiert; sondern ein politisches System beschreibt sich selbst als Staat, wenn Kommunikationen, die diese Formel verwenden, als verstehbar eingeschätzt und verstanden werden (was immer konkret im Bewußtsein des Einzelnen dabei abläuft). Eine Kommunikation, die sich auf den Staat bezieht, will nicht nur Bewußtsein erzeugen; sie will weitere Kommunikationen dirigieren, und nur daraus ergibt sich der Bedarf für Synthese durch Kollektivbegriffe.

Die Selbstbeschreibung des politischen Systems als Staat ermöglicht eine semantische Überhöhung des politischen Mediums Macht. Als Staatsgewalt gefaßt, kann diese Macht sich als notwendig legitimieren, während alle politischen Aktivitäten gerade dadurch politisch relevant sind, daß auch anders entschieden werden könnte. Über den Staatsbegriff kann also die Politik mit Sinn aufgeladen werden und zugleich in ihrem Gebrauch limitiert werden: Sie ist mehr und auch weniger als „bloße Politik".

Aus diesem Grunde liegt im Begriff des Staates keineswegs eine erschöpfende (wenn auch vereinfachende) Definition des Politischen. Politik wird nicht als *Staat,* sondern in *Beziehung auf den Staat* bestimmt. Das Politische ist immer auch am Staat, aber nie nur am Staat orientiert. Dieser Unterschied hat seinen Grund nicht zuletzt im Universalismus, den das ausdifferenzierte Funktionssystem für Politik mit allen Funktionssystemen teilt. Politisches Nichthandeln ist politisch ebenso relevant wie politisches Handeln. Nur Handeln und Nichthandeln zusammen bilden das vollständige Universum des Politischen, das jederzeit die Frage zuläßt, warum bestimmte Themen politisch nicht aufgegriffen worden sind. Oder anders gesagt: Kein Politiker kann sich durch Nichthandeln seiner Funktion entziehen. Das Gegenteil gilt für den Staat. Wenn keine staatlich bindenden Entscheidungen getroffen worden sind oder wenn es rechtlich nicht möglich ist, bestimmte Entscheidungen zu treffen, ist damit nicht einfach nur eine andere Form staatlichen Entscheidens realisiert, sondern es liegt ganz einfach keine staatliche Entscheidung vor, und die Konsequenzen müssen politisch (aber eben nicht staatlich) verantwortet werden.

Nach diesen Klarstellungen kann man festhalten, daß die Differenz von Politik und Staat der Überführung von Universalismus der Funktionsrelevanz in Selbstbeschränkung des Systems dient. Nichts anderes besagt es, wenn man die Funktion der Politik als Ermöglichung und Herstellung von kollektiv bindenden Entscheidungen angibt.

Dies allgemeine theoretische Konzept läßt zunächst eine historische Auswertung zu. Der Bedarf für eine besondere Staats-Semantik wird danach mit der Entwicklungsgeschichte des Gesellschaftssystems und mit der Ausdifferenzierung eines universalistisch-funktionsbezogenen Teilsystems für Politik zusammenhängen. Das stimmt mit der heute allgemein akzeptierten Auffassung überein, daß der Staatsbegriff erst seit der zweiten Hälfte des 18. Jahrhunderts eine auf den politischen Bereich bezogene Fassung annimmt[9] und erst nach und nach die heutige Bedeutung einer rechtsfähigen Kollektivperson annimmt, der Handlungen mit Folgewirkung zugerechnet werden können.

Hiermit erledigt sich auf Anhieb die umstrittene Frage, ob das Mittelalter einen Staat gekannt hat oder nicht; oder ob die antike Polis ein Staat gewesen sei oder ob sie nur aus ihren besonderen historischen Eigentümlichkeiten heraus beschrieben werden könne. Was in jenen Gesellschaftsverhältnissen fehlte, war der Bedarf für die Einführung einer Selbstbeschreibungsterminologie funktionsbezogener Art. Das heißt nicht, daß man zur Selbstbeobachtung unfähig gewesen wäre, aber man kam mit direkten Bezeichnungen aus, mit: Stadt (polis), Gemeinwesen (communitas), civitas, Herrschaft. Und wenn die Vorgängerterminologie von „Staat", nämlich „status", eingesetzt wurde, dann ging es um einen bedeutungssteigernden Zusatz allgemeiner Art und vor allem um eine Option innerhalb der allgemeinen Differenz von fest/beweglich bzw. sicher/unsicher. Erst bei zunehmender Komplexität und Differenziertheit der gesellschaftlichen Verhältnisse zerfällt diese Semantik von Direktbezeichnung und Steigerungs- oder Perfektionsausdruck; und an ihre Stelle tritt der Bedarf für eine bewußt focussierende, vereinheitlichende, aggregierend wirkende Terminologie, die als Selbstbeschreibung des Systems im System benutzt werden kann und eine laufende Mitorientierung an der Einheit dieses Systems (im Unterschied zu anderen oder im Kontrast zu seiner Umwelt) ermöglicht. Und jetzt wird „Staat" zum Element einer neuen Differenzterminologie – sei es im internationalen Kontext der Welt der „modernen Staaten", sei es im Zusammenhang mit funktionsbezogenen Differenzformulierungen wie Staat und Gesellschaft, Staat und Religion, Staat und Wirtschaft, Staat und Schule.
Orientiert man sich an der unter II. skizzierten Differenz von System und Selbstbeschreibung des Systems, dann führt das auf folgende Hypothesen, die am ideengeschichtlichen Material zu überprüfen wären:

(1) Der Bedarf für Selbstbeschreibungen entsteht mit zunehmender *Ausdifferenzierung* der entsprechenden Systeme. Er entsteht auf der Ebene gesellschaftlicher Teilsysteme also dadurch, daß diese Systeme im Übergang zur modernen Gesellschaft als funktionsbezogene Systeme ausdifferenziert werden[10]. Für das politische System erfolgt dies schubweise: zunächst in der Form der Ausdifferenzierung eines besonderen Herrschaftsapparates, die im „absoluten Staat" abgeschlossen wird; sodann durch Reflexivwerden der Machtverhältnisse, durch Machtunterwerfung aller politischen (staatlichen) Macht und durch Inklusion auch des Publikums in die Ausdifferenzierung des politischen Systems. Der Titel, der sich hierfür durchsetzt, ist „Demokratie".

(2) Bei zunehmender Ausdifferenzierung steigt die *Autonomie* des Systems (mag man dies nun für gut halten und wünschen oder nicht). Autonomie heißt im Bereich von Politik: daß das politische System sich nur selbst regeln und nur durch Selbstregulierung auf Umweltprobleme reagieren kann. Das wird seit der zweiten Hälfte des 16. Jahrhunderts mit dem mittelalterlichen, jetzt aber reformulierten Begriff der „Souveränität" umschrieben. Der Begriff lebt zunächst noch von hierarchischen Konnotationen; denn im Begriff der Hierarchie lag immer schon die Notwendigkeit, eine Spitze mit zum Teil unerklärbaren Eigenschaften zu postulieren. Diese Zu„spitzung" von Autonomie erscheint im politischen Kontext des 17. Jahrhunderts als Unerläßlichkeit eines Momentes arbiträrer Gewalt an der Spitze. Je mehr sich dann aber das sozialstrukturelle Faktum der gesellschaftlichen Autonomie als Interpretationskontext der politi-

schen Semantik durchsetzt, umso mehr drängt sich die Notwendigkeit auf, die Kontrolle des arbiträren Gebrauchs politischer Gewalt mit Mitteln des politischen Systems selbst zu organisieren und diese Frage nicht dem allgemeinen Naturrecht oder der allgemeinen gesellschaftlichen Moral zu überlassen. Das Resultat ist der „Verfassungsstaat".

(3) Die fortschreitende Ausdifferenzierung und Autonomisierung eines politischen Systems der Gesellschaft setzt die Semantik des guten Lebens, mit der die politische Gesellschaft bisher begriffen war, unter Anpassungsdruck. Es öffnen sich dabei, rein logisch gesehen, zwei Wege, die zunächst beide beschritten werden. Teils versucht man, der Entwicklung durch Ausweitung des Begriffs des Politischen zu folgen; politisch wird fast gleichbedeutend mit zivilisiert, überlegt, klug und bleibt auf gesellschaftliches Verhalten im allgemeinen bezogen. Teils wird die Formel vom guten Leben auf rein physisches Überleben reduziert – eine quasi materialistische Theorie, die die Politik auf Sicherung des Menschen gegen sich selbst beschränkt und die politische Herrschaft darauf gründet und dafür stark macht[11]. Die Ausweitung des Politikverständnisses verläuft sich, weil sie am Bezug auf Gesellschaft im allgemeinen festhält, in fruchtlosen moralischen Mahnungen. Nur die zuletzt genannte reduktive Semantik spitzt das Problem der Willkür politischer Herrschaft zu.

(4) An diesem Spitzenproblem politischer Willkür läßt sich ein Sachverhalt aufzeigen, den man wiederum allgemein formulieren kann: In dem Maße, als Systeme durch Ausdifferenzierung in relative Autonomie entlassen werden, werden sie auch *Ursachen* (zumindest: Mitursachen) ihrer eigenen Probleme. So wird das Paradox von notwendig arbiträrer und zugleich kontrollierbarer politischer Gewalt zu einem Eigenproblem des politischen Systems. Mit der Entdeckung solcher Sachlagen verliebt sich Europa zunächst ins Paradox oder in die paradoxe Metapher. Deren Möglichkeiten werden im Zeitraum von etwa 1650–1750 ausprobiert. Im Bereich der Religion braucht man nur an Pascal zu erinnern. Die Semantik des amour passion gibt viele weitere Beispiele[12]. Die "invisible hand" wird zur Ordnungsinstanz von Wissenschaft (Joseph Glanvill) und Wirtschaft (Adam Smith)[13]. Für das politische System braucht man nur auf „l'état c'est moi" zu verweisen[14]. Die weitere Entwicklung gibt sich mit solchen Formen der Selbstbeschreibung jedoch nicht mehr zufrieden. Sie enthalten zu wenig Instruktion und werden daher durch neuartige Reflexionstheorien ersetzt.

(5) Wenn Selbstbeschreibungen, so lautet unsere nächste Hypothese, mehr leisten müssen als nur eine Folie zu bieten für laufende Selbstbeobachtung, entstehen *Reflexionstheorien.* Das semantische Instrumentarium der Selbstbeschreibung wird auf entsprechende Komplexität gebracht[15]. Der Bezug auf die Einheit (trotz Vielheit) des Systems wird nicht nur *generalisiert;* er wird auch *abstrahiert,* um ganz verschiedenartigen Folgerungen (zum Beispiel über Gewaltenteilung, Menschenrechte, Zulassung von Oppositionsparteien, Repräsentationsprinzip etc.) Anknüpfung und Zusammenhalt bieten. Damit scheiden die alten Generalisierungsduale vom Typ „vires ac consuetudines", „Staat und Land", „Land und Herrschaft", „Obrigkeit und Untertanen", „Hofstaat und Regiment" als unzureichend weil unspezifizierbar aus[16].

Mit Reflexions„theorien" ist in diesem Zusammenhang nicht schon gleich wissenschaftliche Theorie im Sinne einer forschungsleitenden Hypothese oder eines Forschungsprogramms des Wissenschaftssystems gemeint. Dessen Grenzen sind im 18. Jahrhundert, dem Jahrhundert der gens de lettres, noch nicht scharf gezogen, und gerade das begünstigt das Entstehen von Reflexionstheorien für die einzelnen Funktionsbereiche. Daß die jetzt benötigten Selbstbeschreibungen auf Theorieform gebracht werden, bedeutet einfach: daß gedankliche Modelle benutzt werden, die Vergleiche von recht heterogenen Sachverhalten ermöglichen. Diese Vergleiche dienen jetzt nicht mehr einfach dem Nachvollzug der analogia entis, nicht mehr dem Aufweis der immanenten Allgemeinheit und Rationalität des Wesens aller geschaffenen Dinge, sondern sie fixieren einen Gesichtspunkt, in bezug auf den gleich und ungleich differenziert werden kann mit Konsequenzen für ein daraus folgendes Anschlußhandeln. Man kann den Fortschritt ermessen an einem Vergleich der Haupt/Glieder-Metapher mit den Gleichgewichtstheorien und schließlich mit den im 18. Jahrhundert einsetzenden Bezugnahmen auf Struktur und Funktion.

(6) Der Staatsbegriff ist fertiggestellt, wenn er als Einheitsformel für die Selbstbeschreibung des politischen Systems benutzt werden kann. Angesichts der vielschichtigen und fluktuierenden Bedeutungen in der älteren Wortgeschichte von status/Staat ist es nicht leicht, hierfür einen auch nur annähernd genauen Zeitpunkt anzugeben. Man könnte an Hobbes denken, aber hier wird State noch als gleichbedeutend mit civitas und common-wealth verwendet und nach der alten Körper-Metaphorik abgehandelt: und es kommt nicht auf einen neuen Begriff an, sondern auf die Betonung der Künstlichkeit und Gemachtheit menschlicher Ordnung[17]. Als Test für den neuen Sinn des Begriffs könnte man die Frage benutzen, ab wann die operative Terminologie des politischen Systems auf „den Staat" bezogen werden kann; ab wann man zum Beispiel sagen und verstehen kann, der Staat werde regiert (und nicht nur: der Staat sei die eigentümliche Festigkeit und Sicherheit des Regiments und als solcher zu erhalten)[18]. Für den Übergang und die entsprechende Verschwommenheit in genau dieser Frage siehe etwa die Definition in Zedlers Universal Lexikon: Als Staat bezeichne man „die Regierung, oder die Regiments-Form und Verfassung zwischen Obrigkeit und Unterthanen eines Landes. In solchem Sinne sagt man, ein Staat werde Monarchisch oder Aristocratisch etc. regieret"[19] (was genau besehen dann heißen würde: die Regierung werde regieret). Wenig später kann man schon von den Einzelnen sprechen, „aus denen ein Staat besteht"[20]. Für die aufgeklärte Staatspraxis steht dann ein Staatsbegriff zur Verfügung, der sich vom Begriff der Zivilgesellschaft nicht mehr abhebt, also das Neue mit zu weit gefaßter Begrifflichkeit einführt[21].

(7) Der Staatsbegriff ändert in dem Maße, als er in die Funktionsstelle einer Formel für die Selbstbeschreibung des politischen Systems einrückt, den Sinnbezug aller politischen Begriffe, einschließlich des Begriffs der Politik selbst. Diese werden vom alteuropäischen Begriff der societas civilis abgelöst und dem Staatsbegriff zugeordnet. Mehr und mehr setzt sich im 18. Jahrhundert ein Politikbegriff durch, der nur noch den Einsatz staatlicher Machtmittel betrifft (und nicht mehr allgemein die Bedingungen des guten gesellschaftlichen Lebens)[22]. Die Möglichkeiten von Politik variieren nun mit der

Reichweite der dem Staate zugestandenen Aktivitäten; sie hängen von der Staatsauffassung ab und erweisen sich sehr bald dann als konstitutionalisierbar. In diesem Verständnis setzt Humboldt unter dem Eindruck der Französischen Revolution 1792 zu dem Versuch, an, „die Grenzen der Wirksamkeit des Staats zu bestimmen". Entsprechend wird, und zwar gerade dadurch, daß die Französische Revolution sich auf das unmittelbar Änderbare konzentriert, die Politik verstaatlicht und die bürgerliche Gesellschaft entpolitisiert – ein Vorgang, den dann Hegel und Marx nicht hinnehmen werden (was beide auf je verschiedene Weise zu einem eigenwilligen Politikverständnis führt).

(8) Der absolute Staat hatte sich gegenüber *religiösen* Entzweiungen durchzusetzen. Er hatte zu diesem Zwecke die Ausdifferenzierung staatlicher Zentralmacht vorangetrieben. Im 18. Jahrhundert wurde das Problem der *externen* Entzweiung durch das Problem der *internen* Entzweiung abgelöst[23]. Der konstitutionelle Staat muß demzufolge gegenüber *politischen* Entzweiungen eine *juristische Neutralität* sichern. Er muß die Französische Revolution, die neuen Regimes, die Restauration überstehen. Er muß nicht nur der Gesellschaft gegenüber, sondern auch der Politik gegenüber Unabhängigkeit bewahren können. Erst diese Situation macht es erforderlich, die Staatsformel in das politische System einzuführen und dessen Identität so zu rekonstruieren, daß es mit politischen Parteiungen kompatibel wird. Das bereits ausdifferenzierte politische System erreicht damit eine neue Komplexitätsstufe: Es kann seine Einheit als Staat auffassen und sie mit politischen Differenzen kombinieren. Nur wenn dies ermöglicht ist, kann der Zugriff auf politische Konflikte gesellschaftlichen Kräften freigegeben werden. Das 19. und 20. Jahrhundert experimentieren mit institutionellen Lösungen für dieses Problem und benutzen „Verfassungen" als Instrument für deren Fixierung und Variation.

(9) Der Staat erhält also eine Verfassung. Das ermöglicht eine Wiedereinführung der Komplexität des Systems in das System, und zwar mit Hilfe von systemspezifischen Konditionierungen. Konditioniert werden die spezifisch politischen Operationen der Konsensgewinnung und der Zwangsausübung: die eine durch das Repräsentationsprinzip, die andere durch das Prinzip des Rechtsstaates. Entsprechend muß die alte *Einheit* von status und potentia ersetzt werden durch die *Differenz* von politischer Gewalt und Rechtskontrollen[24]. Die Zusammenfügung beider Konditionierungsapparate steigert die rekonstruierte Komplexität so weit, daß die liberale Verfassungstheorie, ein Madison etwa, hoffen kann, daß die komplexe Einheit des Staates genügend Schutz bietet gegen die nur politische Einheit eines Mehrheitswillens[25].

(10) Eine weitere Auswertung der Unterscheidung von System und Selbstbeschreibung des Systems betrifft Hypothesen über *Zeitverhältnisse*. Im hier gewählten Theorieansatz hat man davon auszugehen, daß es zu einer Selbstbeobachtung nur kommen kann, wenn etwas Beobachtbares vorliegt; und daß die Selbstbeobachtung nur dann Selbstbeschreibung erfordert, wenn ihr Gegenstand zu komplex ist für eine rein situative Behandlung und Reaktivierung von Fall zu Fall. Erst recht gilt dies für die Inanspruchnahme von Reflexionstheorien zur Selbstbeschreibung. Nach all dem wird man davon auszugehen haben, daß die Entwicklung einer Semantik für Selbstbeschreibun-

gen den sozialstrukturellen Entwicklungen nachfolgt, sie feiert, sie zusammenfaßt, sie tradierfähig macht.

Andererseits setzt jedoch auch die sozialstrukturelle Evolution eine Art semantische Begleitung voraus, denn sie muß sich im Gesellschaftssystem, das heißt in der Form von Kommunikation vollziehen. Insofern gibt es immer auch Ideenangebote, die, rückblickend gesehen, wie Vorwegnahmen wirken und in ihrem zeitgenössischen Kontext benutzt werden können, obwohl ihre spätere Funktion noch gar nicht in Betracht kommt. Man könnte sie, mit einem kulturanthropologischen Begriff, als preadaptive advances bezeichnen.

Nur beide Hypothesen zusammen erklären, obwohl sie scheinbar Entgegengesetztes postulieren, die historische Entwicklung der Staatssemantik aus einem allgemeinen Zusatzbegriff, der eine Art Perfektion bezeichnet und das, was hervorgehoben werden soll, begleiten kann, über einen selbständig stehenden, attributionsfähigen Begriff (etwa im Kontext von „Fürstenstaat") bis hin zum modernen Staatsbegriff. Die Selbständigkeit erreicht der Begriff im 17. Jahrhundert angesichts der sichtbar ausdifferenzierten Staatsgewalten. Die Funktion der Selbstbeschreibung im Kontext von Reflexionstheorien und damit seine spezifische Modernität gewinnt er erst im Zuge der Verfassungsbewegungen am Ende des 18. Jahrhunderts.

In der Zwischenzeit galt eine Art Überleitungssemantik. Die Gesellschaft selbst wurde schärfer als zuvor an Hand der Leitdifferenz von Regierenden und Regierten aufgefaßt. Man konnte dann entweder die Regierenden und ihren Apparat Staat nennen oder die mit dieser Differenz konstituierte Gesellschaft als ganzes. Im letzteren Falle war der Staat nichts anderes als die societas perfecta, also der Perfektionszustand der Gesellschaft selbst[26]. Es ist diese Perfektionsvorstellung, die sich in der zweiten Hälfte des 18. Jahrhunderts auflöst, ihr letzter Impuls war die Französische Revolution.[27] In eins damit wird die Leitdifferenz Regierende/Regierte ersetzt durch die Differenz von Staat und Gesellschaft[28]. Und mit Hilfe dieser Differenz kann man nun beginnen, funktionale Differenzierung anzuerkennen – sei es, daß man die Gesellschaft als eine bloß wirtschaftliche Ordnung der Bedürfnisse und Interessen versteht; sei es, daß man den Staat auf durch die Verfassung vorgeschriebene Aufgaben beschränkt.

(11) Wenn als Ergebnis der strukturellen und semantischen Ausdifferenzierung des politischen Systems Politik und Staat trotz Staatsbezugs der Politik unterschieden werden können, hat das weittragende Folgen. Noch im 19. Jahrhundert war der Staatsbegriff mit Politikzumutungen überladen worden. Das ist an vielen staatstheoretischen Kontroversen ablesbar – etwa an der Unterscheidung eines eher genossenschaftlichen und eines eher anstaltlichen Staatsbegriffs oder an der nahestehenden Unterscheidung von Ordnung und Organisation („Apparat"). Solche Begriffsdifferenzen können aufgelöst werden, wenn man zwischen Politik und Staat unterscheidet. Das politische System kann dann aufgefaßt werden als ein selbstregulatives autopoietisches System der Machtanwendung, in dem alle Macht auf Macht angewandt wird und selbst der Machtanwendung unterliegt: also ein rekursiv-geschlossenes, daher symmetrisches, nichthierarchisches System[29], das Kommunikation unter dem Kommunikationscode von Macht ermöglicht und keinerlei Machtanwendung davon ausnehmen kann.

Die Selbstbeschreibung dieses Systems als Staat ermöglicht es, sich zugleich auch an einer hierarchischen Ordnung zu orientieren, die dem Bindungseffekt der politischen Entscheidungen Rechtswirkung gibt. Man weiß: das bloße Verbindlichmachen reicht politisch nicht aus; aber man kann trotzdem ein weiteres Verständnis von Politik und ein asymmetrisches Verhältnis von Vorrangigkeit der Entscheidungen zugleich praktizieren. Wenn diese Ordnung, die herkömmlich mit „Demokratie" assoziiert wird, einmal eingespielt ist, wird es überflüssig, den Staatsbegriff mit metaphysischen, sittlichen oder gemeinschaftsbezogenen Konnotationen aufzuladen. Er kann dann in seiner Funktion verstanden werden: in seiner Funktion der Asymmetrisierung von Politik.

Diese wenigen Bemerkungen mögen als Hinweise auf ein Forschungsprogramm genügen, das die ideengeschichtliche „Empirie" unter theoretischen Gesichtspunkten auswertet. Würde das hinreichende Bestätigung ergeben, wäre dies ein wichtiger Anhaltspunkt dafür, daß der Staatsbegriff in der Tat die Selbstbeschreibung des politischen Systems formuliert, und daß die Einführung der Semantik von status, estat, Stand, stat, Staat in ihrer frühneuzeitlichen Transformation durch das Einrücken in diese Funktion der Selbstbeschreibung zu erklären ist. Die Unterscheidung von System und Selbstbeschreibung des Systems beleuchtet jedoch nicht nur die Vorgeschichte des Verhältnisses von Staat und Politik. Sie bietet außerdem Einblicke in eigentümliche Konzeption des modernen Verfassungsstaates und Ausblicke auf aktuelle Probleme des Wohlfahrtsstaates. Diesen Fragen wollen wir uns nunmehr zuwenden.

IV.

Um 1800 steht „der Staat" als Formel für die Selbstbeschreibung des politischen Systems zur Verfügung. Man denkt dabei an ein Kollektiv, das durch nähere Bestimmungen identifiziert werden kann. Es handelt sich um den Träger (das Subjekt) der Staatsgewalt auf einem bestimmten Staatsgebiet, das jetzt vom Privateigentum (auch der Fürsten) sorgfältig unterschieden wird. In seiner Geburtsstunde wird diesem neuen Staatsbegriff sogleich eine historische Bestimmung mitgegeben: man spricht, mit unklaren Rückwärtsgrenzen, von den „modernen Staaten"[30], und sieht in ihnen ein wesentliches Moment der modernen Zeit. Der Staat ist juristische Person, also möglicher Träger von Rechten und Pflichten. Damit ist die Trennung von jeder natürlichen Person vollzogen, wenngleich diese Vorstellung selbst einem Hegel noch Schwierigkeiten bereitet[31]. Als Wesenheit eigener Art braucht der Staat auch keine Zwecke, um sich zu legitimieren. Er existiert als faktische Notwendigkeit[32], und Legitimation läuft auf effektive Durchsetzung der staatlichen Macht hinaus. Vorher hatte man bei „Staat", insbesondere im Zusammenhang der Formulierung ratio status, den Eindruck, daß die Gesamtheit der Bedingungen erfolgreichen politischen Handelns gemeint sei, deren Verbesserung zugleich das Ziel dieses Handelns sei. Diese Bedingungen konnten weit ausgreifend gemeint sein, konnten die gesamte Gesellschaft einbeziehen und zum Beispiel auch das Fehlen von Feinden oder sonstigen widrigen Umständen betreffen. Die Formel war allenfalls situativ abgrenzbar. Jetzt wird der Staat aus einem Gesamtheitsbegriff mit Perfektionstendenz in den Begriff einer Einheit umformuliert, der man Notwendigkeit bescheinigt. Der Staat wird damit zu etwas Bestimmtem – unter anderem.

Auf Komplementäreinrichtungen zu diesem Staatsverständnis, auf Verfassung und Verfassungstheorie und auf die daran anschließenden ideologischen Kontroversen kommen wir sogleich zu sprechen. Zunächst muß jedoch geklärt werden, was es bedeutet, wenn das politische Funktionssystem sich an einem solchen Staatsverständnis seiner eigenen Identität versichert. Der Sinnbezug von Politik wird dadurch verdichtet und greifbar gemacht. Daß etwas politische Bedeutung hat, weist sich am Bezug auf den Staat aus, was immer sonst gemeint und beabsichtigt sein mag. Durch Einbau einer solchen Selbstbeschreibung wird das politische System mit *mitlaufender Selbstreferenz* ausgestattet. Bei allem, was politisch geschieht, steht die Identität des Systems, genannt Staat, mit im Blick. Anders ließe sich eine funktionale Ausdifferenzierung bestimmter politischer Kommunikationsweisen nicht verwirklichen; es bliebe zu oft unklar und oft zu spät erkennbar, welche Kommunikationen sich dem politischen System zuordnen und welche nicht.

Historisch gesehen tritt hier mitlaufende Selbstreferenz an die Stelle mitlaufender Fremdreferenz. Vorher hatte der Bezug auf Gott – Gottes Beistand sei bei allen Werken erforderlich – diese Funktionsstelle besetzt. Man könnte als Soziologe meinen, daß die Formel Gott die heimliche Selbstreferenz des Gesellschaftssystems zum Ausdruck bringt, daß nämlich in der Gesellschaft eine religiöse Sinngebung als relevantes Selektionsprinzip auftritt. Jedenfalls war aber der Sinnbezug fremdreferentiell, nicht selbstreferentiell formuliert. Es ging um Transzendenz. Dieser Sinnbezug gerät im 17. Jahrhundert in zunehmende Spannung zu den Notwendigkeiten, die Autonomie der Funktionssysteme in der Form mitlaufender Selbstreferenz zu begründen. Die Staatsformel, zunächst noch als unmittelbare göttliche Legitimation unmittelbarer (das heißt: konsensunabhängiger) Herrschaft eingeführt, verselbständigt sich[33]. Sie war schon zuvor als *natürliche* Herrschaft behauptet worden, und Natur heißt in dieser Zeit ideenpolitisch immer: daß nicht nur Theologen für die Interpretation zuständig sind. Bald darauf scheitert die religiöse Interpretation an ihrer Unfähigkeit, klare Kriterien für die wichtige Frage des Widerstandsrechts zu liefern. Speziell dies Problem zwingt die Religion dazu, sich aus dem Geschäft politischer Legitimation zurückzuziehen und es dem Staat selbst zu überlassen – und seitdem hat die Theologie ihr Problem mit dem Staat[34].

Das politische System ist nicht das einzige, das eine mitlaufende Selbstreferenz institutieren muß, um die ihm zufallende Autonomie in Distinktionen und Operationen übersetzen zu können. Ein Vergleich mit dem genau analogen Sachverhalt in der Wirtschaft mag verdeutlichen, um was es geht. Auch die Ausdifferenzierung der Wirtschaft wird durch einen Gesichtspunkt mitlaufender Selbstreferenz ermöglicht. Hier erfüllt das Geld diese Funktion. Alle Operationen, die in Anspruch nehmen, zur Wirtschaft zu gehören, müssen dies durch Bezugnahme auf Geldzahlungen ausweisen. Dies gilt selbst für Arbeit und, in kapitalistischen Wirtschaftssystemen, selbst für den Kapitaleinsatz. Dabei kann ein Geldsystem nur als Einheit (als verkürzter Einheitsausdruck des Gesamtsystems der Wirtschaft) fungieren, was sich nicht zuletzt an Inflationen und Deflationen zeigt[35].

Auf einen detaillierten Vergleich von Geldreferenz und Staatsreferenz können wir uns hier nicht einlassen. Wir müßten dann Probleme der Zentralisierbarkeit/Dezentralisierbarkeit, der Medienstruktur, der Organisationsabhängigkeit, der Teilsystembildung in Wirtschaft und Politik einbeziehen. Das würde zu weit führen. Es muß hier genügen, das Prinzip der mitlaufenden Selbstreferenz als ein allgemeines Prinzip darzustellen, das auch in anderen Fällen vorkommt – nicht zuletzt natürlich in dem berühmtesten Fall: der Ich-Vorstellung psychischer Systeme. Es bedeutet, daß alle Operationen der entsprechenden Systeme mit einer Doppelverweisung ausgestattet sind, daß sie immer auf das System selbst verweisen und auf anderes; und daß sie dadurch Systeme realisieren, die zugleich geschlossen und offen sind, geschlossen im Bereich ihrer zirkulären Selbstreferenz und offen im Hinblick auf all das, was an Umweltinformation damit assoziierbar ist[36].

Geht man von dieser Fragestellung aus, dann erscheinen klassische Probleme der politischen Theorie in neuem Licht. Das politische System hatte, noch befangen in hierarchischen Denkmustern, sich selbst die Frage gestellt, wie das unerläßliche Moment von Willkür an der Spitze des Staates als Souveränität vorgesehen und dennoch kontrolliert werden könne. Bis weit in die Neuzeit hinein war diese Frage auf die Gesellschaft als ganzes bezogen und mit der Körper-Analogie behandelt worden. So wie der Mensch so sei auch die Gesellschaft ein Körper. Sie benötige, wie jeder Körper, einen Kopf, der regiere. Dieser Kopf könne aber seine Aufgabe nur erfüllen, wenn er auf die übrigen Glieder Rücksicht nehme. Das schränke seine Willkür ein. Das Problem wird also durch Hinweis auf die Natur von Körpern im allgemeinen und von politischen Körpern im besonderen gelöst.

Seit dem 16. Jahrhundert gerät diese Analogie zunehmend unter Druck – man könnte sagen: unter Komplexitätsdruck. Sie wird von verschiedenartigen politischen Zielrichtungen bemüht, von gemäßigt-ständischen ebenso wie von radikal-absolutistischen. Ferner wird sie mit der Arzt/Patient-Metapher verknüpft. Der Fürst habe die Gesellschaft zu behandeln wie ein Arzt den Körper eines Patienten[37]. Darin kommt ein neuartiges Vertrauen in Kunst (ars) und Machbarkeit zum Ausdruck, das sich zunächst aber noch auf Natur als Wirkungsmedium stützt. Entsprechend wächst das Bewußtsein der Willkürkomponente im politischen Handeln, ohne daß die Bezugnahme auf Natur entbehrlich geworden wäre. Parallel zur zunehmenden Ausdifferenzierung eines politischen Systems in der Gesellschaft gewinnt die Leitformel der politischen Theorie die Form einer Paradoxie: Es handelt sich um (freiwillig?) gebundene Willkür.

Die Theorie des konstitutionellen Staates hat dieses Paradox übernehmen und in einem Regelwerk von Verfassungsbestimmungen erfolgreich behandeln können[38]. Man kann daraus schließen, daß das klassische Paradox die Probleme nicht hinreichend formuliert. Wir ersetzen es durch das Paradox der Geschlossenheit als Bedingung für Offenheit, der mitlaufenden Selbstreferenz als Bedingung für Sensibilität in bezug auf Umweltinformationen.

Im Blick auf das Problem der Willkürkontrolle hatte die politische Theorie des Verfassungsstaates wichtige Komplementäreinrichtungen zur reinen Selbstreferenz („ich will, was mir gefällt") ausgearbeitet. Sie dienen jeweils der Öffnung des Systems für noch nicht festliegende Informationen und Einflüsse. Rückblickend gesehen besteht die wohl wichtigste Erfindung in der Einrichtung parlamentarischer Repräsentation mit zugelassener Opposition als Basis für die Wahl einer Regierung. Man könnte dies mit einem systemtheoretischen Terminus "redundancy of potential command" nennen[39]. Das heißt: der Ausdruck der Einheit des Systems wird vom Herrschafts*akt* oder von der Herrschafts*instanz* (und das ist notwendigerweise die Spitze der Hierarchie) in einen Redundanzausdruck verlagert. Die Einheit des Systems liegt dann in der Produktion eines *Überschusses an Selbststeuerungsmöglichkeiten* und in der dadurch erzwungenen *Selektion*. Überschuß heißt: auf noch Unbestimmtes Gefaßtsein; heißt: Empfindlichkeit für Bedingungen. Nicht zufällig ist dies Prinzip am Falle des Gehirns entdeckt und dann verallgemeinert worden. Es beruht auf dem Zusammenspiel von Geschlossenheit und Offenheit, und es ermöglicht eine Steigerung in beide Richtungen. Das System wird dadurch in die Form unterbestimmter Ziele und unterbestimmter Komplexität gebracht. Es wird von weiteren Bedingungen abhängig. Das Resultat kann auch Dauerkonflikte, „Unregierbarkeit", Selbstdestruktion sein.

Damit wird die Symbiose von Umweltempfindlichkeit und Machtpraxis, die unbegrenzte Fähigkeit, Themen zu politisieren, in neuartiger Dringlichkeit zum Problem. Der Herrscher konnte sich rein faktisch nicht um alles kümmern. Absolute Macht ist geringe Macht. Die autonom gesetzte, unterbestimmte, sich selbst bestimmende politische Macht ist in ganz anderer Weise gefährlich. Ihr werden *Menschenrechte* entgegengesetzt. Obwohl historisch gegen den absoluten Staat formuliert und auf Naturrecht gestützt, gewinnen sie ihre eigentliche Funktion erst in der Demokratie und schützen hier die anderen Gesellschaftsbereiche sowie die Einzelpersonen gegen den Universalismus möglicher Politik[40].

Auch das organisatorische Arrangement, das mit dem Prinzip der Gewaltenteilung umschrieben und dem Prinzip der Einheit (Souveränität, Letztwillkür) der Staatsgewalt entgegengesetzt wird, läßt sich in diesem systemtheoretischen Rahmen interpretieren. Die *Gewaltenteilung* hat eine Art Filterwirkung: sie läßt nur rechtlich zulässige Kommunikation durch. Sie substituiert gewissermaßen die Einheit des Rechts für die alte Einheit der Gewalt. Das Resultat wird mit der Formel vom Rechtsstaat umschrieben. Bei Recht ist jetzt an positives, auf Entscheidung zurückführbares Recht gedacht[41]. Das Rechtssystem wird entsprechend umgebaut: Es wird abhängiger von politischen Prämissen der Rechtsetzung und konditioniert zugleich schärfer, was politisch möglich ist – vor allem dadurch, daß Rechtsänderung hochgradig spezifiziert erfolgen muß, und dadurch, daß sie Zeit und Konsens kostet.

Vor allem erreicht man über Gewaltenteilung, Rechtsstaat und einige weitere rechtsimmanente Vorkehrungen (insbesondere: Vertragsfreiheit) etwas, was man in Analogie zum Geldwesen als *Ausmünzung und Dezentralisation* politischer Gewalt bezeichnen könnte. In der Form von subjektiven Rechten wird, ähnlich wie in der Form von Geld, die mitlaufende Selbstreferenz alltäglich in einem fast beliebig wählbaren Zuschnitt verfügbar. Man kann subjektive Rechte einklagen und zur Vollstreckung Staatsgewalt in Anspruch nehmen, auch wenn an der Entstehung dieser Rechte der Staat gar nicht beteiligt war und ihre Begründung keinerlei politische Kontrollen durchlaufen mußte. Für die Einführung des Syndroms demokratischer Verfassungsstaat war diese latent politische, aber aus der staatlichen Verfügung entlassene Funktion des Privatrechts von erheblicher Bedeutung gewesen: und an den heutigen Animositäten gegen private Rechtsverfügung kann man noch ablesen, wie unwahrscheinlich und wie kontextabhängig eine solche Errungenschaft ist. Sie beruht, wie alle Einrichtungen, die wir hier diskutiert haben, auf der Unterscheidung des politischen Systems und seiner Selbstbeschreibung als Staat; und man würde sie (ebenso wie Repräsentativverfassungen, Grundrechte, Gewaltenteilung, Rechtsstaat) im Lebensnerv treffen, wenn man zum älteren unitarischen Konzept politischer Herrschaft zurückkehren würde.

V.

Die funktionale Ausgewogenheit – um 1800 hätte man wahrscheinlich gesagt: die Schönheit und Zweckmäßigkeit – des Verfassungsstaats verdient, auch und gerade dann, wenn man sie systemtheoretisch nachanalysiert, höchste Bewunderung. Nicht minder erstaunlich ist, daß es dem 18./19. Jahrhundert gelungen ist, sie *mit Hilfe von Theorie in das System einzuführen*. Die Staatssemantik, einmal erfunden, konnte als Kristallisationspunkt für politische Theorie wirken. Sie macht speziell die politischen Systeme der kontinentalen Staaten anfällig für theorie-orientierten Einfluß[42].

Unter politischer Theorie ist dabei, wie bereits gesagt, nicht eine wissenschaftliche Theorie über Gegenstände des politischen Systems verstanden, also nicht ein Forschungsprogramm, das nach den Regeln der Wissenschaftstheorie abzuwickeln ist; sondern politische Theorie soll hier die begriffliche und vergleichende Orientierung der politischen Kommunikation selbst heißen. Politische Theorie ist involviert, wenn immer die politische Kommunikation Sinnbegriffe benutzt, die einen Vergleich implizieren – wenn etwa von sozialer Marktwirtschaft die Rede ist (und damit gemeint ist, daß die Wirtschaft nicht geplant, aber in bezug auf den Preis von Arbeit auch nicht am Markt orientiert werden darf – wie gewunden immer dann „Theorien" ausfallen, die derart seltsame Ansichten zu begründen suchen). Politische Theorie ist im Spiel, wenn die Beamtenverbände auf „Unabhängigkeit des Beamtentums" als ein Prinzip der deutschen Staatsauffassung pochen; denn hier ist mitgemeint, daß anderenfalls der politischen Korruption Tür und Tor geöffnet und sinnvolle politische Instabilität in die öffentliche Verwaltung hineingetragen würde, wo sie fehl am Platze sei. Politische Theorie ist mithin Theorie des Systems im System – ähnlich wie Wissenschaftstheorie für das Wissenschaftssystem oder Rechtstheorie für das Rechtssystem oder Theologie für das Religionssystem. Soweit damit ein Bezug auf die Identität des Systems mitläuft, dienen solche Theorien dem Mitvollzug der Selbstreferenz des Systems. Soweit die Einheit des Systems thematisch erfaßt und begründet wird, kann man von Reflexionstheorien sprechen.

Mit Hilfe des Konzepts von „Theorie des Systems im System" läßt sich der auffällige Tatbestand formulieren, daß die europäische Gesellschaft im Zuge der Umstellung ihres Gesellschaftssystems auf funktionale Differenzierung im 17. und 18. Jahrhundert in den verschiedensten Funktionsbereichen solche systemimmanenten Theorien zu formulieren beginnt. Das gilt nicht nur für Großsysteme wie Wissenschaft, Wirtschaft und Politik. Auch die Liebessemantik reflektiert, daß die Liebenden sich selbst an ihr orientieren. Auch im Roman wird nochmals über den Roman theoretisiert (und beides nicht erst, wie man meinen könnte, in der Romantik, sondern bereits im 17. Jahrhundert). Es handelt sich also um ein recht allgemeines Phänomen der Innenabsicherung neuartiger Funktionsautonomien, die an der allgemeinen gesellschaftlichen Moral und an den überkommenen Perfektionshierarchien nicht mehr Halt genug finden. Nach Erklärungen muß man deshalb in der Gesellschaftstheorie suchen, und das heißt für unseren Sonderfall der Verfassungstheorien: weder in der Wissenschaftsgeschichte noch in den besonderen Eigentümlichkeiten des politischen Funktionsbereichs[43].

Ein allgemeiner Zug, der sich besonders auch im Bereich der Staatssemantik und ihrer Akzessorien findet, liegt in der normativen und wertthematischen Überhöhung ihres Gegenstandes, Im 18. Jahrhundert hatte noch die Stoßrichtung gegen das bestehende Regime und gegen die alte Welt mit getragen. Nach der Etablierung des modernen Staates sieht dieser sich plötzlich auf sich allein gestellt. Er wird nun wie ein nationales Heiligtum behandelt. Dies konvergiert mit einem noch nicht voll trivialisierten Begriff von positivem Recht. Der Staat ist Hüter des Rechts und damit Hüter der Freiheit. Er kann verlangen, daß man ihm Opfer bringt, daß man für ihn stirbt.

Dies hat erkennbare Vorteile für Staatstheorien aller Art. Sie können von der normativen Identität und von der Selbstverteidigungsbereitschaft ihres Gegenstandes ausgehen und untersuchen, wie Gefährdungen behandelt und Abweichungen eliminiert werden können. Kybernetisch gesprochen können sie mit einer Art Regelmechanismus rechnen, können sie alle Vorteile des negativen feedback nutzen. Der Staat gleicht danach einem gesunden Körper, der sich gegen Krankheiten wehrt und dabei unterstützt werden muß. Die Theorie des Systems im System zeichnet die hierfür geeigneten Einrichtungen nach, sie läßt sich voll ein auf die Selbstbeschreibung des Systems, sie ist damit eine politische Theorie, die sich nicht mehr als solche, sondern als Staatstheorie versteht[44].

Diese Staatstheorie hat keinen Platz für die Zukunft. Sie überläßt die Zukunft der „gesellschaftlichen Entwicklung". Sie mag erkennen, daß die Anforderungen an die
Diese Staatstheorie hat keinen Platz für die Zukunft. Sie überläßt die Zukunft der „gesellschaftlichen Entwicklung". Sie mag erkennen, daß die Anforderungen an die
Staatstätigkeit sich durch die Folgen der Industrialisierung ändern. Sie mag für das Erfordernis einer „socialen Politik" mehr oder weniger aufgeschlossen sein. Sie projektiert keinen Übergang zu einer anderen Form von Staat, einer anderen Form von Selbstbeschreibung des politischen Systems. Sie sieht – und wer könnte das erwarten? – den Wohlfahrtsstaat nicht voraus. Sie führt ihn herbei.

Während der Verfassungsstaat als ein Werk theoretischer Reflexion betrachtet werden kann, ist der Wohlfahrtsstaat ein Resultat evolutionärer Entwicklungen. Das soll nicht heißen: niemand habe ihn gewollt, er sei unbeabsichtigt entstanden. Er ist durch und durch das Ergebnis politischer Zielsetzungen, aber eben unreflektierter politischer Zielsetzungen. Die Staatssemantik wird fortgeschrieben, man spricht seit dem zweiten Weltkrieg in zunehmendem Umfange von welfare state, aber der Begriff resumiert, obwohl nach wie vor zentral an „Staat" festgemacht, eher ein problemreiches Resultat von Politik als eine Gründungsmaxime. Mit der Schwerpunktverlagerung von Verfassungsstaat, Rechtsstaat und selbst Demokratie auf Wohlfahrtsstaat reagiert die Selbstbeschreibung des politischen Systems auf ein neuartiges Problemgefühl. Der Begriff faßt dies in der Funktion einer Selbstbeschreibung zur Einheit zusammen – aber zunächst ohne Führung durch Theorie.

VI.

Will man den Wohlfahrtsstaat in äußerster Verkürzung charakterisieren, so kann man von einer *Überforderung des Staates durch die Politik* sprechen. Schon in der Weimarer Zeit hatte man dem Staat pessimistische Diagnosen gestellt und von Krise des Staatsgedankens, von Scheinstaat, Ersatzstaat, Reststaat oder gar vom Ende des Staates gesprochen[45]. Damals war die Problematik der nationalstaatlichen und die Durchsetzungsfähigkeit der demokratischen Politik das Problem. Im Wohlfahrtsstaat rücken ganz andere Fragen in den Vordergrund. Es scheint jetzt in der Logik der Politik selbst zu liegen, Situationen zu schaffen, die in ihren Folgen die Politik vor immer schwierigere Probleme stellt. Es könnte sein, daß der Staatsgedanke daran nicht unbeteiligt ist. Wir erinnern: der Staat ist nichts anderes als die Selbstbeschreibung des politischen Systems. Es geht demnach um eine laufende Selbstüberforderung des politischen Systems, die mit Hilfe einer bestimmten Selbstbeschreibung, eben mit der Focussierung auf Staat, organisiert wird.

Damit ist keineswegs gesagt, daß die Problematik des Wohlfahrtsstaates sich auf eine schlichte semantische Fehlleistung reduzieren ließe: eine neue Theorie, und der Spuk wäre vorbei! Erst recht geht es nicht um eine bloße Justierung der wissenschaftlichen (also: externen) Beobachtungsinstrumente, um eine bessere (und dann hilfreiche) Erforschung des Phänomens. Ein System hat in bezug auf seine eigene Selbstbeschreibung geringe Freiheitsgrade, es muß ja Selbstbeschreibung in dem Doppelsinne einer Beschreibung des Systems durch die eigenen Operationen sein[46]. Die Selbstbeschreibung muß, anders und mit Bezug auf soziale Systeme formuliert, kommunikativ funktionieren. Sie setzt im politischen System ein organisatorisches und rechtliches Substrat voraus (so wie im Wirtschaftssystem Geldmünzen, Geldscheine, Bankkonten und die entsprechenden Einrichtungen). Wir haben an Hand der Geschichte der Staatssemantik einen Vorgang der Revolutionierung politischer Selbstbeschreibung nachzeichnen können. Dieser Vorgang verlief aber, zeitlich etwas versetzt, parallel zur Ausdifferenzierung des politischen Systems selbst. Er hat diese strukturelle Ausdifferenzierung begleitet, honoriert, mitgetragen. Und *in diesem Zusammenhang* war auch *Einfluß von Theorie* auf die neu zu schaffende Selbstbeschreibungssemantik möglich. Die strukturelle und semantische Evolution hatte es mit neuartigen Erscheinungen zu tun, und was zu beseitigen war, entstammte einem anderen Typus von Gesellschaft. Die heutige Situation ist damit nicht zu vergleichen. Sie ergibt sich daraus, daß die moderne Gesellschaft sich mit ihrer eigenen Realität konfrontiert findet, und entsprechend sind die Funktionsstellen für Selbstbeobachtung, Selbstbeschreibung und entsprechende Terminologien bereits besetzt. Die Rede vom Staat funktioniert – wenn man Regierungen auswechselt, für oder gegen Aufrüstung agiert, Parlamente wählt, Parteiprogramme entwirft, Mittel für Schulbau, Straßenbau,

Jugendarbeit anfordert; und sie funktioniert auch dann, wenn bei all dem das Gefühl mitspielt, dies alles sei irgendwie falsch oder doch unzulänglich angelegt. Die Selbstbeschreibung Staat ist nicht nur in den Institutionen, sie ist auch in den Ansprüchen und Erwartungshaltungen etabliert. Sie fixiert den kommunikativ unerläßlichen Adressaten, und dies nicht ad hoc, sondern als Einheit für unzählige Operationen des gesamten Systems. Es ist vorerst nicht zu sehen, wie sie zu ersetzen wäre. Nach wie vor bleibt der Staatsbegriff deshalb der Bezugspunkt für eine Systematisierung politischer Ideen und Interessen; er könnte nur bewußter als solcher benutzt, zum Beispiel zur Darstellung der Einheit in der Vielfalt politischer Selbstaussagen einer politischen Richtung, einer Partei, eines Regierungsprogramms verwendet werden.

Was man unter diesen Umständen erwarten kann, ist eine allmähliche Änderung des Sinnes der Leitterminologie, die um den Staatsbegriff herum gebildet ist. Die Veränderungen an der Verweisungsstruktur des Staatssinnes ebenso wie die Veränderungen in der gesellschaftlichen Lage bilden sich evolutionär; sie können nur nachgezeichnet, nur nachbegriffen werden. Dabei findet sich die wissenschaftliche Beobachtung in einer gänzlich anderen Lage als vor zweihundert Jahren. Sie kann sich statt an Ideen an das Vorhandene halten; aber eben das macht ihr die Aufgabe schwer. Sie ist zudem an das politische Kommunikationsnetz nicht mehr angeschlossen. Auch zwischen Wissenschaftssystem und politischem System hat die Differenz zugenommen, und dieser Prozeß ist nicht zuletzt dadurch verstärkt worden, daß Wissenschaftler in einer für Politik nicht verständlichen, nicht zuordnungsfähigen Weise politisch agitieren[47].

Mit all den Unsicherheiten, die in dieser Lage getragen werden müssen, kann man gleichwohl versuchen, das Thema Staat und Politik weiterzuführen, und auch dabei mag der Gedanke hilfreich sein, daß der Staat nichts anderes ist als die Selbstbeschreibung des politischen Systems. Wir wollen dies mit einigen Thesen zur Lage versuchen, die je für sich wahr oder falsch sein können unabhängig von der supertheoretischen Fassung, in deren Rahmen sie hier präsentiert werden.

1) Die gesellschaftliche und die politische Evolution hat hier, und das gilt wohl allgemein, nicht zu einer Gleichverteilung aller möglichen Diversität geführt. Sie hat vielmehr dominante Strukturen ausgebildet, die ihrerseits selektiv wirken auf Zweit- und Drittentwicklungen. Als dominante Form, besonders, aber nicht nur, im politischen Bereich, sieht man seit Weber und Michels die *bürokratische* Form der Erledigung von Geschäften. Im Verhältnis zur soziologischen Klassik muß jedoch die Theorie der Bürokratie auf eine andere Ebene der Begrifflichkeit umgesetzt werden. Es geht nicht um eine bestimmte *Typik* von Arbeit oder Mentalität oder Rollenverhalten, sondern um eine gewissermaßen „ökologische" *Relation* zwischen Verwaltung und Publikum[48]. Das funktionale Äquivalent für die Wirtschaft ist der Markt, ebenfalls begriffen als Relation zwischen hochkomplexer Produktionsorganisation und relativ einfachem Verbrauch.

Eine solche Relation ist dominant in dem Sinne, daß andere Einrichtungen sich ankristallisieren können und von ihr abhängig werden. Man rechnet mit ihrer Existenz, ihrer Aktivierbarkeit, ihrem Funktionieren. So setzen Politiker fraglos voraus, daß eine Bürokratie existiert, die ihre Entscheidungen ausführt. Dominanz ist, anders gesagt, Ansatzpunkt für parasitäre Entwicklungen. Sie bedeutet nicht, und das muß gerade

für das politische System besonders betont werden, daß die Möglichkeit einer zentralen Kontrolle, einer verantwortungsfähigen Herrschaft besteht. Im Gegenteil: auch die Herrschaftszentren sind Parasiten der Bürokratie; sie profitieren mit ihrer Politik, vor allem mit ihrer Politik der Versprechungen davon, daß Bürokratie als dominante Struktur existiert. „La domination écologique", heißt es ganz allgemein bei Edgar Morin, „ne signifie pas domination"[49]. Es gibt keine bürokratische Herrschaft – weder als Herrschaft über die Bürokratie, noch als Herrschaft mittels der Bürokratie, noch als Herrschaft der Bürokratie. Es gibt nur die bürokratisierte System/Umwelt-Beziehung und ihre Parasiten. Im Ergebnis kann es so zu einem riesigen, zentral nicht mehr kontrollierbaren Beschaffungs- und Erlaubniswesen[50] kommen, das als Gesamtheit dann „Staat" heißt. Bürokratie fungiert dann als Verbindungsnetz zwischen Zapfstellen, und die Erfahrung deutet darauf hin, daß dies Netz auch dann noch gehalten wird, wenn nichts wirklich mehr fließt.
Hat man diesen bürokratischen Komplex vor Augen, dann könnte man den Staat vielleicht definieren als *Regel der Transformation von Informationen in Programme.* Formal ist dieser Begriff allerdings noch zu weit gefaßt[51], er muß eingeschränkt werden auf den Bereich kollektiv bindenden Entscheidens, den Bereich der politischen Funktion. Man könnte hier auch an Kelsens juristischen Staatsbegriff denken, aber wir meinen nicht nur die Erzeugung der rechtlichen Geltung von Programmen, fassen also Kelsens juristischen und seinen soziologischen Staatsbegriff wieder zusammen[52].
Jedenfalls ist in der Umgangssprache (und auch in der Umgangssprache, die die Politik benutzt) diese Bürokratie gemeint, wenn von „Staat" die Rede ist. Als „Bürokratie" ist sie Gegenstand umfassender Kritik. Als Staat wird sie für notwendig gehalten. Als Bürokratie soll sie, wenn nicht abgeschafft, so doch möglichst reduziert werden. Als Staat ist sie gleichwohl Gegenstand immer neuer Bedürfnisse und Wünsche. Die Staatsterminologie dient somit als Schutz und Schirm der Bürokratie, sie ermöglicht die ständige Erneuerung einer positiven Bewertung des negativ Bewerteten. So ist es. Die Theorie der Selbstbeschreibung komplexer Systeme ermöglicht es zu fragen, ob es dabei bleiben muß.

2) Bürokratie ist das vielleicht auffälligste, aber bei weitem nicht das einzige Phänomen, das die neuere Strukturentwicklung des politischen Systems kennzeichnet. Die Demokratisierung der politischen Willensbildung und die aktive wie passive Inklusion der Gesamtbevölkerung in das politische System haben zu einer Umstellung von Abweichungsverhinderung auf Abweichungsverstärkung, von negativem feedback auf positiven feedback geführt. Der demokratische Staat orientiert sich an den Bedürfnissen der Bevölkerung und sucht, besonders bei institutionalisierter Konkurrenz um den Zugang zur Macht (redundancy of potential command), die Bedürfnisbefriedigung zu verbessern. Als Folge nehmen die Bedürfnisse selbst zu, die Anspruchsniveaus steigen und man erwartet schließlich vom „Staat" auch Leistungen, die technisch mit den Mitteln der Politik, mit kollektiv bindenden Entscheidungen, gar nicht zu erbringen sind.
Dieser Selbststeigerungsmechanismus kann nicht in sich selbst Maß und Grenzen finden. Er ist politisch nicht regulierbar. Ihm kann nur die Energiezufuhr abgeschnitten werden. Die Inhibierung muß, mit anderen Worten, auf einer anderen Realitätsebene

einsetzen, und sie läuft, heute unübersehbar, über Begrenzung der Geldmittel. Die Dualität von Selbststeigerung und Inhibierung ist ein sehr allgemeines Prinzip des "pattern formation"[53]. Typisch scheint auch zu sein, daß die Abweichungsverstärkung durch positiven feedback *spezifische* Bahnen sucht (zum Beispiel *bestimmte* Ansprüche betrifft), während die Limitierung durch *generell* knappe Ressourcen aufgezwungen wird. Damit ist aber noch nicht ausgemacht, unter welchen besonderen Bedingungen dies Zusammenspiel von Selbststeigerung und Inhibierung stabile Formen erzeugt (und wahrscheinlich wird die Theorie in dieser Frage der Sonderbedingungen weniger generalisierbar sein als in der hier angedeuteten allgemeinen Fassung).

3) Selbst wenn man nur die beiden vorstehend genannten Gesichtspunkte, Bürokratisierung und Selbstüberforderung in Betracht zieht (und die politische Evolution ließe sich vermutlich unter vielen anderen Aspekten näher beschreiben), kommen Zweifel auf, ob und wie weit die Staatssemantik noch in der Lage ist, dieser Entwicklung zu folgen und das Wesentliche zu fassen. Man kann, wenn man sich etwa an die Staatslehre von Hermann Heller hält[54], eine Reduktion des Staatsbegriffs auf organisierte Entscheidungs- und Wirkungseinheit erkennen. Auch ist eine dieser Reduktion genau entsprechende Erweiterung des Politikbegriffs zu erkennen. Sie liegt insbesondere darin, daß von Politik nicht nur dann gesprochen wird, wenn es um Herrschaft über den Staat als Ganzen geht, sondern auch bei einer Inanspruchnahme von Staatsgewalt zur Realisierung von Teilzielen[55]. Dies sind wichtige, aber bei weitem nicht ausreichende Konzessionen. Vor allem gerät bei der Reduktion auf die Staatsorganisation (die der umgangssprachlichen politischen Kommunikation durchaus entspricht) der Gesellschaftsbezug des politischen Systems aus dem Blick – was dann durch eine Wiedererneuerung der Wiedererneuerung des gesamtgesellschaftlichen Politikbegriffs durch Karl Marx beantwortet wird.

Weder in bezug auf die strukturellen noch in bezug auf die semantischen Veränderungen kann man eine geplante Entwicklung feststellen, obwohl Planung in der Entwicklung eine mehr oder weniger große Rolle spielt. Die Transformation des politischen Systems kommt durch Evolution zustande, sie ist sowohl von den jeweils erreichten Systemzuständen als auch von Zufällen abhängig, und die Zufallsabhängigkeit wird, darauf deutet viel hin, durch vermehrte Planung nicht vermindert, sondern vergrößert. Mehr Information bedeutet mehr interne Unordnung, mehr Probleme bei der Reproduktion einer Ordnung aus Ordnung und Unordnung, demzufolge erhöhter Entscheidungsbedarf und stärkere Inanspruchnahme all der klassischen Mechanismen, die für eine Kombination von Souveränität und Willkürkontrolle, Gewalt und Konsens, Zwang und Legitimation sorgen sollten. Und noch ist unklar, ob und wie der Verfassungsstaat dies aushalten kann.

VII.

Eine Theorie der politischen Evolution steht nicht zur Verfügung. Während die Wissenschaftstheorie und in gewissem Umfange auch die Wirtschaftstheorie zumindest Bemühungen aufweisen, evolutionstheoretische Konzepte mit den rationalistischen Traditionen ihres eigenen Systembereichs zu verknüpfen, fehlt, soweit ich sehe, Entsprechendes in der politischen Theorie. Manches spricht dafür, daß man auch hier die Vorstellung rationaler, zielorientierter Planung durch die Vorstellung der differenzorientierten Beobachtung von Evolution ersetzen müßte; und daß das Problem dann nicht mehr nur in der sachlichen Komplexität des Gegenstandes liegt und auch nicht mehr nur in der Legitimation der Machtübertragung und des dazu notwendigen Vertrauens. Bedeutsamer wird die Differenz von Fremdbeobachtung und Selbstbeobachtung, von black box Analyse und interner politischer Kommunikation (wobei es auch *in* der black box ganz schön dunkel sein kann).

Wenn man sich überlegt, wozu Selbstbeschreibungen eingesetzt werden, stößt man auf die bereits erwähnte Differenz von negativem und positivem feedback. Auch die von Pizzorno benutzte Unterscheidung von Retroaktion und Interaktion trifft diese Differenz, zumindest partiell[56]. Im erstgenannten Falle reagiert das System auf Veränderungen, die sich an selbstbestimmten Variablen und deren zu tolerierenden Ausprägungen zeigen; es mißt sich sozusagen selbst an den eigenen Erwartungen und korrigiert sich entsprechend. Wenn es dagegen um bloße Wirkungszusammenhänge zwischen System und Umwelt geht, etwa um eine wachsende Bevölkerung und deren Ernährung, korrigiert schließlich die Umwelt das auf Wachstum eingestellte System; sie liefert nicht mehr ausreichend Material oder Energie und zwingt das System dadurch zu Anpassungen, die im System selbst nicht vorgesehen sind.

Die Selbstbeschreibung des Verfassungsstaates hatte, bei aller Offenheit für wechselnde politische Inhalte, ein retroaktives Modell eingesetzt. Abweichungen sollten, wo sie erkannt wurden, ausgemerzt werden, notfalls durch Verfassungsgerichte. Man ging, vielleicht etwas naiv, von der Auffassung aus, daß dadurch auch die laufende Anpassung an gesellschaftliche Veränderungen sicherzustellen sei. Das politische System des Wohlfahrtsstaates hat sich, auch bei intakten verfassungsrechtlichen Mechanismen, jedoch auf Selbststeigerung, also auf Abweichungsverstärkung mittels positivem feedback eingelassen. Die Entwicklungen seiner System/Umwelt-Beziehungen können dann nur noch interaktiv (im Sinne Pizzornos), das heißt nur durch Entzug der Energiezufuhr korrigiert werden. *In der Selbstbeschreibung des Wohlfahrtsstaates hat das Knappwerden der Mittel keinen positiven Sinn!* Das heißt aber auch: daß die Selbstbeschreibung jenseits ihrer verfassungsrechtlichen Funktionen an Sinn verliert. Und damit tritt die Bedeutung der Staatssemantik und ihrer Reflexionstheorien für die Selbststeuerung des Systems zurück. Normen, Werte, Theorien, die auf den Komplex Staat und Recht bezogen waren, verlieren an Überzeugungskraft. Ihre Funktionen bleiben erhalten, und man kann auch nicht sagen, daß der Verfassungsstaat durch den Wohlfahrtsstaat ersetzt wird. Aber als Wohlfahrtsstaat ausgebaut, läßt das politische System sich auf einen Gesellschaftsbezug und damit auf einen Umweltbezug ein, *den es selbst nicht mehr regulieren kann.* Wie ein Heuschreckenschwarm wird es dadurch gezwungen werden, den Flug zu beenden, daß ihm die Glukose bzw. das Geld ausgeht[57].

Wenn dies zutrifft, ist damit über die Zukunft der Staatssemantik noch nicht definitiv geurteilt. Man wird diese Frage jedoch in dem zugleich erweiternden und einschränkenden Kontext einer Theorie selbstreferentieller Systeme neu überlegen müssen. Soll die leitende Selbstbeschreibung politischer Systeme an den Staatsbegriff und an dessen organisatorisches Substrat gebunden bleiben? Und was genau kann mit diesem Begriff angesichts der Evolution des politischen Systems festgehalten werden? Die normativen Grundlagen scheinen ausgedünnt zu sein, die Vorstellung eines organisierten Steigerungsmechanismus ist zunehmenden Zweifeln ausgesetzt. Andererseits ist der Bedarf für einen Adressaten, der die Qualität des Lebens zu beschaffen und zu garantieren hat, ungebrochen. In den sozialistischen Staaten läßt sich bereits beobachten, daß der Staat dann eine Art Gesamtformel für die Ökologie des Raffinements im Beschaffungs- und Erlaubniswesen werden kann – eine weit hergeleitete, kaum noch faßbare Angelegenheit. „Res publica" gewiß – aber mit welchem Abstand zur moralischen Tradition dieses Begriffs!

Nimmt man diese Fragestellung auf, so muß man sich über die theoretischen Vorgaben im Klaren sein. Ein selbstreferentielles Sozialsystem besteht nur aus Kommunikationen, also aus Ereignissen[58]; es muß sich selbst mit den kommunikativen Operationen, aus denen es besteht, laufend reproduzieren. Dafür sind Selbstbeschreibungen unerläßlich. Die Frage lautet also, wie ein politisches System sich selbst reproduzieren wird, wenn es die Selbstbeschreibung als Staat enthält und die Reproduktion daran orientiert.

Ferner gibt die Theorie vor, daß es nicht möglich ist, die Komplexität des Systems als Beschreibung der Komplexität in das System wiedereinzuführen. Alle Selbstbeschreibungen sind Selbstsimplifikationen, ein der psychologischen Forschung längst vertrauter, aber auch für soziale Systeme relevanter Sachverhalt. Von hier aus gibt es Brücken zur Evolutionstheorie. Selbstbeschreibung mit Hilfe von selektiven Vereinfachungen – und die Staatstheorie ist geradezu ein Paradebeispiel dafür – führen zwangsläufig zu einer abweichenden Reproduktion, und abweichende Reproduktion ist der Prozeß, der in seinen strukturellen Auswirkungen als Evolution beschrieben werden kann. Hier wird im übrigen noch einmal deutlich, wie wenig es zutrifft, wenn man der Systemtheorie „konservative" Tendenzen unterstellt; sie zeigt im Gegenteil, daß exakte Reproduktion ein illusorisches Programm wäre.

Während auf diese Weise klassische Themen wie unvermeidliche Willkür souveräner Machtausübung, Kontingenz aller Entscheidungen, ideologische Struktur der politischen Präferenzen usw. einige Abstraktionsstufen tiefer in den Theorieapparat eingebaut sind (denn die Grundbegriffe ziehen ihr Erfolgsbewußtsein nicht nur aus der politischen Theorie und nicht nur aus der Gesellschaftstheorie) ist mit dem Begriff der Selbstbeschreibung zugleich die eigentümliche Engigkeit und Unkorrigierbarkeit der entsprechenden Semantik erfaßt. Niemand kann ein politisches System darüber belehren, daß es kein Staat sei; und es findet in sich selbst, gerade wenn die laufende Kommunikation im Staatsbegriff ihre mitlaufende Selbstreferenz semantisiert hat, kaum Ansatzpunkte für eine Selbstkorrektur. Selbstbeschreibung kann nicht durch Fremdbeschreibung geknackt werden, und sie fungiert in sich selbst, was Identitätsbezug, also ihre Reflexion angeht, ohne Kontrolle an Kriterien. Transformationen sind dann auf unbemerkten Sinnwandel, auf allmählichen Plausibilitätsentzug angewiesen. Strukturell wie semantisch ist Selbstsubstitution die einzige Möglichkeit, die letztlich zu erwartende Destruktion eine Weile aufzuhalten.

Bei einer solchen Konstellation kann es durchaus sinnvoll sein, daß eine Diskussion politischer Begriffe im Wissenschaftssystem begonnen wird und für die Politiker zunächst unverständlich bleibt. Sie mögen mit Theorieverdacht oder auch mit politischen Zuordnungen reagieren. Modische Begriffe mögen sich zum Gebrauch im Geschäft der politischen Kosmetik eignen. Jedenfalls hat die Vorstellung, Wissenschaft und Politik ließen sich durch einen Theorie/Praxis-Zusammenhang koppeln, so viele Enttäuschungen erlitten, daß sie nur noch von unverbesserlichen Optimisten aufrechterhalten wird. Schon die Sprache der empirischen Sozialforschung, etwa die Formulierung mit Hilfe von „Variablen", ist an Fremdbeschreibung gebunden und kann nicht in Selbstbeschreibungen eingehen, weil sie das System auf Variationsmöglichkeiten festlegt, die es selbst nie aktivieren könnte. Oder anders formuliert: Die „Variablen"-Terminologie setzt Austauschbarkeit der Beobachter und entsprechende Kriterien für das Identischhalten des Gegenstandes voraus, was bei Selbstbeobachtung entfällt. Selbst wenn die Wissenschaftssprache hin und wieder mit Anwendungserfolgen aufwarten könnte, fiele die laufende Produktion von Hoffnungen und Enttäuschungen stärker ins Gewicht. Die Politikwissenschaft sollte in einer solchen Situation sich nicht scheuen, mit anspruchsvollen Theorien zu arbeiten. Sie kann so besser beobachten. Beobachten heißt diskriminieren. Das erfordert Angabe des Referenzrahmens, insbesondere der zu Grunde liegenden Systemreferenz. Jede Referenz kann, wenn die Wissenschaft sich den Weg zur Dogmatik verbietet, nur durch Bezugnahme auf eine andere Referenz eingeführt werden. Die dazu notwendige Sprache entwickelt, wenn geübt, eine eigene Art von Virtuosität. Das alles kann der Politik nicht zugemutet werden – allein schon deshalb nicht, weil kein Politiker es als Eigenleistung, als Selbstgedachtes, vorführen könnte.

Die Differenzierung der Funktionssysteme für Politik und für Wissenschaft, die Trennung ihrer Autonomiebereiche, ihrer Semantik, ihrer Reproduktionsdetermination, ihrer Selbstreferenzen, ist unter dem Aspekt der gesellschaftlichen Planung ein Problem, ja geradezu ein Hindernis auf dem Wege zum angestrebten Erfolg. Sieht man denselben Sachverhalt in evolutionstheoretischer Perspektive, mag das Urteil anders ausfallen. Es mag dann in den nichtintegrierbaren Kommunikations- und Bewußtseinsbildungsmöglichkeiten, die unsere Gesellschaft im Überfluß bietet, auch die Chance stecken, das Gesellschaftssystem für eine noch nicht absehbare, möglicherweise aber nicht sehr entfernte Zukunft anpassungsfähig zu erhalten.

Anmerkungen

1 Für weitere Versuche in dieser Richtung vgl. *Niklas Luhmann:* Funktion der Religion, Frankfurt 1977: *Niklas Luhmann/Karl Eberhard Schorr:* Reflexionsprobleme im Erziehungssystem, Stuttgart 1979; *Niklas Luhmann:* Gesellschaftsstruktur und Semantik: Studien zur Wissenssoziologie der modernen Gesellschaft, 2 Bde., Frankfurt 1980–81: *Niklas Luhmann,* Liebe als Passion: Zur Codierung von Intimität, Frankfurt 1982.

2 Wichtig sind: *Edgar Morin:* La Méthode, Bd. 1, Paris 1977, Bd. 2 Paris 1980; *Humberto R. Maturana:* Erkennen: Die Organisation und Verkörperung von Wirklichkeit, Braunschweig 1982. Vgl. auch *Milan Zeleny* (Hrsg.): Autopoiesis: A Theory of Living Organization, New York 1981. Ferner *Niklas Luhmann:* Soziale Systeme, Frankfurt 1984.

3 Zur letztgenannten Variante vgl. etwa *Gordon Pask:* The Meaning of Cybernetics in the Behavioural Sciences (The Cybernetics of Behaviour and Cognition; Extending the Meaning of "Goal"), in: *John Rose* (Hrsg.): Progress of Cybernetics Bd. 1, London 1970, S. 15–44.

4 Obwohl die Geschichte dieser Fremdbeobachtungsschemata noch nicht geschrieben ist, wird man nicht fehlgehen in der Vermutung, daß sie im 18. Jahrhundert aufkommen, und zwar zunächst im für Leser (Fremdbeobachter) geschriebenen Roman. So schafft sich die Aufklärung und die Vorbereitung der „modernen Staaten" schon gleich die Möglichkeit einer Gegenkultur.

5 Vgl. z. B. *Henri Atlan:* Entre le cristal et la fumée: Essai sur l'organisation du vivant, Paris 1979, S. 70.

6 Vgl. z. B. *Roger S. Conant/W. Ross Ashby:* Every Good Regulator of a System Must be a Model of That System, International Journal of System Science 1 (1970), S. 89–97.

7 Vgl. *Volker Sellin:* Politik, in: Geschichtliche Grundbegriffe. Historisches Lexikon zur politisch-sozialen Sprache in Deutschland Bd. 4, Stuttgart 1978, S. 789–874, insb. 814–830; ferner *Gotthardt Frühsorge:* Der politische Körper: Zum Begriff des Politischen im 17. Jahrhundert und in den Romanen Christian Weises, Stuttgart 1974.

8 Vgl. die grundsätzlichen Klarstellungen in Wirtschaft und Gesellschaft, 3. Aufl., Tübingen 1947, S. 6.

9 Vgl. zur Vorgeschichte, in der "status" sich auf die ganz allgemeine Differenz von fest/beweglich, sicher/unsicher bezogen hatte und deshalb immer einen semantischen Zusatz erforderte (z. B. status civitatis). *Wolfgang Mager:* Zur Entstehung des modernen Staatsbegriffs, Wiesbaden 1968; *Paul-Ludwig Weinacht:* Staat: Studien zur Bedeutungsgeschichte des Wortes von den Anfängen bis ins 19. Jahrhundert, Berlin 1968.

10 Dies ist zugleich die gemeinsame Leitlinie der oben (Anm. 1) zitierten Arbeiten zum Zusammenhang von Gesellschaftsstruktur und Semantik in der modernen Gesellschaft.

11 An Sekundärliteratur siehe hierzu etwa *Hans Maier:* Die Lehre von der Politik an den deutschen Universitäten vornehmlich vom 16.–18. Jahrhundert, in: *Dieter Oberndörfer* (Hrsg.): Wissenschaftliche Politik, Freiburg 1962, S. 59–116; ders., Ältere deutsche Staatslehre und westliche politische Tradition, Tübingen 1966; *Bernard Willms:* Die Antwort des Leviathan: Thomas Hobbes' politische Philosophie, Neuwied 1970.

12 Hierzu ausführlich *Niklas Luhmann:* Liebe als Passion, a.a.O., S. 57 ff.

13 Üblicherweise wird diese Formel Adam Smith zugeschrieben und mit „Liberalismus" assoziiert. Vgl. statt vieler *Robert Nozik,* Anarchy, State, and Utopia, New York 1974, S. 18. Sie war jedoch längst vorher in Gebrauch. Im Text beziehe ich mich auf *Joseph Glanvill:* The Vanity of Dogmatizing, London 1661, Nachdruck Hove, Sussex 1970, S. 180.

14 Eine befriedigende Interpretation habe ich nicht finden können. Die Frage, ob Ludwig XIV wirklich so gedacht habe (vgl. *Fritz Hartung:* L'état c'est moi, Historische Zeitschrift 169 (1949), S. 1–30, ist für den Eklat der Formel ohne Belang. Auch die abschwächende Interpretation von *Weinacht,* a.a.O., S. 51, es handele sich noch um den alten Begriff von état, also einfach um eine quasi tautologische Formulierung, vermag mich nicht zu überzeugen. Sie erklärt jedenfalls nicht den eigentümlichen Reiz der Formel.

15 Trotzdem klagen Beobachter, die nun dies wieder beobachten (z. B. Edmund Burke), über die „Vereinfachungen" dieser neuen Reflexionstheorien, ohne rechtes Verständnis aufzubringen für den notwendigen Zusammenhang von Komplexität und Vereinfachung.

16 Auf die Generalisierungsleistung solcher Duale haben vor allem altphilologische und ethnologische Untersuchungen aufmerksam gemacht. Untersuchungen zu ihrem Auslaufen in der frühen Neuzeit sind mir nicht bekannt. Vgl. z. B. *Ernst Kemmer:* Die polare Ausdrucksweise in der griechischen Literatur, Würzburg 1903; *Adhémar Massart:* L'emploi, en égyptien, de deux termes opposés pour exprimer la totalité, in: Mélanges bibliques (Festschrift André Robert), Paris 1957, S. 38–46; *Louis Dumont:* Homo hierarchicus: The Caste System and its Implications, Engl. Übers. London 1970, insb. S. 42 ff. (zu: rein/unrein). Bei den uns interessierenden politischen Formeln bleibt im übrigen oft unklar, wie weit eine bloße Aufzählung gemeint ist und wie weit die semantische Möglichkeit, einen Gegensatz als Einheitsausdruck zu verwenden, mitbenutzt wird.

17 Die bekannte Stelle aus der Einleitung zum Leviathan sei nochmals zitiert: "For by Art is created that great LEVIATHAN called a COMMON-WEALTH, or STATE, (in latine CIVITAS) which is but an Artificiall Man" – zit. nach Leviathan, Ausgabe der Everyman's Library, London 1953, S. 1.

18 Grundlage für diese Sinnänderung scheinen sowohl die ratio status-Lehre als auch die naturrechtlichen Vertragskonstruktionen westeuropäischer Prägung gewesen zu sein. Die erste erfordert, die zweite begründet die Abstraktion einer Bezugseinheit, auf die hin dann Aussagen gemacht und Operationen zugerechnet werden können.

19 Großes Universal Lexikon Bd. 39, Halle-Leipzig 1744, S. 639, zit. nach Weinacht a.a.O., S. 105.

20 „le sort des particuliers qui composent un Etat", heißt es zum Beispiel bei *Simon-Nicolas-Henri Linguet:* Théorie des loix civiles, ou Principes fondamentaux de la société, London 1767, Bd. 1, S. 11. Auch die Physiokraten verwenden Nation, Etat, manchmal pays gleichsinnig.

21 Svarez spricht zum Beispiel von den „bürgerlichen Gesellschaften, welche wir Staaten nennen" – zit. nach *Hermann Conrad:* Staatsgedanke und Staatspraxis des aufgeklärten Absolutismus, Opladen 1971, S. 24.

22 Vgl. *Sellin:* a.a.O., S. 831 ff.

23 Ich stelle bewußt auf das Problembewußtsein ab, wobei mitzubedenken ist, daß die Differenz von extern und intern sich erst im Zuge der Ausdifferenzierung des politischen Systems klärt. Zur Zeit der religionspolitischen Bürgerkriege des 16. und 17. Jahrhunderts sind religiöse und politische Motivierungen, die sich rückblickend wohl unterscheiden lassen, unentwirrbar verquickt: Religion wird in der eigenen Partei als Ziel, beim Gegner als Vorwand gesehen und vice versa.

24 Diese Neuerung muß natürlich wieder ausgeblendet werden, wenn man die Geschichte der Semantik von potentia/potestas/Gewalt aufarbeiten will. Vgl. hierzu *Kurt Röttgers,* Andeutungen zu einer Geschichte des Redens über die Gewalt, in: *Otthein Rammstedt* (Hrsg.): Gewaltverhältnisse und die Ohnmacht der Kritik, Frankfurt 1974, S. 157–234; *Wolfgang Lienemann:* Gewalt und Gewaltverzicht: Studien zur abendländischen Vorgeschichte der gegenwärtigen Wahrnehmung von Gewalt, München 1982.

25 Vgl. im Kontext eines Theorievergleichs unter diesem Gesichtspunkt: *Harlan Wilson:* Complexity as a Theoretical Problem: Wider Perspectives in Political Theory, in: *Todd R. La Porte* (Hrsg.): Organized Social Complexity: Challenge to Politics and Policy, Princeton N. J. 1975, S. 282–331 (insb. 302 ff.).

26 Diese Wortbedeutungsvariante ist vor allem von *Weinacht:* a.a.O., S. 173 ff., herausgearbeitet worden.

27 Sie findet sich aber auch noch bei Edmund Burke – unter der neuen Bezeichnung Staat! "It is a partnership in all science; a partnership in all art; a partnership in every virtue, and in all perfection" (Reflections on the French Revolution, 1790, Neuauflage 1793, zit. nach der Ausgabe der Everyman's Library, London 1929, S. 93.

28 *Diese* Differenz hat ihre eigene Einheit darin, daß sie sich historisch gegen die damals übliche Einheit von Staat und Zivilgesellschaft durchsetzt; ihre Einheit ist also *selbst eine Differenz,* nämlich eine historisch gegen Einheit gerichtete Differenz. Sie überzeugt deshalb ohne viel begrifflichen Aufwand schließlich als historische Differenz. Diese komplexe Sachlage erklärt die Schwierigkeiten der terminologiegeschichtlichen Forschungen zur Entstehung der Differenz von Staat und Gesellschaft. Treffend formuliert dies *Reinhart Koselleck:* Preußen zwischen Reform und Revolution, 2. Aufl. Stuttgart 1975, S. 52: „Das Landrecht kennt keine vom Staat getrennte bürgerliche Gesellschaft, aber es trifft auch keine präzisen Bestimmungen dieser Begriffe, weil sie nicht mehr identisch waren, ohne schon unterscheidbar zu sein". Vgl. im übrigen *Adalbert von Unruh:* Dogmengeschichtliche Untersuchungen über den Gegensatz von Staat und Gesellschaft vor Hegel, Leipzig 1928; *Werner Conze:* Staat und Gesellschaft in der frührevolutionären Epoche Deutschlands (1958) und *Erich Angermann:* Das Auseinandertreten von „Staat" und „Gesellschaft" im Denken des 18. Jahrhunderts (1963), beides neu gedruckt in *Ernst-Wolfgang Böckenförde* (Hrsg.): Staat und Gesellschaft, Darmstadt 1976.

29 Zu dieser Eigenart autopoietischer Systeme, die keines ihrer Elemente aus der rekursiven Geschlossenheit der Autopoiesis ausgliedern können, vgl. für den Fall organischer Systeme Gerhard Roth, Biological Systems and the Problem of Reductionism, in: *Gerhard Roth/Günter Schwegler* (Hrsg.): Self-organizing Systems: An Interdisciplinary Approach, Frankfurt 1981, S. 106–120. Zu Konsequenzen für die Auffassung von Evolution auch ders., Conditions of Evolution and Adaptation in Organisms as Autopoietic Systems, in: *D. Mossakowski/G. Roth* (Hrsg.): Environmental Adaption and Evolution, Stuttgart 1982, S. 37–48.

30 Zunächst im Plural. Die Singularfassung bürgert sich erst ab 1830 ein im Zusammenhang mit den Debatten des deutschen Frühkonstitutionalismus. Vgl. dazu *Stephan Skalweit:* Der „moderne Staat": Ein historischer Begriff und seine Problematik, Vorträge (G 203) der Rheinisch-Westfälischen Akademie der Wissenschaften, Opladen 1975.

31 Siehe die berühmt/berüchtigten Passagen über den Monarchen in den Grundlinien der Philosophie des Rechts, insb. § 279.

32 „eine ursprüngliche Ordnung, ein nothwendiger Zustand", heißt es bei *F. C. Dahlmann:* Die Politik, auf den Grund und das Maß der gegebenen Zustände zurückgeführt, Bd. 1, 3. Aufl., Leipzig 1847, S. 3.

33 Vgl. etwa *Lodovicus Molina:* De justitia et jure (1593), tr. 11, disp. XXII, 9 und XXVII, zit. nach der Ausgabe Mainz 1659, Sp. 115 und 127.

34 und zwar speziell die evangelische Theologie. Vgl. hierzu *Martin Honecker:* Evangelische Theologie vor dem Staatsproblem. Vorträge (G 254) der Rheinisch-Westfälischen Akademie der Wissenschaften, Opladen 1981. Daß für die Theologie selbst der Traditionsbruch weniger scharf ausfällt und die Zwei-Reiche-Lehre immer noch zitabel ist, muß nicht erstaunen. Für sie liegen auch heute Beobachtungslagen, Unterscheidungen und Identifikationen anders als für andere Beobachter der Gesellschaft.

35 Hierzu näher *Niklas Luhmann:* Das sind Preise, Soziale Welt 34, (1983), Heft 2, S. 153–170.

36 Dies entspricht neueren Vorstellungen der Systemtheorie, wonach Geschlossenheit/Offenheit nicht mehr als ein Gegensatz unterschiedlicher Systemtypen zu begreifen ist, sondern als ein Steigerungsverhältnis. Sieht man es so, dann interessieren die Bedingungen, unter denen mit strengerer Geschlossenheit größere Offenheit erreichbar ist. Zur Übertragung auf Probleme des politischen Systems vgl. *Niklas Luhmann:* Politische Theorie im Wohlfahrtsstaat, München 1981.

37 Zu beiden Gesichtspunkten vgl. Hinweise bei *Paul Archambault:* The Analogy of the Body in Renaissance Political Literature, Bibliothèque d'Humanisme et Renaissance 29 (1967), S. 21–53.

38 Die wohl wichtigste Bedingung dafür war, daß *statt dessen* das Recht paradoxiert werden mußte als positiv-rechtliche Regelung der Geltungsgründe positiven Rechts.

39 Siehe im Anschluß an diese Formulierung von *McCulloch Gordon Pask:* The Meaning of Cybernetics in the Behavioural Sciences (The Cybernetics of Behaviour and Cognition; Extending the Meaning of "Goal"), in: *John Rose* (Hrsg.): Progress of Cybernetics Bd. 1, London 1970, S. 15–44 (32 ff.).

40 Hierzu näher *Niklas Luhmann:* Grundrechte als Institution, Berlin 1965.

41 Vgl. *Niklas Luhmann:* Ausdifferenzierung des Rechts: Beiträge zur Rechtssoziologie und Rechtstheorie, Frankfurt 1981, insb. S. 113 ff., 154 ff.

42 Das ist für angelsächsisches Denken bis heute befremdlich geblieben. Vgl. hierzu *Kenneth H. F. Dyson:* The State Tradition in Western Europe: A Study of an Idea and Institution, Oxford 1980, S. 17 (mit Hinweisen).

43 Deswegen sind detaillierte Analysen der Theoriegeschichte einzelner Funktionsbereiche natürlich keineswegs entbehrlich. Im Gegenteil: erst auf diesem Wege kommt man zu Generalisierungen, die der Gesellschaft als ganzen bzw. dem Formtypus funktionaler Differenzierung zugerechnet werden können. Vgl. als ein Beispiel: *Niklas Luhmann/Karl Eberhard Schorr:* Reflexionsprobleme im Erziehungssystem, Stuttgart 1979.

44 Daß gerade in dieser Situation einer sich positivierenden Staatstheorie dann Aristoteles wieder faszinieren kann, sieht man zum Beispiel bei Treitschke. Das kann, in der jetzigen Situation, aber nur auf eine Forcierung der Staatsorientierung hinauslaufen. Siehe auch *Manfred Riedel:* Der Staatsbegriff der deutschen Geschichtsschreibung des 19. Jahrhunderts in seinem Verhältnis zur klassisch-politischen Philosophie, Der Staat 2 (1963), S. 41–63; *Skalweit:* a.a.O.

45 Vgl. *Alfred Weber:* Die Krise des modernen Staatsgedankens in Europa, Stuttgart 1925; *Otto Hintze:* Wesen und Wandlung des modernen Staats (1931), neu gedruckt in ders., Gesammelte Abhandlungen zur Allgemeinen Verfassungsgeschichte, 2. Aufl. Göttingen 1962, S. 470–496; *Carl Schmitt:* Der Begriff des Politischen (1932), Neudruck Berlin 1963.

46 Wir lassen die theoretisch wichtigen Fragen hier beiseite, wie weit hierzu interne Distanz eingerichtet werden muß und wie weit sich dafür besondere Rollen einrichten lassen. Man käme damit auf die Frage nach funktionalen Äquivalenten für das, was die politische Theorie bis zu den Neostoikern hin als Weisheit (sagesse) bezeichnet hatte.

47 Und dies mit einem Politikbegriff, der bereits 1843 überholt war (und mit einer Gegenbewegung wieder eingeführt werden mußte), als Marx seine Abhandlung zur Judenfrage veröffentlichte.

48 Vgl. hierzu besonders: *Dieter Grunow/Friedhart Hegner/Franz Xaver Kaufmann:* Bürger und Verwaltung, 4 Bde., Frankfurt 1978.

49 in: La Méthode, Bd. 2, Paris 1980, S. 44.
50 Den Begriff Erlaubniswesen fand ich in einer Kreisverwaltung der DDR.
51 Siehe z.B. den Begriff des „appareil" bei *Edgar Morin:* La Méthode, Bd. 1, Paris 1977, S. 239ff.: „l'appareil dispose du pouvoir de transformer de l'information en programme, c'est-a-dire en contrainte organisationelle" (S. 239).
52 Vgl. *Hans Kelsen:* Der soziologische und der juristische Staatsbegriff: Kritische Untersuchung des Verhältnisses zwischen Staat und Recht, Tübingen 1922; ders., Allgemeine Staatslehre, Berlin 1925.
53 Vgl. *Alfred Gierer:* Generation of Biological Patterns and Form: Some Physical, Mathematical, and Logical Aspects, Prog. Biophys. molec. Biol. 37 (1981), S. 1–47; ders., Socioeconomic Inequalities: Effects of Self-Enhancement, Depletion and Redistribution, Jahrbuch für Nationalökonomie und Statistik 196 (1981), S. 309–331. Vgl. auch *D. Stanley-Jones:* The Role of Positive Feedback, in: *John Rose* (Hrsg.): Progress of Cybernetics Bd. 1, London 1970, S. 249–263.
54 *Hermann Heller:* Staatslehre, Leiden 1934.
55 A.a.O. S. 205.
56 Vgl. *Alessandro Pizzorno:* L'incomplétude des systèmes, Connexions 9 (1974), S. 33–64; 10 (1974), S. 5–26 (47ff.).
57 Zu dieser Parallele vgl. *T. Weis-Fogh:* An Aerodynamic Sense Organ Stimulating and Regulating Flight in Locusts, Nature 164 (1949), S. 873–874.
58 Bei genauerer Ausarbeitung müßte man sagen: aus einer Kombinatorik von Ereignissen.

Über das Studium der politischen Ideen in philosophisch-historischer Absicht

Jürgen Gebhardt

I. Zur Genealogie einer Geschichte der politischen Ideen

‚Politische Ideen', ‚politische Theorie', ‚politische Philosophie', ‚politisches Denken', ‚Staatswissenschaft' oder ‚politische Wissenschaft' als Gegenstände geschichtlicher Forschung, theoretischer Reflexion und akademischer Lehre sind wissenschaftsgeschichtlich ein Produkt des 19. Jahrhunderts. In der jeweiligen Begrifflichkeit, der materialen Gestalt und fachspezifischen Zuordnung spiegeln sich die verschiedenen westlichen Wissenschaftskulturen wieder. Erst die Reorganisation des Faches Politische Wissenschaft im Zuge der Reform der universitären Wissenschaftsorganisation in den USA (durch Implantation der deutsch-preußischen Konzeption der Einheit von Lehre und Forschung in das traditionelle College-System) erhob die Geschichte der politischen Ideen zusammen mit der politischen Theorie in den Rang einer Teildisziplin des Faches. Nach diesem Vorbild konnte noch 1949 die UNESCO einen Katalog der Lehrgegenstände empfehlen, an dessen Anfang die Teildisziplin der Politischen Theorie und der Geschichte der politischen Ideen stand.[1] Die Begründung lieferte der Generaldirektor der UNESCO, James Torres Bodet: Die Geschichte der politischen Ideen vermittelt dem Studium der Politik unverzichtbare Einsichten. Die Analyse und noch mehr das Verständnis der heutigen Wirklichkeit ist nicht möglich ohne die Kenntnis der "grandes oeuvres de la litérature politique qui jalonnent la route de l'humanité. L'examen approfondi de la penseé politique, l'étude impartial des divers aspects de la théorie politique forment le soubassement sur lequel peuvent aujourd'hui s'appuyer les efforts tendant de developper la science politique en une science d'observation politique ayant comme objet la réalité politique contemporaine."[2] In ihrer vagen Allgemeinheit ist diese Bemerkung für das Selbstverständnis der Politischen Wissenschaft charakteristisch. Es lassen sich aber zwei Aspekte in diesem Argument für das Studium der Geschichte der politischen Ideen entdecken: Die moderne wissenschaftliche Analyse der Politik muß aus der historischen Tiefendimension herauswachsen und diese Tiefendimension erschließt das Studium der ‚großen Werke der politischen Literatur', welche die Entwicklung der ‚Menschheit' markieren. Einer solchen Verbindung von politischer Theorie und politischer Ideengeschichte lag jedoch weniger eine ‚wissenschaftstheoretische' Einsicht zugrunde, sie entstammt vielmehr einer geschichtlich gewachsenen Konvention westlicher – also vorwiegend angelsächsischer und französischer – Wissenschaftskultur. Die Konvention, wie die politische Wissenschaft insgesamt, lebt von der Selbstevidenz des politischen Selbstverständnisses westlicher politischer Kulturen.

John G. Gunnell hat diese Zusammenhänge in seinem Buch *Political Theory* erst jüngst für den nordamerikanischen Fall in seinem Versuch einer "genealogy of the history of political theory" nachgezeichnet und zum Anlaß einer kritischen Analyse genommen, die allerdings zu sehr im wissenschaftlichen Binnenraum verbleibt und Wissenschaft als Ereignis der geschichtlich-kulturellen Welt vernachlässigt. Mit Blick auf die USA bestätigt Gunnell die politikwissenschaftliche Konvention der Verklammerung von politischer Theorie und einer Geschichte dieser Theorie, wie sie noch der Lehrkatalog der UNESCO postuliert hatte. Theoriegeschichtliche Studien, so Gunnell, "were conceived as directly relevant to contemporary problems and political values as well as to the development as an empirical political science usually viewed as having practical applications".[3] Diese Sicht habe sich mit der Überzeugung verbunden, "that there was a distinct and major Western Tradition of political theory comprised of the classic texts of political literature and that this tradition was the primary framework for interpreting particular works ...".[4] Schon um 1930 herrschte "the idea that there was a political tradition of political theory that was relevant for understanding contemporary politics and that had evolved continuously from the time of ancient Greece to become sufficiently well-defined to be a standard subject of college text books and academic research in political science ...."[5] Gunnells kritische Betrachtung gilt vorrangig diesem Problem der Tradition und der folgenreichen Erhebung dieses wissenschaftlichen Konstrukts zum paradigmatischen Rahmen politik-wissenschaftlicher Lehren und Forschungen. Ich werde hiervon später noch zu handeln haben. Vorerst ist es notwendig, die Genealogie der Geschichte der politischen Theorie ein wenig genauer zu untersuchen, als dies Gunnell und andere Autoren getan haben, um eine geschichtliche Ortsbestimmung des Studiums der politischen Ideen, unseres Gegenstandes, zu geben. Gunnell bemerkt richtig in seiner Betrachtung von William A. Dunnings einflußreicher *A History of Political Theories* (1902–20), mit der die Kanonisierung einer theoregeschichtlichen ,Tradition' sich im Lehr- und Forschungsbetrieb etablierte, daß dieser Darstellung eine Geschichtsinterpretation zugrunde lag: "this interpretation was largely devoted to demonstrating that modern political institutions and political science in the West were the culmination of an evolutionary process that began with the ancient Greeks."[6] Von ihren Anfängen in der zweiten Hälfte des 19. Jahrhunderts an charakterisiert die Literatur der Theoriegeschichte "its sense of contributing to, and explaining the development of political science and Western political values." Sie wollte weiterhin die Ziele eines universalen politischen Wissens und Begründung rationalen politischen Handelns liefern.[7]

Das ist richtig: es handelt sich bei der frühen Theoriegeschichte um eine Interpretation des westlichen Zivilisationsprozesses, welche eine spezielle geschichtlich-politische Position artikuliert. Aber die eigentümlichen Züge dieser Position und ihre Verankerung im geistig-politischen Leben der europäischen Welt bedarf einer genaueren Inspektion. Die Genealogie einer Geschichte der politischen Theorie verweist zurück auf jenen modernen Erfahrungskomplex des 18. Jahrhunderts, der durch den Schlüsselbegriff der ,Geschichte' als regulativem Prinzip aller Erfahrung und möglichen Erwartung seine Deutung erfährt und den Zivilisationsprozeß als sinnvolle Totalität durchsichtig zu machen verspricht. Die aufsteigende, neue gesellschaftliche Elite der bürgerlichen Intelligenz konstruiert sich im Begriff der Welt- oder Universalgeschichte für den westlichen Zivilisationsprozeß eine Geschichtsmetaphysik, deren Subjekt in der Menschengattung und deren kollektives Telos im zivilisatorischen Fortschritt gefunden wurden. In der Entstehung der eigenständigen geschichtlichen Wissenschaften eignete sich diese neue Elite „zugleich mit der Ausprägung eines geschichtlichen Selbstbewußtseins ihre Identität" zu.[8] Ich stimme Koselleck zu: es handelt sich bei der übergreifenden Bedeutung von ‚Geschichte' „um einen anthropologischen und sozialhistorischen Entwurf, der die Entstehung des rationalen Menschen erklären soll"[9]. Der Wahrheitsanspruch dieser historischen Aufklärung wurzelt „in einer selbst nicht mehr abgeleiteten Geschichte, in der ‚Geschichte überhaupt' ".[10] Zugleich eröffnet sich aber in dieser historischen Aufklärung der philosophischen Reflexion eine Erfahrungswelt, nämlich der geschichtliche Phänomenbereich, in zunehmend globaler Breite und zeitlicher Tiefe: es konstituiert sich die ‚Philosophie der Geschichte' als symbolischer Ausdruck für diese umfassende Interpretation des zivilisatorischen Prozesses. Diese Feststellung – so scheint es mir – gilt unabhängig von der konkreten Gestalt, welche die Geschichtsphilosophie in ihrer Frühform gefunden hat, nämlich als teleologische Geschichtsmetaphysik mit soteriologischem Anspruch. Von diesen geschichtsspekulativen Systemen des ausgehenden 18. und frühen 19. Jahrhunderts von Voltaire bis zu Comte und Marx ist hier die Rede. Die teleologische Geschichtsmetaphysik kristallisiert sich um die neuartige Grundkategorie der ‚Geschichte an sich' und berührt sich in vielerlei Hinsicht mit der Historisierung der Wissenschaften vom Menschen.

Mit dem neuen Stellenwert des Begriffs der Geschichte im politischen Sprachgefüge als Zentralbegriff einer Weltdeutung, die von den geschichtlichen Wissenschaften formuliert wurde, ergaben sich signifikante „Weiterungen in der Organisation und den Gegenstandsbereichen" dieser Wissensform. „Inhaltlich traten neben die herkömmlichen Staaten- und Kirchengeschichten im 18. Jahrhundert die seit Bacon geforderte Literaturgeschichte, die Kunst- und Technikgeschichte, die Geschichte des Handels, die Wissenschaftsgeschichte und die Kulturgeschichte"[11] (die Geschichte der Philosophie nicht zu vergessen). Wenn nach Koselleck der Begriff der Geschichte dazu dient, „alle temporalen Erstreckungen, von der erfahrungsarmen Zukunft bis zur erwartungslosen Vergangenheitsforschung" abzudecken und beides über den Begriff der ‚Entwicklung' zu vermitteln,[12] so gilt dies insbesondere für solche neuen Gegenstandsbereiche der historisierenden Betrachtung und Darstellung. Mit Hilfe des Entwicklungsbegriffes erfahren nunmehr auch die Wissenschaften – Robert Mohl benützt den treffenden Ausdruck der „Wissenskreise"[13] – zum Gegenstand der geschichtlichen Untersuchung gemacht werden.

In der späten Historisierung der moralisch-politischen Wissenschaft(en), der moralischen und politischen Philosophie der Staatswissenschaft(en) in England, Frankreich und Deutschland finden wir den Ursprung der politischen Ideen- und Theoriegeschichte. Bezeichnenderweise konstituiert sich aber der Gegenstand der Untersuchung, der „Wissenskreis", im wesentlichen unter dem Gesichtspunkt der historischen Entfaltung der Wissenschaft von der Politik bzw. des Staates. Wenngleich schon früh, beispielsweise bei Heeren von ‚politischen Ideen' und ‚politischen Theorien' die Rede ist[14], so nahm doch die Theoriegeschichte ihren Ausgang von der Wissenschaftsgeschichte und diese konnte, wie noch zu zeigen ist, sich weder als Dogmengeschichte, noch als eine Teildisziplin des Faches verstehen.

In Frankreich beginnt Paul Janet, Professor in Straßburg, einst Sekretär Victor Cousins, nicht zuletzt unter dem Eindruck der Revolution von 1848 sein Werk, *L'histoire de la philosophie morale et politique*, das er 1853 fertigstellt. In England publiziert Robert Blackey, Autodidakt, Publizist und schließlich Professor in Belfast, *The History of Political Literature From the Earliest Times* (1855), ein Folgeband zu seiner *History of the Philosophy of Mind* (1848). In Deutschland erschien im gleichen Jahr *Die Geschichte und Literatur der Staatswissenschaften* von Robert Mohl, Professor in Heidelberg. Zur gleichen Zeit handelt J. Fehr, *Über die Entwicklung und den Einfluß der politischen Theorien* (Innsbruck 1855) und F. Vorländer liefert eine *Geschichte der philosophischen Moral, Rechts- und Staatslehre der Engländer und Franzosen in der neueren Zeit* (Marburg 1855). Es folgen dann noch: Karl Hildenbrand, *Geschichte und System der Rechts- und Staatslehre des klassischen Altertums* (Leipzig 1860) und J. K. Bluntschli, *Geschichte des Allgemeinen Staatsrechts und der Politik seit dem sechzehnten Jahrhundert bis zur Gegenwart* (München 1864). Eine vergleichende Darstellung der Studien von Blackey, Janet und Mohl kann aus naheliegenden Gründen hier nicht vorgelegt werden. Ich beschränke mich darauf, das Wesentliche dieser Untersuchungen für unsere Genealogie der Theoriegeschichte herauszustellen, das gemeinsame europäische Moment und die jeweiligen nationalen Abschattungen zu verdeutlichen. Die drei Autoren belegen, wie eng jeweils ihre Geschichte von der Wissenschaft der Politik und des Staates mit der sozialen und politischen Funktion des Geschichtsbegriffs verknüpft wurde, mittels dessen sich die nationalen bürgerlichen Gesellschaften als Volk, als Nation entwerfen, sich selbst über die historisch-politische Welt verständigen und die Prinzipien einer nationalen Gemeinschaftskultur zu formulieren bestrebt waren. „Da der Gang der politischen Wissenschaften", schreibt Mohl, „mit dem ganzen Leben des menschlichen Geschlechts und mit der natürlichen Beschaffenheit der einzelnen Völker auf das engste zusammenhängt, so spiegelt sich in ihm auch der Verlauf der Weltgeschichte und das Wesen der verschiedenen Nationalitäten fortwährend ab ..." Wenn auch nicht von einem kontinuierlichen Fortschreiten der Staatswissenschaften gesprochen werden könne, so darf man sich doch dem tröstlichen Gedanken hingeben, „daß im Ganzen das Menschengeschlecht sich zu besseren Zuständen ausbildet in weiten und unregelmäßigen Spiralen; und insofern mögen denn auch die Staatswissenschaften sich im Allgemeinen zu weniger Unvollkommenem emporarbeiten."[15] Blackey faßt das entwicklungsgeschichtliche Argument bestimmter: "Political Science is the embodiment of civilization, in its most extensive meaning and application. For its successful and complete exposition, we must investigate the character of a nation, and the principles of human nature generally; and if we are content to be guided by the fundamental laws displayed in the government of the world, and not thwart their obvious intentions, there will be scarcely any assignable limits to the progress we shall make in the science of government, and the improvement of mankind."[16] Janet entdeckt hinter den vielfältigen Formen der empirischen Politik den Menschen als eine moralische Person, die einen moralischen Zweck hat, Pflichten und Rechte. Er sieht mit Bewunderung und Ermutigung, daß die modernen Völker große Anstrengungen machen "pour améliorer leur état et pour introduire une plus grande justice dans leurs lois, une plus grande liberté dans leur institution, une plus grande égalité dans leurs moeurs"[17]. Für Janet gipfelt der Fortschritt von moralischer und politischer Philosophie in der Erklärung der Menschenrechte: diese realisiert sich im Begriff der "politique libérale". In der Einleitung zur dritten Auflage faßt Janet diese Quintessenz seiner Geschichte der politischen Wissenschaft zusammen: "Nous sommes en présence d'un travail de la conscience humaine pendant plusieurs siècles, travail que nous avons pris au XVIe siècle avec la reforme, mais qui a commencé beaucoup plutôt." Man muß bis zum Christentum, bis zum Stoizismus und schließlich zu Sokrates zurückgehen, "pour bien comprendre l'origine de cette idéal du droit qui a éclaté dans l'histoire à la fin du dernier siècle."[18] Für alle Autoren stellt sich die Geschichte der Wissenschaft als der geschichtliche Fortschritt der sittlich-politischen Welt im modernen Staat dar. Die fortschreitende Entwicklung ethisch-politischen Ordnungswissens ist zugleich Bestimmungsgrund und Ausdruck zunehmender Gesittung des Menschengeschlechts. Mohl umschreibt diesen Sachverhalt präzise: die menschlichen Zustände und Gedanken sind nicht bloß eine Ergänzung des eigentümlichen Inhalts der Geschichte der Staatswissenschaften, „sondern sie sind das Wesen selbst."[19] Der eigentümliche Inhalt dieses Wissenskreises und der Kern menschlicher Kultur oder Zivilisation sind identisch: der Mensch als *politisches* Wesen. Der geschichtliche Durchbruch zur Ordnung im Staat (Mohl, Janet) oder in der *civil polity* (Blackey) der Antike ist der Ausgang aller zivilisierten Gesittung, *insofern* sich der Mensch dieses Umstandes bewußt wird, sich also als politisches Wesen entdeckt und diese Entdeckung in die Form des autoritativen *vernünftigen* Wissens gießt, d. h. den Staat, die *civil polity* zum Gegenstand der Wissenschaft macht. Diese Rückbindung an den antiken Ursprung politischen Lebens bedingt aber auch einen eigentümlichen Umgang mit dem geschichtlichen Material. Sie schließt andere Zivilisationen aus oder relegiert sie zur Vorgeschichte, verweigert ihnen den Status eigenständiger menschlicher Gestaltungen politischer Ordnung. Empirischer Wissenshorizont und die Prinzipien der Materialanalyse geraten miteinander in Widerspruch, so beispielsweise bei Janet; er handelt von Indien und China (er gesteht den Chinesen veritable politische Spekulationen zu), erklärt sie aber zum Fortschritt unfähig und wendet sich Griechenland zu, der Heimat des Schönen, der Wissenschaft und der Freiheit[20]. Mohl drückt den gleichen Gedanken aus: „Wir besitzen die positiven Staatsordnungen mehrerer Reiche des Ostens aus ältester Zeit; aber kein Werk dieser Völker, welches eine vernünftige Begreifung des Gedankens und des Zweckes des Staates und eine systematische Entwicklung dieser Grundsätze enthielte. Eine wissenschaftliche Bearbeitung der staatlichen Grundbegriffe und ihrer Folgesätze begann erst bei den Griechen."[21] Nicht nur weil das klassische Altertum geschichtlich am Anfang der Weltgeschichte des Westens steht, muß jede historische Rekonstruktion der Entwickungslinie politischen Ordnungsdenkens dorthin zurückkehren: erst im klassischen Altertum konkretisiert sich der substantielle Gehalt des politischen Lebens; dieser wird im christlichen Mittelalter verdunkelt und zugleich bereichert, in der Moderne erst erweist er sich als die gestaltende Kraft der politisch-sittlichen Welt der Kulturvölker. Ihr vernünftiges Telos finden diese modernen Zivilisationen nämlich in der Realisierung ihrer Prinzipien des liberalen Verfassungsstaates. Allen Autoren gemeinsam ist die Exposition des Themas in Gestalt beispielhafter großer Werke der politischen Literatur (hier finden wir die Wurzeln der zukünftigen Kanones).

Janet und Blackey benützen das unilineare Entwicklungsparadigma, Mohl wählt die enzyklopädische Darstellung der „genetischen Entwicklung einzelner Teile der Staatswissenschaft“[22] in Monographien, die sich gleichsam zu einer Gesamtschau des Wissenskreises runden. Wiewohl jeder Autor den möglichen Fortschritt „in weiten und unregelmäßigen Spiralen“ sich vollziehen sieht, keiner von ihnen die notwendige Herausbildung einer perfekten Gesellschaft jenseits der menschlichen Bedingtheit in geschichtsspekulativer Absicht proklamiert, so läuft doch für sie alle die Entwicklung der Gesittung auf das – allerdings stets gefährdete – Ziel eines vernünftigen Gesellschaftszustandes im liberalen Verfassungsstaat zu, welcher mit den Begriffen Menschenrechte, Rechtsstaat, repräsentative Demokratie etc. umschrieben wird und seine sittliche Substanz aus der Vernunftnatur des Menschen herleitet. Hier gilt Kosellecks Feststellung wiederum, daß „Nationen, Klassen, Parteien, Sekten und weitere Interessengruppen“ sich auf die Geschichte berufen konnten und mußten, „solange die genetische Ableitung der je eigenen Position Rechtstitel im politischen und sozialen Handlungsgefüge verlieh.“[23] Mohl, Janet und Blackey legitimierten jeweils die historisch-politische Situation des bürgerlichen Liberalismus im Kontext ihrer politischen Kultur. Jeder war mit unterschiedlichem Engagement für die liberale Sache politisch und publizistisch tätig. Soweit herrscht Gemeinsamkeit, doch dann lassen sich wissenschaftsgeschichtlich folgenreiche nationale Eigentümlichkeiten ausmachen. Für die beiden Westeuropäer ist Idee und Wirklichkeit der eigenen politischen Nation das Medium der Darstellung. Der nationale Staat, die nationale politische Gesellschaft und die dieser innewohnenden Persons- und Gemeinschaftsideen sind der Kristallisationspunkt der Untersuchung. Der Whig Blackey und der Liberale Janet repräsentieren im Spektrum der nationalen Ideenkreise jene christlich und humanistisch gefärbte Aufklärung, die ihr Selbstbewußtsein aus der politischen Verwirklichung ihres Ordnungsentwurfes in der repräsentativen Demokratie bezog (für Janet geschah dies in der III. Republik, für Blackey in den Wahlrechtsreformen). Die jeweilige Konfliktgeschichte der Nation konnte als ein Prinzipienkampf zwischen *politique despotique* und *politique libérale* (Janet), zwischen *tyranny* und *liberty* (Blackey) gesehen, an die nationalen Revolutionen angeknüpft und der Sieg des Prinzips der Freiheit in der national-liberalen Demokratie proklamiert werden. Der Prinzipienstreit um das richtige Ordnungswissen seit der Antike fällt in eines mit den geschichtlichen Kämpfen um die Realisierung der richtigen Ordnung und die siegreiche Idee des Verfassungsstaates verbürgt die Wahrheit der richtigen und wahren Prinzipien einer vernünftigen Wissenschaft von der Politik. Diese geschichtlich belegte Selbstevidenz einer Traditionslinie des politischen Denkens von der Antike bis in die Moderne, die sich im westlichen konstitutionellen Regime erfüllt, steht also am Anfang der westeuropäischen Variante der Theoriengeschichte, sie ist nicht, wie uns viele Autoren glauben machen wollen, ein Produkt des 20. Jahrhunderts. Dies zeigt auch die knappe *An Introduction into the History of the Science of Politics* (1880) des englischen Gelehrten Frederick Pollock, deren Leitmotiv „Zurück zu Aristoteles“ heißt und ganz besonders für William A. Dunning, dem Gründungsvater der neueren angelsächsischen universitären Theoriegeschichte. Seine *History of Political*

Theories (1902–20) entfaltet die Idee einer westlichen Denktradition von Sokrates bis Spencer – er konstatiert eine "progressive modification in theory"[24] vor dem Hintergrund eines kontinuierlichen Konflikts in Theorie und Praxis zwischen herrschaftlicher Autorität und der Freiheit des Untertanen. Folgerichtig verändert Dunning das Prinzip der Materialselektion. Er schreibt keine Geschichte der politischen Wissenschaft (im Sinne einer formalen Wissenschaftslogik), keine umfassende Geschichte der politischen Literatur. Sein Kriterium der Auswahl des Materials ist der distinkte Bezug eines politischen Textes zum Entwicklungsprozß der Institutionen, der politischen Theoriegeschichte zur Geschichte der politischen Fakten. Das einheitsstiftende Prinzip dieses geschichtlichen Komplexes von Theorie-, Ereignis- und Institutionengeschichte des Westens findet Dunning im Begriff des Politischen: Er ist allein den arischen Völkern des Westens eigentümlich. "The Aryans of Europe have shown themselves to be the only peoples to whom the term 'political' may be properly applied: and it is to their theories that this history will be substantially confined".[25] Das Moment der fortschreitenden Modifikation des ‚Politischen' findet Dunning neben der Unterscheidung von Staat und Gesellschaft sowie der Entwicklung der Doktrine der Souveränität zuvorderst in der neuen Form der Republik, der repräsentativen Demokratie. In der amerikanischen und französischen Revolution verbanden sich nach Dunning Theorie und Praxis in einer neuen politischen Ordnungsform. Der seit der Antike andauernde Grundkonflikt der Doktrine blieb davon unberührt. Der anarchistische Individualismus der Sophisten und Kyniker, der Sozietarianismus (d. i. die Verabsolutierung der Gesellschaft) Platons und der Konstitutionalismus des Aristoteles markieren ein auch im 19. Jahrhundert gültiges Konfliktmuster: Dem Anarchismus Proudhons, dem Sozietarianismus Comtes, Marx', Spencers, stehen der demokratische Konstitutionalismus Tocquevilles und Mills gegenüber. "In twenty-three centuries, the movement of thought has but swung full circle. Such is the general lesson of the history of political theories."[26] Mit Dunning verschmilzt Wissenschafts- und Theoriegeschichte zuguterletzt derart mit der Entwicklungsgeschichte und dem gesellschaftlichen Selbstverständnis des westlichen Nationalstaates, daß dessen selbstevidente Wahrheiten die philosophische Reflexion auf die Inhalte und die Konzeption einer Theoriegeschichte entbehrlich machten. Damit war der Grund gelegt für jene Kanonisierung theoriegeschichtlicher Inhalte, wie sie im angelsächsischen und französischen Wissenskreis noch für den Lehrkatalog der UNESCO gültig waren.

Sehen wir nun aus darstellungsökonomischen Gründen von der Diffusion des ursprünglichen theoriegeschichtlichen Paradigmas in die übrigen europäischen Wissenschaftskulturen ab, und betrachten wir noch einmal die deutsche Situation. Ich beginne mit einer wissenschaftsgeschichtlich interessanten deutsch-amerikanischen Querverbindung. Die Reform des amerikanischen Universitätswesens und die Reorganisation des amerikanischen Wissenschaftsbetriebes in der zweiten Hälfte des 19. Jahrhunderts orientierte sich an der Weltgeltung der deutschen Universität. Die traditionelle amerikanische Wissenschaft von der Politik lebte bis zu diesem Zeitpunkt vorwiegend von den Worten und Taten der Gründungsväter, explizierte den Geist der nationalen politischen Institutionen und verstand sich als Bürgererziehung – nunmehr wurde auf dieser Grundlage der Bau einer wissenschaftlichen Politik errichtet, zumeist nach dem Vorbild der deutschen Geschichtswissenschaft und der Staatswissenschaft. Die Begründer der neuen wissenschaftlichen Institute und Departments, unter ihnen Dunning, hatten in Europa, Frankreich und vorwiegend Deutschland, studiert; sie erhofften sich ein theoretisches und methodisches Fundament für die Interpretation der amerikanischen Politik, das ‚wissenschaftlichen' Ansprüchen genügen konnte. An dem Resultat dieses Experiments wird nun aber der Unterschied der nationalen Wissenschaftskulturen deutlich. Sylvia D. Fries zeigt am Beispiel von John W. Burgess die Spannung "between the German doctrine of the state, which ... he considered the cornerstone of modern political science, and an ideological committment to the individualism of traditional anglo-american liberalism."[27] Am Fall Dunnings zeigt sich, wie schwer der deutsche Staatsbegriff mit einer Theoriegeschichte im Geiste angelsächsischen Politikverständnisses zu verbinden war und schließlich doch das Prinzip des Zivilregimes entscheidend war. Das amerikanische Selbstverständnis absorbierte den Theorieimport und löste ihn dann auf. Die Schwierigkeiten "arose ultimately from their inability to apply the German idea of the State to the American political tradition. On the one hand, there was the souvereign state of German political science – absolute and self-limiting; on the other hand, stood the souvereign citizen of American politics."[28] Eine solche politische Welt bestimmt ihre geschichtlichen Wurzeln anders als eine Gesellschaft, deren Kristallisationspunkt der Staat als Macht- und Lebenszentrum der politischen Ordnung ist. Wenden wir uns noch einmal kurz Robert von Mohl zu. Gleich seinen liberalen Kollegen in Westeuropa faßt er den konstitutionellen Staat als Erzeugnis der modernen spezifischen „Verstandes- und Sittlichkeitsbildung der gebildeten Mittelstände aller europäischen Völker" auf, doch es fehlt ihm der konkrete nationale Fixpunkt: „Es hat in Deutschland an einem großen gemeinschaftlichen Staatsleben gefehlt: die Nation war mit Ausnahme weniger unruhiger Monate, von jeder Teilnahme an ihren Angelegenheiten ausgeschlossen: dadurch aber wurde sie nicht nur ärmer an Veranlassungen zur Durcharbeitung wichtiger staatlicher Fragen, sondern auch an einem mächtigen vaterländischen Gefühle und an Gesinnung, ohne welche auch der Wissenschaft, vorab der staatlichen, die eigentliche Lebensluft mangelt."[29] Er führt selbst die „Eigentümlichkeit des deutschen Geistes und Wissens" als Grund für den enzyklopädischen Charakter des das Gesamtgebiet der Staatswissenschaften umfassenden deutschen Schrifttums sowie die unübersehbare und große innere Verschiedenheit der philosophischen Staatslehren an. Für das deutsche Denken bleibt nur der formale Bezugspunkt eines allgemeinen Staatsbegriffes, den Mohl als „organische Einheit des Volkslebens" abstrakt definiert[30] und der entweder philosophisch oder positivrechtlich gefaßt wird. Den Wissenskreis des sozialen Lebens, d. h. der „Interessens-Genossenschaft der Individuen", trennt Mohl bereits unter Verweis auf Schlözer und Hegel vom staatlichen Wissenskreis ab, er obliegt der Gesellschaftswissenschaft, Politik schrumpft zur Staatsklugheit, zum Staatshandeln, ihr entspricht die Polizei- und Finanzwissenschaft.[31] Mohls Staatswissenschaft muß auf die praktische Nutzanwendung geschichtlich-politischen Wissens für den Bürger verzichten: Der Mann der Wissenschaft trägt je nach seinem Vermögen zu dem Bau der Wissenschaft bei, „und macht sich damit um das unsichtbare Reich der Wahrheit, folglich auch um das sichtbare Reich des Guten verdient."[32]

Im Kontext der deutschen Erfahrungswirklichkeit, insbesondere nach der Reichsgründung von 1871, hat die moralisch-politische Wissenschaft einer bürgerschaftlichen Kultur ihre selbstevidente Wahrheit verloren, es kann auch eine Theoriegeschichte vom westlich-konstitutionellen Standpunkt einer politischen Aktivbürgerschaft sinnvollerweise verfaßt werden. Otto von Gierkes *Das deutsche Genossenschaftsrecht* (1868) ist ein bezeichnender Versuch, das liberale Konzept des „allgemeinen Staatsbürgertums und des repräsentativen Staates" aus einer ausschließlich germanisch-deutschen nationalen Traditionslinie herzuleiten. Auch bei Gierke bestimmt der Prinzipienkampf von Einheit und Freiheit, Herrschaftsverband und Genossenschaft, den gesellschaftlichen Fortschritt zum nationalen Verfassungsstaat, doch das Moment der antiken Politik wurde sorgsam eliminiert, römische Staatsideen nur in ihrer destruktiven Wirkung für die ‚uralte' germanische Genossenschaftsidee behandelt.[33] Die autoritative Selbstinterpretation der deutschen politischen Ordnung übernimmt jedoch nach 1871 entsprechend dem realen politischen und sozialen Handlungsgefüge der Juristenstand mit seiner ‚Allgemeinen Staatslehre'.[34] Die Staatslehre stellt sich durchaus auch in den geschichtlichen Zusammenhang einer fortschreitenden Versöhnung von Freiheit und Einheit im modernen Staat. Doch der Staatsbegriff wird mit Inhalten des deutschen Idealismus aufgeladen, verliert endgültig die Konkretheit der politisch-humanistischen Gemeinschaftsidee. Damit wird deren Geschichte irrelevant für die Stimmigkeit des politischen Ordnungswissens. Theoriegeschichte versteht man als Dogmengeschichte, für den wissenschaftlichen Inhalt bleibt sie unverbindlich. Auch die verbliebenen akademischen Lehrer der ‚Politik' (Treitschke, Roscher, Hintze) betreiben keine Theoriegeschichte wie Dunning oder Pollock, Treitschke setzt sich ausdrücklich davon ab, die Tradition ist ‚wissenschaftlich überwunden'. So ist es nicht verwunderlich, wenn die Übersetzung von Pollocks *History of the Science of Politics* – bezeichnenderweise unter dem Titel *Kurze Geschichte der Staatslehre* (1893) – mit dem Fehlen eines ähnlichen Buches in Deutschland begründet wird.

Dort waren es nunmehr die anderen geschichtlichen Wissenschaften, die im geistigen Spannungsfeld der großen Geschichtsspekulationen eines Hegel, Marx und Comte sich die Frage nach dem geschichtlichen Gang des Denkens von der Antike bis zur Moderne zuwandten. Da die politische Nation sich als Bezugspunkt dem liberal-bürgerlichen Denken entgegenhält, fiel dieses auf das konkrete Erfahrungssubstrat seiner geistig-sozialen Welt zurück: die nationale Kultur – organisiert nunmehr vornehmlich in Wissenschaft und Universität – ist den anderen Kulturen an Modernität gleichrangig, wenn nicht überlegen. Der Geist – verkörpert in der bürgerlichen Bildung und Kultur – offenbarte sich als ein geeigneter Kristallisationspunkt für die Rekonstruktion einer Denkgeschichte, seine ‚Ideen' wurden zum Gegenstand geschichtlicher Forschung: Vom Standpunkt des Fortschritts der nationalen Kultur aus entsteht eine Ideen- oder Geistesgeschichte in historisch-philosophischem Verstande. Sie sucht den Quellgrund des geistig-moralischen Lebens in der geschichtlichen Weltkultur, welche die politische Erfahrungswelt gleichsam durch eine „geistig-sittliche Wertsphäre" (Meinecke) überwölbt. ‚Objektiver Geist' und ‚Kultur' umschreiben begrifflich die Ordnung der historisch-sozialen Realität, ihre Inhalte machen die Kulturmenschheit aus, als deren Repräsentant sich das liberale protestantische Bürgertum selbst deutet. Manfred Riedel hat diese Zusammenhänge für Wilhelm Diltheys Werk, dem eine Schlüsselrolle hierbei zukommt, einleuchtend beschrieben: „Nicht zufällig gewinnt der Begriff der ‚Geschichtlichkeit' erst in jener Epoche nach 1848 feste Konturen, als das Bürgertum unter dem Eindruck der gescheiterten Revolution den von der klassischen Philosophie erhobenen Anspruch der Vernunft und damit seine eigenen Ansprüche auf eine vernünftige Leitung der Gesellschaft preisgab und politisch resignierte"[35], und Rudolf Heym, ein Wortführer des Liberalismus, faßt den Gedanken einer „Entwicklungsgeschichte des deutschen Geistes ... um sich über die ‚verdunkelte Gegenwart' zu orientieren." Mit der Relativierung des geschichtsspekulativen Anspruches der absoluten Vernunft des deutschen Idealismus auf der einen und der Unfähigkeit zur praktischen Vernunft der ethisch-politischen Wissenschaft auf der anderen Seite war jedes Wissen von der geschichtlich-gesellschaftlichen Welt ‚grundlos' dem kritischen Ansturm der empirisch-positiven Wissenschaften ausgesetzt. Dilthey formuliert die Idee einer philosophischen Grundwissenschaft des Geistes: gegen die Idee einer positivistischen Einheitswissenschaft und in Abgrenzung der Wissenschaften des Geistes von jenen der Natur. Mir geht es nicht um eine umfassende Würdigung des Diltheyschen Oeuvres, noch um die höchst komplizierten philosophiegeschichtlichen Probleme, die hierbei zu berücksichtigen wären. Für unsere Untersuchung wichtig ist ein anderes Moment: Dilthey intendiert eine prinzipielle Revision der von der Antike her überkommenen politisch-moralischen Wissenschaft unter dem Horizont der modernen Erfahrung. Wir wollen nicht den immer neuen Ansätzen einer solchen Revision nachgehen, sondern uns auf einige zentrale Themen dieser Revision beschränken. Für unsere Genealogie der politischen Theoriegeschichte bedeutsam ist Diltheys Ausgangspunkt: Die Geschichte der politisch-moralischen Wissenschaften, ganz nach der liberalen Art Mohls; bedeutsam ist aber auch, jenseits aller Details, daß er die Bedingungen der Möglichkeit einer solchen Geschichte zukunftsweisend auslotet. In *Über das Studium der Geschichte der Wissenschaften vom Menschen, der Gesellschaft und dem Staat* (1875), die er noch als moralisch-politische bestimmt, handelt er nur von der moralphilosophischen Problematik, sieht er doch die Bedeutung dieser Wissenschaften für die Staatswissenschaften vollständig anerkannt. So liegt das Moment des Objektiven nicht im Erfahrungskomplex des Politischen, sondern in einer übergreifenden Sphäre objektiver Sittlichkeit. Aus der Kontinuität des wissenschaftlichen Geistes seit dessen griechischen Anfängen bestimme sich das Anwachsen des politisch-moralischen Erfahrungskreises, ohne daß er sich bisher aus jener antiken Beschränkung völlig hätte lösen können, worin das stärkste Hindernis für das Fortschreiten dieser Wissenschaften liege. Verglichen mit den Naturwissenschaften seien die moralisch-politischen Wissenschaften in einem unvollkommenen Gesamtzustand, da sie noch nicht zur durchsichtigen Klarheit ihrer eigenen Geschichte gekommen seien. Um eine solche zu erreichen, muß Dilthey mit der Tradition der moralischen Wissenschaft in mehrfacher Weise brechen. Dieser Bruch schließt eine prinzipielle Kritik der geschichtlichen Form der moralisch-politischen Wissenschaft der Antike ein. Sie stand, nach Dilthey, unter der Voraussetzung der ‚Metaphysik der substantiellen Formen' (diese erinnern eher an die Thomistische propositionelle Wissenschaft von Prinzipien, Universalien und Substanzen und die darauf aufbauenden Schulmetaphysiken). Hierdurch wurden die moralisch-politische oder praktische Wissenschaft von den theoretischen Wissenschaften, die es mit der ‚Substanz der Wirklichkeit' zu tun haben, abgetrennt und zugleich durch die Fixierung des höchsten Gutes als „festem Punkt" für das Handeln von dieser Metaphysik abhängig gemacht. „Diese Sonderung der theoretischen und praktischen Philosophie bezeichnet eine Grenze, welche aus der des griechischen Geistes überhaupt folgt." Erst in der Einsicht, „daß im Innern, im Innewerden, der feste Punkt für alle Erkenntnis, auch der objektiven Welt liege", „tritt die sittliche Welt, der feste Punkt alles Handelns in ihr, in den umfassenden Zusammenhang der menschlichen Wissenschaft. Mit ihr ist erst die falsche Sonderung der theoretischen und praktischen Wissenschaften überwunden, und die wahre Sonderung der Naturwissenschaften von den Geisteswissenschaften kann begründet werden."[36] Gelöst vom Politischen bleibt nur die Schrumpfform einer aufs Sittliche fixierten praktischen Philosophie, die naturgemäß das gewaltige Material, das die geschichtliche Erfahrung zum Gegenstand der Erkenntnis zu erheben bestrebt ist, theoretisch nicht zu bewältigen vermag. Nunmehr möchte man „das unermeßliche, verschlungene Spiel von Wechselwirkungen in der Gesellschaft, die großen Verknüpfungen in ihr, welche wie Bänder die soziale Welt zusammenhalten, als ein Ganzes erforschen ..." Es handelt sich um die Neukonstitution des Gegenstandes moralisch-politischer Wissenschaft als Resultat ihrer Geschichte, es ist die geschichtlich-gesellschaftliche Wirklichkeit insgesamt, an der die sittliche Welt und deren Geschichte Teil haben, wie das Recht, die Politik, Religion und Wissenschaft.[37] In seiner geschichtlichen Reflexion in philosophischer Absicht bringt Dilthey die moralisch-politische Wissenschaft bis zu jenem Punkt der eigenen Klarheit, der ihre Auflösung bedeutet in der Idee der philosophischen Einheitswissenschaft des Geistes. Aber er konstruiert sich auch eine geschichtliche Entwicklungslinie des Geistes, die geradewegs auf seine eigene liberal-individualistische Position zuläuft: Das geschichtliche Bewußtsein von der Endlichkeit jeder geschichtlichen Erscheinung ist ihm „der letzte Schritt zur Befreiung des Menschen", in ihm gewinnt der Geist seine Souveränität gegenüber jeder dogmatischen Bindung.[38] Aber diese Erhebung des denkenden Subjektes durch die Stufen der Geschichte hindurch zu dem philosophisch erfüllten Bewußtsein der Gegenwart impliziert für Dilthey doch eine Allgemeingültigkeit, enthält jenes doch „das Prinzip der autonomen Gestaltung der Person und der Gesellschaft".[39] Der konkrete politische Bezug ist unübersehbar: Eingespannt zwischen der „großen demokratisch-radikalen Bewegung" der Sozialdemokratie und der „aufsteigenden slawischen Weltmacht" ist die „Energie des Monarchisch-Nationalen" aufgerufen. Doch das Alte kann nicht einfach erneuert werden, „Loyalität, Gottesgnadentum, feudales Herrenrecht ohne Amt, christliche Partikularität des religiösen Lebens, Konventionsmoral, idealistische Poesie" sind vorüber – „so entsteht die Aufgabe eines neuen Aufbaus einer gesellschaftlichen Epoche, welcher das Gültige des Individualismus in eine soziale, gedachte gesellschaftliche Ordnung herübernimmt." Eine solche Aufgabe bedarf der Mitwirkung der Philosophie. Welche konkreten gesellschaftlichen Momente können aber gleichsam als Substrat einer „aktiven Philosophie (dienen), welcher Körper und Materie Instrumente für die gestaltende Vernunft sind"? Diltheys bezeichnende Antwort lautet: sie „lebt gerade noch in den größten aktiven Naturen der Zeit, wie Moltkes Bekenntnis zeigt und jede Äußerung Bismarcks, auch in diesen ohne dogmatische Formel nur als tiefes Grundge-

fühl des Lebens."[40] Der Verlust bürgerschaftlicher Vernunft in Ethik und Politik wird greifbar wie auch sein Substitut, das bare Lebensgefühl.
In der philosophischen Selbstbesinnung erschließt sich dem Bewußtsein empirisch das Ordnungsgefüge der historisch-gesellschaftlichen Welt, d. i. die Welt des Geistes im Medium der menschlichen Selbstauslegung unter der ontischen Prämisse der einen gemeinsamen Menschennatur. Auf diese Prämisse verweist der Begriff der Selbstbesinnung: Ihn „verwendet Dilthey im umfassenden Sinne des klassisch-philosophischen Terminus der *phronesis*, der theoretisches und praktisches Wissen in sich vereinigt."[41] Mir scheint, daß die Wissenschaft des Geistes jenseits ihrer Einzelwissenschaften durchaus den Anspruch der alten ethisch-politischen Wissenschaft unter dem expandierenden Horizont des empirischen Wissens von der geschichtlich-sozialen Welt bewahrt. Dilthey selbst vermied – im Sinne seines Metaphysikvorbehaltes – prinzipiell eine ontische Bestimmung der für die geistige Welt konstitutiven Ordnungserfahrungen: sie gelten ihm als Produkt eines allgemeinen, der Struktur des Geistes inhärenten wertgebenden und zwecksetzenden Wirkungszusammenhanges. In der philosophischen Selbstreflexion kommt die geschichtlich-soziale Welt als Welt des Geistes zum objektiven Wissen von sich selbst, sie klärt sich über sich selbst auf, ihr Logos enthüllt sich in der hermeneutischen Logik der Forschung. Das Verstehen der Zeugnisse der Selbstinterpretation der Menschheit baut die geschichtliche Welt im Bewußtsein des Forschers auf, er entwirft sich *materialiter* ein Panorama der Ordnungsinterpretationen in ihrem universalgeschichtlichen Zusammenhang (der ein solcher des Westens ist), dargestellt in der Ordnungsreihe der geschichtlichen Lebens- und Weltanschauungen. Der Anspruch der Selbstbesinnung verweist über die in der wissenschaftlichen Forschung gewonnenen geschichtlichen Wahrheit hinaus auf jene existentielle Wahrheit des Handlungswissens, welche den Begriff der *phronesis* ausmacht und den Kern der politischen Wissenschaft affiziert. Dilthey ist ein hervorragendes Beispiel für die verwickelte geistige Bewegung der Neuorientierung der philosophisch-geschichtlichen Forschung in Deutschland, nachdem die zweifelhaft gewordene Selbstevidenz von Gegenstand und Aufgabe der Geschichte der moralisch-politischen Wissenschaft endgültig aufgelöst worden war und sich radikal die Frage nach der Bedingung der Möglichkeit eines geistig-politischen Humanismus stellte. Zu Recht bemerkte Riedel, daß Diltheys „historische Ableitung geltender Werte und Zwecke" die Theorie der Geisteswissenschaft in die Nähe „jener spezifisch deutschen Theorie der Geschichte ohne politische Philosophie (rückte), die in der Mitte des 19. Jahrhunderts als Kompensation der fehlenden bürgerlich-politischen Öffentlichkeit entstand und mit dem Namen des Historismus belegt ist."[42] Wenn nach Riedel allein der philosophische Impuls der Aufklärung im Begriff der souveränen Vernunft vor Historismus bewahrt, so doch nur wenn diese nach der Befreiung vom dogmatischen Wissen sich in der philosophischen Selbstbesinnung des Geistes jene prädogmatische Wissensrealität aufschließt, von der aus erst die universale Humanität als Bestimmungsgrund der geschichtlich-sozialen Erfahrungswelt in den Blick kommt. In dieser Richtung bewegt sich insbesondere Max Scheler: „In einer allgemeinsten Wesenslehre vom menschlichen Geist sind daher auch alle faktischen Abhängigkeiten der objektiven Kulturgehalte, die wir empirisch finden, in letzter Linie zu verankern." Alle Güterordnungen, Zweckordnungen, Normordnungen der mensch-

lichen Gesellschaft in Ethik, Religion, Recht und Kunst sind schlechthin relativ und historisch wie soziologisch je standpunktlich bedingt anzusehen, „nichts bewahrend als die Idee des ewig objektiven Logos, in dessen überschwengliche Geheimnisse in Form einer hierzu notwendigen Geschichte des Geistes einzudringen, nicht einer Nation, einem Kulturkreis, einem oder allen bisherigen Kulturzeitaltern zukommt, sondern nur allen zusammen, mit Einschluß zukünftiger, in je solidarischer zeitlicher wie räumlicher Kooperation unersetzlicher, weil individualer, einmaliger Kultursubjekte."[43] Scheler übersteigt auch Diltheys und anderer (z. B. Troeltsch') Universalgeschichte des Westens in Richtung auf eine Geschichte der Zivilisationsgesellschaften und der globalen Menschheit. In kritischer Distanz zu Scheler führt Helmuth Plessner das „Reformprogramm" Diltheys fort: „Neuschöpfung der Philosophie unter dem Aspekt einer Begründung der Lebenserfahrung in Kulturwissenschaft und Weltgeschichte. Die Etappen auf diesem Weg sind: Grundlegung der Geisteswissenschaften durch Hermeneutik, Konstituierung der Hermeneutik als philosophische Anthropologie aufgrund einer Philosophie des lebendigen Daseins und seiner natürlichen Horizonte"[44]. Wenn Plessner die „moralisch-politische" Aufgabe der philosophischen Anthropologie darin sieht, ‚menschliches Sein' und die ‚Idee des menschlichen Seins' vor den destruktiven Kräften des gegenwärtigen Zeitalters zu bewahren[45], so formuliert er die geistige Kampfsituation, aus der heraus der philosophisch-wissenschaftliche Geist einer ganzen Gelehrtengeneration von Dilthey bis Weber, Troeltsch, Scheler oder Plessner, um nur einige Namen zu nennen, die neuen Aufgaben moralisch-politischer Forschung unter dem Horizont der radikalen Geschichtlichkeit menschlicher Existenz ins Auge faßte. Diese geistige Entwicklungslinie bricht mit der Zerstörung der deutschen Wissenschaftskultur durch den Nationalsozialismus ab, soweit sie sich nicht völlig entpolitisiert oder sogar angepaßt hat Der *Historismus* Meineckes dagegen bewegt sich in eine *andere* Richtung, verbleibt im unmittelbaren Bannkreis der materialen ideen- und geistesgeschichtlichen Studien und verläßt sich auf die Selbstevidenz der geistig-sittlichen Wertsphäre seiner Kulturwelt. „Geschichtlich wertvoll werden aber nur diejenigen Formen und Gestalten menschlichen Lebens, die nicht nur ihrer Lebensnotdurft dienen, sondern auch irgendeinem Ideale und geistlich-sittlichem Werte. Sobald aus der Gestalt etwas Geistig-Individuelles hervorlugt, erweckt sie das wertende Interesse des Historikers."[46] Leitmotiv der Untersuchung ist eine Hierarchie der Kulturwerte, deren höchste den kontemplativen Sphären von Religion, Kunst, Philosophie und Wissenschaft angehören, als Leitstern wirken sie in die Sphäre des schaffenden und handelnden Lebens (vorzüglich des Staats) und den diesem zugeordneten Kulturwerten hinein. Die ‚Geschichte der politischen Ideen' Meineckes ist solchermaßen ein ‚Mittelgebiet' zwischen dem Gegenstand der politischen Geschichte, dem Ringen um Kulturwerte im Staat und der Geschichte der kontemplativ geschaffenen Kulturwerte. „Aus den Nöten des handelnden politischen Lebens selbst entspringen die Impulse, Bilder dieses Lebens zu gestalten, in denen Realität und Ideal sich miteinander vermischen ... Ihren eigentümlichen Kulturwert aber erhalten sie als Versuche ... sich über das bloß Naturhafte zu erheben und den Staat wenigstens im Wunschgebilde zu vergeistigen."[47] Die Besinnung des Historismus auf die geschichtliche Welt gerinnt dort, wo sie überhaupt angestellt wird oder methodologischen Cha-

rakter hat, zur Metaphorik einer unaufgeklärten Geschichtsmetaphysik: Das geschichtliche Leben trägt das Signum des Schicksalhaft-Tragischen, ist durchformt vom tragischen Zwiespalt zwischen der wirklichen Welt geschichtlicher Verläufe und der überwirklichen Welt der Innerlichkeit in Seele und Gewissen, die im Aufblick zu den höchsten Leitbildern des Lebens gewonnen wird. „Das Immediatsverhältnis jedes geschichtlichen Gebildes zum Göttlichen ... tritt dann in Kraft." So ist nicht der Erfolg des handelnden Menschen in der wirklichen Welt das Entscheidende für die höchste geschichtliche Beurteilung. „Diese hat vielmehr schicksalsergründend, nach ihrem Goldgehalte, nach ihrem Grad von Gottverwandtheit zu fragen."[48] Mit der Formulierung des folgenden *Theologoumenon* rückt Meinecke weit von der Diltheyschen Selbstbesinnung des Geistes ab: „... das Absolute offenbart sich dem modernen Menschen innerhalb des Horizontes, den er beherrscht, nur an zwei Punkten unverhüllt, im reinen Sittengesetz einerseits, in den höchsten Leistungen der Kunst andererseits. Wohl spürt er es auch sonst allenthalben wirksam in seiner Welt, aber er kann es nicht herauswickeln aus dem Schleier des Zeitlich-Vergänglichen, in den es gehüllt ist."[49]
In seiner monumentalen Studie *Der Historismus und seine Probleme* (1922) sagt Troeltsch bereits von diesem ‚historischen Realismus' Meineckes, daß „er theoretisch noch sehr wenig durchdacht (sei) und ... es schwierig (sei), seine allgemeineren Grundsätze aus der unermeßlichen Literatur herauszuholen. Auch ist er noch sehr unsicher in der Erfassung des Absoluten im Relativen und findet oder sucht daher den Weg zu einer gegenwärtigen Kultursynthese nicht." Troeltsch teilt mit Meinecke die Einschränkung des universalgeschichtlichen Feldes auf den Westen und faßt bewußt die Idee der Humanität als Ausdruck des von einem relativ einheitlichen Sinngehalt beherrschten europäisch-westlichen Kulturinhaltes. Andererseits aber erhebt er mit dem Begriff der Kultursynthese die philosophische Selbstbesinnung zum Instrument der geistig-politischen Neuordnung der westlichen Welt. Die Vergegenwärtigung der geistigen Kulturgehalte und deren Neuordnung durch die Verarbeitung der geschichtlichen Forschung baut ein einheitliches europäisches Selbstverständnis des eigenen Gewordenseins und der eigenen Entwicklung auf. Die philosophische Erforschung der geschichtlich-sozialen Welt des Westens gewinnt – unter der Hand – die formale Gestalt der ethisch-politischen Wissenschaft; sie entfaltet eine Theorie des Menschen in Gesellschaft und Geschichte, welche als ordnendes Prinzip in der gegenwärtigen Krisensituation der europäisch-atlantischen Welt wirksam werden soll. Ein „sozialer und politischer Neubau der Völkerwelt" und „die neue Konzentration und Vertiefung ihrer Ideenwelt" sind „nicht möglich ohne tiefe historische Selbstbesinnung, ohne Neubildung der historischen Selbstanschauung und ohne neue Verbindung der so belebten Gehalte mit dem werdenden neuen politisch-sozialen Dasein." Auf die Revolution (1918), folgt „die Vertiefung der historischen Selbstbesinnung und der Wiederaufbau der geistig-gesellschaftlichen Welt auf Grund des neugeprüften Besitzes."[50] Philosophie, Wissenschaft, Bildung, Schule und Literatur wirken zusammen in dem Bestreben, „dem ideologischen Gehalt einen neuen soziologischen Leib zu schaffen und den soziologischen Leib mit einer neuen und frischen Geistigkeit, einer neuen Zusammenfassung, Anpassung und Umbildung der großen historischen Gehalte zu beseelen."[51]

Die historische Selbstbesinnung fungiert bei Troeltsch gleichsam als Wiedererinnerung einer Gemeinschaftssubstanz des europäischen Menschentums, welches das Fundament einer neuen politischen Ordnung abgeben sollte. Er nimmt mit seiner Idee der Kultursynthese das Grundmotiv der politischen Theoriegeschichte wieder auf, nämlich den Logos der eigenen politischen Gemeinschaft auf seine historische Tiefe hin auszulegen, wobei Troeltsch am mangelnden sozialen Substrat einer solchen europäischen Gemeinschaftsbildung scheiterte. Troeltsch wußte wohl um die christlich-antiken Ideengehalte des bürgerschaftlichen Gemeinschaftsbewußtseins westlicher Nationen, doch seine in philosophisch-wissenschaftlicher Selbstbesinnung der europäischen Kultur gründende Kultursynthese konnte nur die in sich selbst kreisende geistige Welt des liberalen protestantischen Bürgertums zum Prinzip einer neuen Gemeinschaftsbildung erheben. Die Realität der im Erfahrungskomplex des Politischen beschlossenen geistigen Gehalte, den die westliche Theoriegeschichte – dogmatisch tradiert – im öffentlichen Diskurs wachhält, wird in der Geisteswissenschaft nicht zum Motiv des Philosophierens. Der ausschließlich auf die Inhalte des Selbstbewußtseins bezogene bewußtseinsanalytische Ansatz der Selbstbesinnung führt auch bei Troeltsch zum Begriff des Menschen als ‚individualisiertem Wesen'; dieses versucht wieder und wieder Ordnung in die faktische Summe von Wertrealisierungen zu bringen, als die sich die Welt des objektiven Geistes ihm darstellt.[52] Troeltsch thematisiert das Problem eines „gemeinsamen geistigen Grundes" – doch dieser kann nur geahnt oder geglaubt werden, nicht Motiv rationaler Reflexion sein. Das Argument hierfür ist doxisch in seiner eigentümlichen historischen Vergegenständlichung eines Symboles, das doch gerade die ungegenständliche Wirksamkeit der Humanität menschlichen Seins ausdrücken soll. Der gemeinsame geistige Grund kann nicht als „irdisch erreichtes Ziel auf Erden", als „vollendete Menscheneinheit"[53] gedacht werden. Mit der Abwehr einer geschichtsspekulativ motivierten Endreichlehre wird das *Intangibile* der Menschenwesentlichkeit selbst eliminiert. Die Kultursynthese ebenso wie der Begriff des objektiven Geistes gerinnen in dieser Hinsicht oft zum Surrogat eines gemeinsamen geistigen Grundes: Ähnliches ist auch für die Bestimmung des Lebens als Quellgrund geschichtlich-sozialer Wirklichkeit zu sagen. Auch bei Dilthey gibt es hierfür Belege.

Die Genealogie der Geschichte der politischen Theorie zeigt deren Einbettung in die Ordnungsprobleme der konkreten Gesellschaft. Sie spiegelt prinzipiell geistig-politische Zustände der verschiedenen nationalen Kulturen wider. In ihrer angelsächsisch-französischen, insbesondere aber amerikanischen Variante erweist sie sich als Repositorium jener geistig-kulturellen Gehalte, deren die politische Nation zu ihrer liberal-demokratischen Ausformung bedurfte. Der andersgeartete geschichtliche Weg des deutschen liberalen Bürgertums ließ es zwischen die Fronten der widerstreitenden geistig-sozialen Kräfte der modernen Geschichte geraten. Das Erfahrungssubstrat der moralisch-politischen Wissenschaft ging hierbei verloren. Auf der Suche nach einem festen Punkt auf sich selbst zurückgeworfen, begann es mit dem Aufbau einer neuen philosophischen Wissenschaft mit dem Ziel, die moralisch-politische Kompetenz in einer in Bewegung geratenen Welt wiederzuerlangen. Die Logik der Erforschung der geistig-kulturellen Welt verknüpfte sich mit der Frage nach dem Logos der menschlichen Existenz. Die Genealogie der Geschichte der politischen Theorie hat uns zu dem Sachgehalt eines jeden Studium menschlicher Ideenwelten geleitet. Unsere weiteren Überlegungen müssen von diesem Sachproblem, d. h. der Selbstverständigung des modernen Menschen über seine Stellung in der geistig-politischen Welt handeln.

II. Die theoriegeschichtliche Tradition und die Philosophie der Politik: Strauß, Arendt, Voegelin

Die folgende Problemanalyse knüpft sachlogisch an die vorangegangenen wissenschaftsgeschichtlichen Bemerkungen an.

Die reiche ideen- und geistesgeschichtliche Forschung der ,normalen Wissenschaft' der einzelnen geschichtlichen Disziplinen beiderseits des Atlantiks seit den 20er Jahren bewegte sich auf einer mittleren ,historistischen' Ebene, wobei die nationalen Eigentümlichkeiten eher die Gegenstandswahl und das Vokabular und die leitenden Tendenzen betrafen, die eben skizzierten theoretischen Sachprobleme blieben unterhalb der Aufmerksamkeitsschwelle. Bewußt führten nur wenige Forscher das Programm einer historisch-philosophischen Erfahrungswissenschaft des Geistes in politisch-moralischem Verstande fort; so beispielsweise Bernhard Groethuysens *Die Entstehung der bürgerlichen Welt- und Lebensanschauung in Frankreich* (1927/30), Alois Dempfs *Sacrum Imperium* (1929), Erich Voegelin, *Über die Form des amerikanischen Geistes* (1928) sowie *Rasse und Staat* (1933), Karl Löwith *Von Hegel zu Nietzsche* (1939), um einige Autoren zu nennen. Die Versuche einer philosophischen Neubestimmung in Auseinandersetzung mit der philosophischen Geisteswissenschaft (Husserl, Scheler, Plessner, Jaspers, Schütz, Hartmann und besonders auch Heidegger) müssen hier beiseite gelassen werden. Bezeichnend aber ist, daß im Gegensatz zur reichen Produktion von Gesamtdarstellungen der politischen Denktradition in den USA, in Deutschland nur zwei Geschichten der Staatsphilosophie aus dem Geist des deutschen Idealismus veröffentlicht wurden (die Autoren standen dem Nationalsozialismus nicht ganz fern). Diese Stichworte beabsichtigen nur, einen wissenschafts- und geistesgeschichtlichen Zusammenhang zu skizzieren, um nicht zu dem äußerlichen Mittel der Klassifikation eines Forschungsfeldes durch sogenannte ,Ansätze' greifen zu müssen.

Im westeuropäischen Wissenskreis behauptete die liberale Theoriegeschichte ihre Position, trotz einer umfassenden methodologischen und theoretischen Umorientierung des wissenschaftlichen Establishments, d. h. der Annäherung an mathematisch-naturwissenschaftliche Forschungsmethodologie und Formulierung von darauf bezogenen Theoriekonzepten. Gunnell berichtet allein von einem Dutzend einflußreicher solcher Darstellungen in den 20er und 30er Jahren (was nicht nur mit dem größeren Markt zu erklären ist). Deren wichtigste ist zweifellos George H. Sabines *A History of Political Theory* (1937); ein Blick in dieses Buch bestätigt nicht nur das ungebrochene Bündnis von Theoriegeschichte und gesellschaftlichem Selbstverständnis, es erklärt auch, warum der normative Anspruch eines wissenschaftlich gleichsam ,veraltenden' Theorieverständnisses seine Verbindlichkeit in der *scientific community* nicht verloren hatte. Im Gegenteil, der normative Anspruch verstärkte sich, arbeitete er doch die essentielle Differenz zwischen den politischen Prinzipien des westlichen Verfassungsstaates und den totalitären Diktaturen (der Begriff setzt sich in dieser Zeit durch) deutlich. Wissenschaftstheoretisch ein historistischer Relativist, verschränkt Sabine die Struktur der politischen Theoriegeschichte mit der Struktur der politischen Geschichte. Folgerichtig kristallisiert sich die Theorie um die drei großen Formen der Vergesellschaftung der westlichen Geschichte: Polis, Imperium, Nationalstaat. Sabine distanziert sich *explicite* von jeder Fortschrittsidee, *implicite* ist aber allein die angloamerikanische Politik Hort der (richtigen) westlichen Tradition: "Liberalism may be understood, with good historical justification, as the present-day culmination of the whole 'western tradition' and as 'the secular form of Western civilization' ", und deren Begriff deckt sich für ihn mit jenem der Demokratie. Im Schlußwort wird dann die Philosophie der liberalen Demokratie unter dem Begriff der 'free politics' dem, vorwiegend deutschen, Denken von Hegel bis Hitler und Lenin gegenübergestellt: Der freien Politik liegt die 'free intelligence' als Ordnungsprinzip zugrunde: "In this last assumption resides, perhaps, the political meaning of the traditional democratic virtues – the belief which has never since Aristotle been absent from liberal thought that on the political level human beings have to meet as free and equals."[54] Jenseits verschiedener politischer oder wissenschaftstheoretischer Positionen bleibt das Credo, daß freie Politik der Gemeinschaft der Vernunft existentiell politischer Bürger im öffentlichen Raum entspringt. Es wird noch gewußt, daß die *raison d'être* des Verfassungsstaates ihren Ursprung und Erfahrungsgehalt aus dem bezieht, was Aristoteles politische Freundschaft genannt hat. Der Kern dieser Theoriegeschichte ist der dogmatische Komplex von theoretischem Ordnungswissen, dessen historischen Metamorphosen und politischen Handlungsanweisungen. Dieser dogmatische Kernbestand war in der USA, in Großbritannien und in Frankreich bis in die 50er Jahre hinein unbestritten, wissenschaftsorganisatorisch war er mit der Teildisziplin politische Theorie und Ideengeschichte identisch. Diese Teildisziplin darf natürlich nicht als ein monolithisches Phänomen gesehen werden. In sich war diese Theoriegeschichte vielgestaltig, von den divergierenden geistig-politischen Strömungen der Gesellschaft durchformt. Sie wies keine methodologische Bestimmung des Gegenstandes auf: History of 'political theory', 'political thought', 'political ideas', findet sich ununterschieden, 'political philosophy', 'political science' hieß in der Regel Beschränkung auf ‚klassische' Autoren. In Frankreich beherrschen Janet und die angelsächsischen Gesamtdarstellungen das Feld. Die Franzosen widmen sich im wesentlichen der nationalen Denkgeschichte. Erst nach der Kanonisierung der Teildisziplin ‚Ideengeschichte' schreiben Franzosen eigene Darstellungen des politischen Denkens (M. Prélot, *Histoire des idées politiques*, Paris 1959; J. Touchard et al., *Histoire des idées politiques*, Paris 1963) und der politischen Philosophie (R. Labrousse, *Introduction à la philosophie politique*, Paris 1959). Aus dem konzeptionellen Rahmen fällt allein Gaetano Mosca. Der Italiener veröffentlicht 1932 seine *Lezioni di storia delle instituzioni e delle dottrine politiche* (Rom 1932), konzise, italienisch-kontinental ausgerichtet, desinteressiert an der angelsächsisch-konstitutionellen Tradition, beginnt sie mit den altorientalischen Reichen, die dem Autor als Ursprungsphase der westlichen Zivilisation gelten.

Diese Dogmatik verliert ab 1950 in den USA an Glaubwürdigkeit, gerät unter den Druck der binnenwissenschaftlichen Klimaveränderung der "behavioral revolution",

ihre Anfänge reichen in die späten 20er Jahre zurück, als die verschiedenen Positivismen, Psychologien, Ethnologien, etc. zu einer methodologisch und theoretisch einheitlichen Sozialwissenschaft verbunden wurden, mit dem Ziel, den Naturwissenschaften gleichzukommen. Wissenschaftssoziologisch gesehen brachte aber erst die erfolgreiche Anwendung quantitativer Methoden der Marktforschung auf politisch-soziales Verhalten die soziale Anerkennung. Ebenso schwer wog aber, daß die Protagonisten der ‚wissenschaftlichen' politischen Wissenschaft (wie Lasswell) diese als die wahre, d. h. wissenschaftliche Philosophie der liberalen Demokratie popularisieren konnte, nicht zuletzt mit dem Argument, die gesellschaftlichen Probleme Amerikas und des Restes der Welt durch *social engineering* wissenschaftlich lösen zu können.[55] Folgerichtig wird Karl Poppers *The Open Society and Its Enemies* (1945) die neue verbindliche Theoriegeschichte, die sich durchaus im Rahmen der tradierten Dogmatik hält.
Mit ‚dogmatischem Kern' meine ich den oben beschriebenen Typus eines Ideenkomplexes, den Gunnel als "the idea of the tradition" bezeichnet. Gunnell behauptet nun aber, daß die Idee der Tradition erst zu diesem Zeitpunkt als Antwort auf die Herausforderung der 'behavioral revolution' zum Paradigma politikwissenschaftlicher Lehre und Forschung erhoben wurden. "The critique of the history of political theory was countered with an attack on political science and the culmination of a rejection of traditional knowledge that began with modern political theory and was fast creating a crisis in existential politics." "What came to distinguish much of the most influential literature of the history of political theory after 1950 was a concern with the pathology of the tradition, rather than its progress, and a critical attitude toward the philosophical foundations of contemporary politics, political thought and political science."[56] Sheldon Wolin, Hannah Arendt, Leo Strauß und Eric Voegelin mythisieren gleichsam die Tradition, indem sie die klassischen Werke zum Bezugsrahmen einer ausgefeilten Geschichte von Aufstieg und Niedergang der politischen Theorie machen. Gunnell hat nicht den wissens-soziologischen Sachverhalt im Blick, daß Strauß, weniger Voegelin und Arendt, wissenschaftliche Schulen bildeten und diese tatsächlich ein philosophisch-historisch orientiertes Wissenschaftsparadigma an den Universitäten etablierten. Er möchte vielmehr das wissenschaftliche Oeuvre der genannten Autoren unter dem Gesichtspunkt der Mythisierung der Tradition als einheitliches *Corpus* aus seiner Entstehung auf diese Weise erklären. Hiervon wird noch zu handeln sein. Vorerst aber sei der Hinweis erlaubt, daß der Mythos der Tradition bereits mit der Dogmatik der westlichen Theoriegeschichte gegeben war. Ein Blick in die zitierten Texte belegt uns, daß der Gesichtspunkt des Verfalls oder der ‚pathologischen' Fehlentwicklung stets präsent war. Der strikte Aristotelismus Pollocks ließ außer Montesquieu und Burke wenig Gutes am modernen politischen Denken. Alle Vertragstheorie war ihm ein Trugbild der Politik mit schlimmen Folgen. Die liberale Idee einer zunehmenden Aufklärung des politischen Wissens stand immer unter dem Vorbehalt möglicher Deformation, Abweichung vom geraden Weg zum liberalen Konstitutionalismus (Plato, mittelalterliche Scholastik, Faschismus, galten verschiedenen Autoren, nicht zuletzt Popper, als solche Deformationsphänomene). Die Mythisierung der angloamerikanischen Theoriegeschichte war von Anfang an mit der dogmatischen Selbstevidenz des gesellschaftlichen Selbstverständisses gegeben.

Nicht, wie Gunnell behauptet, in der Mythisierung der Tradition liegt die wissenschaftliche Bedeutung der genannten Autoren, ebensowenig wie ihre Wissenschaft, die Gunnell auf einen doch recht oberflächlichen Nenner zu bringen versucht, Resultat der behaviouristischen Kritik an der ‚traditionellen politischen Theorie' war. Fruchtbarer ist Gunnells Gedanke, daß das dogmatische Gebilde *der* Tradition nunmehr einer ‚neuen' Geschichte der politischen Theorie weichen werde. Allerdings sind die Perspektiven, welche Gunnell dieser neuen Theoriegeschichte eröffnet, gar nicht so verschieden von jenen Perspektiven, die er kritisiert. Doch davon in Kürze mehr. Gunnell ahnt wohl, daß im Werk der drei deutschsprachigen Emigranten die angloamerikanische ‚Idee der Tradition' und das deutsche Programm einer philosophischen Selbstbesinnung konvergieren. Aber Gunnell vermeint, eine Parallele zu Heideggers Existentialismus zu erblicken und glaubt, damit das Problem der intellektuellen Tradition gelöst zu haben. Er stellt folgerichtig die Kritik der Moderne in das Zentrum seiner Analyse: "While earlier authors such as Dunning and Sabine saw, despite some aberrations, a generally progressive development toward scientific knowledge and democracy, later writers such as Strauß, Voegelin, Arendt and Wolin concur in the view that modernity and its conception of science and politics is the terminus of a tradition that has brought the West to a profound social and intellectual crisis. They claim to be engaged in a historical exploration that seeks to locate the origins of the modern crisis and prepare the way for a critical assessment of contemporary politics."[57] Hierzu, so unterstellt Gunnell, bedarf es der retrospektiven analytischen Konstruktion einer 'historical tradition', welche eine rationalisierte Version der Vergangenheit darstellt. Was Gunnell hier als Mythisierung einer geschichtlichen Tradition mißversteht (in Unkenntnis des deutsch-europäischen geistesgeschichtlichen Hintergrundes und im Banne der eigenen theoriegeschichtlichen Dogmatik) ist der eigentümliche Versuch, die geschichtlich-soziale Realität zum Gegenstand einer in empirischer Wissenschaft gründenden philosophischen Selbstbesinnung unter dem Horizont der Krise der Westlichen Welt zu machen. Zu Recht sieht Gunnell das entscheidende Motiv der geschichtlichen Besinnung im Begriff der politischen Theorie: "There is a rather general agreement among these commentators about the character of political theory. This includes viewing political theory as a response to a crisis, as a diagnosis of disorder and a critique of contemporary politics, as a search for a truth of political order and human nature, and as the construction of a vision of a new political society."[58] Weiterhin bemerkt er, daß "political theory as both action and product, is an ideal typification based, often, on an extrapolation of Greek political thought ..."[59] Aber, so scheint es mir, er mißversteht den entscheidenden Punkt in mehrfacher Hinsicht. Ohne hier die Unterschiede in intellektueller Biographie, persönlichem Lebensschicksal und geistiger Existenz dieser Autoren in notwendigem Maße zu berücksichtigen, möchte ich das entscheidende gemeinsame Motiv einer Analyse geschichtlicher Gestalten des Geistes in philosophisch-historischer Absicht herausstellen. Es handelt sich um eine wiederum geistesgeschichtlich bedeutsame deutsch-amerikanische Querverbindung in doppelter Hinsicht. Einmal um die theoretische Auflösung der theoriegeschichtlichen Dogmatik angelsächsischer Observanz und zum anderen um die unverstandene Rückkehr dieser geistigen Form in den andersgearteten Kontext der wissenschaftlichen Welt Deutschlands nach der Befreiung von Nationalsozialismus, wo man sie als normativ-ontologischen o. ä. ‚Ansatz' mißdeutet und schließlich als ‚Demokratiewissenschaft' für die sogenannten Besiegten denunziert.

Gunnell mißversteht Arendt, Strauß und Voegelin als 'historians of political theory' – als solche haben sie sich nicht verstanden. Sie entdecken, jeder auf seine eigene Art, in der eigentümlichen politischen Erfahrungswelt des Westens den gemeinsamen geistigen Grund, welcher der Analyse der geschichtlich-sozialen Welt einen operativen Begriff von Humanität vermittelt. Metaphorisch ausgedrückt: die wurzellose *Phronesis* Diltheys wurde begriffen als Exegese einer paradigmatischen Ordnungsund Gemeinschaftserfahrung der westlichen politischen Welt. Philosophische Selbstbesinnung wurde in ihrem Kern als Theorie der Politik verstanden. Sobald der Nationalsozialismus der Erfahrungsstoff der philosophischen Wissenschaft des Geistes geworden war, hatte sich die Frage nach der philosophischen Selbstbesinnung radikal neu gestellt: Der Zerfall der europäischen Kulturinhalte der historischen und sozialen Wissenschaften zwingt das philosophierende Bewußtsein im Selbstverständnis des geschichtlichen Menschen nach Maßstäben für die Ordnungsgehalte der geschichtlichsozialen Welt zu forschen, es sei denn, es gab sich tragisch-leidend oder freudig-erregt den geschichtsmächtigen Kräften hin, sie als neue oder andersgeartete Konkretion des geschichtlichen Geistes deutend. Karl Jaspers' *Die geistige Situation der Zeit* (1931) umreißt diese Bewußtseinslage: Das geschichtliche Bewußtsein hat den Menschen aus der selbstverständlichen Einheit seines wirklichen Daseins und des Wissens von diesem herausgelöst, das Menschsein selbst ist zweifelhaft geworden. Die Selbstbesinnung als politische Theorie thematisiert das ‚Menschsein' im konkreten politischen Leben und erhebt dessen Ordnungsgefüge zum Strukturprinzip des Zusammenhanges der geistig-sozialen Welt. Eine solche Wendung zum Menschen in Gesellschaft und Geschichte als Gegenstand philosophischer Reflexion ist auf den geschichtlichen Ausgang der Selbstexplikation des Menschen als politischem Wesen in der Antike verwiesen. Die antike Erfahrung von Politik und die Artikulation dieser Erfahrung in der Philosophie der Polis sind für Arendt, Strauß und Voegelin zum Paradigma geistiger Selbstverständigung über die Ordnungsstrukturen der historisch-sozialen Welt geworden. Insofern teilen sie die Position der westlichen liberalen Theoriegeschichte, die den Anfang allen politischen Denkens in der griechischen Polis sieht. Gleichzeitig aber löst die philosophische Reflexion auf Inhalt und Bedeutung des Politischen als der dem Menschen eigentümliche Raum eigenverantwortlicher Ordnung die Selbstevidenz der Theoriegeschichte auf, läßt diese zum Bewußtsein ihres eigenen Inhaltes kommen. Diese Gelehrten teilen auch, nicht zuletzt aus eigener Erfahrung, die Idee von der Kontinuität antiker Denkformen in der angelsächsischen politischen Ideenwelt und der in ihr gründenden institutionellen Ordnung. Solchermaßen fügt sich auch die europäische Szientismuskritik in die amerikanische Diskussion um eine neue ‚wissenschaftliche' politische Theorie ein, wenngleich auch hier die Selbstevidenz des traditionalen Theorieverständnisses erst durch die historisch-philosophische Reflexion auf einen Begriff, d. h. in die Helle des geschichtlichen Bewußtseins gehoben wird. Damit wird aber jenseits der Kritik des szientistischen Wissenschaftsbegriffs am Anspruch wissenschaftlicher Erkenntnis der historischen und sozialen Wissenschaften festgehalten. Die philosophische Hermeneutik der Erschließung der geistigen Welt in ihren Texten und Denkmälern rekonstruiert den Strukturzusammenhang des geschichtlichen Feldes, allerdings als Feld der menschlichen Erfahrung von Ordnung und Unordnung in der Vielfalt ihrer geistig-politischen Realisierung und sie kann dies, weil in der Ordnungserfahrung der Hellenen der Mensch in Gesellschaft sich seines Wesens ‚innegeworden' ist. Damit ist prinzipiell die Möglichkeit eröffnet, den geschichtlichen Prozeß unter dem offenen Horizont expandierender Erfahrung des Menschen von seiner Humanität als Artikulation eben dieser Humanität zu begreifen. Philosophisch-historische Selbstbesinnung macht die ‚gemeinsame Welt der Vernunft' bewußt, denn, folgen wir Heraklit, wer mit Vernunft sprechen will, muß sich auf das allen Gemeinsame der Vernunft stützen. In der Existentialtugend der Phronesis gewinnt der Gemeinschaftsgeist Wirklichkeit im öffentlichen Handeln des vernünftigen Menschen. Die historisch-philosophische Reflexion eröffnet dem geschichtlichen Bewußtsein jenen Transzendenzpunkt, von dem aus es in kritischer Distanz des urteilenden Verstehens oder des verständigen Urteilens die Ordnungs- und Unordnungsphänomene der geschichtlich-sozialen Wirklichkeit, in die es unaufhebbar eingebunden ist, in ihrer jeweiligen geschichtlichen Konstellation zu analysieren vermag.

Gunnells Analyse scheint mir im Licht der hier vorgetragenen Überlegungen diese wesentlichen Gesichtspunkte im Werk der drei deutsch-amerikanischen Autoren zu verfehlen (Wolins Werk steht unter deren Einfluß und gehört eher in den Zusammenhang der Schulbildung). Wenn ich das dem Denken Gemeinsame problemorientiert und typisierend zu verdeutlichen suche, verkenne ich natürlich nicht die sehr unterschiedlichen geistigen Entwicklungswege und die entscheidenden Differenzen der jeweiligen konkreten geistigen Form, welche im Werk der einzelnen Autoren die politische Theorie als historisch-philosophische Selbstbesinnung des modernen geschichtlichen Bewußtseins erhalten hat.

Leo Strauß ist noch am ehesten von der Idee der Tradition geformt. Stellt er doch die westliche Geschichte im Lichte des Prinzipienstreits zwischen den ‚Alten' und den ‚Modernen' dar. Für Strauß ist ‚politisches Denken', ‚politisches Leben' geschichtlich allgegenwärtig. Fundamental für das menschliche Selbstverständnis wird erst die griechische politische Lebensform durch die politische Philosophie oder Wissenschaft seit Sokrates. Sie entfaltet unmittelbar die Erfahrungswelt des Bürgers und Staatsmannes: "Classical philosophy attempted to reach its goal by accepting the basic distinctions made in political life in the sense and with the orientation in which they are made in political life, and by thinking them through, by understanding them as perfectly as possible ... It followed carefully and even scrupulously the articulation which is inherent in, and natural to, political life and its objectives."[60] Ihre leitende Fragestellung nach der besten Politie und dem gemeinsamen Gut, dem substantiellen öffentlichen Interesse machen die moralisch-politische Sphäre zum intelligiblen Feld des Wissens von der Natur des Menschen und der dieser gemäßen politischen Ordnung. Aus diesem Sachverhalt zieht Strauß für die geschichtlich-philosophische Reflexion drei miteinander verwobene Schlußfolgerungen. Einmal ist seit der Antike alle politische Philosophie derivativ, ihr Bezug zum politischen Leben vollzieht sich im Medium der Tradition der politischen Philosophie, die als solche in ihrer Notwendigkeit und

Möglichkeit des politischen Philosophierens bis ins 16. Jahrhundert unbestritten war. Die Krise der Moderne fällt für Strauß mit dem Aufstieg eines neuen Begriffs von Wissenschaft und Philosophie zusammen, der seinerseits geschichtlich aus den Grundbegriffen der alten Wissenschaft herausgewachsen ist.

Aber nicht Theoriegeschichte ist die Antwort. Die Erschütterung jeder Tradition in der gegenwärtigen Krise der Wissenschaft macht den Weg frei "to understand in an untraditional, a fresh manner what was hitherto understood only in a traditional, derivative manner."[61] Die philosophische Anstrengung bedarf der nicht historischen geschichtlichen Besinnung zur Auflösung der Voraussetzungen der Sozialwissenschaften, welche Modifikationen der modernen Philosophie sind, ebenso wie diese die Prinzipien der alten Philosophie modifiziert hatte. Die Klärung der eigenen politischen Ideen verlangt deren historisches Studium. Überkommene Wissensbestände sind in genuines Wissen zu verwandeln "by revitalizing its original discovery, and to discriminate between the genuine and the spurious elements of what claims to be inherited knowledge." Insofern dies auch für die moderne politische Wissenschaft gilt, muß sie sich auf eine so verstandene Geschichte der politischen Philosophie als integraler Bestandteil ihrer eigenen wissenschaftlichen Bemühungen einlassen.[62] Philosophisch-historische Reflexion löst die dogmatischen 'Traditionsbestände auf, indem sie deren Entstehung bis zu ihrem Ursprung zurückverfolgt. Dieses notwendige, wenn auch tentative und experimentelle Unterfangen ermöglicht erst ein "fresh understanding of classical political philosophy" und ist der unverzichtbare Ausgangspunkt einer angemessenen Analyse der geschichtlich-sozialen Welt.[63]

Rückte schon für Strauß das Reich des Geistes in den Erfahrungsbereich des politischen Lebens, so brach Hannah Arendt weitaus stärker mit ihrer ursprünglichen heideggerianisch inspirierten Position des Jasperschen Existentialismus, dem Philosophieren als Lebensform des Geistes, auf die allein die Praxis der Vernunft sich bezog. Die dieser gemäße Gemeinschaftsidee konkretisierte sich allein in der Idee der deutschen Universität; solche philosophische Reflexion versagte – wenn nicht, wie in der Person Jaspers, von großer innerer sittlicher Statur getragen – als die deutsche geistige Welt nationalsozialistisch wurde. In der geschichtlichen Besinnung auf den deutschen Geist und seine Tradition, die abendländische Geschichte des Philosophierens, findet der Mensch nicht mehr zum Ursprung seiner Existenz. Nicht ideengeschichtlich, sondern im Tätigsein, im Handeln mit anderen, erfährt sich der Mensch als konkretes politisches Wesen, im Falle Arendts als Jüdin und Zionistin. Der Ursprung des Menschen als sprechendes und handelndes Wesen wurzelt in der politischen Welt. Die Grundlage einer ‚jüdischen Politik' erforderte die theoretisch-geschichtliche Besinnung auf das Wesen der politischen Welt schlechthin.[64] Die Sprachlosigkeit der modernen Wissenschaft und ihrer Welt erzwingt die Besinnung auf eine Welt der Sprach- und Handlungsgemeinschaft: Philosophisch-historische Besinnung auf die *conditio humana*, d.h. auf die Bedingungen menschlicher Existenz. Wiederum nicht im Rekurs auf theoriegeschichtliche Tradition politischen Philosophierens, sondern an deren Erfahrungssubstrat selbst, der Poliswelt, begreift der moderne Mensch seine Existenz als Tätigsein. Im Handeln und Sprechen enthüllt sich die Person. „Sprechend und Handelnd unterscheiden Menschen sich aktiv voneinander, anstatt lediglich verschieden zu sein; sie sind Modi, in denen sich das Menschsein selbst offenbart."[65] Die philosophisch-historische Besinnung auf die vorphilosophische Erfahrung der Polis vergegenwärtigt die Bedingungen des Menschseins, eine gemeinsame Welt des öffentlichen Miteinander-redens und -handelns, die Welt der Personen, in der die Angelegenheiten ohne Zwang und Gewalt geregelt werden. Des Aristoteles Bestimmung des Menschen als politisches und Logos-besitzendes Wesen „ist in Wahrheit nur die artikulierte und begrifflich geklärte Wiedergabe der geläufigen Meinung der Polis über das Wesen des Menschen, sofern er ein Polisbewohner und politisch ist."[66] Die geschichtliche Reflexion auf die zugegebenermaßen hermeneutisch erschlossene Erfahrungswelt selbst erkennt im Konflikt der Philosophen mit der Polis, welche das Menschsein ins reine Denken, die Kontemplation des Ewigen setzen, den Anfang der Entfremdung des Denkens von der Wirklichkeit des Menschseins, am Ende steht das leere denkende Ego der apersonalen Arbeitsgesellschaft des *animal laborans* gegenüber. Politisches Denken von Plato bis Marx ist für Arendt die ‚Tradition': der politische Philosoph entfernt sich aus der Politik und wendet sich ihr dann wieder zu, um seine Maßstäbe den menschlichen Angelegenheiten aufzulegen. Mit Marx, Nietzsche und Kierkegaard ist die Tradition aufgelöst worden.

Die von der modernen Wissenschaft ausgelöste sozioökonomische Revolution erwies Herstellen und Arbeiten als Bestimmungsgrund des neuen apolitischen menschlichen ‚Tierreiches', ihm entspricht ein geschichtlich bisher unbekannter Typ von Regime, nämlich das totalitäre.

Es wird die Frage nach der spezifischen Beschaffenheit des Menschen neu gestellt, denn Anfang und Ende der Tradition haben eines gemeinsam, "that the elementary problems of politics never come as clearly to light in their immediate and simple urgency as when they are first formulated and when they receive their final challenge."[67] Darin liegt die Begründung für die reflexive Aneignung der geschichtlichen Erfahrung des Politischen der Polis. "Not only etymologically and not only for the learned does the very word, which in all European languages still derives from the historically unique organization of the Greek city-state, echo the experiences of community which first discovered the essence and the realm of the political." Es ist schwer, ja irreführend, "to talk about politics and its innermost principles without drawing to some extent upon the experiences of Greek and Roman antiquity, and this for no other reason than that men have never, either before or after, thought so highly of political activity and bestowed so much dignity upon its realm." Nur die antike politische Gemeinschaft diente ausschließlich dem freien, keinem fremden Willen und keinem Sachzwang unterworfenen Menschen, ihr Zweck und *raison d'etre* war die politische Freiheit.[68] Die Krise des Westens ist ‚politisch', denn sie wird verursacht durch den Niedergang der römischen Trias von *religio, traditio* und *auctoritas* und die gleichzeitige Erosion des spezifisch römischen Fundaments des politischen Raumes im Westen. Die moderne Revolution fordert dieses Fundament zurück und "to restore through the founding of new political bodies, what for so many centuries had endowed the affairs of men with some measure of dignity and greatness." Doch nur die amerikanische Revolution war in diesem Versuch, einen wahrhaft politischen Körper ohne Gewalt und gegründet in politischer Freiheit zu schaffen, erfolgreich.[69] Die geschichtliche Tendenz aber ist bestimmt durch eine Gesellschaft von Menschen ohne gemeinsame Welt. "For a mass society is nothing more than a kind of organized living which automatically established itself among human beings who are still related to one another but have lost the world once common to all of them."[70] Die Besinnung auf die Bedingungen wahrhaft menschlicher Existenz ist geschichtlich-philosophische Besinnung auf die politische Welt, auf politische Freiheit. In Distanz zu jedem spekulativen Denken, reiner Philosophie, lebt diese Freiheit in der theoretischen Reflexion fort (und wieder auf), denn politische Theorie ist Theorie "conceived for the purpose of political action."[71] Es ist tätiges Denken "in terms of history." Es geht um ein Verstehen im Sinne der Einbildungskraft Kants. "The *spiritual exercises* are exercises of imagination" und als solche von großer Relevanz für die Methode einer geschichtlichen Wissenschaft.[72] Der gemeinsame Grund des Menschseins eröffnet sich durch die Urteilskraft. Arendt knüpft an die politische Implikation der *Kritik der Urteilskraft* an und stellt diese in die geschichtliche Kontinuität der reflexiven Apperzeption der „Idee eines gemeinschaftlichen Sinnes, d. i. eines Beurteilungsvermögens ... welches in seiner Reflexion auf die Vorstellungsart jedes anderen in Gedanken (a priori) Rücksicht nimmt, um gleichsam an die gesamte Menschenvernunft sein Urteil zu halten, und dadurch der Illusion zu entgehen, die aus subjektiven Privatbedingungen, welche leicht für objektiv gehalten werden könnten, auf das Urteil nachteiligen Einfluß haben würde."[73] Für Arendt ist die "capacity to judge ... a specifically political ability in exactly the sense denoted by Kant." "The Greeks called this ability *phronesis*, or insight, and they considered it the principal virtue or excellence of the statesman." *Phronesis* oder "judging insight" gründet im *common sense* – er enthüllt uns "the nature of the world insofar it is a common world." So wie sich in *phronesis* oder *judging insight* die menschliche Person der menschlichen, der politischen Erfahrungswelt bemächtigt, so dient auch dieses intellektuelle Vermögen der geistigen Durchdringung der geschichtlich-sozialen Welt auf ihren Grund in der menschlichen Bedingtheit hin.[74] Denn geschichtlich wissen wir von "man's nature only insofar as it has existence, and no realm of eternal essences will ever console us if man loses his essential capabilities."[75] Diese Bemerkungen sind die Antwort auf einen kritischen Kommentar Eric Voegelins zu Arendts Untersuchung des Totalitarianismus. Ein Begriff von der menschlichen Natur scheint ihm unverzichtbar für eine Erforschung der geschichtlich-sozialen Welt. "If conduct is not understood as the response of a man to a situation, and the varieties of response as rooted in the potentialities of human nature rather than in the situation itself, the process of history will become a closed stream, of which every crosscut at a given point of time is the exhaustive determinant of the future course."[76] Die Erforschung und Theoretisierung der Phänomene bedarf, nach Voegelin, eines Begriffes der menschlichen Natur in Gestalt einer ‚philosophischen Anthropologie' und ‚Theorie des Geistes'. Die frühen Arbeiten Voegelins sind unmittelbar beeinflußt von der deutschen Diskussion um eine empirische Wissenschaft der geschichtlich-sozialen Wirklichkeit und ihrem Problem des wissenschaftlichen Erkennens und Verstehens. Voegelin selbst bestimmt die Geschichte der Menschheit als ein sinnhaft zusammenhängendes Kontinuum, es entwickelt sich nicht als Einheit, sondern präsentiert sich als ein Gewebe von offenen Sinnlinien, Variationen geistiger

Gestaltung. Die Erforschung des geschichtlichen Reiches geistiger Formen erfordert die Selbstbesinnung der Philosophie über ihren Gegenstand, d.h. über sich selbst. Philosophische Selbstbesinnung bringt solchermaßen ihren Gegenstand, theoretisch-sprachliche Erscheinungen der geistigen Welt, zum Sprechen. Doch der empirische Strukturzusammenhang geistiger Gestaltungen ist hier durch das Leben des Menschen in Gesellschaft gegeben. Der Formgemeinschaft geistiger Gestaltungen unterliegt die Struktureinheit eines spezifischen geschichtlichen Gesellschaftskörpers. Hierin liegt der gemeinsame Nenner einer empirisch-wissenschaftlichen Untersuchung des Stoffes der geschichtlich-sozialen Welt, welche folgerichtig die starren Grenzen der verschiedenen Einzeldisziplinen wie der Philosophie, Rechtstheorie, Staatslehre usw. überwinden muß.[77] Theoretische Reflexion auf die „Gesamtheit der Staatserfahrung" hin schärft im Anschluß an Weber den Blick für die Möglichkeit der Konstruktion von Idealtypen geschichtlicher Formierung von Gesellschaftskörpern als Inbegriff geistiger Gestaltung in der Geschichte. Nicht zuletzt dank persönlicher Vertrautheit mit den USA, thematisiert Voegelin die idealtypische Differenz zwischen der politischen Nation des Westens und der auf besondere Weise politisch formlosen preußisch-protestantischen Gemeinschaftskultur des deutschen Reichs. Doch über Dilthey, Troeltsch und Weber hinaus führt Voegelin die theoretische Suche nach dem empirischen Quellgrund gemeinschaftsbildender Erfahrung zu anthropologischen Antworten: Der Bezugspunkt in der „Grundidee des Systems der Staatslehre" heißt „daß die Wurzeln des Staates im Wesen des Menschen zu suchen sind."[78] Die Forderung nach der Ableitung der Staatswirklichkeit aus dem Wesen des Menschen erfordert eine philosophische Anthropologie und eine Philosophie des Geistes, die Voegelin bei Scheler findet. Die anthropologische Reflexion liefert der hermeneutischen Untersuchung jenen Bezugspunkt, der das politische Leben des Menschen als das Strukturprinzip der geschichtlich-sozialen Realität begreifbar macht: „In der politischen Gemeinschaft lebt der Mensch mit allen Zügen seines Wesens von den leiblichen bis zu den geistigen und religiösen." Wenn Dilthey davon ausging, daß der Einzelne stets in einer geschichtlich bedingten Sphäre von Gemeinsamkeit erlebt, denkt und handelt, so sieht Voegelin diesen der Gemeinsamkeit unterliegenden geistigen Wirkungszusammenhang in der *politischen* Gemeinschaft. Aus deren Erfahrungswelt stammen die Prinzipien für den Aufbau der geschichtlichen Welt. „Das Leben des Menschen in politischer Gemeinschaft kann nicht als ein profaner Bezirk abgegrenzt werden, in dem wir es nur mit Fragen der Rechts- und Machtorganisation zu tun haben. Die Gemeinschaft ist auch ein Bereich religiöser Ordnung und die Erkenntnis eines politischen Zustandes ist in einem entscheidenden Punkt unvollständig, wenn sie nicht die religiösen Kräfte der Gemeinschaft und die Symbole, in denen sie Ausdruck findet, mitumfaßt."[79] Den Begriff des menschlichen Wesens erschließt sich die Selbstbesinnung wissenschaftlich aus den geschichtlichen Gestaltungen menschlicher Selbstverständigung: sie verarbeitet sorgfältig die Gesamtheit menschlicher Erfahrung der ihr eigenen Wirklichkeit von Geschichte und Gesellschaft – wissenschaftliche Durchdringung dieser geschichtlichen Gestalten menschlicher Selbstdeutung (ohne methodologische Reduktionen) und meditative Selbsterhellung des Bewußtseins (jenseits doktrinärer Vor-Urteile) treffen sich in der Einsicht in die ontische Struktur des Menschen als physisch-geistige Einheit mit dem Bewußtsein als Ordnungszentrum. Als solches fungiert das Bewußtsein als Sensorium eines ihm transzendenten gemeinsamen geistigen Grundes von Humanität und deren Ordnung, so unterschiedlich die symbolischen Ausdrücke für solche Erfahrung in historischer Konkretion sein mögen. Dies ist das *tertium comparationis* jeweils perspektivischer Realitätsbilder, um die sich geschichtlich-soziale Ordnungskomplexe kristallisieren.

Eine solche Selbstverständigung des geschichtlichen Bewußtseins über seine Humanität und deren Möglichkeiten zur Gestaltung eines dem Menschen eigentümlichen Wirklichkeitsbereiches, nämlich der politischen Welt, nimmt für Voegelin, wie auch Strauß und Arendt, ihren geschichtlichen Ausgang in der Polis-Kultur. Die philosophische Selbstbesinnung legt im Begriff der Vernunft den Quellgrund der Gemeinsamkeit des Denkens und Handelns ebenso wie den Bestimmungsgrund für ein wissenschaftlich-kritisches, d. h. die Selbstevidenz des gesellschaftlich-kulturell Gegebenen übersteigendes Wissen von den geschichtlichen Konkretionen politischer Gemeinschaft frei. Antike Philosophie formuliert die Bedingung der Möglichkeit einer verbindlichen Dechiffrierung der Baugesetze der geschichtlich-sozialen Welt. Soweit ist Voegelin mit Strauß einig. Anders als für Strauß und Arendt sind für Voegelin der jüdische und der christliche Erfahrungskreis in gleicher Weise wie der hellenisch-römische, Formelement der sich im westlichen Zivilisationsprozeß entfaltenden universalen Humanität. Die Krise des westlichen Zivilisationsprozesses in seiner jüngeren, d. h. modernen Phase sieht Voegelin, darin Arendt und Strauß ähnlich, im Verlust des gemeinsamen geistigen Erfahrungsgrundes der Humanität. Er ist die Folge des überwältigenden Erfahrungsdruckes des Zivilisationsprozesses; seine Dynamik erscheint als dynamischer Grund und letztes Ziel allen Menschseins und verheißt die Befreiung oder Lösung von jener menschlichen Bedingtheit in geistig-politischer Existenz, die den Erfahrungsstoff des Begriffs der Humanität ausmacht. Die Historisierung und Atomisierung des Menschen zu einem Partikel des Zivilisationsprozesses ist der Kristallisationspunkt geschichtlich-spekulativer Interpretationssysteme der Moderne. Aber: gleichsam hinter dem Rücken seiner spekulativen Auslegung treibt der Zivilisationsprozeß eine zunehmende Differenzierung des menschlichen Wissens von sich selbst voran, so daß dieser selbst das systemspekulative Interpretationsmuster als obsolet erweist. Das ist die andere, neue Seite der Moderne: „Die Erweiterung des Horizonts wurde im klassischen und im christlichen Bereich des Philosophierens dadurch behindert, daß von den Ansätzen her der Durchbildung der philosophischen Begriffe, die zur Untersuchung des geschichtlichen Feldes benötigt werden, Schranken gesetzt waren, die erst in der Neuzeit zu fallen beginnen und heute soweit gefallen sind, daß das Arbeitsfeld frei geworden ist.“[80] Erst heute konstituiert sich die geschichtlich-soziale Welt in ihrer geschichtlichen Tiefe und globalen Breite. Unserem Wissen erschließt sich die menschliche Frühgeschichte ebenso wie die Vielzahl der Zivilisationen nichtwestlicher Kultur. Ist auch die theoretische Form der geschichtlich-philosophischen Selbstbesinnung westlich, so muß sich ihr Begriff einer universalen Menschheit die Gesamtheit der Artikulation menschlichen Wesens in ihrer geschichtlich-kulturellen Variation zum Gegenstand der Reflexion machen. Eindeutiger als Strauß und Arendt besteht Voegelin auf der bewußtseinsphilosophischen Begründung der Reflexion, der Bestimmung der Reflexionsinhalte durch die empirische Forschung der geschichtlichen und sozialen Wissenschaften. Intellektuelle Durchdringung und empirische Forschung der geschichtlich-sozialen Wirklichkeit bedingen einander. Diesem Postulat genügt weder eine erweiterte Theoriegeschichte alten Stiles noch die Beschränkung auf die Erfahrungskreise der westlichen Geschichte und schon gar nicht die Idee eines Fortschrittes der Geschichte *per se*, welche die geschichtlichen Gestalten des Geistes obsolet macht. Das bewegende Moment in den Selbstzeugnissen des menschlichen Geistes besteht in der zu- (gelegentlich auch ab-)nehmenden Differenzierung des menschlichen Bewußtseins, des Wissens vom Platz des Menschen im Gefüge der Wirklichkeit. Die Konstante im geschichtlichen Prozeß bilden weder ‚ewige Werte' noch ‚Propositionen über die richtige Ordnung', sondern "man himself in search of his humanity and its order."[81]

III. Politische Ideengeschichte oder Geschichte symbolischer Formen menschlicher Selbstverständigung in der geschichtlich-sozialen Welt

Die philosophisch-geschichtliche Wissenschaft von der Politik ist ein in den offenen Horizont fortlaufendes Unternehmen der Selbstverständigung des Menschen über seine Humanität. Bei näherer Inspektion erweist sie sich als nicht weniger als eine Mythisierung der Tradition westlichen Theoriegeschichte. Wohl aber ereignet sich, darauf ist immer hinzuweisen, eine Neubegründung der philosophisch-geschichtlichen Selbstbesinnung als Theorie der Politik. Sie stößt in ihrem hermeneutischen Bemühen zur Gemeinsamkeit allen Verstehens vor, indem sie die substantielle Gemeinsamkeit des Geistes in ihrer konkreten gemeinschaftsbildenden Gestalt erschließt und kritisch durchleuchtet. Unter diesem Gesichtspunkt handelt es sich um den Versuch einer Rückbegründung öffentlicher Vernunft, sie zielt nicht auf die Propagierung einer propositionellen Tradition, sondern im Grunde nur auf die Erprobung eines Habitus des vernünftig handelnden Menschen, der *Phronesis* unter modernen Bedingungen. Politische Theorie ist somit als tätiges Denken, Praxis in höchstem Maße, gerichtet auf die Konkretion von der Humanität in der eigenen politischen Welt. Es spricht vielleicht für diese Interpretation, daß in H. G. Gadamer die deutsche Traditionslinie hermeneutischen Bemühens selbst die *Phronesis* bewußt zum Motiv hermeneutischen Philosophierens gemacht hat und dieses als praktische Philosophie bestimmt, welche die gesellschaftlich-vernünftige Gemeinsamkeit der Menschheit in das Selbstbewußtsein der Zeitgenossen hebt. Für Gadamer ist zwischen „allgemeines Wissenwollen und konkreter praktischer Besonnenheit ein Wechselzusammenhang", wenngleich – darin in der Entfremdung vom Politischen Dilthey nicht unähnlich – die Implikation konkreter praktischer Besonnenheit, nämlich ordnungspolitisches Handlungswissen, Politische Wissenschaft zu sein, nicht ausdrücklich in den Blick der philosophischen Reflexion gerät.[82]

Dieser Punkt bleibt bezeichnenderweise auch Gunnell verborgen, wenn er Gadamer gegen die politischen Philosophen ausspielt. Gunnells Kritik an einer mythisierten Traditionsgeschichte ist durchaus plausibel, ebenso wie sein Ruf nach einer neuen oder revidierten Konzeption von Theoriegeschichte. Er erwartet eine solche Revision aber weder von den neueren Debatten um ein ‚geschichtlicheres' Verstehen der Texte, wofür die Namen Pocock, Skinner und Dunn stehen[83], noch aber von einem Studium der geistig-geschichtlichen Welt in philosophisch-historischem Verstande, wie es die Untersuchungen von Arendt und Voegelin nahelegen und die Gunnell nun seinerseits als ‚Mythisierung der Tradition' gründlich mißverstanden hat. Er möchte sich auf das Studium ‚klassischer Werke' beschränken: "certain of the classic works are exemplary instances of a creative mind's encounter and engagement with the problem of political order", "in terms of their content and the circumstances of their production, they bear certain family resemblances, and possess certain common motivs, which make it reasonable to construct a paradigm of political theory and the political theorist to which specific works conform in varying degrees."[84] Er rekonstruiert Theoriegeschichte als eine dem Westen eigentümliche geschichtliche Form des Geistes, erwachsen aus einem spezifischen Substrat, der politischen Erfahrungswelt. Diese Bedingung der Möglichkeit politischer Theoretisierung, so lautet Gunnells bedenkenswerte zentrale These, ist in der geistig-sozialen Welt nicht mehr präsent. "The open society and the simultaneous contraction, depreciation, and loss of identity of the political of public realm go hand in hand, and thus the conditions of theorizing and the object of theorizing tend to disappear together ... The open society and the precedence of private over substantive public ends are mutually supportive ideas, and ideas that are not conducinve to political theorizing." Theoriegeschichte als solche kann daher nicht eine Wiederbelebung der politischen Theorie erzeugen, sondern nur den Sinn für die Möglichkeit einer kreativen Neuordnung des sozialen Lebens.[85]

Gunnells Problemaufriß einer theoriegeschichtlich fundierten Philosophie der Politik fixiert nun genau jenen kritischen Punkt des geschichtlichen Bewußtseins für die westliche Theoriegeschichte, der die deutsche bürgerlich-liberale Universitätsintelligenz vor hundert Jahren zur Neubestimmung der philosophischen Wissenschaft von der historisch-sozialen Welt zwang, nämlich die Auflösung aller doktrinären Traditionen und deren sozio-kulturellen Substrates durch das Doppelgesicht der modernen Revolution als wissenschaftliche und politische Umwälzung der sozialen Welt. War die Aufgabe der Philosophie der Gegenwart „Selbstbesinnung des Menschen, Besinnung der Gesellschaft über sich selbst," um noch ein letztes Mal Dilthey zu bemühen, so wird der Verlust des öffentlichen Raumes doch erst zum Motiv der Selbstbesinnung, wenn die doktrinäre Interpretation einer gegebenen politischen Bewußtseinswelt ihre gesellschaftliche Funktion verliert. Gunnell vergißt, daß gerade einer solchen geschichtlichen Lage das antike Projekt einer Wissenschaft des Politischen seine Entstehung verdankt. Die Selbstbesinnung des Menschen und die Besinnung der Polis über sich selbst vollzieht sich in paradigmatischen philosophischen Denkakten bezüglich Existenz und Handeln des Menschen in Gesellschaft. Jenseits der geschichtlich konkreten Polis eröffnete sich damit in der Reflexion politische Realität als jene Erfahrungshorizonte von Menschlichem und Ordnung des Menschlichen, die insgesamt den Seinsbereich Mensch als Gegenstand der Theorie der Politik konstituieren und im Begriff der Vernunft das unsichtbare Maß des Urteils über die geschichtlichen Konfigurationen seiner Praxis sozialer Ordnung enthalten. In diesem unsichtbaren Maß ist aber auch das Wissen von der menschlichen Bedingtheit des Menschen durch einen ihm

jenseitigen Grund seiner Humanität beschlossen, der nicht denkend erschlossen oder besessen, nur bildhaft beschrieben werden kann. Erst durch diese Einsicht kann die historische Mannigfaltigkeit von Begründung menschlicher und gesellschaftlicher Ordnung unter dem Gesichtspunkt jener Erfahrungskonstante untersucht werden, die Voegelin als die Suche des Menschen nach seiner Humanität und deren Ordnung bestimmt hat. Eine solche Untersuchung, so lautet mein Fazit der bisherigen Überlegungen, heißt Studium der politischen Ideen in philosophisch-historischer Absicht.
Dieser Vorschlag einer politischen Ideengeschichte ist ohne das Denken Strauß', Arendts und Voegelins schwer vorstellbar, er geht aber über die politische Philosphie als geschichtlich-theoretische Besinnung bei Strauß und Arendt hinaus und behauptet gegenüber Voegelin die Möglichkeit einer politischen Ideengeschichte im Vorfeld einer materialen Philosophie der Geschichte, wie sie Voegelin in seinem monumentalen Werk *Order and History* entfaltet, ohne die geschichts-theoretischen Elemente einer solchen Ideengeschichte allerdings in irgendeiner Weise verleugnen zu wollen.
Schon gar nichts zu tun hat eine solche Untersuchung der geistig-geschichtlichen Welt menschlicher Selbstinterpretation mit der Reproduktion doktrinärer Traditionen oder der Veranstaltung essentialistisch- und/oder onthologisch-normativer Ansätze, welch letztere angeblich die objektive Wahrheit oder die ewigen Werte jenseits der Empirie und Geschichte zum Gegenstand propositioneller Wissenschaft machen. Abgesehen von einer gewissen Unbekümmertheit im Umgang mit der Materie, erstaunt mich doch immer wieder ein unreflektierter Empiriebegriff sowie die Unklarheit über die eigenen ideengeschichtlichen Voraussetzungen, wenn es um die Analyse geschichtlich-sozialer Wirklichkeit geht.[86] Wo nicht Theoriebildung ausschließlich durch die methodologische Vorentscheidung für einen spezifischen Untersuchungsbereich (in mathematische Form gefaßtes) Sprachspiel ist, ist sie inhaltlich immer philosophisch-historische Selbstbesinnung, ohne allerdings als solche durchsichtig zu werden, radikal zu sein im Sinne einer Hinwendung zu den Wurzeln des Philosophierens in der Biographie des philosophierenden Bewußtseins, zu den motivierenden Erfahrungen, die zur Besinnung treiben.
Dieses Innewerden der für das eigene Bewußtsein konstitutiven Ordnungserfahrungen bis zu jenem Transzendenzpunkt der Realitätserhellung, dem alle imaginative Gestaltung solcher Erfahrungen entspringt, bedingt das Verstehen der geschichtlichen Ausformungen von Humanität in ihren Variationen und den darauf aufbauenden Ordnungsmustern menschlicher Selbstdeutung. Ungeachtet der Vielzahl von Modi der Ordnungserfahrung und der komplementären Pluralität symbolischer Ausdrücke, verweist der Transzendenzpunkt jeweils auf die eigentümliche Grundstruktur der Existenzerfahrung: Sie gründet in der Spannung zwischen Unwahrheit und Wahrheit, Zeit und Ewigkeit, Sterblichkeit und Unsterblichkeit, Vollkommenheit und Unvollkommenheit, Mangel und Fülle. In der Dynamik menschlichen Bemühens um den jeweils richtigen und wahren Ausdruck von Ordnung innerhalb dieses Spannungsgefüges menschlicher Existenz finden wir den Quellgrund der Spannungen in der geistigen Welt, deren geschichtlich-soziale Konkretion wir als politische Realität bestimmen. Die Ideenkreise menschlichen Selbstverständnisses umschreiben das Sinngefüge dieser geschichtlich-sozialen Welt. Der Stoff solcher menschlichen Selbstverständigung resul-

tiert aus dem Erfahrungskomplex der menschlichen Existenz in Geschichte und Gesellschaft. Deren Erhellung kann stets nur perspektivische Objektivität liefern, niemals kann philosophisch-geschichtliche Besinnung die eigene geschichtlich-geistige Position derart verabsolutieren, daß diese zum Telos der Entwicklung des Geistes, des Denkens oder gar der Menschheit erhoben wird, wie es Evolutionslogiker immer wieder probieren.

Das historische Feld der dem Menschen eigentümlichen geistig-kulturellen Lebensform kann nur als ein Prozeß unter offenem Horizont beschrieben werden, sein Beginn deckt sich mit dem Anfang des *homo sapiens* schlechthin. Ebensowenig wie es uns das geschichtliche Bewußtsein erlaubt, sich auf die endzeitliche Position eines zu sich selbst gekommenen absoluten Geistes zu erheben, ist uns der Rückzug auf einen gleichsam archimedischen Punkt jenseits des Dramas menschlicher Existenz möglich. Wir entdecken uns als Teilnehmer an fortschreitenden Prozessen menschlicher Selbstauslegung und menschlicher Selbsterforschung. Die Rekonstruktion solcher Prozesse verweist auf die Selbstzeugnisse der geistig-kulturellen Welt, welche heute, nach dem Stand der empirischen Wissenschaften vom Menschen, nur als Geschichtsfeld der universalen Menschheit jenseit antiker Anfänge und europeozentrischer Enge verstanden werden können. ‚Politisches Denken' wird somit nicht nur greifbar in den schriftlichen Zeugnissen der geistigen Welt, die uns in der departementalisierten Welt der Wissenschaft als Literatur, Kunst, Religion, Wissenschaft, Philosophie, Weltanschauung, Publizistik, Recht und Politik oftmals unverbunden entgegentreten, sondern ebenso in den sprachlichen und nichtsprachlichen Erscheinungsweisen der Riten, Kulte, Zeremonien und Liturgien wie auch in den Dokumenten des Alltagslebens selbst. Für diesen Gesamtbereich menschlicher Selbstauslegung in Gesellschaft, scheint mir auch ein umfassender Begriff von ‚Idee' als Objektbestimmung der Untersuchung nur bedingt tauglich zu sein, methodisch angemessener ist dieser komplexe Sachverhalt mittels eines allgemeinen Symbolbegriffs zu beschreiben.[87]

Politische Ideenkomplexe befinden sich stets im Kontext einer umfassenden Symbolik menschlicher Selbstinterpretation. Als Symbolismus wird hier jenes Ensemble von Zeichen verstanden, in und durch welches politische Realität dem Menschen durchsichtig wird. Symbolisierung meint also alle imaginativen Akte menschlicher Selbstauslegung und Selbsterforschung, in denen die geistig-historische Welt als Wirkungs- und Ordnungszusammenhang in Realitätsbildern gedeutet wird. Im Medium der Symbolisierung gewinnt die Erfahrungswelt des konkreten menschlichen Bewußtseins seine soziale Gestalt, insofern hat alle symbolische Formenwelt in den konkreten Psychen, das Unbewußte eingeschlossen, ihr Substrat. Aus der Erlebniswelt der Psyche baut sich das Strukturgefüge der symbolischen Formen in der Gesellschaft auf, in dem politische Ideenkomplexe ihren jeweiligen Platz finden. Insofern Symbolisierung psychische Prozesse artikuliert, kann die Struktur einer spezifischen symbolischen Form als Abbildung der Erfahrungswelt der Psyche verstanden werden. In den symbolischen Gestaltungen durchdringen sich diskursive und präsentative Symbolik gegenseitig. Literarische Texte, begriffliche Sätze, religiöse Bilder, öffentliche Rituale und Zeremonien verbinden sich zu einer spezifisch strukturierten symbolischen Form; die spezifische Struktur gründet jeweils in der psychisch-sozialen Verarbeitung der Erfahrungswelt in einem dieser eigentümlichen Realitätsbild. Die symbolische Form eines Ordnungsverständnisses entfaltet sich im gesamten Habitus von Menschen, ihrer spezifischen Lebensform; vom geistig-seelischen Leben bis hinein in die Alltagspraktiken des Lebensvollzuges erlebt sich der Mensch in einer gemeinsamen Symbolwelt des Denkkens, Fühlens und Verhaltens, ist er für die Auslegung seiner Erfahrungswelt mit all ihren Widersprüchen auf die Selbstevidenz des umgreifenden symbolischen Universums der sozialen Welt verwiesen. ‚Politisches Denken' findet statt, wenn immer Menschen vorgefundene Symbolismen als Ausformung und Variation des eigenen Bemühens um Ordnungswissen aus der imaginativen Interpretation ihrer Teilhabe an der Realität von Gott, Menschen, Welt, Gesellschaft und Geschichte erkennen und in der Durchdringung gegebener Symbole eigene Ausformung von Ordnungswissen erlangen. Hierin begründet sich die Repräsentativität einzelner Denker, seien sie geschichtlich identifiziert oder anonym. Sie bringen gleichsam bestimmte zivilisationsgeschichtliche Konstellationen auf einen Begriff. Die gedankliche Durchdringung einer geschichtlichen Konstellation, die Verarbeitung der zentralen Erfahrungen eines Kollektivs und die beispielhafte Auslegung von Erfahrungskomplexen geistig-politischer Ordnung machen das Paradigmatische eines solchen Denkers aus, so daß er das Sinngefüge soziopolitischer Ordnung inhaltlich zu bestimmen vermag, zum Schöpfer einer gesellschaftlichen Symbolform wird.

Die Geschichte der Symbolisierung nimmt daher die Form einer andauernden Erforschung der Rolle des Menschen im Drama des Seins an, die in der Praxis seiner Selbstverwirklichung besteht. Das Studium politischer Ideen erweitert sich zur Analyse der symbolischen Komplexe menschlicher Ordnungserfahrung. Diese Symbolanalyse bezieht ihre Plausibilität aus der Beobachtung eines geschichtlichen Feldes von äquivalenten Erfahrungen und Symbolisierungen (von höherem und geringerem Differenzierungsgrad), dessen Konstante der Mensch selbst als Partizipant am Prozeß der Realität ist, auf der Suche nach seiner Humanität und deren Ordnung begriffen. Damit wird postuliert, daß die *Gesamtheit* menschlicher Ordnungserfahrung ernst genommen werden muß. Sie umgreift die physisch-animalische und gesellschaftliche Dimension ebenso wie jene des geistig-numinosen Lebens. Die numinose Sphäre, die in der Vielzahl sakraler Symbolismen aufscheint, erweist sich bezeichnenderweise stets erneut als Ordnungszentrum symbolischer Ordnungsgefüge, gleichgültig wie sie das Numionose, d.h. die unmittelbare Existenz übersteigende Erfahrungswelt eines Allerwirklichsten, eines Realissimum wiederspiegelt. In der Symbolisierung des Numinosen trifft die Ordnungsdeutung den Fluchtpunkt ihres jeweiligen Realitätsbildes.

Methodologisch ist die hier vorgeschlagene Untersuchung ebenso auf die von Skinner, Pocock und anderen vorgeschlagene sorgfältige ‚historische' Rekonstruktion des Kontextes symbolischer Produktionen angewiesen, wie auch auf die hermeneutische Erschließung des nicht-diskursiven Symbolmaterials, eine Aufgabe, an deren Anfang wir erst stehen. Dies gilt auch für die Berücksichtigung der mentalen Tiefenstrukturen gesellschaftlicher Symbolformen, wie sie die neuere französische Forschung vorschlägt. Gerade die Lokalisierung der ‚politischen Ideen' in gesellschaftlichen Symbolformen verweist auf deren psycho-soziale Verankerung in tieferliegenden Mentalitätsstrukturen, die das Erfahrungssubstrat symbolischer Formen ausmachen und der psychosoziale

Quellgrund der symbolischen Explikation menschlicher Existenz in Gesellschaft und Geschichte sind.
Dieser Ansatz einer theoretischen Analyse der Prozesse der Selbstauslegung und Selbsterforschung der Menschheit hat bereits hinreichend Sinnlinien, Muster und Strukturen erbracht, um den Versuch einer vorläufigen Zusammenfassung der Resultate unserer Überlegungen zu wagen.

1. Der Sinn von Symbolen ergibt sich aus ihrer Funktion als Auslegung und Artikulation spezifischer Erfahrungen von Realität, deren Ort das Bewußtsein konkreter Personen von repräsentativer Menschlichkeit ist. Im Zuge der Vermittlung der Symboliken an die Gesellschaft als Ordnungskonzeption, Existenzentwurf etc. durchlaufen sie einen Prozeß der zunehmenden Vergegenständlichung, in dem das Substrat der motivierenden Erfahrung regelmäßig verlorengeht. Als zu Dogmatiken verhärtete Orthodoxien werden sie schließlich unverständlich und entarten zu Leerformeln im Dienste gesellschaftlicher Manipulation. Daran schließt sich das Stadium der Skepsis gegen jede Art von Symbolisierung an. Die Skepsis vermag zwar die Realitätsferne vorliegender Symbolkonstrukte zu entlarven, aber nicht dem Streben nach realitätskonformem Ordnungswissen Rechnung zu tragen. In dieser Situation der sich zuspitzenden geistigen und politischen Krise mit weitverbreiteten sozialen Korrosionsphänomenen erfolgt entweder der gesellschaftliche Zusammenbruch oder es kommt zu einer schöpferischen Revolte gegen Orthodoxie und Skepsis. Sie wird sich entweder in der bloßen Destruktion des verkrusteten *status quo* erschöpfen und dann nur andere Formen verhärteter Herrschaftssysteme als Reaktion produzieren oder als Durchbruch zur Realität erfolgen und somit das erfahrungsmäßige Substrat für neue adäquate Symbolisierungen zu liefern vermögen.

2. Dieses Ablaufmodell innerhalb von Symbolisierungsprozessen impliziert mehrere sich überschneidende Sachbereiche, die insgesamt den Seinsbereich als Feld der Untersuchung ausweisen. Ausgehend vom Bewußtsein als dem Ordnungszentrum des Menschen besteht ein erster Sachbereich aus der Ordnung des Bewußtseins einer oder mehrerer Personen. Dieses schafft sich in komplexen sozialen Prozessen ein soziales Feld, in dem deren Ordnungserfahrungen von anderen Personen erfaßt, als die ihren angenommenen und zum Motiv gewohnheitsmäßigen Verhaltens gemacht werden. Die Sozialfelder haben Prozeßcharakter, insofern sie entstehen und vergehen. Sie drücken die Ordnung menschlicher Existenz in organisierter Gesellschaft als deren tragende Ordnungs- und Selbstinterpretationen aus oder sie treten in Gestalt von koexistierenden nichtorganisierten Sozialfeldern auf, die einzelne Gesellschaften, Zivilisationen etc. durchaus zu transzendieren vermögen.
Ein zusätzlicher Sachbereich ergibt sich aus der Ordnung menschlicher und gesellschaftlicher Existenz in der Geschichte. In ihm präsentieren sich die Ordnung des Bewußtseins und dessen Sozialfelder wiederum als durch ihre Zeitlichkeit strukturierter Prozeß eines universalmenschlichen Geschichtsfeldes.
Eine weitere Bezugslinie führt vom Bewußtsein als dem Sensorium der Erfahrung von Ordnung zum Leibfundament. Aus ihr ergibt sich die Teilhabe an den Seinsschichten

des Menschlich-Seelischen, Animalischen, Vegetativen und Anorganischen, also der synthetische Charakter der menschlichen Natur. Die Gesamtexistenz wird zwar vom Bewußtsein her geordnet, dessen Erfahrung von Ordnung schließt jedoch das Erlebnis seiner leiblichen Fundierung insofern partiell konstitutiv ein, als in ihm das plurifunktionale Steuerungssystem angesiedelt ist, das den elementaren Lebensvollzug regelt.

Eine Darstellung des politischen Denkens, die sich an der Sache mißt, muß in ihrer Methode hinreichend flexibel sein, um dem komplexen Materialbestand gerecht zu werden.

Die Formulierung von Ordnungswissen in Symboliken und das diesen unterliegende Erfahrungssubstrat erfordern z. B. für Aristoteles die biographisch angelegte Erfahrungsanalyse, Symbolexegese und eine Untersuchung der Ausbreitung der Ordnungskonzeption, zu der sich die Symbole im historisch-politischen Kontext zusammenfügen. Haben die Ordnungskonzeptionen in Reichen, Staaten, Kirchen, Ideologien oder Philosphenschulen ihr identifizierbares Sozialfeld gefunden, so wird die Darstellung des Symbolmaterials – z. B. des Ideenaggregats vom Sacrum Imperium oder des Anarchismus – die Gestalt der sozialen Habituierung und Institutionalisierung herausarbeiten. Im letzten Falle erscheinen dann die Symbole als integraler Bestandteil typischer Herrschafts- und Produktionsverhältnisse.

Gegenstand der Analyse ist hier also ein Stück sozialer Realität im Querschnitt, oder im Längsschnitt, wenn ein solches Sozialfeld in der Zeit von seiner Entstehung bis zur Auflösung verfolgt wird.

Die äußere Organisation der Darstellung des menschheitsweiten Symbolisierungsprozesses ergibt sich wiederum aus den durch den Macht- und Lebensprozeß konstituierten organisierten Einheiten von politischen Gesellschaften (Reiche, Staaten etc.), Zivilisationen und multizivilisatorischen Oikumenen als dem Rahmen der Sozialfelder des Bewußtseins. In Anwendung von Toynbees *Study of History* ist die Zivilisation als übergreifende Einheit der Untersuchung zu wählen, die sich jeweils konzentrisch auf Ordnungsphänomene individueller Gesellschaften, auf organisierte Gruppen und schließlich auf das konkrete Bewußtsein verengt, von dem alle Erfahrung der Humanität ihren Ausgang nimmt.

Im Begriff der universalen Humanität erschließt sich dem Studium der politischen Ideen in philosophisch-historischer Absicht die Grundstruktur der Erfahrungswirklichkeit menschlicher Selbstverwirklichung und Selbstverfehlung von Humanität. Die Symbolisierungen geglückter und verfehlter Suche des Menschen nach seiner Humanität und deren Ordnung fügen sich jedoch zu jenen historischen Sinnlinien und Strukturmustern zusammen, die insgesamt die dynamische Textur des historisch-kulturellen Lebens der Menschheit ausmachen.

Anmerkungen

1 *UNESCO ed.:* Contemporary Political Science/A Survey of Methods, Research and Teaching, Paris 1950. S. 4.

2 *J. T. Bodet:* Message au Congrès international de la science politique, 1952, zit. nach *M. Prélot-G. Lescuyer:* Histoire des ideés politiques, Paris ^{6}1975, S. 2.

3 *J. G. Gunnell:* Political Theory, Cambridge 1979, S. 12.
4 ebd.: S. 14.
5 ebd.: S. 16.
6 ebd.: S. 15.
7 ebd.: S. 13.
8 *R. Koselleck:* Geschichte, in: *O. Brunner et al.:* Geschichtliche Grundbegriffe, Bd. II, Stuttgart 1975, S. 691.
9 ebd.: S. 648.
10 ebd.: S. 650.
11 *Koselleck:* a.a.O., S. 692.
12 ebd.: S. 705.
13 *R. v. Mohl:* Die Geschichte und Literatur der Staatswissenschaften, Bd. I, Neudr. Graz 1960, S. 3.
14 Bezeichnenderweise versteht *Heeren* unter ‚Theorie der Politik' jene ‚politische Spekulation' die unter der Voraussetzung von Bürgerfreiheit und Verfassungsvielfalt sich vom Speziellen zum Allgemeinen erhebt. Sie bildete sich bei den Griechen aus und kehrte erst in der Neuzeit mit dem republikanischen Geist zurück und fand eine erste Heimstatt im revolutionären England des 17. Jahrhunderts. *A. H. L. Heeren:* Kleine Historische Schriften, Bd. II, Göttingen 1805.
15 *Mohl:* Staatswissenschaften, Bd. I, S. 6.
16 *Blackey:* Political Literature, Bd. I, S. XXX f.
17 *Janet:* Histoire de la science politique, Bd. I, Paris ^{3}1887, S. XCI.
18 ebd.: S. XXXVIII.
19 *Mohl:* Staatswissenschaften, Bd. I, S. 4.
20 *Janet:* Science politique, Bd. I, S. 51.
21 *Mohl:* Staatswissenschaften, Bd. I, S. 221 f.
22 ebd.: Bd. II, S. VIII.
23 *Koselleck:* Geschichte, a.a.O., S. 693.
24 *W. A. Dunning:* A History of Political Theories, New York 1902, Bd. III, S. 414.
25 ebd.: Bd. I, S. 20.
26 ebd.: Bd. III, S. 423.
27 *S. D. Fries:* Staatstheorie and the New American Science of Politics, in: Journal of the History of Ideas XXXIV, Oct.–Dec. 1973, S. 401.
28 ebd.: S. 403 f.
29 *Mohl:* Staatswissenschaften, Bd. I, S. 32.
30 ebd.: Bd. I, S. 70.
31 ebd.: Bd. I, S. 43 ff., 72 ff.
32 ebd.: Bd. III, S. 731.
33 *O. v. Gierke:* Das Deutsche Genossenschaftsrecht, Neudr. Graz 1954, Bd. I, S. 1–6, 142.
34 Vgl. *M. Sattler (Hrsg.):* Staat und Recht, München 1972.
35 *M. Riedel:* Einleitung, in: *W. Dilthey,* Der Aufbau der geschichtlichen Welt, Frankfurt 1970, S. 17 f.
36 *W. Dilthey:* Gesammelte Schriften, Bd. I, Berlin 1923, S. 225.
37 ebd.: Bd. V, Stuttgart 1957, S. 66.
38 ebd.: Bd. VII, Stuttgart 1958, S. 290.
39 ebd.: Bd. VII, S. 290.
40 ebd.: Bd. XIX, Göttingen 1982, S. 303.
41 *Riedel:* Einleitung, a.a.O., S. 52.
42 ebd.: S. 79.
43 *M. Scheler:* Die Wissensformen und die Gesellschaft, München 1960, S. 26 f.
44 *H. Plessner:* Die Stufen des Organischen und der Mensch, Berlin ^{3}1975, S. 22.
45 *H. Plessner:* Gesammelte Schriften, Bd. VIII, Frankfurt 1983, S. 40 ff; vgl. auch *K. S. Rehberg:* Philosophische Anthropologie und die ‚Soziologisierung' des Wissens vom Menschen, in: *M. R. Lepsius (Hrsg.):* Soziologie in Deutschland und Österreich, Opladen 1981, Sonderheft 23 der Kölner Zeitschrift für Soziologie und Sozialanthropologie.
46 *F. Meinecke:* Zur Theorie und Philosophie der Geschichte, Stuttgart 1979, S. 79 f.
47 ebd.: S. 87 f.
48 ebd.: S. 147.
49 *F. Meinecke:* Die Idee der Staatsraison, München 1960, S. 510.
50 *E. Troeltsch:* Der Historismus und seine Probleme, Neudr. Aalen 1961, S. 725.

51 ebd.: S. 771.
52 vgl. hierzu *Riedel*, Einleitung, a.a.O., S. 79.
53 *Troeltsch:* Historismus, S. 199.
54 *G. H. Sabine:* A History of Political Theory, London ^{3}1951, S. 620, 754.
55 Vgl. hierzu *B. Crick:* The American Science of Politics, Berkeley 1959; *A. Somit-J. Tanenhaus:* American Political Science, New York 1964.
56 *Gunnell:* Political Theory, S. 26; Gunnell bezieht sich für die Kritik an der Traditionsgeschichte auf *D. Easton:* The Political System, New York 1953, hierin: 'The Decline of Modern Political Theory'.
57 *Gunnell:* Political Theory, S. 69.
58 ebd.: S. 89.
59 ebd.: S. 70.
60 *L. Strauß:* What is Political Philosophy?, Glencoe 1959, S. 79 f.
61 *L. Strauß:* Political Philosophy and the Crisis of Our Time, in: *G. Graham-G. W. Carey, eds.: The Postbehavioral Era, New York 1972*, S. 228.
62 *Strauß:* Political Philosophy, S. 75.
63 *Strauß:* Political Philosophy and the Crisis of Our Time, S. 229.
64 *E. Young-Bruehl:* Hannah Arendt, New Haven 1982, S. 177.
65 *H. Arendt:* Vita Activa, München 1960, S. 165.
66 ebd.: S. 30.
67 *H. Arendt:* Between Past and Future, Cleveland 1963, S. 18.
68 ebd.: S. 154.
69 ebd.: S. 140.
70 ebd.: S. 90.
71 *H. Arendt:* The Life of the Mind, London 1978, Bd. II, S. 216.
72 *H. Arendt:* A Reply, in: The Review of Politics, 15, 1, Jan. 1953, S. 79.
73 ebd.: § 40, B 157/A 155.
74 *Arendt:* Between Past and Future, S. 220–224; *H. Arendt:* The Life of the Mind, Bd. II, S. 255–72.
75 *Arendt:* Reply, S. 84.
76 *E. Voegelin:* The Origins of Totalitarianism, in: The Review of Politics, 15, 1, Jan. 1953, S. 73.
77 *E. Voegelin:* Über die Form des amerikanischen Geistes, Tübingen 1926, S. 1–15.
78 *E. Voegelin:* Rasse und Staat, Tübingen 1933, S. 2.
79 *E. Voegelin:* Die politischen Religionen, Wien 1938, S. 61 f.
80 *E. Voegelin:* Anamnesis, München 1966, S. 278.
81 *E. Voegelin:* Equivalences of Experience and Symbolization in History, in: Philosophical Studies XXVIII, Dublin 1982, S. 89.
82 *H. G. Gadamer:* Vernunft im Zeitalter der Wissenschaft, Frankfurt 1976, S. 64, 68, 77, 80, 109.
83 *J. G. A. Pocock:* Politics, Language and Time, New York 1971; *Qu. Skinner:* Meaning and Understanding in the History of Ideas, in: History and Theory VIII, 1969; *Ders.:* Some Problems in the Analyses of Political Thought and Action, in: Political Theory II, 3, 1974; *J. Dunn:* The Identity of the History of Ideas, in: Philosophy 43, 1968.
84 *Gunnell:* Political Theory, S. 135 f.
85 ebd.: S. 161.
86 Vgl. hierzu u.v.a. *W.-D. Narr:* Theoriebegriffe und Systemtheorie, Stuttgart 1969, und *K. v. Beyme:* Politische Ideengeschichte, Tübingen 1969.
87 Vgl. hierzu meine ausführliche Erörterung: *J. Gebhardt:* Symbolformen gesellschaftlicher Sinndeutung in der Krisenerfahrung, in: *K. Vondung (Hrsg.):* Kriegserlebnis, Göttingen 1980.

Materialistische Ansätze in der Analyse politischer Ideen

Heide Gerstenberger

Voraussetzungen

Nach 1572, dem Jahr der Bartholomäusnacht, hat Jean Bodin seine bis dahin vertretene politische Theorie revidiert. An die Stelle der noch im *Methodus* enthaltenen Begründung für die im Mittelalter gültige Theorie einer Beschränkung der Königsherrschaft trat nun diejenige der absoluten Souveränität monarchischer Gewalt.[1] Das hat ihn ebensowenig wie Thomas Hobbes, dessen Vertragstheorie durch die Bürgerkriegssituation des ausgehenden 17. Jahrhunderts veranlaßt wurde, dazu geführt, über materielle Konstitutionszusammenhänge der Theorieproduktion zu reflektieren. Auch Platon, zwischen dessen unterschiedlichen theoretischen Begründungen des Staates in der *Politeia* und den *Nomoi* seine Erfahrungen der Diktatur in Syrakus lagen, sah dazu keine Veranlassung. Die Vorstellung, daß Ideen unabhängig von materiellen Reproduktionszusammenhängen entstehen und, einmal entstanden und verbreitet, die Ursache materieller Entwicklungen bilden, prägte, von vereinzelten materialistischen Ansätzen in der Antike abgesehen, das Bewußtsein von Theorieproduzenten bis gut ins 17. Jahrhundert hinein. Daß selbst solche Voraussetzungen des Denkens, wie sie in den angeführten Beispielen eines Einflusses dramatischer politischer Ereignisse vorlagen oder beispielsweise auch für die Arbeit des Marsilius von Padua, dessen Theorie, daß menschliche Gemeinschaft nicht erst durch die Einheit der Christenheit konstituiert werde, sondern vor und deshalb in gewisser Weise unabhängig von deren kirchlichen Herstellung existiere, ohne den Aufstieg vor allem der französischen Königsherrschaft ebensowenig hätte „gedacht" werden können wie die Vorstellung, den weltlichen Fürsten falle auf Erden die Aufgabe der Friedenssicherung zu – ist nicht auf Fehler dieser Theoretiker zurückzuführen und nicht als Irrtum der damals zur Verfügung stehenden Erklärungsansätze zu interpretieren, sondern als das Resultat einer materiell bedingten Schranke ihrer Erkenntnis: weil „Ideen" in allen vorkapitalistischen Gesellschaften tatsächlich einen anderen gesellschaftlichen Stellenwert hatten als in den seither entwickelten, mußte auch das Verständnis von Theorieproduktion ein anderes sein. So sehr sich diese Gesellschaften voneinander unterscheiden, sie stimmen überein in der Tatsache, daß die Organisation der materiellen Reproduktion in ihnen nicht von den übrigen Lebensvollzügen getrennt ist. Wer vorkapitalistische Gesellschaften betrachtet, nimmt als deren Organisationsprinzipien deshalb verwandtschaftliche (im Sinne des jeweils gültigen, von unserem heutigen verschiedenen, Verwandtschaftsbegriffes), religiöse oder personen-„rechtliche" (wie im Feudalismus) wahr. In allen Gesellschaften, in denen aber die Organisation der materiellen Reproduktion und diejenige der übrigen Lebensvollzüge eine Einheit bilden, müssen notwendigerweise die „symbolischen“ Formen der „Gesellschaft“, ihre zur Organisation gewordene Sinnproduktion also, als die determinierenden Momente des Lebensvollzuges erscheinen. Erst im Nachhinein, seitdem wir vor Augen haben, daß Produktion getrennt von Familienstrukturen und religiösen Verpflichtungen, ja sogar abgesondert in Fabriken mit Zäunen darumherum, stattfinden kann, ist uns die Entzifferung der materiellen Reproduktionszusammenhänge solcher Gesellschaften in systematischer Weise möglich geworden. Daß das beileibe nicht heißen kann, die an kapitalistisch produzierenden Gesellschaften gewonnenen Raster der Analyse unkritisch zurückzutransponieren, ist hier nur am Rande zu vermerken.

Festzuhalten ist jedenfalls, daß eine systematische materialistische Interpretation erst möglich wurde, als die Organisation der Produktion und die Bedingungen der Aneignung als von der sozialen Struktur der Verwandtschaft, derjenigen des Dorfes und derjenigen der Herrschaft gesonderter wahrgenommen werden konnten. Bei Descartes ist dies zunächst als Trennung in einen Bereich des Körperlich-Materiellen und in einen des nicht mehr erklärten (in der Existenz Gottes begründeten) Bereich des Subjektiven gedacht, bei den französischen Materialisten des ausgehenden 17. Jahrhunderts vorwiegend als ein von der Körperlichkeit bestimmtes mechanisches Kausalitätsverhältnis von Sein und Denken. Erst mit der Entwicklung kapitalistischer Produktionsverhältnisse, deren von den übrigen Lebensvollzügen äußerlich getrennter Existenz, waren die historischen Voraussetzungen dafür entstanden, das Denken als einen Bestandteil des sozial bestimmten materiellen Reproduktionszusammenhanges der Gesellschaft zu begreifen. Damit ist nicht nur die Vorstellung von der Unabhängigkeit des Denkens von sozialen Voraussetzungen kritisiert und somit zugleich diejenige von einer „Geschichte der Ideen“ als Evolutionsprozeß der Menschheit, damit ist zugleich die Vorstellung von der in den Anfängen des Materialismus noch enthaltenen Trennung von Denken und Sein überwunden, weshalb denn auch das Verhältnis beider nicht als ein gegenüber dem Idealismus nur verkehrtes Kausalverhältnis zu begreifen ist. Jeglicher Determinismus, der solche Trennung enthält, führt theoretisch hinter einen bei Karl Marx erreichten (wenngleich weder in seiner eigenen Arbeit noch insbesondere in denjenigen von Friedrich Engels durchgängig vorhandenen) Stand materialistischer Analyse zurück.

Seitdem durch die Entwicklung kapitalistischer Verhältnisse die Erkenntnis historisch möglich geworden ist, daß das Denken einen Bestandteil der sozial bestimmten (also mit Sinnproduktion und damit Denken verbundenen) materiellen Reproduktionszusammenhänge von Menschen darstellt, ist es zur vordringlichen Aufgabe der Gesellschaftstheorie geworden, zu erklären, weshalb idealistische Konzeptionen dennoch weiterhin produziert und rezipiert werden. Unter diesem Gesichtspunkt stellt sich die (über eine Kritik hinausgehende) Erklärung jener ontologisierenden Ansätze in der „Geschichte politischer Ideen“, die in den ersten Nachkriegsjahren in der politikwissenschaftlichen Praxis der Bundesrepublik vorherrschten, als vorzügliche Aufgabe materialistischer Analyse.

Bestimmungen

Folgt also zunächst, daß für materialistische Ansätze die Geschichte politischer Ideen/Theorien keinen gesonderten Gegenstand bilden kann, deren Analyse vielmehr nur einen Aspekt materialistischer Geschichtsforschung ausmacht, so des weiteren, daß zur Klassifizierung einer Analyse als materialistisch spezifische Fragestellungen vorliegen müssen. Eine Analyse ist nicht bereits dadurch materialistisch, daß sie den Inhalt einer Theorie beispielsweise auf den privaten Umgang eines Autors mit einem spezifischen Bekanntenkreis, auf dessen unmittelbare ökonomische Beziehungen oder auf individuelle Statusprobleme zurückführt. Derartige Sachverhalte können plausibel machen, weshalb ein bestimmter Autor eine bestimmte Theorie entwickelt hat, im Hinblick auf die Erklärung des sozialen Konstitutionszusammenhanges dieser Theorie handelt es sich jedoch um Nebensächlichkeiten.
In der Analyse der Konstitutionslogik von Theorien gilt es, unterschiedliche Abstraktionsebenen zu beachten. Ihre weitestgehende ist diejenige der Grundstrukturen einer gesellschaftlichen Formation, die bestimmte Denkstrukturen erst möglich machen. Die nächste Konkretionsebene ist diejenige der besonderen Ausprägungen, welche im Laufe der historischen Entwicklungen einer Gesellschaftsformation die Grundstrukturen angenommen haben (also beispielsweise die Monetarisierung fortdauernder grundherrschaftlicher Strukturen, die Entstehung von Lohnarbeiterorganisationen innerhalb kapitalistischer Verhältnisse). Schließlich diejenige Ebene historischer Bedingungen, welche durch die konkreten sozialen und politischen Auseinandersetzungen einer Zeit und die Bedeutung, die einer sozialen Gruppe in derselben zufällt, bestimmt werden.
Während diese Fragestellungen derart allgemein formuliert sind, daß sie jeder Idee/Theorie gelten können, ist dies für die daran anzuschließende Analyse der tatsächlichen Produktionsprozesse von Ideen/Theorien nicht der Fall. Eine solche versucht zu erklären, *wie* eine bestimmte Idee/Theorie tatsächlich zustande kam. Offensichtlich ist, daß dabei nicht für die Lehre des Thomas von Aquin, die Vorstellungen der Leveller, die Theorie Rosa Luxemburgs und diejenige Immanuel Kants eine übereinstimmende Theorie der konkreten Vermittlungsschritte zwischen allgemeinen sozialen Voraussetzungen und den gesellschaftlichen Bedingungen des Produktionsprozesses von Theorie entwickelt werden können. Während manche Ideen direkt als diejenigen spezifischer sozialer Trägergruppen formuliert wurden, galten andere als „allgemeine", also als dem besonderen Interessensbezug enthobene. In diesem Fall muß der Referenzrahmen, an dem sich solche Allgemeinheit mißt, als eine der Bedingungen des Produktionsprozesses von Theorie selbst zum Gegenstand materialistischer Analyse gemacht werden. Das „Allgemeine", wie es entweder mit theologischen Inhalten oder aber mit den bereits säkularisierten in Theorien des Gemeinwohls im Mittelalter formuliert wurde, konnte die unterschiedliche ständische Natur der Menschen offensichtlich ebenso als Voraussetzung des Denkens bestehen lassen wie den Besitzcharakter von Herrschaft. Die Kritik an diesen sozialen Verhältnissen bedeutete zugleich eine Kritik am bisher gültigen theoretischen Referenzrahmen. Ein solcher tritt denen, die soziale Verhältnisse denken, zunächst ja als die von ihnen selbst und diesen sozialen Verhält-

nissen getrennte normative Bedingung ihres Denkens gegenüber. Eben dies ist eine der Voraussetzungen dafür, daß Theorieproduzenten stets von neuem idealistische Vorstellungen von ihrem eigenen Arbeitsprozeß entwickeln können.
Seit der institutionellen Heraushebung der Wissenschaft aus den kapitalistischen Verwertungszusammenhängen sowie aus den politischen Machtkämpfen in bürgerlichen Gesellschaften gibt es dafür eine weitere. Wissenschaft ist seither institutionell als nicht-profitorientierter und als nicht-interessensbestimmter Bereich der Gesellschaft definiert, weshalb denn auch Wissenschaftler ständig neu zu der Vorstellung von der Objektivität der – in epistemologischen Normen und in der Kritik der Wissenschaftlergemeinschaft abgesicherten – sozialen Neutralität ihrer Arbeit gelangen können.
Die Analyse der konkreten Produktionsprozesse von Ideen/Theorien ist insoweit von derjenigen ihrer Funktionsweise nicht zu trennen, als der intendierte Adressatenkreis ein Moment der Produktionsbedingungen darstellt. Dieses kommt beispielsweise in der gewählten bzw. vorgeschriebenen sprachlichen Form zum Ausdruck, der Zeitgenossen unschwer entnehmen können, wer angesprochen sein soll. Doch gehen derartige Konstitutionsbedingungen über die Wahl einer bestimmten Sprachform hinaus. Wenn etwa ein Chartist sich an „die Öffentlichkeit" wendet, um das Wahlrecht für alle zu fordern, so muß er besondere Interessen (derjenigen, die noch kein Wahlrecht besitzen) als allgemeine begründen. Anders ein Theoretiker der sozialistischen Revolution, der in Strategiedebatten innerhalb der Arbeiterbewegung eingreifen will, das Interesse einer Klasse dabei debattierend und die Möglichkeit seiner gegen die bürgerlichen Strukturen gerichteten, auf allgemeine Überzeugung also verzichtenden, Durchsetzung.
Andererseits ist die Analyse der sozialen Funktionsweise einer Idee/Theorie mit derjenigen ihres sozialen Konstitutionszusammenhanges noch keineswegs geleistet. Weshalb eine Theorie von bestimmten Trägergruppen übernommen und/oder als allgemeine Gültigkeit erlangen kann, ist aus den ursprünglichen historischen Konstitutionszusammenhängen nicht ohne weiteres zu folgern, bedarf vielmehr der gesonderten materialistischen Analyse. (In der Feststellung, daß die Gedanken der Herrschenden jeweils die herrschenden seien, liegt diese keineswegs als allgemein anzuwendende fertig vor.)

Weglassungen

Aus den vorstehenden Ausführungen zu Fragestellungen materialistischer Theorieanalyse ergeben sich die Selektionskriterien für die unter diesem Gesichtspunkt zur Diskussion heranzuziehenden Arbeiten. Auf einige der daraus resultierenden inhaltlichen Ausgrenzungen sei dennoch gesondert hingewiesen.
Beiseite bleiben Publikationen zu Schriften, bei denen sich der Hinweis auf unmittelbare gesellschaftliche/politische Veranlassungen im Text selbst findet. Wer etwa die explizit praktisch orientierten Schriften John Stuart Mill's ediert, kann kaum umhin, Ausführungen zu jenen politischen Auseinandersetzungen zu machen, die darin angesprochen sind[2].

Außer Betracht bleiben nachfolgend aber auch alle diejenigen Publikationen, deren Vorhaben durch den folgenden Titel einer in der DDR erschienenen Arbeit exemplarisch gekennzeichnet werden können: „Theorien des sozialen Handelns im Dienste der Monopole“[3]. Veröffentlichungen, welche allgemeine wissenschaftliche Theorien zum Ausfluß einer Art geistiger Agententätigkeit für spezifische Kapitalfraktionen banalisieren, mögen im provinzialisierten Rahmen wissenschaftlicher Strukturen – und ein derartiger politischer Provinzialismus prägt weite Teile der gesellschaftstheoretischen Praxis in der DDR – vorübergehend als Theorie gelten, den verbreiteten Prinzipien wissenschaftlicher Analyse können sie jedoch ebensowenig auf Dauer standhalten wie entsprechende Kampfschriften, die aus den Bemühungen einer studentischen Oppositionsbewegung, ihre eigenen Erkenntnisseinteressen abgrenzend gegen andere zu bestimmen, hervorgingen. Gesetzt den Fall, eine plausible Übereinstimmung von Interessen der Monopole (was immer das sei) und Inhalten von Theorien sozialen Handelns wäre aufzuzeigen, so handelte es sich dabei um die Behauptung einer Korrespondenz die implizit aber als Kausalität ausgegeben wird. Solche Außerachtlassungen simpler logischer Bedingungen der Argumentation ist in Arbeiten, deren Intention materialistisch ist, nicht selten anzutreffen. Sie wird auch bei einigen der nachfolgend zu diskutierenden als möglicher Vorbehalt einzubringen sein. Im hier nur durch Hinweis auf einen Titel zitierten Beispiel handelt es sich aber zusätzlich um eine Interpretation, in welcher das zentrale analytische Problem, weshalb nämlich Theorien des sozialen Handelns als allgemeine Theorien (und nicht als solche der Monopole) gelten können, schlicht ausgeklammert ist.

Ebenso wie solcherart agenturtheoretische Arbeiten bleiben aber auch diejenigen Beiträge zu politischen Fraktionskämpfen innerhalb sozialistischer Bewegungen undiskutiert, die Schriften von theoretischen Klassikern der Arbeiterbewegung zustimmend oder kritisch zitieren und deren materialistische Analyse für unnötig erachten, weil sie durch die Intention, die Kritik bürgerlicher Gesellschaften praktisch werden zu lassen, bereits als geleistet gilt. So will etwa, um nur ein Beispiel zu nennen, das Autorenkollektiv „Projekt Klassenanalyse“ mit seiner Arbeit über Lenin einen Beitrag zur der von ihm für akutell erforderlich gehaltenen Klärung des Verhältnisses von Massen und Avantgarde leisten[4], diskutiert Lenins Theorie aber vorwiegend unter dem geistesgeschichtlichen Gesichtspunkt von dessen Marx-Rezeption und deren Anwendung auf vorgefundene Verhältnisse. Gleichzeitig sind derartige Arbeiten in der Regel durch die implizite Vermutung gekennzeichnet, daß für die Arbeiterbewegung die allgemeinen Strukturzusammenhänge der Gesellschaft dahingehend abgewandelt seien, daß für diese die Theorie die Praxis bestimme. Es bedurfte der Abkehr der Sozialdemokratie von ihrer eigenen vorreformistischen Vergangenheit, damit die Aufdeckung des Widerspruchs zwischen kautskyanischer Revolutionsrhetorik und zeitgenössischer politischer Praxis der Sozialdemokratie möglich wurde[5].

Schließlich wird aus den nachfolgenden Betrachtungen auch eine der umfangreichsten Auseinandersetzungen mit einer früher entstandenen Theorie ausgeklammert, der Umgang von Marxisten mit der Theorie von Karl Marx. Dieser hat sowohl den allgeinen sozialen Konstitutionszusammenhang seiner Theorie selbst ausgeführt als auch immer auf die konkreten Veranlassungen von deren Revision und Erweiterung hingewiesen (am deutlichsten in der Verarbeitung der Pariser Commune). Die Rekonstruktion der Theorie von Karl Marx führt im günstigsten Fall zu einer – unter Marxisten wegen des expliziten Praxisbezugs dieser Theorie notwendigerweise immer umstrittenen – Erläuterung von deren Inhalten[6]. Sie ließe sich dann interpretieren als Arbeitsprozeß zur Aneignung materialistischer Methode. Zu seiner Fortsetzung bedarf dieser dann freilich der gründlichen Auseinandersetzung mit immanenten Widersprüchen dieser Theorie, ihrer Tradierung deterministischer und idealistischer Inhalte[7]. Beides ist Voraussetzung materialistischer Analyse, noch nicht deren Durchführung. Von derartigen Umgangsweisen mit der Theorie von Karl Marx unterscheiden sich jene in der sog. Ableitungsdebatte kulminierenden Logifizierungen, die sich bereits deshalb als idealistische erweisen, weil sie die Debatte über die konkreten sozialen Konstitutionsbedingungen der Theorie von Karl Marx, die in jede Rezeption von dessen Theorie mit eingehen muß, methodisch ausschließen[8].

Anwendungen und Versäumnisse

In allen nachfolgend angeführten Arbeiten ist zumindest eine der als Bestimmungskriterien für materialistische Theorieanalyse oben ausgeführten Fragestellungen verfolgt worden, in keiner sind alle zu finden. Die folgende Darstellung bezieht sich auf Beispiele vor allem zur Erläuterung methodischer Verfahrensweisen und deren Mängel. Das bedeutet, daß die Auswahl der zitierten Arbeiten auch unter diesem Gesichtspunkt erfolgte und eine ausführliche Würdigung ihrer Ergebnisse unterbleiben mußte[9].

1. Allgemeine Konstitutionsbedingungen

Eine der seltenen programmatischen Erklärungen gegen die Interpretation „großer Denker" als „zeitüberlegen" findet sich in Iring Fetschers Einleitung zum Leviathan von Thomas Hobbes[10]. Fetscher legt „der Biographie, der Zeit und der zeitgenössischen Umwelt des Thomas Hobbes" Bedeutung bei, die Relevanz von dessen Theorie hält er deshalb dennoch nicht für zeitgenössisch begrenzt, denn: „Es könnte ja sein, daß gerade damals – in der Mitte des 17. Jahrhunderts – begünstigt durch spezifische Zeitumstände – bleibend gültige Aspekte des menschlichen Wesens und der menschlichen Gesellschaft überhaupt oder doch der modernen, individualistischen, bürgerlichen Gesellschaft erstmals *sichtbar* wurden und von einem klar blickenden Geist wie Hobbes analysiert werden konnten, so daß der zeitbedingte *Anlaß* zwar biographisch interessant, aber für die Erkenntnis selbst nicht konstitutiv gewesen wäre."[11] Das ist trotz der vorhergehenden programmatischen Erklärung ein äußerst ambivalenter Forschungsansatz. Wenn Hobbes möglicherweise gleichzeitig Grundstrukturen der bürgerlichen Gesellschaft *und* des menschlichen Wesens erkannt haben soll, so werden die ersteren notwendigerweise ontologisiert und reiht sich Fetscher unter jene Interpreten ein, gegen die er sich eben noch kritisch abgegrenzt hatte.

Seine weiteren Ausführungen kritisieren jedoch diese Ambivalenz. Denn im Anschluß an C. B. Macpherson hebt auch Fetscher hervor, daß Hobbes "natural man" zahlreiche Züge des Menschen der zeitgenössischen englischen Gesellschaft trägt[12]. Auch für die Staatstheorie gilt ihm der Zusammenhang mit dem Bürgerkrieg als konstitutiv.
Nicht nur im Hinblick auf die Ambivalenz der Argumentation ist Fetschers hier zitierte Arbeit exemplarisch für viele andere, an ihr lassen sich auch zwei weitere charakteristische Schwierigkeiten materialistischer Theorieanalyse verdeutlichen. Zunächst die oben bereits kurz erwähnte *Frage der Biographie*. Diskutiert werden soll nicht, daß bei der Edition der Hauptwerke eines Autors Biographisches mitgeteilt wird. Auch dienen biographische Umstände, wie Fetscher selbst betont, zur Erklärung von Anlässen einer Theorie. Ein ausgearbeiteter materialistischer Ansatz zur Theorieanalyse hätte jedoch die Relevanz biographischer Faktoren zu bestimmen, darf diese nicht denen „der Zeit" nur beiseite stellen. Als Anlaß der Theorie mögen biographische Faktoren allentscheidend sein, für deren Inhaltsanalyse sind sie es nicht. Bereits dadurch, daß eine bestimmte Theorie über den engeren Kreis der Familie und der Freunde hinaus als Erklärungsansatz für relevant erachtet wurde, ist der biographische Anlaß quasi nachträglich wieder aufgehoben und in der analytischen Herausarbeitung des sozialen Konstitutionszusammenhangs geschieht dies allemal. Könnten wir in den Ideen eines gewissen Herrn Hobbes nicht diejenigen Strukturelemente erkennen, die wir für die Gesellschaft seiner Zeit und in gewisser Weise für die bürgerliche Gesellschaft insgesamt für entscheidend hielten, wir sollten uns die Mühe ihrer Analyse ersparen. Materialistische Analysen erfordern eine sorgfältige analytische Trennung der spezifischen biographischen Veranlassungen oder Ermöglichungen einer Theorie von deren sozialen Bedingungen.
Eine weitere charakteristische Schwierigkeit zeigt sich an Fetschers Versuch, *das Dilemma der Zurechnung* von Hobbes' Theorie *zu einer sozialen Trägergruppe* zu lösen. Er schließt sich mit seiner eigenen der Interpretation Maxpherson's an, der in Hobbes den Theoretiker einer Gesellschaft und nicht denjenigen einer Klasse oder Schicht der britischen Gesellschaft des 17. Jahrhunderts sehen will. Nun braucht sich beides ja keineswegs zu widersprechen, handelt es sich doch dabei nicht um widersprüchliche Fragestellungen, sondern lediglich um solche, die auf unterschiedlichen Abstraktionsebenen angesiedelt sind (sofern gezeigt wird, daß das Selbstverständnis einer spezifischen sozialen Gruppe sich als dasjenige der Gesellschaft durchsetzen konnte). Hobbes konnte sehr wohl der Theoretiker jener spezifischen – noch feudalständischen und schon agrar-kapitalistischen – Übergangsklasse, der Gentry, sein, die Fetscher im Zusammenhang seiner Diskussion der Arbeit von Borkenau kenntnisreich schildert, und gleichzeitig Grundkategorien bürgerlicher Gesellschaftstheorie entwickeln. Hätte Fetscher dies zugestanden, wäre er nicht gezwungen gewesen, die Einwände von Keith Thomas, die auf Hobbes' vielfache Kritik am Besitzstreben, seine Befürwortung der Muße, Verurteilung der Kaufleute und großen Städte hinweisen, dem Wortlaut der Theorie von Hobbes nach zwar anzuerkennen, für deren Beurteilung aber beiseite zu schieben. Vielmehr hätten diese ihm als Ausgangspunkt für die Analyse der spezifischen Widersprüche in der vorliegenden Theorie gelten können und für die Frage nach genau deren sozialem Konstitutionszusammenhang.

Eben solche *Widersprüchlichkeit* im Denken des John Locke herausgestellt zu haben, und dies als den – von Locke zwar selbst noch nicht begriffenen – Ausdruck realer Widersprüche zu interpretieren, ist das Verdienst der Untersuchungen Walter Euchners[13]. Auch Euchner macht für die Herausgabe von Locke's Schriften biographische Ausführungen, für seine Theorieinterpretation bleiben diese jedoch ohne Belang. Ebenso allerdings verzichtet er auf die Erörterung des spezifisch zeitgenössischen Konstitutionszusammenhanges, diskutiert die Theorie Locke's vor allem unter dem Aspekt der Entwicklung von Grundkategorien bürgerlicher Theoriebildung. Dadurch begibt er sich der Möglichkeit, zu überprüfen, inwieweit die aufgezeigten Widersprüche der Locke'schen Theorie tatsächlich aus der „dialektische(n), Spannungen im gesellschaftlichen Leben erzeugende(n) Funktion des Privateigentums"[14] resultieren oder lediglich aus spezifischen Widersprüchen der Entwicklung des Kapitalismus zur Zeit von John Locke.

Denn dies ist ein Grunderfordernis materialistischer Theorieanalyse, daß theoretische Inhalte nicht nur mit realen Strukturen plausibel in Beziehung gesetzt werden können, im vorliegenden Beispiel also mit jenen uns heute bekannten grundlegenden Widersprüchen kapitalistischer Gesellschaft, sondern daß auch ausgeschlossen werden muß, daß sie einem anderen als dem behaupteten sozialen Konstitutionszusammenhang entstammen.

Das Versäumnis solcher Klärung ist besonders deutlich in der vom Titel her ambitioniertesten Arbeit zur materialistischen Theorieanalyse, die in den letzten Jahrzehnten in der Bundesrepublik erschienen ist. In Wilfried Röhrichs „Sozialgeschichte politischer Ideen"[15] werden jeweils die „sozialökonomischen Voraussetzungen" von Theorien deren Darstellung vorausgeschickt. Freilich hat die Reichweite der Röhrichschen Darstellung die analytische Tiefe sowohl der Erörterung von „Voraussetzungen" als auch derjenigen der Textinhalte verhindern müssen, insbesondere aber verzichtet Röhrich in der Regel darauf, sein Auswahlkriterium für die von ihm für eine bestimmte Epoche ausgewählte Theorie zu begründen und seine Darstellungsweise verstellt gleichzeitig die Diskussion darüber, ob womöglich die in den „Voraussetzungen" von ihm jeweils als die zeitgenössisch maßgeblich herausgestellten Probleme durch die in den Theorien behandelten Fragen bestimmt wurden. Damit ist aber bereits durch die Darstellungsweise eine Frage ausgeschlossen, für deren Fehlen die Röhrichsche Arbeit nur eines von vielen Beispielen ist, die Frage nämlich nach den sozialen Bedingungen der selektiven Wahrnehmung von Theoretikern. Aus den vielen Problemen einer Zeit selektieren Gesellschaftstheoretiker ja diejenigen zu ihrer Behandlung, die ihnen als die relevantesten gelten. So wäre etwa die Tatsache (ich beziehe mich auf einen besonders deutlichen, von Röhrich nicht behandelten Fall), daß der Verein für Sozialpolitik geraume Zeit den drohenden materiellen und sozialen Abstieg von Handwerkern für die bedeutsamste der durch die fortschreitende Industrialisierung aufgeworfenen Fragen erachtete, selbst zum Gegenstand materialistischer Analyse zu machen, nicht aber durch eine entsprechende Darstellung der „Voraussetzungen" bereits auszuschließen.

Ähnlich ist auch zu fragen, ob Röhrichs Verfahren, ausgerechnet für die Frankfurter Schule auf die Darstellung konkreter „Voraussetzungen" weitgehend zu verzichten und damit Adorno und Horkheimer zu *den* Theoretikern *des* „Spätkapitalismus" zu

erklären, Sinn macht. Mag sein, man käme mit Röhrich zu dem Ergebnis, in entwickelten bürgerlichen Gesellschaften seien nationale Besonderheiten nicht mehr theoriekonstitutiv. Das hätte dann aber zu begründen versucht werden müssen, wäre damit doch mehr über die Entwicklungsbedingungen bürgerlicher Gesellschaften behauptet, als daß es sich mit einem simplen Wechsel der Darstellungsform befriedigend erledigen ließe.
Soweit sie sich in Arbeiten von Politikwissenschaftlern oder von Sozialhistorikern der Bundesrepublik findet, ist materialistische Theorieanalyse überwiegend durch das Versäumnis einer stringenten Reflexion der eigenen methodischen Voraussetzungen gekennzeichnet. Die Praxis der Forschung scheint von einer Art Alltagsmaterialismus angeleitet zu sein, wie er heute etwa in der Sozialgeschichte verbreitet ist, ohne daß dies deren antimarxistische Ausgangsposition beseitigt hätte. Aus diesem Versäumnis methodischer Reflexion wird erklärlich, warum die Ergebnisse alltagsmaterialistischer Forschung nicht eben selten neben Argumenten zu finden sind, die zu materialistischen Theorieansätzen in krassem Widerspruch stehen. Das ist mit Hinweis auf eine ontologisierende Argumentation Fetschers oben illustriert worden und ist im umgekehrten Zusammenhang bei Koselleck aufzufinden. Eine der m. E. besten, in den letzten Jahrzehnten in der Bundesrepublik publizierten, materialistischen Analysen zur Konstitutionslogik einer Theorie findet sich nämlich in seiner andererseits explizit geistesgeschichtlich argumentierenden Arbeit: „Kritik und Krise"[16].
Koselleck hat eine Ursachenanalyse der „Pathogenese der bürgerlichen Gesellschaft" vorgelegt. Er beginnt mit Ausführungen zu den historischen Voraussetzungen der Aufklärung. Daß diese in der durch die Religionskriege erzwungenen Veränderung der zentralisierten politischen Gewalt aufzusuchen sind, in der damit notwendig gewordenen Trennung des Begriffes der Moral von demjenigen der Politik, ist kaum irgendwo deutlicher erarbeitet worden. Weil der Staat zur Beendigung des Bürgerkriegs als überkonfessioneller souverän werden mußte, den Anspruch auf moralische Herrschaft deshalb nicht mehr mit einer einheitlichen Kirche teilen, sondern ihn aufgeben, bzw. in Verhaltensregeln partiell säkularisieren mußte, wurde die moralische Instanz in den neu konstituierten Privatbereich des (vor-)bürgerlichen Subjektes verlegt und damit zugleich zum Gegenstand gesellschaftlicher (somit aber unpolitischer) Auseinandersetzungen gemacht. (Die teilweise abweichende Entwicklung in protestantischen Staaten, auf die Koselleck nicht eingeht, läßt sich in Hegels Geschichtsphilosophie nachlesen.) Das Subjekt als das aus den überkommenen Beziehungen teilweise isolierte Individuum, ist nun aber nicht mehr nur, wie bei Hobbes durch den Staat, also als Untertan, denkbar. Aus der neuen (moralischen) Basis seines Subjektcharakters erwächst dem Indiviuum die Legitimation für Kritik am Staat.
In Einzelheiten wäre mit Koselleck zu streiten, auch darüber, ob die Verbreitung aufklärerischen Gedankengutes (und damit die Beteiligung der Rezipienten an der Produktion dieser kritischen Theorie) nicht des gleichzeitigen Strebens nach der Freisetzung eines staatsfreien Raumes für Produktion und Aneignung bedurfte und der materiellen Möglichkeiten zur Durchsetzung derartiger Forderungen. Dem materialistischen Verfahren der hier nur angedeuteten Analyse tut dies jedoch keinen Abbruch und dieses wird bei Koselleck sogar noch erweitert, indem er nämlich – und dies im Unterschied zu den meisten Historiographen politischer Theorien – die sozialen Formen untersucht,

in denen die Theorie der (Staats-)Kritik produziert wurde. In den Freimaurerlogen ist sie zunächst als Geheimnis hergestellt und transportiert worden und an ihrer Verbreitung waren Emigranten und holländische Druckereien beteiligt. Die Vereinheitlichung von Angehörigen unterschiedlicher Stände und Interessengruppen zu einer „Schicht", deren „gemeinsames Schicksal es ... war, in den bestehenden Einrichtungen des absolutistischen Staates keinen zureichenden Platz zu finden"[17] bildete die Basis von Institutionen, die sich „die Gesellschaft" schuf. Diese waren geheim nur in dem Sinne, daß sie sich der herrschaftlich konstituierten „Öffentlichkeit" entzogen. Deren bloße Existenz aber bedeutete bereits politische Kritik.

Kosellecks politischer Intention gegenüber bleibt seine alltagsmaterialistische Forschungspraxis dann jedoch machtlos: Nicht nur vergißt der Geistesarbeiter die vielen Handwerker und Bauern, die aufgrund ihrer eigenen Hoffnungen und mit dem Einsatz ihres Lebens die Revolution zur Realität machten, wenn er schreibt „Die Kritik ist der Tod des Königs"[18]. Er führt im weiteren Verlauf seiner Analyse die Pathogenese der bürgerlichen Welt auf eben jene Trennung von Politik und Moral zurück, deren politische und soziale Ursachen er vorher aufgezeigt hatte. Denn die Verlagerung der Moral in den politischen Innenraum hat nach Koselleck die unabweisliche Folge einer Moralisierung sämtlicher politischer und gesellschaftlicher Auseinandersetzungen: Jeder Bürgerkrieg ist fortan moralisches Gericht. Damit ist aber der Staat in eine fortwährende Krise geraten. Weil nun aber der Staat für Koselleck die Voraussetzung eines friedlich geregelten Lebens der Menschen bildet, folgt aus dessen durch die Staatskritik ausgelöster Krise die Dauerkrise der bürgerlichen Gesellschaft, die mit der französischen Revolution einsetzte und in den beiden Weltkriegen gipfelte. Heilmittel nennt Koselleck nicht.

2. Soziale Trägergruppen

Während die meisten der bisher zitierten Arbeiten die Produkte von Theoretikern entweder als Ausdruck allgemeiner und/oder zeitgenössischer gesellschaftlicher Verhältnisse interpretieren oder als die Theoretisierung des Selbstverständnisses der herrschenden Klasse (Locke ist für Euchner „Ideologe des Besitzbürgertums"), werden in den folgenden Beispielen jeweils Zuordnungen zu sozialen Trägergruppen vorgenommen. Eines der deutlichsten ist hierfür wiederum eine Arbeit von Iring Fetscher, in welcher er den „Reformismus" der Kantschen Staatstheorie auf eine realpolitische Einschätzung der zeitgenössischen Stellung des deutschen Bürgertums zurückführt, dessen progressivste Kräfte materiell von Fürsten und Adel abhängig waren[19]. Dem ist sicherlich zuzustimmen – gesondert wäre über die formalisierte Verwendung des Reformismusbegriffes zu diskutieren – doch die Tatsache, daß im „Streit der Fakultäten" Kant seine eigene an die oberste, staatlicher Zensur enthobene, Stelle setzte und die Philosophen zu den Erziehern der Obrigkeit und durch diese zu denen des Volkes machte, stellt immerhin die zusätzliche Frage, ob unter den allgemeinen bildungsbürgerlichen Vorstellungen diejenigen, die sich im ausgehenden 18. Jahrhundert an Universitäten entwickeln konnten, nicht noch gesonderter Nachfrage verlangten.

Auf diesen Zusammenhang weist Zwi Batscha hin, der als eines der von ihm analysierten Konstitutionsmomente frühliberaler Theorie in Deutschland sehr deutlich die spezifische universitäre Verarbeitung der sozialen Aufstiegsstrategien einer neuen, mittelständischen Gruppe hervorhebt[20].

Eine besondere Schwierigkeit materialistischer Theorieanalyse stellt sich überall dort, wo Ideen von einer sozialen Trägergruppe als die ihren begriffen werden oder sich als allgemeingültige durchsetzen, die unter anderen sozialen Zusammenhängen entstanden sind. Seit Max Webers Untersuchungen über den Geist des Protestantismus müßten materialistische Theorieanalysen sich gerade zur Erklärung derartiger Phänomene besonders herausgefordert sehen, führt er doch ins Feld, der Geist des Kapitalismus sei vor demselben entstanden und mithin eine seiner entscheidenden Ursachen (im von Max Weber spezifizierten Sinne der Kausalität als adäquater Möglichkeit). In der hier diskutierten Forschungspraxis ist eine Auseinandersetzung mit dieser Kritik jedoch nicht aufzufinden.

Fetscher, dem sich eine entsprechende Problematik durch die Einwände von Keith Thomas gegen die von ihm geteilte Hobbes-Interpretation Macpherson's aufdrängen mußte, schob sie als nebensächlich beiseite. Ich selbst habe sie in einer früheren Arbeit als Definitionsproblematik mißverstanden. Weil die „revolutionären Konservativen" der zwanziger Jahre mit ihrem Gedankengebräu kapitalistische Verhältnisse rechtfertigten, habe ich sie kurzerhand zu „Liberalen" erklärt, dadurch sowohl die spezifischen Inhalte des Liberalismus als auch die Analyse der Veränderungen des Konservatismusbegriffs und die Herauslösung von dessen Inhalten aus ihrem Konstitutionszusammenhang versäumend[21]. Dadurch kann diese Arbeit gleichzeitig als Beispiel dafür gelten, daß *ideologiekritische Fragestellungen*, die einem „falschen" Bewußtsein gelten und dies zu einem den materiellen Interessen entsprechenden objektiv richtigen Bewußtsein in Beziehung setzen, analytisch zu kurz greifen müssen. Wenn mit diesen, durch solche Wertungspraxis erheblich belasteten, Kategorien überhaupt gearbeitet werden soll, so gilt es, den Ursachen für die Notwendigkeiten des (falschen) empirischen Bewußtseins nachzuforschen. Diese Notwendigkeiten aber liegen allemal in den Bedingungen des konkreten Lebensvollzuges, mithin auch in den vorfindlichen realen materiellen Interessen. Insoweit ist das Bewußtsein nicht deren falscher, sondern adäquater Ausdruck. Die im Begriff des „falschen Bewußtseins" angelegte analytische Fragestellung ist dann dahingehend zu präzisieren, daß es die immanenten Widersprüche von Ideen/Theorien zu untersuchen gelte, in denen die Widersprüche der sozialen Realität einen gedanklichen Ausdruck gefunden haben, und in denen die Möglichkeit – und nicht die von Theoretikern in Begriffen dekretierte Notwendigkeit – zur Überwindung bestehender Praxisformen des Lebens (diejenigen des Denkens eingeschlossen) enthalten ist.

Ideologiekritik ist mit der Frage nach sozialen Trägergruppen von Ideen/Theorien jedoch nicht ineins zu setzen. Wird solche Identifizierung vorgenommen, erhält der Ideologiebegriff entweder jene seit Mannheim etablierte wissensssoziologische Zurechnungsfrage, welche durch die Verallgemeinerung des Ideologiebegriffs auf den immer vorhandenen sozialen Konstitutionszusammenhang des Denkens Kritik ausschließt oder aber die entsprechende Version des Stalinismus, die ebenfalls nicht mehr

beinhaltet als die Zurechnung von Ideen/Theorien zu sozialen Trägergruppen, verbunden hier lediglich mit der Vorschrift, der einen dieser Ideologien standhaft anzuhängen.
Dies beiseite, bleibt unter Marxisten ein großes Feld unterschiedlicher Auffassungen und Versuchen zur Klärung des Ideologiebegriffs und seiner analytischen Fruchtbarkeit (vgl. etwa die von Althusser und Poulantzas im Anschluß an Gramsci entwickelten Fassungen). Deren Diskussion kann hier schon deshalb unterbleiben, weil sie, was den bundesrepublikanischen Forschungsstand zur materialistischen Analyse von politischen Ideen und Theorien betrifft, als eines von deren Desideraten zu verzeichnen ist. Hinzuweisen ist immerhin darauf, daß ein Ideologiebegriff, wie er etwa bei Friedrich Tomberg Verwendung findet, wenig analytischen Sinn macht[22]. Der Träger der feudalen Ideologie sei im Feudalismus der Feudaladel gewesen[23], und weil diese Ideologie die Menschen an Verhältnisse gebunden habe, die gegenüber den antiken einen historischen Fortschritt bedeuteten, habe sie für ihre Zeit auch progressiven Charakter gehabt. Die dabei formulierte Evolutionstheorie einmal ausgeklammert, ist Tomberg inhaltlich schwerlich zu folgen. Meinte er als Feudalideologie jene Elemente des Christentums, denen zufolge alle Christen Brüder im Herrn sind, so war der Feudaladel, von individuellen Ausnahmen abgesehen, die letzte unter den sozialen Gruppen, denen dafür soziale Trägerschaft zuzusprechen wäre: Den egalitären Inhalten des Christentums wurde im späten Mittelalter, von Ordensneugründungen abgesehen, ganz überwiegend die soziale Form der Häresie zugewiesen. Meint er dagegen durchgesetzte Ideen/Theorien wie diejenigen von den drei (oder auch mehr) Ordnungen, so bedarf es keiner sozialen Zurechnung, weil diese in den Theorien selbst explizit ist. In einer Gesellschaft, die durch den an Personen gebundenen Besitz von Herrschaftsgewalt charakterisiert ist, gibt es mannigfache symbolische Formen der „guten Herrschaft" (festgehalten etwa in Königsmythen), aber es gibt keine „Verschleierung" des Tatbestandes personaler Herrschaft und keine soziale Trägergruppe solcher Verschleierung, weil die Menschen gar nicht alle als gleich und mit gleicher Vernunft begabt gedacht werden. Die Feststellung, daß die Lehren von den drei Ordnungen, in welchen den Kirchenangehörigen der oberste Platz reserviert ist, von Mönchen und Bischöfen entwickelt wurden, wäre demzufolge eine Banalität. Aufregend ist erst die Frage, unter welchen historischen Voraussetzungen solche Lehren nicht nur entstehen, sondern auch verbreitete Gültigkeit erlangen konnten[24].
Erst wenn aufgrund langer sozialer Auseinandersetzungen Theorien vor einem allgemeinen Vernunftbegriff bestehen müssen und politische Ideen vor dem Kriterium des allgemeinen Interesses, macht die Frage Sinn, in wieweit in den Begriffen des Allgemeinen die Belange der besonderen sozialen Gruppe transportiert werden. Das begrenzt die Methode der Ideologiekritik auf die Analyse bürgerlicher Gesellschaften.
Unter diesem Gesichtspunkt – er ist im Anschluß an die von Karl Marx bei seiner Analyse ökonomischer Theorien entwickelte Methode formuliert[25] – ist keineswegs jede bürgerliche Gesellschaftstheorie in allen ihren Inhalten Ideologie, sondern sie ist es in denjenigen, in denen sie das Besondere für das Allgemeine ausgibt. Die Frage der Intention ist dabei nur im Hinblick auf die Klassenanalyse von Theoretikern von Belang.

3. Bedingungen konkreter Produktionsprozesse von Theorie

Unter allen hier möglichen Fragen findet sich – mit Ausnahme der bereits erwöhnten Untersuchung von Koselleck oder etwa dem Hinweis bei Blanke, Jürgens, Kastendiek[26], daß an der Inflation von „politischen Ökonomien" in den letzten Jahrzehnten zwar nicht entscheidend, aber immerhin auch das Profit- und Prestigeinteresse von Verlegern und Autoren beteiligt gewesen sei – in der Regel nur eine einzige: Diejenige der Art und Weise der Verarbeitung neuer gesellschaftlicher Probleme in tradierten Theoriezusammenhängen. Damit ist berücksichtigt, daß diejenigen Gedankenkomplexe, die gesellschaftlich als Theorie akzeptiert werden wollen, spezifischen – institutionell privilegierten – Normen zu entsprechen haben.
Auch solche Argumentationen, die nicht innerhalb des Rahmens herrschender Theorie-„gebäude" entwickelt werden, können sich von ihnen nur in Form der Kritik lösen. Ein schönes Beispiel für die kritische Konstatierung dieses Zusammenhangs hat Friedrich Nicolai formuliert: „Ein Reichspostdarlehen nach den Grundsätzen der kritischen Philosophie dargestellt, ist etwas gar zu allerliebstes."[27] Solche Ablehnung der Begründung politischer Ziele im Rahmen geschlossener philosophischer Systeme mußte aber ganz unweigerlich Nicolai selbst zum Ekletiker stempeln, und das war innerhalb des sozialen Bezugsrahmens von Theoretikern auch im Frühliberalismus ein ziemlich schädigendes Etikett.
Auf andere Weise dokumentiert auch die anti-marxistische Intention vieler gesellschaftstheoretischer Argumentationen des ausgehenden 19. Jahrhunderts die Notwendigkeit der Auseinandersetzung mit einer Theorie, die als grundsätzliche Kritik der eigenen theoretischen Grundlagen gewertet werden mußte. Die heutige Fortsetzung antimarxistischer Seitenhiebe durch Wissenschaftler, welche die Arbeiten von Karl Marx oft nur noch vom Hörensagen kennen, dokumentiert die Tradierung der damals hergestellten sozialen Bedeutung einer Marx-Kritik unter etablierten Gesellschaftstheoretikern.
Im folgenden wenden wir uns also solchen Theorieanalysen zu, die durch ihre Herausarbeitung der theoretischen Vorbedingungen einer konkreten Theorieproduktion anerkennen, daß sich eine „Entsprechung" zwischen neuen sozialen Problemen und theoretischen Verarbeitungen nicht umstandslos herstellen kann, vielmehr, soweit sie im Resultat feststellbar ist, als das Ergebnis eines Prozesses zu begreifen ist, dessen Strukturbedingungen ihrerseits materialistisch zu analysieren sind.[28]
Theoretische Vorbedingungen der Produktion von Gedankenkomplexen stehen freilich nur dann zur Debatte, wenn es sich dabei um solche handelt, die als gelehrte/ wissenschaftliche Theorien innerhalb eines spezifischen sozialen Bezugsrahmens anerkannt werden wollen. Dieser Bezugsrahmen ist nicht nur insgesamt historisch wandelbar, unter spezifischen politischen Bedingungen hat er sich als erschreckend transformierbar erwiesen. Die institutionell abgesicherte Durchsetzung von Rassen„theorien" in deutschen Universitäten der dreißiger Jahre ist dafür deutlicher Beleg. Gegenüber der aus aktuellen Anforderungen erwachsenen Theorieproduktion existiert der Referenzrahmen, an dem sich „Theorien" zu messen haben, zunächst trotz solcher Wandelbarkeit dennoch als unabhängige, in Normen verfestigte Bedingung der Produktion

(weshalb denn auch Wissenschaftler, die in ihren Arbeiten diese Normen reproduzierten und sie deshalb repräsentierten, in großer Zahl die deutschen Universitäten in der Zeit des Faschismus verlassen mußten).

Das soll hier mit Hinweis auf die Einleitung Jürgen Dennerts zu einer Übersetzung der Arbeiten von calvinistischen Monarchomachen verdeutlicht werden.[29] Biographischen Erläuterungen folgen bei Dennert historische Hinweise, deren einige hier – mit materialistischen Erweiterungen – zu referieren sind:

In Frankreich hatte sich im 15. und im beginnenden 16. Jahrhundert die Krone eine zunehmende Herrschaft über die weltlichen Angelegenheiten der französischen Kirche (und insbesondere auch die Verfügung über deren Pfründen, H. G.) angeeignet. (Die materiellen Implikationen des Gallikanismus bildeten eine der – von Dennert nicht diskutierten – Ursachen für die Religionskriege in Frankreich.) Aufgrund der so entstandenen politischen Struktur war die Krone aber unverbrüchlich an die katholische Kirche gebunden, die ihrerseits durch die religiösen Auseinandersetzungen nun zur Organisation einer Konfession wurde. Eine politische Versöhnung der Konfessionen in der Krone war unmöglich, denn „im Absoluten gibt es keine Vermittlung"[30], und außerdem waren die Religionskriege in Frankreich – dies meine eigene Hinzufügung zu Dennerts Argumentation – schließlich zu einem Kampf der Adelsfraktionen um die Beteiligung an der durch die Krone erzwungenen zentralisierten Ausbeutung geworden. Durch die Einheit von katholischer Kirche und französischer Krone wurde jeder Protestant, ob er wollte oder nicht, zu einem Feind der Krone. Das aber widerstrebte vielen, vor allem unter den wohlhabenden Glaubensgenossen der Calvinisten. Die Monarchie war im 16. Jahrhundert bereits zu einer Voraussetzung der Aneignung geworden, derjenigen aus Handel ebenso wie derjenigen aus Grundbesitz. In den Widerstandstheorien der calvinistischen Monarchomachen kommt diese Interessenbasis deutlich zum Ausdruck. Die von Dennert edierten Autoren entwickelten nämlich eine sorgfältige Unterscheidung zwischen der „Krone" und dem König als Person. Der Krone gegenüber ist Widerstand nicht zu begründen, denn sie ist die von Gott gewollte Ordnungsstifterin unter den Menschen. Wenn aber der einzelne König mit böswilligem Haß eine Bevölkerungsgruppe verfolgt, so verstößt er gegen die von Gott gewollten „guten Gesetze". Damit verliert er quasi seine Königseigenschaft, wird zum Tyrannen und gegen diesen ist Widerstand nach dem Willen Gottes zu begründen. Denn zwischen Gott und dem Volk gibt es einen Vertrag. Wenn der König gegen diesen verstößt, weil er sich mit den Feinden Gottes, will sagen: den Katholiken, verbündet, so stellt er sich außerhalb desselben.

Dennert, der insgesamt eher einen theorieanalytischen Ansatz verfolgt, welchem die Herausarbeitung der Traditionen bestimmter theoretischer Problemstellungen vordringlich erscheint, zeigt in seiner sehr sorgfältigen Arbeit, wie die ökonomischen und politischen Interessen einer bestimmten Bevölkerungsgruppe (zu einer politischen Fraktion wurde die sozial sehr unterschiedlich zusammengesetzte Glaubensgemeinschaft der Calvinisten zwangsweise – jedenfalls bis zur politischen Re-Integration des größten Teils der Wohlhabenderen und Privilegierten unter ihnen), den Anspruch auf theoretische Dignität und damit auf Legitimation vor einem sozial spezifisch bestimmten Referenzrahmen nur dadurch zu erlangen trachten konnte, daß sie in theologischen

Argumentationsstrukturen – angereichert um Rückgriffe auf Denkstrukturen, die römischen Rechtsformen entlehnt waren – vorgebracht wurden. Denn die Theologie, bzw. später die Moralphilosophie, bildete vor der Durchsetzung bürgerlicher politischer Strukturen jenen Referenzrahmen, in welchem Allgemeinheitsansprüche aufgehoben waren. Deshalb war es noch für Adam Smith ein durchaus unumgängliches Erfordernis, die moralische Natur des Eigennutzes zu begründen.

Systematisch hat Jürgen Habermas die Verarbeitung politischer Veränderungen im Zusammenhang herrschender philosophischer Anschauungen in seinem Aufsatz über Naturrecht und Revolution behandelt.[31] Dabei kommt er (ich beziehe mich hier lediglich auf einen Teil dieser Arbeit) zu dem Ergebnis, daß obwohl in der amerikanischen wie in der französischen Revolution das Naturrecht positiviert worden sei – ausgedrückt beidemale u. a. in Menschenrechtserklärungen – es dabei aufgrund der unterschiedlichen historischen Voraussetzungen doch zu grundlegend verschiedenen philosophischen Begründungen habe kommen müssen, die Menschenrechtserklärungen deshalb auch trotz weitgehender Übereinstimmungen in den Formulierungen differente Bedeutungen hatten. In den Kolonien sei es um die Legitimierung der Unabhängigkeit gegangen und dabei habe auf Prinzipien zurückgegriffen werden können, die aufgrund der sozialen Verhältnisse in den Kolonien dort bereits praktische Geltung hatten, deshalb als "common sense" angeführt werden konnten. In Frankreich dagegen habe die Positivierung des Naturrechts, weil dieser das Ancien Régime entgegenstand, deutlich revolutionären Charakter annehmen und die Herstellung der Ordnungsprinzipien einer guten Gesellschaft zum praktischen wie theoretischen Gegenstand der revolutionären Auseinandersetzung machen müssen. Habermas wäre entgegenzuhalten, daß in den früheren englischen Kolonien durch die Kämpfe um Unabhängigkeit soziale Auseinandersetzungen zum Ausbruch kamen, die auch die Übereinstimmungen des "common sense" bedrohten. Die Technisierung des Naturrechts, also die Frage nach den Organisationsprinzipien einer guten Gesellschaft hat sich auch in den unabhängigen Staaten Nordamerikas gestellt, und die vehementen politischen und theoretischen Auseinandersetzungen darüber hatten die spätere Hinzufügung der Menschenrechtserklärung an die Verfassung zu einem ihrer Resultate. Doch sind die Ergebnisse der Habermasschen Analyse hier nicht im einzelnen zu diskutieren.[32] Hervorzuheben ist vielmehr die Struktur seiner Analyse. Sie macht deutlich, daß die politiktheoretische Verarbeitung der Vorgänge in den nordamerikanischen Kolonien und diejenige in Frankreich denselben philosophischen Ausgang hatte: Die Sanktionierung der Freiheit der Einzelnen durch eine Gewaltinstanz kann im Naturrecht nur durch die Vorstellung einer aus der Einsicht selbständiger und vernünftiger Individuen erwachsenen Überkunft begründet werden. Die unterschiedlichen sozialen Bedingungen der Konstitutierung einer bürgerlichen Gesellschaft in beiden Ländern haben aber notwendig zu unterschiedlichen theoretischen Interpretationen des Naturrechts führen müssen, denn im einen Fall mußte die bürgerliche Staatsgewalt noch begründet werden, im anderen war lediglich ihre Unabhängigkeit zu legitimieren.

Damit ist an einem besonders eindrücklichen Beispiel gezeigt, wie wenig Sinn es macht, über Jahrhunderte und Gesellschaftsformationen hinweg scheinbar immer wiederkehrende Fragestellungen in der politischen Philosophie aufzusuchen. Hier handelte es sich um fast zeitgleiche Vorgänge und diejenigen, die ihr politisches Handeln theoretisch begründeten, haben sich vielfach aufeinander bezogen. In den Erklärungen, die als Kondensate des Selbstverständnisses beschlossen wurden, finden sich fast identische Formulierungen und doch sind – bei genauerem Zusehen – unterschiedliche Inhalte zu konstatieren. Damit ist die weiterführende Frage nach grundlegenden Übereinstimmungen in Strukturprinzipien bürgerlicher Gesellschaften nicht verwehrt. Solche Strukturanalyse setzt im Gegenteil die Auseinandersetzung mit den Differenzen der konkreten Ausprägungen und mit der Analyse von deren sozialen Ursachen gerade voraus.

Daß die Schulung in spezifischen theoretischen Denkstrukturen selbst gegen bewußte politische Strategien für die Konzeptionierung von Gesellschaftstheorie wirksam werden kann, hat Oskar Negt in einem kurzen Absatz seiner Einleitung zur Publikation der Schriften von Deborin und Bucharin dargelegt. Er führt dort aus, die stalinistische Wissenschaftsentwicklung sei in der Sowjetunion mitnichten das Resultat politischen Zwangs und verschärfter Zensur, sondern inhaltlich bereits lange vor deren Einsetzen auszumachen. Selbst linke Kritiker der nachrevolutionären Entwicklung in der Sowjetunion seien, wie Negt am Beispiel von Deborin erläutert, an dieser Wissenschaftsentwicklung beteiligt gewesen. Auch ihnen sei es nicht gelungen, den abstrakten Dualismus von Materialismus und Idealismus oder den auf sozialklassenmäßige Zurechenbarkeit des Denkens verkürzten Begriff der Parteilichkeit zu durchbrechen[33]. Negt führt dies einerseits auf die alles beherrschende Stellung der Theorie Lenins, andererseits auf ein gesamtgesellschaftliches Bedürfnis nach Legitimation der Revolution zurück. Weil deren Theorie sich an der realen Entwicklung in der Sowjetunion nicht habe orientieren können, die Legitimation der Revolution somit eine Trennung des Begriffs von der Wirklichkeit erforderlich machte, sei eine Theorie entstanden, die gegen Einbrüche aus der Realität durch rigorosen Determinismus abgeschottet wurde.

Demgegenüber wäre zweierlei zu bedenken: Zum einen mag das gesamtgesellschaftliche Bedürfnis nach theoretischer (!) Legitimierung der neuen Klassenherrschaft dem Legitimationstheoretiker bürgerlicher Gesellschaften zwingend erscheinen, ohne daß dies für die Situation in der Sowjetunion gegolten haben muß. Zu fragen wäre zunächst eher nach der sozialen Bedeutung, welche von Theoretikern in der neuen Gesellschaft beansprucht und welche ihnen (weshalb) zugestanden wurde und gleichzeitig wäre hier an einem besonders brisanten Beispiel jener Frage nachzugehen gewesen, die innerhalb materialistischer Theorieanalyse nach wie vor ein dringliches Desiderat bleibt: Derjenigen nach den sozialen Ursachen, die zur Kanonisierung bestimmter Theorien führen.[34]

4. Abschließende Hinweise auf methodische Anleitungen

Drei meiner Hinweise beziehen sich auf Arbeiten, die in deutschen Übersetzungen vorliegen, aber nicht in der Bundesrepublik entstanden sind. Ich fasse mich deshalb kurz.

Für die Analyse historischer Voraussetzungen spezifischer Denkinhalte und deren charakteristischen Widersprüchen ist aus Antonio Negris Arbeit über Spinoza zu lernen[35].

Die konkreten Bedingungen wissenschaftlicher Produktionspraxis sind in ihrem sozialen Bedeutungsgehalt kaum deutlicher zu analysieren als dies Pierre Bourdieu in seiner Arbeit über Heideggers Ontologie geleistet hat[36].

Die allgemeinen gesellschaftlichen ebenso wie diejenigen für eine Bevölkerungsgruppe besonderen Konstitutionsbedingungen einer „Idee" und deren tatsächlicher Produktionsprozeß, wie er aus den Lebensbedingungen und der Denkbarkeit eines Individuums hervorging, sind in besonders beeindruckender Weise in Carlo Ginzburgs Arbeit über die ketzerischen Ansichten eines Müllers um 1600 untersucht worden.[37] Was oben als Bestimmung materialistischer Ideen/Theorieanalyse formuliert wurde – daß sie nur als ein Aspekt materialistischer Gesellschaftsanalyse, historischer wie gegenwärtiger, aufzufassen sei – ist in dieser Arbeit als angewandte Methode vorgeführt.

Solchem Forschungsansatz entspricht auch Habermas' Untersuchung „Strukturwandel der Öffentlichkeit"[38]. Die Stringenz der Habermasschen Verfahrensweise ist der Gliederung seiner Arbeit ablesbar. Er verfolgt zunächst die historische Genese der Öffentlichkeit als Struktur bürgerlicher Gesellschaften. Seine verallgemeinernden Aussagen zu den sozialen Formen bürgerlicher Öffentlichkeit berücksichtigen dabei nationale Sonderentwicklungen (die englische erhebt er – methodisch angreifbar – zum „Modell" fall). Der Begriff der Öffentlichkeit hatte politische Auseinandersetzungen zur realen Voraussetzung, entfaltet wurde er in Theorien, deren Inhalten Habermas bei Kant, Hegel, Marx, Mill und Tocqueville nachgeht.

Die so als soziale Form und deren Begriff vorgeführte Öffentlichkeit unterlag nach Habermas einem grundlegenden Strukturwandel, in dessen Verlauf einerseits öffentliche und private Sphäre verschränkt wurden (vgl. die auch sonst von Habermas vertretene These der Re-Politisierung), andererseits aber der frühere Publikumsbezug des familiären Privatbereichs verlorenging. Auch hier wieder geht Habermas den institutionellen Formen der Öffentlichkeit nach, insbesondere der Veränderung des Journalismus der Privatleute zur Dienstleistung der Medien. Er folgert Funktionswandel aus den Strukturwandlungen und sieht diesen ausgedrückt im Begriff der „öffentlichen Meinung", der nur noch in der Form einer staatsrechtlich erforderlichen Fiktion mit den ursprünglichen Inhalten des Begriffs der Öffentlichkeit verbunden ist. Tatsächlich sei aus dem kulturraisonierenden inzwischen ein kulturkonsumierendes Publikum geworden und anstelle jener Bedürfnisanforderungen, die von den zum Publikum versammelten Privatleuten an den Staat gerichtet wurden, sei heute ein durch Medien strukturiertes Meinungsfeld getreten, in welchem die staatlichen Regelungen gesellschaftlicher Strukturen vermittelt würden. Die Marktposition der Medien aber verhindere grundsätzlich jene Chance einer gleichen Beteiligung aller an der Öffentlichkeit, die in deren frühliberalem Begriff vorausgesetzt gewesen sei.

Mit diesem von Habermas erläuterten Begriff der Öffentlichkeit haben in den sechziger Jahren viele deren schlechte Realität zu kritisieren und zu verändern unternommen.

Die Kritik an der hier nur skizzierten Analyse muß nicht deren Methode, sondern lediglich deren Begrenzungen gelten. Wäre Habermas der von jeher schon marktförmig organisierten Struktur bürgerlicher Öffentlichkeit nachgegangen, die Medienkonzerne müßten als deren – unzweifelhaft erhebliche – quantitative Weiterentwicklung, nicht jedoch als Ausdruck grundlegenden Strukturwandels interpretiert werden. Auch hat die Beschränkung der Analyse auf die literarischen Formen der Öffentlichkeit den Blick dafür verstellt, daß mit der Durchsetzung bürgerlicher Öffentlichkeit die Kontrolle der (mehr oder minder spontanen) Präsenzöffentlichkeit des niederen Volkes einhergeht. Eine solche Erweiterung der Analyse realer Konstitutionsprozesse hätte dann aber auch dazu geführt, daß Habermas die auch von ihm festgestellten Widersprüchlichkeiten in der theoretischen Entwicklung des Begriffs der Öffentlichkeit nicht beiseite geschoben, sondern als Theoretisierung grundlegender Strukturwidersprüche behandelt hätte. Die Analyse der real und theoretisch vorgenommenen sozialen Ausgrenzungen aus der bürgerlichen Öffentlichkeit müßte dann freilich die Revision der Vorstellung zum Ergebnis haben, die bürgerliche Gesellschaft ließe sich mit ihren eigenen „ursprünglichen", von Habermas als vorideologische verstandenen, Begriffen kritisieren.

Anmerkungen

* Für Hinweise und Kritik zu diesem Beitrag bedanke ich mich bei Franz Dröge, Friedrich Gerstenberger und Helgard Mahrdt.

1 Hinweise zu diesen Zusammenhängen finden sich in mehreren Beiträgen des von Horst Denzer edierten Bandes der Bodin-Tagung in München: Horst Denzer (Hrsg.), Jean Bodin. Verhandlungen der internationalen Bodin-Tagung, München 1973.

2 *Karl G. Ballestrem:* Zur politischen Theorie des klassischen englischen Liberalismus, in PVS 13/1966.

3 *Ute Kretschmer:* Theorien des sozialen Handelns im Dienste der Monopole, Berlin-Ost 1978.

4 *Projekt Klassenanalyse:* Leninismus neue Stufe des wissenschaftlichen Sozialismus? Verhältnis von Marxscher Theorie, Klassenanalyse und revolutionärer Taktik bei W. J. Lenin, 2 Bde, West-Berlin 1972 (hier Bd. 2, S. 777).

5 *Erich Matthias:* Kautsky und der Kautskyanismus, in: Marxismusstudien, 2. Folge, Tübingen 1957, S. 151–197.

6 Vgl. etwa *Helmut Fleischer:* Marx und Engels. Die philosophischen Grundlinien ihres Denkens, München 1970.

7 Vgl. etwa *Helmut Reichelt/Reinhold Zech* (Hrsg.): Produktivkräfte und Produktionsverhältnis, Frankfurt/M./Berlin/Wien 1983.

8 Eine derartige Fragestellung ist in *Jürgen Habermas:* Zur Rekonstruktion des historischen Materialismus, Frankfurt/M. 1976 sehr wohl enthalten. Seine Arbeit diskutierte ich nachfolgend dennoch nicht, weil deren m. E. erforderliche Kritik eine materialistische Analyse seiner Rezeptionsweise – welche die Produktion einer neuen Theorie zum Ergebnis hat – voraussetzen würde, die in diesem Rahmen undurchführbar ist.

9 Angestrebt war also weder ein einigermaßen vollständiger, noch auch nur ein repräsentativer Überblick.
Die Gliederung der nachfolgenden Darstellung orientiert sich an jeweiligen methodischen Verfahrensweisen, sie wird jedoch – diese Darstellungsproblematik ist nicht zu umgehen – gelegentlich durchkreuzt von der Erörterung mehrerer Gesichtspunkte anhand einer Arbeit.

10 *Iring Fetscher* (Hrsg.): Leviathan, oder Stoff, Form und Gehalt eines bürgerlichen und kirchlichen Staats, Darmstadt/Neuwied 1966, S. IX.

11 ebda, S. X.

12 ebda, S. LIV.

13 *Walter Euchner* (Hrsg.): John Locke. Zwei Abhandlungen über die Regierung, Frankfurt/M. 1977.

14 ebda, S. 35.

15 *Wilfried Röhrich:* Sozialgeschichte politischer Ideen, Reinbek 1979.

16 *Reinhard Koselleck:* Kritik und Krise, Studien zur Pathogenese der bürgerlichen Welt, Frankfurt/M. [3]1979.

17 ebda, S. 52.

18 ebda, S. 97.
19 *Iring Fetscher:* Immanuel Kants bürgerlicher Reformismus, in: *Klaus von Beyme* (Hrsg.): Theorie und Politik. Festschrift zum 70. Geburtstag von C. J. Friedrich, Haag 1971, S. 70–95 (hier S. 71 f.).
20 *Zwi Batscha* (Hrsg.): Studien zur politischen Theorie des deutschen Frühliberalismus, Frankfurt/M. 1981, S. 33.
21 Vgl. *Heide Gerstenberger:* Der revolutionäre Konservatismus. Ein Beitrag zur Analyse des Liberalismus, Berlin 1969. Ich schließe mich damit der bereits 1968 formulierten Kritik meines inzwischen verstorbenen Lehrers Bruno Seidel an, dessen ich mich nicht zuletzt deshalb mit dankbarer Achtung erinnere, weil er tolerant genug war, uns unsere eigenen Fehler zuzugestehen.
22 *Friedrich Tomberg:* Bürgerliche Wissenschaft. Begriffe, Geschichte, Kritik, Frankfurt/M. 1973.
23 ebda, S. 23.
24 Vgl. hierzu *Georges Duby:* Die drei Ordnungen, Frankfurt/M. 1981.
25 Vgl. insbesondere die Ausführungen zu Ricardo in: MEW 26.2., S. 161 ff.
26 *Blanke/Jürgens/Kastendiek:* Kritik der politischen Wissenschaft, 2 Bde, Frankfurt/M./New York 1975 (hier: Bd. 2, S. 325).
27 Zitiert nach *Zwi Batscha* (Hrsg.): Studien zur politischen Theorie des deutschen Frühliberalismus, a.a.O., S. 9.
28 Die materialistische Aufnahme wissenssoziologischer Fragestellungen findet sich derzeit am ehesten bei Sozialhistorikern (vgl. auch in diesem Zusammenhang *Carlo Ginzburg:* Der Käse und die Würmer. Die Welt eines Müllers um 1600, Frankfurt/M. 1979). Methodisch sind sie mehrfach bei Bourdieu diskutiert. (Vgl. insbesondere *Pierre Bourdieu:* Les sciences sociales et la philosophie, in: Actes de la recherche en sciences sociales Nr. 47, 48/1983).
29 *Jürgen Dennert* (Hrsg.): Beza, Brutus, Hotman. Calvinistische Monarchomachen, Köln/Opladen 1968.
30 ebda, S. XXXIX.
31 *Jürgen Habermas:* Naturrecht und Revolution, in *ders.:* Theorie und Praxis, Neuwied/Berlin 1963, S. 52 ff.
32 Vgl. dazu ausführlicher meinen Versuch zur Analyse der Konstitutionslogik des amerikanischen Traumes: *Heide Gerstenberger:* Zur politischen Ökonomie der bürgerlichen Gesellschaft. Die historischen Bedingungen ihrer Konstitution in den USA, Frankfurt/M. 1973.
33 *Oskar Negt* (Hrsg.): Abram Deborin, Nicolai Bucharin, Kontroversen über dialektischen und mechanischen Materialismus, Frankfurt/M. 1969, S. 10.
34 Dieser Frage ist auch Rudi Dutschke nicht nachgegangen, dessen „Versuch, Lenin auf die Füße zu stellen" (*Rudi Dutschke:* Versuch, Lenin auf die Füße zu stellen. Über den halbasiatischen und den westeuropäischen Weg zum Sozialismus. Lenin, Lukács und die Dritte Internationale, Berlin 1974), ein seltenes, wenn auch im Resultat kritisch zu diskutierendes, Beispiel materialistischer Analyse sozialistischer Theorien darstellt.
35 *Antonio Negri:* Die wilde Anomalie. Spinozas Entwurf einer freien Gesellschaft, Berlin 1981.
36 *Pierre Bourdieu:* Die politische Ontologie Martin Heideggers, Frankfurt/M. 1975.
37 *Carlo Ginzburg:* Der Käse und die Würmer, a.a.O.
38 *Jürgen Habermas:* Strukturwandel der Öffentlichkeit, Darmstadt/Neuwied [11]1980.

III. Teil

Die Rolle der Theoriengeschichte in der amerikanischen Politikwissenschaft

Klaus von Beyme

1. Der Stellenwert der Theoriegeschichte

Die amerikanische Politikwissenschaft war anfangs stark von Europa her beeinflußt. Francis Lieber, der erste Lehrstuhlinhaber für Politikwissenschaft, war ein deutscher Emigrant. Aber in keinem Land hat die staatswissenschaftliche Tradition Europas sich so tiefgreifend in eine empirisch orientierte Sozialwissenschaft verwandelt wie in den USA. Die "New Science of Politics" Bewegung, die von der Chicago-Schule unter Merriam Lasswell, Gosnell und Leonhard D. White zwischen den Weltkriegen mächtige Impulse erhielt, und die behavioralistische Revolte nach dem Zweiten Weltkrieg waren Wellen antinormativer und antiideengeschichtlicher Orientierung. Die „Epitaphe für eine erfolgreiche Bewegung", die vorschnell in Adressen an Kongresse der American Political Science Association gesetzt wurden, ließen jedoch kaum erkennen, in welchem Maß traditionellere Approaches auch in der amerikanischen Wissenschaft Beharrungskräfte zeigten. Die Gegenbewegung gegen die New Science of Politics-Bewegung von historisch-institutionell oder ökonomisch orientierten Gelehrten wie Charles A. Beard, Edward S. Corwin und W. Y. Elliot blieb vor dem Zweiten Weltkrieg stark[1]. Sie hat den Nutzen einer – vor allem sozialgeschichtlich orientierten – Theoriengeschichte immer verteidigt. Der alte Slogan "History is past Politics and Politics present History" (E. A. Freemann) hatte in der Nachwirkung der historisch vergleichenden Schule meist deutscher Provenienz[2] noch viele Anhänger. Der Verlust der historischen und der philosophischen Dimension des Faches wurde von weniger Forschern akzeptiert als die Dominanz der szientistischen Bewegung in der "American Political Science Review" vermuten läßt.

Verbales und tatsächliches Verhalten klaffen weit auseinander. Auch in der überwiegend szientistisch orientierten amerikanischen Politikwissenschaft schließen verbale Attacken gegen Theoriegeschichte nicht ein ganz anderes Verhalten der Mehrheit aus. Ein amerikanisches Pionierwerk empirischer Theorie von Lasswell und Kaplan erkennt in der Theoriegeschichte keine empirischen Ergebnisse, sondern nur „Rechtfertigung existenter oder vorgeschlagener politischer Strukturen". Doktrinen statt Theorien[3]! Der Vorwurf sollte im Namen einer Renaissance politischer Theoriegeschichte reichlich an die Szientisten zurückgegeben werden. Auf einer Konferenz über den "state of the arts" 1956 mußte der Rapporteur Harry Eckstein die Kollegen trösten. Auch Behavioristen erklärten, es brauche sich niemand zu entschuldigen, der noch politische Ideengeschichte betreibe[4].

In amerikanischen Readern zur modernen politischen Theorie kamen nur ausnahmsweise klassische Texte neben Zeitgenossen zu Wort (wenn man einmal Tocqueville zu Amerika ausnimmt), wie bei Dahl[5]. Noch seltener wurden in Sammlungen klassischer Texte moderne funktionale Äquivalente aus wichtigen Texten in die Sammlung aufgenommen, wie bei William T. Bluhm[6]. Aber solche löblichen Ausnahmen zeigten die Grenzen der Möglichkeit zur Integration klassischer Texte auf. Ein Normativist wandte mit Recht ein: „Wenn Aristoteles wie der erste Behaviorist gelesen wird, dann ist, was er zu sagen hat, nur von antiquarischem Interesse, und es wäre nützlicher, unsere Zeitgenossen zu lesen"[7]. Hauptproblem bei der Konfrontation alter und neuer Theorien bleibt die Ansatzhöhe. Aristoteles' Politik ist nur für eine allgemeine Theorie politischen Verhaltens relevanter als alle Wahlstatistiken in der Erie-county.

Mit Recht stellte Bernard Crick in seinem ersten Überblick über die amerikanische Politikwissenschaft, der im Ausland vorgelegt wurde, einen "old American respect for such powerful book learning" fest, wie sie Sabine, Dunning, McIlwain oder Friedrich im Fach repräsentierten[8]. Ein flüchtiger Blick in das tatsächliche Verhalten der amerikanischen Politikwissenschaft zeigt, daß das Gegenteil von Untergang der als vorwissenschaftliches Relikt angesehenen Theoriegeschichte sich ereignet hat. Drei Indikatoren lassen sich für diese – dem Verfasser selbst durchaus unerwartete – Hypothese anführen. Das tatsächliche Verhalten gegenüber der Theoriegeschichte läßt sich prima vista ablesen an

a) der Verteilung der Artikel in den wichtigsten Zeitschriften auf die Unterdisziplinen des Faches,
b) anhand der Verteilung des Lehrpersonals auf die Unterdisziplinen des Faches,
c) anhand programmatischer Äußerungen der Verbandsvorsitzenden der APSR anläßlich ihrer "presidential adress".

a) Eine Auszählung der Artikel in amerikanischen Zeitschriften für Politikwissenschaft weist für die Kategorie „normative und deskriptive Theorie" entgegen populärer Behauptungen steigende Zahlen aus (1909–1914: 10 %, 1925–1929: 14 %, 1952–1971: 22 %). Auf dem Höhepunkt der behavioralistischen Vorherrschaft schien es eine Weile so, als ob die Theoriegeschichte aus der American Political Science Review verbannt worden sei. In den letzten Jahren hat die Zeitschrift ihre Politik bewußt revidiert. Noch immer erscheinen mehr theoriegeschichtliche Artikel als Beiträge zur modernen politischen Theorie. Neue Zeitschriften sind entstanden wie "Philosophy and Public Affairs" (1971) und "Political Theory" (1973), aber um den Preis, daß die Themen sich stark ausdifferenzierten und politische Theoriegeschichte sich in „exotische Felder wie Soziobiologie, Hermeneutik und Strukturalismus" hineinbewegte.[9] Brian Barry hat aus seiner Redaktionstätigkeit bei "Political Theory" und "Ethics" geplaudert und dabei festgestellt, daß die Ausweitung der Agenden nicht die Zäune zwischen den Disziplinen überwunden hat. Die eine Zeitschrift zieht vor allem Politikwissenschaftler, die zweite weitgehend Philosophen an.[10]

b) In der Lehre des Faches ist das quantitative Übergewicht der Theoriegeschichte über die politische Theorie der Gegenwart noch auffälliger. Wählt man die Fakultäten aus, die in einer Survey-Studie unter Lehrenden der Politikwissenschaft von Lipset und Ladd unter den ersten neun im Lande am häufigsten genannt wurden[11] und zählt anhand des Führers der APSA die Stelleninhaber und ihre Aufgaben über ihre Forschungsschwerpunkte aus, so ergibt sich, daß von 340 Professoren 44 sich zur Theoriengeschichte als Forschungsschwerpunkt bekennen, 18 hingegen geben nur moderne Theorie an. In den wichtigsten Departments gibt es signifikante Unterschiede. In Chicago und Yale tauchen beide Gebiete nebeneinander auf; in Ann Arbor, der Hochburg des Behavioralismus, überwiegt das Bekenntnis zur „formalen oder positiven Theorie" am deutlichsten. Aber selbst in den Zentren naturwissenschaftlicher Orientierung wie MIT und Ann Arbor ist die Theoriengeschichte vertreten (vgl. Tabelle). Moderne politische Theorie wird mit den einseitigen Begriffen „formal" und „positiv" abgefragt. „Positiv" wird nach einem führenden Textbuch der Richtung als „deduktiv" bezeichnet, und setzt sich vom älteren und heute noch üblicheren Common-Sense-Empirismus ab, der überwiegend induktiv vorgeht[12]. Der Zusatz „formal" ist ebenso irreführend. Die meisten Forscher in der modernen politischen Theorie verstehen diese keineswegs als „formal". Die wissenschaftstheoretisch orientierten Forscher haben beide Kategorien vermieden und sich vielfach unter „Methodologie" eingetragen, obwohl sie eher Beiträge zur empirischen politischen Theorie leisteten. Die Einengung in „formale und positive" Theorie hat einige Theoretiker veranlaßt, sich bei der politischen Philosophie einzuordnen, obwohl sie diese nur gelegentlich abdeckten. Auffällig ist diese Selbsteinordnung bei einigen Wissenschaftler, die in Europa geboren wurden, von Reinhard Bendix (Berkeley) bis zu Giovanni Sartori (Columbia).

Vergleicht man die Angaben der Forscher mit dem, was sie überwiegend, in ihren Schriften ausgewiesen, tun, so zeigt sich, daß noch einmal eine gewisse Gruppe abzuziehen ist, die sich eher an die Ausrichtung ihres Lehrstuhls als an die Beschreibung

Tabelle: Übersicht über die Vertretung des Gebiets der politischen Ideengeschichte an den renommiertesten amerikanischen Political Science Departments

Universität	Political Thought and Philosophy	Formal or Positive Theory	beides	Zahl der Professuren
Harvard	3	2		39
Yale	4	3	3	39
Berkeley	6	–		46
Michigan (Ann Arbor)	7	2		60
Stanford	1	1		26
Chicago	3	2	4	28
Princeton	9	–		34
Wisconsin (Madison)	2	–		35
MIT	2	2		33
	37	11	7	340

Ausgezählt nach: Jean Walen (Red.): Guide to Graduate Study in Political Science 1982. Revised Tenth Edition, Washington, American Political Science Association, 1982

ihrer tatsächlichen Interessen gehalten haben, als sie den Fragebogen der APSA ausfüllten. Aber selbst nach solchen Abstrichen bleibt es bemerkenswert, daß ca. 10 % der Lehrenden im Bereich der Theoriengeschichte tätig sind. Nicht wenige Empiriker tadeln die Ideengeschichte, aber kein Department verzichtet auf sie.
Das Prestige der Theoriengeschichte erschien nach einigen Befragungen vergleichsweise am geringsten, während „Comparative Politics und die allgemeine Politik" und politische Prozesse an zweiter Stelle stand[13]. Auf diese Einstellung ist jedoch nicht sehr viel zu geben, denn gerade das Gebiet von "Comparative Politics" und "General Politics" ist von Männern vertreten, die im Parnass des Prestiges der Zunft sehr hoch rangierten, ohne je die politische Theoriegeschichte völlig ausgeklammert zu haben. Nur die ersten beiden Plätze und Platz fünf wurden von Forschern eingenommen, die nichts von Ideengeschichte hielten (Key, Truman, Lasswell). Viele der anderen (Morgenthau, Platz 3, Dahl, Platz 4, Easton, Platz 8) haben keinen engen modernistisch-szientistischen Theoriebegriff angelegt. Aber erst auf Platz 9 und 10 rangierten ausgesprochene Theoriegeschichtler wie Leo Strauss und Carl J. Friedrich[14].

c) Das Fortleben der Theoriegeschichte wird deutlich, wenn man die großen *programmatischen Reden* zur Standortbestimmung der Disziplin in Form der *presidential adresses* vor der American Political Science Association studiert. Wenn sie nicht bewußt ein Teilgebiet methodisch ausbreiteten, wie Wahlke es mit dem Versuch tat, nachzuweisen, daß Amerika eher im vorbehavioralistischen Stadium als in einer nachbehavioralistischen Epoche sei, wie sie David Easton 1969 in seiner Präsidentenadresse verkündet hatte[15], haben sie entweder zur amerikanischen Tradition Stellung genommen oder den "state of the arts" im Fach nachgezeichnet. Beides geschah mit allerlei Hinweisen auf die Theoriegeschichte. Am unterkühltesten bei V. O. Key. Er lobte Fortschritte in der "sophistication" bei der Analyse klassischer Texte. Sein Interesse galt jedoch der „radikalen Reorientierung" der modernen politischen Theorie[16]. Bei Lasswell wurden Erkenntnisse der klassischen Literatur immerhin als Vorstufe von heute exakter erkannten Phänomenen mit einbezogen[17].
Daß eine Präsidentenadresse im Krieg voller Anrufungen der großen politischen Denker zur Vollendung der großen amerikanischen Aufgabe war, ist nicht verwunderlich[18]. Auch in anderen Ländern haben positivistische Wissenschaftler im Krieg ihren plötzlichen traditionalistisch geschmückten Normativismus nicht bezähmen können. Aber auch sonst trat vielfach das "citizenship-training" in amerikanischen Grundsatzreden stark in den Vordergrund[19]. Am gekonntesten waren die Rückblicke bei Austin Ranney 1976[20]. Nach Vietnam und Watergate schien ein neues Kraftgefühl aus der Rückbesinnung auf die Besonderheiten amerikanischer Kultur zu fließen. Politikwissenschaft konnte ihre Kontinuität zur politischen Philosophie der Founding Fathers unschwer nachweisen, die über Louis Hartz' Nachweis eines „natürlichen Liberalismus" in Amerika hinausging, an dem sich Generationen von Wissenschaftlern für den normativen Teil ihrer Aktivitäten inspirierten[21] und das pragmatische, systemfeindliche, antiutopistische und optimistische der politischen Theoriegeschichte Amerikas besangen[22].

Präsidenten der APSA, selbst wenn sie als Einzelforscher die Ideengeschichte als vorwissenschaftliches Relikt zu betrachten geneigt waren, haben wie andere Präsidenten in feierlichen Stunden besonders gern die Großen des Faches bis zurück zu Plato angerufen. Für manche gilt das Diktum: „Nachdem zuerst kein gutes Haar an der ‚Vorgeschichte' blieb, endet das Ganze mit großzügiger Aneignung all ihrer Ergebnisse"[23]. Schließlich gab es die großen alten Männer, die selbst ein Leben für die Überwindung des Traditionalismus und die Durchsetzung moderner empirischer Theorie gekämpft haben, und angesichts der normativen Fragen der Zeit am verengten Szientismus, den sie mit ausgelöst hatten, irre wurden. Dies Erschrecken zwang schon früh zur Überdenkung der „politischen Philosophie" im Rahmen der Politikwissenschaft[24]. Große alte Männer betonten das Normative an der Politik. Karl Deutsch rückte das von Leo Strauss in alter Tradition gemalte Machiavelli-Bild zurecht und nannte ihn einen „Krypto-Moralisten", um zu zeigen, daß Politik als bloße Herrschaftstechnik keiner sinnvollen politischen Theorie genügte[25]. Selbst David Easton hat schon 1969 die post-behavioristische Revolution ausgerufen und sie zukunftsorientiert genannt. Der Pionier einer abstrakten und keineswegs immer erkennbar anwendungsfähigen Systemtheorie behauptete nun, daß der Post-Behavioralismus in seiner Handlungs- und Verantwortungsorientiertheit die großen Traditionen von den Griechen bis zu Marx und Dewey wiederaufnehme[26].

Weder der traditionelle Normativismus noch der revoltierende Normativismus der Neoradikalen wurde in einer Präsidentenandresse je vertreten. Aber dennoch spiegeln die Präsidentenadressen insgesamt die Diskussion wieder, die in der amerikanischen community der Politikwissenschaft über das Thema politische Theorie und ihre Geschichte abgelaufen ist, so gering auch im einzelnen der Raum dafür gewesen sein mag. Trotz des überwiegend szientistischen Selbstverständnisses der Exponenten der amerikanischen Politikwissenschaft zeigte sich dabei, daß die Ideengeschichte nicht völlig ausgeklammert worden ist, ja sogar an Gewicht mit dem Erfolg der behavioralistischen Revolte wieder zugenommen hat, und daß der Versuch, diesen Wissenszweig der dominanten politischen Philosophie zu entreißen[27], als Entscheidung für die eigene Beschäftigung mit dem Gegenstand sehr nachahmenswert erscheint, für die Entwicklung des Faches jedoch wenig Aussichten auf Erfolg verspricht.

2. *Richtungen der politischen Theoriegeschichte*

Die Rezeption amerikanischer Theoriegeschichte in Europa zu beschreiben wird deshalb relativ unergiebig, weil vor allem die deutsch-amerikanischen geistigen Beziehungen seit der NS-Zeit ein simples diffusionistisches Schema sprengten, da die Ideen und ihre Träger durch Emigration, zum Teil durch Rückkehr, zum Teil durch privilegierte Kanäle der Rückkopplung eine engere Verbindung hatten, als sie im normalen Diffusions- und Rezeptionsprozeß üblich war. Das Diktum von Lepsius „Die sozialwissenschaftliche Emigration war im ganzen mehr ein Verlust für ihre Herkunftsländer als ein Gewinn für ihre Aufnahmeländer"[28] gilt sicher mehr für die philosophischen Ansätze, die viele Emigranten vertraten. Viele wie Schütz oder Mannheim wurden eigentlich erst nach ihrem Tode in den Gastländern rezipiert. Aber es kann kaum für den engeren Bereich der politischen Theoriegeschichte gelten. Dante Germino erwähnt in seinem Überblick über "The Contemporary Relevance of the Classics of Political Philosophy" in dem monumentalen Handbuch der Politischen Wissenschaft über "leading figures" die Namen Hannah Arendt, Carl J. Friedrich, Leo Strauss, Eric Voegelin – alles deutsche Emigranten – neben Rawls und einigen Ausländern aus England und Frankreich[29]. Selbst wenn diese Auswahl durch die Studienkontakte Germinos beeinflußt sein sollte, fällt doch auf, daß eine normativ gestimmte politische Philosophie aus der dialektischen oder neo-aristotelischen Provenienz stark aus der deutschsprachigen Emigration rekrutiert wurde. Robert Dahl stellte mit Recht fest, daß auch die großen empirischen historisch-soziologisch orientierten Forscher der Emigration von den Neumanns bis zu Reinhard Bendix die behavioralistische Verengung nicht mitgemacht haben, und die Klassiker der politischen Theorie als intellektuelle Bluttransfusion für die steril werdende Detailforschung immer hochgehalten haben[30]. Emigranten, die Vorsitzende der APSA und führende Forscher der Disziplin wurden, hatten von Morgenthau bis Deutsch ein vergleichweise entspanntes Verhältnis zur Theoriegeschichte. Selbst Heinz Eulau, eine Art Chefideologe der "Behavioral Persuasion", schämte sich mit zunehmendem Alter immer weniger des Umstandes, daß er seine Laufbahn mit ideengeschichtlichen Arbeiten über Chateaubriand und Constant begann. Normativisten von links und rechts, die nicht auf eine wissenschaftliche Kunstterminologie einzuschwören waren, bewahrten ein enges Verhältnis zur Sprache, bei den Emigranten zur Sprache des Heimatlandes. Selbst für Adorno und Horkheimer war die Distanz zur erlernten Sprache ein wichtiger Grund für die Rückkehr nach dem Krieg. Eine Rezeption gab es für deutsche Sozialwissenschaftler nur insofern, als die in Amerika gebliebenen Autoren von Marcuse bis Leo Strauss gelegentlich zunächst auf englisch gelesen werden mußten. Nicht wenige ihrer Werke wurden jedoch ins Deutsche später übersetzt. Die meisten Emigranten befaßten sich mit der intellektuellen Tradition Europas. Die liebende Versenkung in die amerikanische Geschichte der Theorie wie bei Gottfried Dietze oder Carl J. Friedrich[31] blieben Ausnahmen.

Die Bewältigung des Nationalsozialismus nahm auch einen großen Teil der theoriegeschichtlichen Bemühungen ein. Nur bei wenigen war diese Beschäftigung so distanziert und ausgewogen wie bei Carl J. Friedrich, die den grassierenden Synthesen im Stil „von Luther zu Hitler" (McGovern) ein Bild des „anderen Deutschland" in der theoriegeschichtlichen Tradition von Althusius bis Kant entgegensetzte[32]. Die sublimierten Formen der Verarbeitung der Erfahrungen mit totalitären Diktaturen, vor allem bei den jüdischen Emigranten, führte nicht durch Zufall zur Abkehr vom vorherrschenden Positivismus, zurück zum Neuthomismus, zum Neoaristotelismus, zur Ontologie, zur Phänomenologie und anderen essentialistischen Versuchungen. In Cricks spöttischer Sprache: "There was the critique from the pitiless heights of Professor Eric Voegelin's high Calvinism; from the warmer pagan sympathies of Professor Leo Strauss's platonism; from the gentle Anglican-Thomism of Professor John Hallowell"[33]. Bei Hannah Arendt wurde das politische Denken geradezu ausgelöst durch die Konfrontation mit Eichmann in Jerusalem, durch die „Seichtheit des Täters" und das „Fehlen des Denkens"[34]. Arnold Brecht, ein deutscher Emigrant, der eines der am meisten stark beachteten Bücher über politische Theorie schrieb, sah die Ideengeschichte – wohl auch bei seinen Emigranten-Kollegen – als eine Art zweite Emigration. „Viele unserer besten Gelehrten ... suchen ihr Heil in der Geschichte der politischen Ideen“[35]. Ziel der Eskapationsstrategie: Dem Wertungsproblem und dem Wertrelativismus auszuweichen.

Die Beschäftigung mit Theoriegeschichte war aber gerade von vielen ihrer originellsten Protagonisten nicht als Flucht vor dem Wertrelativismus verstanden worden, sondern als seine bewußte Überwindung. Politische Philosphie war nach ihrer Ansicht durch politische Ideengeschichte abgelöst worden, und darin lag der Hauptmangel der Forschung. Politische Philosophie muß nach Strauss von "political thought“ unterschieden werden. "Political thought“ war für ihn jede Äußerung politischer Ideen. "Political thought“ kennt keinen Unterschied zwischen Meinung und Wissen. Nur politische Philosophie ist „bewußt kohärente und gnadenlose Anstrengung, Meinungen über politische Grundprobleme durch Wissen zu ersetzen“[36]. Voegelin stellte noch pointierter heraus, daß es sich nicht um eine „Renaissance irgendwelcher anderer älterer Doktrinen“ handele, „sondern um die Wiederherstellung des Sinnes von Wissenschaft (episteme) im Gegensatz zu Meinungen (doxai)“[37]. Während einige Normativisten angesichts des modernen Szientismus den Verfall der politischen Philosophie beklagten, hielten Anhänger von Strauss und Voegelin in Amerika den "decline of political theory“ für einen Mythos. Im Gegenteil, nach dem Ende der großen Ideologen, „Ismen“ und Doktrinen sahen sie eine neue Epoche des politischen Denkens jenseits der Ideologie anbrechen[38].

In Anlehnung an eine Unterscheidung von Kant ist Wissenschaft auf *Verstand* gerichtet, Philosophie jedoch auf *Vernunft*[39]. Bloße Ideengeschichte konnte demnach Ausweis für Verstandeskräfte sein. Vernunft ließ sich hauptsächlich an der politischen Philosophie erproben. Dieser neuerliche Versuch, die politische Philosophie gegen „bloße Ideengeschichte“ auszuspielen, erweckte Mißtrauen. Politische Theoriegeschichte ist durch ihre Arbeitsweise ohnehin in Gefahr, mehr Philosophie als Geschichte zu sein. Wo mehrere Denker und Theorien behandelt werden, wird der Theoriehistoriker in Richtung der Einheitlichkeit oder wenigstens der logischen Abfolge von Ideen gedrängt,was die Tendenz verstärkt, mit den Mitteln der „philosophischen Rekonstruktion“ zu arbeiten[40]. Eine weitere Tendenz zur philosophischen Rekonstruktion wird durch die weitverbreitete Neigung gefördert, politische Denker vom Ideologievorwurf zu retten.

Auch in den USA war das Problem der Ideologiehaftigkeit großer politischer Denksysteme und ihr historischer und epochengebundener Gehalt einer der Hauptstreitpunkte. Sozialhistorisch-kritische Forscher haben schon immer den historischen Anachronismus auch großer Denker wie Hobbes kritisiert, die weder die historische Beschränktheit noch die Schichtungsaspekte wichtiger Begriffe gesehen haben[41]. Vor allem in der politischen Philosophie wurden die nur zeitbedingten Elemente des Denkens gern geleugnet. Jeder Hinweis auf sie wurde allsogleich unter die „doxai“ eingereiht. Einerseits soll politische Theorie überzeitlich sein, andererseits wird ihr Einfluß nicht kurzschlüssig didaktisch verstanden, als ob politische Theorie sich nicht in die Niederungen der politischen Tageskämpfe begeben dürfe. Tagesbezogene Kontroversen will Germino daher nicht behandeln[42]. Wie sehr auch die großen Systeme vom Leviathan bis zum contrat social „Gelegenheitsschriften" angesichts konkreter politischer Konflikte waren, wird dabei gern übersehen. Die Theoriehistoriker, die eher dem analytischen Mainstream verbunden waren, und sich mit Arnold Brecht streng an „intersubjektiv transmissibles Wissen" hielten, haben ideologische Elemente an den großen politischen Theorien nicht geleugnet[43]. Andrew Hacker etwa klassifizierte ideologische Elemente (Ideologie = Rationalisierungen für politisches Handeln auf der Grundlage einer verzerrten Beschreibung der Wirklichkeit) bei den großen Denkern und sah den ideologischen Gehalt der Doktrinen stark variieren. Burke und Hegel sind auf der Ideologieskala "highscorer", Aristoteles oder Bentham verhältnismäßig unideologisch[44]. Sabine schließlich nahm ein Element ideologischen Denkens sogar in die Definition von "political thought" auf, die Statements über Fakten, über kausale Zuordnung und über Präskriptionen, was sein soll, enthielt[45].

Politische Philosophie als „spekulativ-praktisches Wissen"[46] wäre ein wissenschaftliches Sektenphänomen geblieben, wenn nicht Verstärkung von links in der antibehavioristischen Revolte gekommen wäre. Das Theorieangebot von Herbert Marcuse u. a. war seit langem vorhanden. Die Einheit der Konzepte "essence", "reason", "freedom" und „Kritik" sollte gegen den in Amerika vorherrschenden Empirismus wiederhergestellt werden, vor allem die Unterscheidung von „Wesen" und „Erscheinung" – in Anlehnung an den Marxismus –, die von den Empiristen abgelehnt wurde[47]. Aber erst Studentenrevolte, Free Speech Movement, der Kampf um die Gleichberechtigung der Rassen und gegen den Krieg in Vietnam gab dem linken Normativismus eine Chance, weiteres Gehör zu finden. Vordenker der oppositonellen Caucus-Gruppe wie Kariel rezipierten erstmals Marcuse in der etablierten Politikwissenschaft, wobei sie ihn „amerikanisierten" in der Einschätzung, daß er zwischen Dewey und Marx stehe[48].

Die im APSA-Fragebogen zum Ausdruck gebrachte Unterscheidung von „empirischer Theorie" – d. h. Theorie der Gegenwart – und normativ gestimmter "political philosophy", die "history of political thought" mit einschließt, ist in Amerika nicht unangefochten geblieben. Die Anhänger der antibehavioristischen Caucus-Bewegung innerhalb der American Political Science Association haben die Unterscheidung allenfalls aus pragmatischen Gründen akzeptiert, weil sie sich eingebürgert hatte[48].

In der Tat ist diese Dichotomie irreführend. Die Dreiteilung eines älteren Fragebogens für das "Biographical Directory", das die Wahl "Political Theory and Philosophy (Empirical, Historical and Normative)" ließ, hat vor allem im dritten Teil – der sich kaum von den beiden anderen völlig trennen läßt – schon Unwillen erregt[50]. Sie ließ aber mehr Einblicke in die qualitative Orientierung des jeweiligen Forschers zu.

Die Caucus-Bewegung teilte mit den älteren essentialistischen Schulen die Rückwendung zur Legitimitätsproblematik und zur Wiederzulassung normativer Fragen. Einige setzten sich vom Normativismus der Strauss-Schule ab, der sie die Verwechslung ihrer individuellen Vorurteile mit ewigen Wahrheiten vorhielten, aber glaubten an ein Comeback des Naturrechts[51]. Der Neo-Aristotelismus und der Neo-Thomismus sollten dabei von einer historisch orientierten empirischen Forschung der menschlichen Entwicklung und der menschlichen Bedürfnisse ersetzt werden. Andere standen dem älteren Normativismus näher und stellten die Frage, ob wir „in unserer Schlacht gegen

Metaphysik, Aberglauben, Vorurteil und Ideologie nicht einen allzu großen Sieg errungen haben“[52]. Eine eigene Methodologie entwickelte die Caucus-Gruppe kaum. Vieles blieb Klage über das APSA Establishment[53].

Der ungebrochene Glaube an den „Liberalismus“ als der natürlichen Doktrin für Amerika – wie er noch in vielen Adressen der APSA-Präsidenten zum Ausdruck kam – geriet ins Wanken. Das ideologische Element in diesem Common Sense-Liberalismus wurde kaum wahrgenommen. Politische Philosophie entwickelte sich in Richtung Radikalismus – vor allem auf dem Gebiet der Theorie des Pluralismus, der Demokratie und der Freiheit wurden theoriegeschichtlich relevante Bücher vorgelegt[54]. Die einzige große Alternative zum liberalen Denken, der Marxismus, war der Mehrheit der neuen Linken in der politischen Philosophie nicht akzeptabel[55]. Was nicht hinderte, daß mangels Detailkenntnissen schon Denker wie Macpherson als „Marxisten“ in der angelsächsischen Diskussion galten, nur weil sie der Historizität und der Würdigung von Klassenaspekten der politischen Theorien einige Aufmerksamkeit schenkten. Seine „Theorie einer Eigentumsmarktgesellschaft“ hat methodologisch gesehen mehr mit Max Weber als mit Marx gemeinsam[56].

Die Postulierung einer simplen Alternative zwischen Marxismus und Liberalismus war einer der Kritikpunkte, die gegen Ashcrafts stimulierenden Artikel vorgebracht wurden. Der Neokonservatismus sei vergessen worden, lautete eines seiner Argumente[57]. In der Tat war der Neokonservatismus Erbe vieler Streitigkeiten zwischen Marxismus und Liberalismus, und zum Teil schlug er sich durchaus in theoriegeschichtlicher Arbeit nieder, etwa bei Daniel Bell[58].

Anhand der amerikanischen Debatte wird man zwei Dinge unterscheiden müssen: Ein sinnvolles Konzept für den Stellenwert der Theoriegeschichte für eine moderne Politikwissenschaft läßt sich wohl anhand des Ashcraft-Bermbachschen Postulats nach einer Sozialgeschichte politischer Theorien gewinnen. Andererseits muß Politikwissenschaft die Partialität ihrer Interessen in diesem Bereich erkennen und respektieren. Gerade in Amerika ist die Politikwissenschaft eben wegen ihrer szientistischen Orientierung keineswegs der Hauptort der theoriegeschichtlichen Forschung[59]. Politische Philosophie hat einen höheren Stellenwert in den Philosophie-Departments als in Deutschland, wo vor allem in der Zeit der Dominanz der Heidegger-Schule die politische Philosophie in der Nachfolge Joachim Ritters wie eine „Verweigerung des Denkens“ diskriminiert wurde.

Ein großer Teil der Theoriegeschichte Amerikas wird außerhalb der Politikwissenschaft getrieben. "History of Ideas“ klingt eher wie eine Übersetzung aus dem Deutschen und wird in der Politikwissenschaft kaum benutzt. Immerhin gibt es ein "Journal of the History of Ideas“, das überwiegend Geschichte politischer und sozialer Ideen behandelt, an dessen Board of Editors jedoch kaum Forscher aus Political Science Departments mitwirken. Geschichtswissenschaft und insbesondere "Intellectual History“ – ein Zweig, der mehr als in Europa gepflegt wird – decken einen weiten Bereich der Theoriegeschichte in Forschung und Lehre ab. Philosophie und Rechtsgeschichte sind weitere relevante Fächer.

Theoriegeschichte ist ein interdisziplinärer Forschungsbereich, wie viele derer betonnen, die sich methodisch damit befaßt haben, keine Subdisziplin des Faches Politikwissenschaft[60]. Daher werden auch noch so wacker gemeinte Abgrenzungsversuche durch die Realität immer wieder überrollt. Die Politikwissenschaft wird schwerlich eine Definitionsmacht gegenüber der politischen Philosophie durchsetzen können, und selbst wenn sie es könnte, würde das angesichts szientistischer Verengung des Faches eher auf eine Verarmung der politischen Philosophie hinauslaufen.

Die alte Forderung, die politische Theoriegeschichte müsse sich aus der Umarmung durch die politische Philosophie lösen, wäre rein institutionell in Amerika leichter zu bewerkstelligen als in Deutschland. Philosophie ist dort stärker materielle Philosophie hochspezialisierter Art oder Wissenschaftstheorie geworden. Sie ist weniger als in Deutschland „Dogmengeschichte" geblieben.

Auch in Amerika wird kritisiert, daß politische Theoriegeschichte immer zu sehr an dem orientiert sei, "what somebody else said about it".[61] Zu wenig wird direkt ein Zugriff auf politische Probleme versucht. Brian Barry sieht bei den Politikwissenschaftlern mehr als bei denen, die von der Philosophie herkommen, die Neigung, die Präsentation von neuem Faktenmaterial und die Widerlegung etablierter Meinungen an die Stelle eigener origineller Gedanken zum Gegenstand treten zu lassen. Die philosophischen Kollegen werden jedoch von Barry auch nicht verschont. Ihre Neigung zu subtilen Distinktionen und ingeniösen Argumenten wird um den Preis eines geringeren Faktenwissens über das Problem erkauft. Organisationssoziologische Erwägungen über die Departments scheinen die Beobachtung zu stützen: Political Science Departments sind hochfragmentiert und ihre Mitglieder sind hochspezialisiert, während die philosophy departments vergleichsweise eine einheitlichere intellektuelle Struktur fördern.[62]

Politische Philosophie teilt letztlich das Schicksal der Philosophie, in Amerika noch mehr als in Europa. Große Systementwürfe werden angesichts der Spezialisierung kaum möglich. Die Substrate der politischen Philosophie wie internationale Beziehungen, Institutionen und Prozesse und public administration differenzieren sich aus. Die politische Philosophie wird hochformal und neigt zu abstrakterer Modellbildung, obwohl sie gerade dies dem positivistischen Mainstream vorwarf. Bei John Rawls wird das recht deutlich[63]. Daher blieb die einzige große Rezeption der letzten Jahre, die nicht von Ideen ausging, die irgendwann einmal von Europa nach Amerika durch Emigration geraten waren, weitgehend auf die Philosophie beschränkt. In der politikwissenschaftlichen Theorie ist Rawls weit weniger zur Kenntnis genommen worden[64]. Rawls ist ein gutes Beispiel für den Trend zur abstrakten Modellhaftigkeit, wenn die Ontologisierung in der politischen Philosophie vermieden wird. Trotz stupender Literaturkenntnisse blendet er gerade die empirischen Aspekte von Verteilung und Redistributionspolitik aus, obwohl es eine Menge Literatur über Einkommens-, Steuerpolitik, soziale Transfers und Verteilung von Chancen durch andere Politikinstrumente gibt. Radikale Kritik an einem solchen Modell hat daher verhältnismäßig leichtes Spiel[65]. Aber auch der Mainstream, der Rawls's Werthaltung teilt, hat Schwierigkeiten, dieses Modell für die empirische Forschung zu operationalisieren.

Letztlich bleibt die Unterscheidung zwischen politischer Philosophie und Philosophie auch in Amerika künstlich. Sie entspringt pragmatischen Erwägungen der Spezialisierung, nicht automatisch einer Differenz der Methode[66]. Europäisch geborene wie einer der geistigen Führer der radikal-demokratischen Caucus-Bewegung, Christian Bay,

haben die Forderung der Loslösung von politischer Theorie und ihrer Geschichte von der politischen Philosophie ohnehin immer stärker abgelehnt als die Anhänger der „positiven Theorie", die die alte Forderung Lasswells gern nachbeteten[67].
Von Skinner bis Barry haben die methodisch reflektiertesten Forscher, für die Überwindung der Zäune plädiert[68]. Barry hat sogar diskret zur Sezession ermuntert, falls innerhalb der American Political Science Association die stärkere Integration der Ansätze nicht möglich erscheint.[69]
Sinnvolle Theoriegeschichte wird beides tun müssen: Den zeitbedingten Horizont sozialgeschichtlich aufarbeiten, zugleich aber das bloße Interesse des Historikers überschreiten müssen, um den überzeitlichen Gehalt von politischer Theorie zu würdigen, ohne den der Rückgriff auf Theoriegeschichte zur Arabeske, zum gelehrten Schnörkel für Präsidentenadressen und für Anlässe wird, bei denen man intellektuell gleichsam den Schlips etwas lockert und theoriegeschichtliche Einsprengsel bringt, weil auch die Nichtprofis unterhalten werden müssen.
Die großen Würfe problemorientierter Epochenbeschreibungen der letzten Jahre bei Skinner, Pocock oder Keohane sind weitgehend auch so vorgegangen, obwohl sie in ihren Einleitungen ein solches Vorgehen kaum reflektiert haben[70]. Politische Theoriegeschichte teilt mit anderen Bereichen des Faches die Erfahrung, daß die tatsächliche Arbeit wesentlich besser ist als der wissenschaftstheoretische und methodologische Reflexionsstand der Disziplin: Who can does, who can't teaches.

Anmerkungen

1 *Jürgen W. Falter:* Der ‚Positivismusstreit' in der amerikanischen Politikwissenschaft. Opladen, Westdeutscher Verlag, 1982, S. 93
2 *Dwight Waldo:* Political Science: Tradition, Discipline, Progression, Science, Enterprise. In: *Fred I. Greenstein/Nelson W. Polsby* (Hrsg.): Handbook of Political Science. Vol. 1: Political Science. Scope and Theory. Reading/Mass., Addison-Wesley, 1975 (1–130), S. 22 . . .
3 *Harold D. Lasswell/Abraham Kaplan:* Power and Society. A Framework for Political Enquiry. New Haven, Yale UP, 1957, Aufl., S. XI.
4 *Harry Eckstein:* Political Theory and the Study of Politics. A Report of a Conference. APSR, 1956 (475–487), S. 476, 479.
5 *Robert A. Dahl/Deane E. Neubauer* (Hrsg.): Readings in Modern Political Analysis. Englewood Cliffs, Prentice Hall, 1968.
6 *William T. Bluhm:* Theories of the Political System. Classics of Political Thought and Modern Political Analysis. Englewood Cliffs, Prentice Hall, 1965, 178, 3. Aufl.
7 *Sheldon S. Wolin:* Political Theory as a Vocation. APSR, 1969 (1062–1082), S. 1077.
8 *Bernard Crick:* The American Science of Politics. Berkeley, University of California Press, 1967, S. 230.
9 *John G. Gunnell:* Political Theory: The Evolution of a Subfield. In: Ada W. Finifter (Hrsg.): Political Science. The State of the Discipline. Washington, American Political Science Association, 1983 (3–45), p. 29.
10 *Brian Barry:* Do Neighbors Make Good Fences? Political Theory and the Territorial Imperative. Political Theory, 1981 (293–301), p. 293 f.
11 How Professors Rated Faculties in 19 Fields. The Chronicle of Higher Education 15.1.1979.
12 *William H. Riker/Peter C. Ordeshook:* An Introduction to Positive Political Theory. Englewood Cliffs, Prentice Hall, 1973, S. XI.
13 *Albert Somit/Joseph Tanenhaus:* American Political Science. A Profile of a Discipline. New York, Atherton, 1964, S. 52.
14 *Somit/Tanenhaus:* op. cit. S. 66.

15 *John C. Wahlke:* Pre-Behavioralism in Political Science. APSR, 1979, S. 9–31; *David Easton:* The New Revolution in Political Science. APSR, 1969, S. 1051–1061.
16 *V. O. Key:* The State of the Discipline. APSR, 1958 (961–971), S. 967.
17 *Harold D. Lasswell:* The Political Science of Science. An Inquiry into the Possible Reconciliation of Mastery and Freedom. APSR, 1956 (961–979), S. 964.
18 *William Anderson:* The Role of Political Science. APSR, 1943 (1–17), S. 4 ff.
19 Ebd., S. 8; *Ralph J. Bunche:* Presidential Adress. APSR, 1954 (961–971), S. 965.
20 *Austin Ranney:* 'The Divine Science': Political Engineering in American Culture. APSR, 1976 (140–148).
21 *Louis Hartz:* The Liberal Tradition in America. New York, Harcourt, Brace & Co, 1955; Ders.: American Political Thought and the American Revolution. APSR, 1952 (321–342).
22 *Raymond G. Gettell:* History of American Political Thought. New York, Appleton-Century-Crofts, 1928. S. 3.
23 *Wilhelm Hennis:* Politik und praktische Philosophie. Neuwied, Luchterhand, 1963, S. 83 f.
24 *Emmette S. Redford:* Reflections on a Discipline. APSR, 1961 (755–762), S. 758.
25 *Karl Deutsch:* On Political Theory and Political Action. APSR, 1971 (11–27), S. 15.
26 *David Easton:* The New Revolution in Political Science. APSR, 1969 (1051–1061), S. 1059.
27 *Richard Ashcraft:* Political Theory and the Problem of Ideology. The Journal of Politics, 1980 (687–705).
28 *M. Rainer Lepsius:* Die sozialwissenschaftliche Emigration und ihre Folgen. In: Ders. (Hrsg.): Soziologie in Deutschland und Österreich 1918–1945. Opladen, Westdeutscher Verlag, 1981 (460–500), S. 479.
29 *Dante Germino:* The Contemporary Relevance of the Classics of Political Philosophy. In: Greenstein/Polsby, op. cit., 1975 (229–281), S. 272 f.
30 *Robert A. Dahl:* The Behavioral Approach in Political Science: Epitaph for a Monument to a Successful Protest. APSR, 1961 (763–772), S. 764, 772.
31 *Gottfried Dietze:* The Federalist. A Classic on Federalism and Free Government. Baltimore, John Hopkins, 1960; *Carl J. Friedrich:* The New Belief in the Common Man. Boston, 1950.
32 Vor allem: *Carl J. Friedrich:* Inevitable Peace. Cambridge/Mass., Harvard UP, 1948; Politica Methodice Digesta of Johannes Althusius. Cambridge/Mass., Harvard UP, 1932.
33 *Crick,* op. cit. 1967, S. 233.
34 *Hannah Arendt:* Vom Leben des Geistes. Bd. 1: Das Denken. München, Piper, 1979, S. 14.
35 *Arnold Brecht:* Politische Theorie. Die Grundlagen politischen Denkens im 20. Jahrhundert. Tübingen, Mohr, 1961, S. 11
36 *Leo Strauss:* What is Political Philosophy? Glencoe/Ill., Free Press, 1959, S. 12.
37 *Eric Voegelin:* Die neue Wissenschaft von der Politik. München, Pustet, 1959, 165 2. Aufl., S. 13.
38 *Dante Germino:* Beyond Ideology. The Revival of Political Theory. New York, Haper & Row, 1967, S. 15
39 *Arendt,* op. cit. 1979, Bd. 1, S. 62 ff.
40 *J. G. A. Pocock:* The History of Political Thought: A Methodological Enquiry. In: *Peter Laslett/W. G. Runciman* (Hrsg.): Philosophy, Politics and Society (Second Series). Oxford, Blackwell, 1962, 1967 (183–202), S. 187.
41 *C. B. Macpherson:* The Political Theory of Possessive Individualism. Oxford, Clarendon, 1962, 1964, S. 99.
42 *Dante Germino:* Modern Western Political Thought. Chicago, Rand McNally, 1972, S. VII; später gemäßigter in: *Germino,* op. cit. 1975, S. 257.
43 *Carl J. Friedrich:* Man and His Government. New York, McGraw Hill, 1963, S. 89.
44 *Andrew Hacker:* Political Theory: Philosophy, Ideology, Science. New York, Macmillan, 1961, S. 5.
45 *George H. Sabine:* What is Political Theory? (1939). Wiederabgedruckt in: *James A. Gould/ Vincent V. Thursgy* (Hrsg.): Contemporary Political Thought. New York, Holt, Rinehart & Winston, 1969 (7–20), S. 12.
46 *Germino,* op. cit. 1975, S. 257.
47 *Herbert Marcuse:* Der eindimensionale Mensch. Neuwied, Luchterhand, 1967.
48 *Henry S. Kariel:* Creating Political Reality. APSR, 1970 (1088–1098), S. 1091.
49 *M. Haas/H. S Kariel* (Hrsg.): Approaches to the Studies of Political Science. Scranton/Pa., 1970.
50 *Sheldon S. Wolin:* Political Theory as a Vocation. APSR, 1969 (1062–1082), S. 1062.

51 *Christian Bay:* Behavioral Research and the Theory of Democracy. In: *Henry S. Kariel* (Hrsg.): Frontiers of Democratic Theory. New York, Random House, 1970 (327–352), S. 343 f.
52 *Kariel,* op. cit. 1970, S. 1089.
53 *M. Surkin/A. Wolfe* (Hrsg.): An End to Political Science. The Caucus Papers. New York, Basic Books, 1970, pp. 288 ff.
54 *Henry S. Kariel:* The Decline of American Pluralism. Stanford UP, 1961, 1970; *Christian Bay:* The Structure of Freedom. Stanford UP, 1958, 1970; *Henry S. Kariel* (Hrsg.): Frontiers of Democratic Theory. New York, Random House, 1970.
55 *Ashcraft,* op. cit. 1980, S. 701.
56 Vgl. Vorwort von *Walter Euchner* in: *C. B. Macpherson:* Demokratietheorie. München, Beck, 1977, S. 11.
57 *John S. Nelson:* Ashcraft's Problem of Ideology. The Journal of Politics, 1980 (709–715), S. 712.
58 Vgl. dazu: *Jürgen Habermas:* Neokonservative Kulturkritik in den USA und in der Bundesrepublik Deutschland. Merkur, 1982, H. 11, S. 1047–1061.
59 *Ashcraft,* op. cit. 1980; *Udo Bermbach:* Bemerkungen zur politischen Theoriengeschichte. PVS, 1981, S. 181–194.
60 *John G. Gunnell:* Political Theory: Tradition and Interpretation. Cambridge/Mass, Winthrop, 1979, p. 24. *Klaus von Beyme:* Politische Ideengeschichte. Probleme eines interdisziplinären Forschungsbereiches. Tübingen, Mohr, 1969; *Günther Nonnenmacher:* Ideengeschichte zwischen Un-Sinn und Unmöglichkeit? PVS, 1981 (422–431), S. 429.
61 *Gunnell,* op. cit. 1983, s. 34, *Barry,* op. cit. s. 297.
62 *Barry,* op. cit. 297–299.
63 Vgl. *Bhiku Parekh:* Contemporary Political Thinkers. Oxford, Martin Robertson, 1982, S. 200.
64 Vgl. *Otfried Höfe* (Hrsg.): Über John Rawls. Theorie der Gerechtigkeit. Frankfurt, Suhrkamp, 1977; *Norman Daniels* (Hrsg.): Reading Rawls. Critical Studies of a Theory of Justice. New York, Basic Books, 1976.
65 *Robert Paul Wolff:* Understanding Rawls. A Reconstruction and Critique of a Theory of Justice. Princeton UP, 1977.
66 So schon *Sheldon S. Wolin:* Politics and Vision. Continuity and Innovation in Western Political Thought. Boston, Little Brown, 1960, S. 2.
67 *Christian Bay:* The Structure of Freedom. Stanford UP, 1958, 1970, S. V.
68 *Quentin Skinner:* Meaning and Understanding in the History of Ideas. History and Theory 1969, S. 5–53. *John Gunnell:* Political Theory: Tradition and Interpretation. Boston Little-Brown, 1979. *John S. Nelson* (Hrsg.): What should Political Theory be Now? Albany, State University of New York Press, 1983, p. 24 ff.
69 *Barry,* op. cit. 1981, p. 300.
70 *Quentin Skinner:* The Foundations of Modern Political Thought. Cambridge UP, 1978, 2 Bde.; *J. G. A. Pocock:* The Machiavellian Moment. Florentine Political Thought and the Atlantic Republican Tradtition. Princeton UP, 1975; *Nannerl O. Keohane:* Philosophy and the State in France. The Renaissance to the Enlightenment. Princeton UP, 1980.

Ein „glücklicher" Positivist?

*Bemerkungen zu Michel Foucaults „Erneuerung" der Theoriengeschichte**

Ralf Bambach

Es mag zunächst erstaunen, in dem vorliegenden Band eine Studie zu finden, die sich eines Problemfeldes über die Schriften Michel Foucaults zu vergewissern sucht: Foucault ist als „Philosoph" akademisch installiert, seine Arbeiten müssen sich von daher nicht umstandslos „politikwissenschaftlicher" Fragestellungen erschließen. Indessen wären aufkeimende Befürchtungen, hier solle, wie der pauschal ebenso häufige wie unzutreffende Vorwurf gegen die „Theoriengeschichte" lautet, Nutzloses in der Maske des Exotischen als relevant ausgegeben werden, auch in diesem Falle nicht gerechtfertigt. Ein Wort freilich scheint gleichwohl darüber angebracht zu sein, warum in Hinblick auf das in Rede stehende Sujet gerade das Werk Foucaults ausgewählt worden ist. Diese Wahl hat sich von der Überzeugung leiten lassen, daß es fruchtbar für die hiesige Diskussion ist, eine eben vornehmlich von Foucault thematisierte Problematik vorzustellen, die zum einen die theoriengeschichtliche Forschungsdebatte in Frankreich stärker beschäftigt hat als diejenige in der Bundesrepublik, der zum anderen aber sehr wohl grundsätzliche Bedeutung zukommt, und zwar nicht nur akademische, sondern auch politische.

Foucault hat verschiedentlich programmatisch knapp das Ziel seiner theoretischen Arbeit umrissen. Es geht ihm danach darum, gleichsam in der distanzierten Einstellung des Ethnologen die kognitiven und die institutionellen Integrationsformen der modernen europäischen Gesellschaften zu untersuchen.[1] Ein für dieses, sich selber naturgemäß erst im Verlaufe seiner Arbeit konturierendes Vorhaben zentrales Feld ist zweifellos die Theoriengeschichte (von Foucault „Ideengeschichte" genannt), die er in dem umfassenden Sinne einer Geschichte der ordnenden Wissensformen versteht. Sie hat danach sowohl die Geschichte jener Anschauungen zu erzählen, die trotz allen hartnäckigen Drängens die Form der „Wissenschaftlichkeit" nicht zu erreichen vermocht hatten (etwa Alchemie oder Phrenologie), wie sich auch die Aufgabe zu stellen, die Wissenschaften selber durch einen neuen Analysestil, in einer neuen Perspektive zu reinterpretieren. Auf diese Weise will Foucault zunächst jeweils „einen spezifischen epistemologischen Raum einer bestimmten Epoche"[2] beschreiben. An derselben Stelle baut er freilich ahnungsvoll vor, daß er keineswegs beabsichtige, „auf der Basis eines bestimmten Wissenstyps oder Ideenkorpus das Bild einer Epoche zu zeichnen

oder den Geist eines Jahrhundert zu rekonstruieren".[3] Ob er damit bloß Mißverständnissen vorzubeugen oder aber Spuren zu verwischen sucht, wird zu klären sein.
Foucault hat in einer Reihe, zum Teil sehr umfangreicher, ebenso metaphernreich-wortgewaltiger wie subtiler Untersuchungen, denen er in zahlreichen Aufsätzen und Interviews verdeutlichende Erläuterungen beigegeben hat, sein Programm zugleich präzisiert und zu verwirklichen versucht, wobei er noch keineswegs an ein Ende gelangt ist – *work in progress* also.[4] Dabei habe er sich, wie er schreibt, von Anfang an gezwungen gesehen, der bislang ganz und gar unzulänglichen „Ideengeschichte zu einer Methode"[5] zu verhelfen, sie von „Grund auf" zu erneuern, d. h., ihr jene Form von „Wissenschaftlichkeit (scientificité)"[6] zu geben, die andere, von der „Ideengeschichte" nicht weit entfernte Disziplinen schon längst erreicht hätten. In der vorliegenden Studie wird nun davon ausgegangen, daß der zu Anfang der 1970er Jahre erfolgte und bis heute durchgehaltene Stellungswechsel in Foucaults Argumentationslinie, der sich in einer dezidierten Neuinterpretation des Machtbegriffs ausdrückt, nur die Konsequenz des anfänglichen theoretischen Konzepts ist. Freilich können weder die Fülle des in neuen Perspektiven ausgebreiteten historischen Materials noch die vielfältigen, so überraschenden wie lehrreichen Ergebnisse der Arbeiten Foucaults hinreichend und also ausführlich gewürdigt und diskutiert werden. Gleiches gilt für die ebenfalls vom Material her vorgetragene Kritik an jenen Resultaten. Vielmehr sollen anhand zweier, freilich prägender Figuren des Foucaultschen Denkens spezifische theoretische Implikationen seiner Argumentation, die wiederum mit bestimmten politisch-praktischen Konsequenzen korrelieren, für die Theoriengeschichte deutlich gemacht werden (daß das zugleich, wenn auch nur in sehr allgemeiner Form, über die mögliche Berechtigung der erwähnten Kritik vorentscheidet, liegt auf der Hand). Gemeint sind zum einen die Figur des „Diskurses" und, der Gedankenentwicklung Foucaults folgend, die Frage, wie die Entstehung der auf Wahrheit hin angelegten „Diskurse" mit den verschiedenen gesellschaftlichen und politischen „Machtinstitutionen" und deren Reproduktion verbunden sind, zum anderen geht es um die darin gleichsam eingewobene Figur der, ursprünglich von J. Lacan so genannten, „Dezentrierung des Subjekts".
In seiner 1969 erschienenen „Archäologie des Wissens" bildet Foucault seinen Diskursbegriff auf der Grundlage einer Theorie der „Aussage (énoncé)". Eine „Aussage" ist danach ein Ereignis, das weder die Sprache ("langue") noch der Sinn völlig erschöpfen könnten; sie sei weder eine Einheit derselben Art wie der Satz, die Proposition oder der Sprechakt, noch eine solche wie ein materieller Gegenstand, eine Sache, ja, sie sei in sich selbst gar keine Einheit, sondern eine Funktion, und zwar eine Existenzfunktion, die mögliche Einheiten (Zeichen, Regeln, Formen) mit konkreten Inhalten in Zeit und Raum erscheinen lasse. D. h., sie stelle nicht eine Einheit neben Zeichenfolgen (wie z. B. Sätzen oder Propositionen) dar, sondern sie sei, immer nur in einem Feld anderer „Aussagen" existierend, stets in diesen Einheiten eingehüllt, wobei sie das Faktum und die Weise von deren Existenz charakterisiere. Dadurch will Foucault erklären, warum ein Satz, auch wenn er aus denselben Wörtern besteht, denselben Sinn besitzt und syntaktische wie semantische Identität durchhält, gleichwohl nicht dieselbe Aussage artikuliert, wenn er in einer Unterhaltung oder wenn er in einem Roman auftaucht, wenn er vor hundert Jahren geschrieben wurde oder wenn er jetzt in einem Gespräch gesprochen wird.[7]

Im weiteren soll dieser knappe Hinweis auf Foucaults Aussagentheorie nun nicht in Hinblick auf deren gleichsam innerkonzeptionellen Probleme (etwa die Verwischung des Unterschieds zwischen Äußerung und Aussage[8]) differenziert werden, sondern hinsichtlich der theoretischen Folgerungen, mit denen er diese Basis belädt. Sie formuliert er in der Antwort auf die Frage, was diejenigen Einheiten, denen jeweils bestimmte „Aussagen" angehörten, seien, die er als „Diskurse" bezeichnet, wie z. B. die Politische Ökonomie, die Biologie, die Grammatik, die Medizin[9], freilich nicht verstanden als jeweiliger entwicklungsgeschichtlicher Gesamtzusammenhang der betreffenden Disziplin, sondern als je diskursspezifische epochale diskontinuierliche Einheiten (d. h., „Medizin" im traditionellen Sinne beispielsweise zerfällt nach Foucault in differente „Diskurse", wobei der medizinische „Diskurs" etwa des 18. Jahrhunderts dem grammatischen jener Zeit näher stehe als dem medizinischen des 19. Jahrhunderts usw.). Dabei wirft er zugleich vier Problemkomplexe auf, nämlich was ein „Diskurs" sei, wie er entstehe und wie er vergehe, wie verschiedene „Diskurse" voneinander abgegrenzt seien und wie schließlich das Verhältnis des „diskursiven" zum „nicht-diskursiven" Bereich beschaffen sei.

Nach Foucault bilden „Aussagen" eine Gesamtheit weder durch den Bezug auf einen gemeinsamen, klar umrissenen Objektbereich[10], noch durch die Form und den Typ ihrer Verkettung, noch durch einen definierten Stil, weder durch ein bestimmtes Begriffssystem noch durch die Beständigkeit einer Thematik. Ebensowenig entstünden Einheiten von „Aussagen" durch die synthetisierende Kraft eines Subjekts, sei es eines transzendentalen, sei es eines sich seiner selbst mächtigen empirischen; vielmehr stellten sie Gesamtheiten dar, in denen die „Verstreuung (dispersion) des Subjekts" und dessen „Diskontinuität mit sich selber"[11] sich bestimmten, d. h., sie seien insofern gleichsam Bereiche für verschiedene Positionen des Subjekts bzw. der Subjektivität.

Da mithin eine Theoriengeschichte, die nach dem Sinn der Worte fragt und diese gar durch einen Rückgriff auf ein dem „Diskurs" Vorausliegendes zu erläutern sucht, in dem von Foucault thematisierten Fragehorizont keinen Ort findet, schlägt er einen Weg vor, auf dem man über eine *Beschreibung* von „*Systemen der Streuung* (dispersion)"[12], von Formen der Verteilung von „Aussagen", die nicht nach dem Werk insgesamt, den darauf wirkenden Einflüssen, seinem Ursprung und seinem Autor fragt, zu einer Gesamtheit von Regeln gelangen soll, die einer „diskursiven Praxis" immanent seien, sie durch entsprechend erzeugte „Aussagen" in ihrer Besonderheit definierten und damit die Einheit des „Diskurses" ausmachten. Deshalb akzeptiert Foucault jene Kritik, in der ihm vorgehalten wird, daß er selber in seinen Schriften Autoren erwähne – seinem Ansatz angemessen ist in der Tat nur eine Theoriengeschichte, die auf Namen ganz verzichtet[13]; daß jenes in der Nachfolge der Mallarméschen Antwort auf Nietzsches Frage lapidar hingeworfene: "Qu'importe qui parle"[14], auch den Autor Foucault selber treffen muß, wird noch zu verhandeln sein.

Der Foucaultschen „Beschreibung" gilt der „Diskurs" nicht als Zeichenmenge für etwas anderes. Er wird vielmehr als solcher, gleichsam an-und-für-sich genommen. Er sei von den „Sachen (choses)", wie Foucault schreibt, „ent-gegenwärtigt (dé-présentifié)"[15] – denn der „Diskurs" stelle gerade nicht den Ort einer Verschränkung der

„Sachen" und der „Wörter" dar.[16] Zählen sollen nur die Gegenstände des „Diskurses" selber, die bezogen würden auf diejenigen Regeln, die es als je spezifische historische Bedingungen erlaubten, jene Gegenstände als Gegenstände des jeweiligen „Diskurses" zu erzeugen, denn man könne nicht in jeder Epoche über alles bzw. irgend etwas sprechen. D. h., Foucault gelten „Diskurse" als „Praktiken, die systematisch die Gegenstände bilden, von denen sie sprechen."[17] Demgemäß führen also die „Diskurse" „Aussagen" als „Ereignisse", die ihre Bedingungen und ihr Erscheinungsgebiet haben, und als „Dinge" ein, die ihre Möglichkeiten und ihr Verwendungsfeld haben – der „Diskurs" konstituiert mithin die „Diskursobjekte" ausschließlich selber. Dabei unterscheidet Foucault das so je entstandene „diskursive" Beziehungsgeflecht sowohl von dem, wie er es nennt, „primären" oder „wirklichen" der empirischen Dimension (Menschen, Sachen, Institutionen usw.) einer Gesellschaft, wie auch von dem „sekundären" oder „reflexiven", d. h. von dem, was zu einem bestimmten Zeitpunkt über die „wirklichen" Beziehungen gesagt werden könne; letzteres finde sich zwar im „Diskurs" formuliert, setze diesen aber selber schon voraus – „Diskurs" bezeichnet also nicht das, *was* gesagt wurde bzw. wird. Die „diskursive Praxis" stellt dann demzufolge ein spezifisches In-Beziehung-Setzen von teils neuen, teils schon bekannten Elementen dar, durch das etwas entstehe, was *nicht* als „Wirkliches" prädiskursiv existiere.

Das Argumentationsmuster Foucaults ist offenkundig: er setzt Interpretation mit Kreation umstandlos gleich. Daraus folgt unter den von ihm gemachten konzeptionellen Voraussetzungen, daß er tautologischer Definitionen nicht entbehren kann. So schreibt er zusammenfassend, daß der „Diskurs" durch eine begrenzte Zahl von „Aussagen" gebildet werde, für die man eine bestimmte Zahl von Existenzbedingungen angeben könne: „Diskurs wird man eine Menge von Aussagen nennen, insoweit sie zur selben diskursiven Formation gehören."[18] Mit dieser Definition korreliert die andere, mit der er „diskursive Praxis" ebenso zusammenfassend bestimmt. Danach ist diese weder expressives Handeln, in dem ein Individuum sich ausdrückt, noch rationale Tätigkeit in einem System von Schlußfolgerungen; ebensowenig sei sie mit der sprachlichen Kompetenz eines Subjekts zu verwechseln, das grammatische Sätze bilde. Foucault mutet sich also die Aufgabe zu, „Praxis" ohne Bezug auf ein sinnstiftendes Subjekt zu erläutern. Das geht nicht ab ohne einen definitorischen Gewaltakt: er verkehrt „Praxis" faktisch in ihr Gegenteil, indem er sie mit einem Regelsystem identifiziert – das auf diese Weise unvermeidlich selbst Subjektcharakter gewinnt: „Sie ist eine Gesamtheit von anonymen, historischen, stets im Raum und in der Zeit determinierten Regeln, die in einer gegebenen Epoche und für eine gegebene soziale, ökonomische, geographische oder sprachliche Umgebung die Wirkungsbedingungen der Aussagefunktion definiert haben."[19]

In dieser Perspektive kann Foucault gar nicht anders, als der Theoriengeschichte eine neue Form zu geben, diejenige der „Archäologie". Damit verbindet er folgende Überlegungen. Die traditionelle Geschichtswissenschaft und die dementsprechend verfahrende „Ideengeschichte" nähmen das Überlieferte als „Dokument", d. h. als Zeichen oder Spur von etwas, das sich hinter diesen durch die Ferne der Zeit verdunkelt habe und das es, durch die Zeugnisse hindurch, zu rekonstruieren gelte. Dahinter stehe die – Foucault nennt sie anthropologische – Vorstellung eines kollektiven Gedächtnisses, das sich der Kontinuität seiner selbst über die Jahrhunderte versichern zu können glaube, eben weil es auf der Kontinuität der „wirklichen Geschichte" aufruhe. Dieser doppelt irrigen Auffassung – weder könne von Kontinuität die Rede sein noch von „Dokumenten" – sei in unserer Zeit ein Widersacher in Gestalt einer neuen Art der Geschichtsbetrachtung erwachsen. Diese sehe es nicht als ihre Aufgabe an, ihren Gegenstand als „Dokument", als „Ausdruck von" zu befragen, sondern sie nehme ihre Gegenstände als bloße Faktizitäten. Insofern hebe sie die Verkehrung der traditionellen Geschichte, die „Monumente" in „Dokumente" verwandelt habe, wieder auf, transformiere also diese in jene zurück, d. h. in nur sich selber genügende Gegenstände. Diese versuche sie dann immanent zu beschreiben. Genau das ist nach Foucault das Verfahren, mit dem man eine „diskursive Formation" bzw. einen „Diskurs" zu untersuchen habe. Solcher Untersuchung gehe es weder um eine Interpretation des „Diskurses" in Hinblick auf seinen Entstehungs- wie seinen Verwendungszusammenhang, noch um seine Rationalität, sondern allein um die Definition seines jeweiligen Typs von in sich selbst ruhender, also innerdiskursiver „Positivität".[20] Da nach Foucault allein diese Positivität Realitätsbedingung für „Aussagen" ist, nennt er sie zugleich ein *„historisches Apriori"*. Diese, wie er selber zugesteht, „etwas sprachwidrige"[21] Attribuierung strapaziert freilich nicht nur die Sprache – sie verweist auf die Unzulänglichkeit einer Theorie, welche die Geschichte, um sie von der biographischen Folie der großen Namen zu lösen (eine zweifellos richtige Intention), in eine Abfolge diskontinuierlicher Diskurspositivitäten fragmentieren zu müssen glaubt. Treffend spricht J.-P. Sartre im Anschluß an R. Kanters deshalb nicht von einer „Archäologie", sondern von einer „Geologie".[22]

Unter diesen Voraussetzungen nennt Foucault „diskursive Praktiken" als Systeme von „Aussagen" „Archiv".[23] Darunter versteht er sonach nicht die Summe der Texte, die aufbewahrt worden sind (und natürlich auch nicht diejenigen Institutionen, die jene Texte registrieren und konservieren), sondern die „diskursiven" Regeln, die bewirkten, daß die gesagten Dinge weder allein gemäß der Logik des Denkens noch nach dem Zusammenhang der Umstände erschienen seien. D. h., das „Archiv" ist nach Foucault zum einen das „Gesetz" dessen, was gesagt werden könne, zum anderen ist es das System, das verhindere, daß alles zu einem unterschiedslosen Rauschen verschmelze, das System also, das die „Diskurse" differenziere und ihre Dauer bestimme. Nun merkt Foucault an, daß eine erschöpfende Beschreibung weder des „Archivs" einer Gesellschaft noch jenes einer Epoche möglich sei. Freilich bringt diese Trivialität (eine Beschreibung kann nie vollständig sein) einen wesentlichen Argumentationsbezug Foucaults zur Darstellung: er akzeptiert nur die – scheinbar unproblematische – Form der *Beschreibung*, weil er jeden Subjektbezug leugnet, ohne den beispielsweise die Form der Rekonstruktion gar nicht denkbar ist. Insofern läßt das Foucaultsche „Archiv" eine selbstreflexive Bewußtwerdung nicht zu: es sei unmöglich, das je eigene „Archiv" zu beschreiben, weil man ja immer nur mit und in seinen Regeln sprechen könne. Foucault ist zu dieser Absage gezwungen, weil der Verzicht auf sinnstiftende Subjektivität (denn wer sollte sich wie wessen bewußt werden?) den universalpragmatisch instruierten Begriff eines durch Intersubjektivität vermittelten, distanzierenden Sprachspiels nicht gestattet, vielmehr nur eine prinzipielle unbegrenzte Hierarchie von

Metasystemen übrigläßt. Der Abbruch des Verfahrens hat da den Vorzug der Kürze – wenngleich den Nachteil der Widersinnigkeit: das prinzipiell nie vollständig beschreibbare „Archiv" bestimmt Foucault gleichwohl als ein „System"[24].

„Archäologie" nennt Foucault also diejenige Untersuchungsform, welche die „Diskurse" als besondere „Praktiken" des „Archivs" auf der Ebene ihrer Existenz beschreibt. Indem die „Archäologie" mithin systematisch die Verfahren und Forderungen der „traditionellen Ideengeschichte" und damit deren große Themen wie Genese, Kontinuität und Totalisierung verwirft, unternimmt sie es, „eine ganz andere Geschichte dessen zu schreiben, was die Menschen gesagt haben"[25], eine Geschichte, die sich als Beschreibung von „diskursiven" Aussagehierarchien und -gleichförmigkeiten niederschlagen soll. Nun wird man schon auf linguistischer Ebene einwenden müssen, daß eine performanztheoretische Argumentation – wie sie die „Archäologie" ja einschlägt – ohne die Dimension pragmatischer Kompetenz gar nicht auskommen kann.[26] Weiterführend provozieren die Konsequenzen jener Absage an die ‚Tradition' zwei Fragen, nämlich zum einen, *wie* sich unter den genannten Voraussetzungen ohne Willkür und Beliebigkeit Gleichförmigkeiten und Hierarchien denn feststellen ließen[27], zum anderen, *warum* man sie überhaupt feststellen, „beschreiben" solle. Beide Fragen lassen sich unter den argumentativen Voraussetzungen Foucaults nicht befriedigend beantworten. Man wird also andere Voraussetzungen suchen müssen, nämlich diejenigen einer, mit U. Bermbach zu reden, „sozialstrukturell orientierten Theoriengeschichte", und davon auszugehen haben, daß Theorien mögliche – und manchmal durch kognitive Überschüsse ausgezeichnete – Antworten auf historisch spezifische Problemlagen darstellen und daß aus ihrer Analyse ein Reflexionspotential für je gegenwärtige Probleme erwachsen kann.[28]

Die in den voranstehenden Zeilen naturgemäß thesenartig zusammengezogenen Überlegungen Foucaults stellen ein Grundsatzprogramm theoriengeschichtlicher Forschung dar. In dessen Mittelpunkt steht der Gedanke der „Dezentrierung des Subjekts". Mit ihm knüpft Foucault an eine längere, in sich freilich höchst kontroverse Tradition an, die sich zwanglos mit den Namen dreier „Meister des Zweifels" verbinden läßt. Da ist einmal Marxens Destruktion des abstrakten Anspruchs des Idealismus auf die Geschichtsmächtigkeit des synthetisierenden Bewußtseinssubjekts (vom Cartesischen "cogito" bis hin zur Hegelschen Verschmelzung von Ontologie und Logik) zu nennen, sodann Nietzsches Angriff auf die mehr als subjektivistischen Sinn zu stiften beanspruchende Rationalität des Subjekts, schließlich Freuds Untersuchungen, welche die Vorstellung einer in frageloser Positivität vorausgesetzten Identität, derer sich jedes Subjekt von vornherein mächtig sei, ein für allemal widerlegt haben.

In Frankreich sind diese drei Ansätze, und zwar gleicherweise als Argumente gegen den zumal in der Phänomenologie im allgemeinen und im Existentialismus im besonderen vorgetragenen Begriff des Subjekts (ich weiß, daß auch auf sehr hohem Abstraktionsniveau Pauschalisierungen die Begriffe ruinieren können, aber es sei mir aus Platzgründen gestattet, *die* Phänomenologie, *der* Existentialismus sowie, gleich im folgenden, *der* Strukturalismus zu schreiben), von einer heterogenen Gruppe von Theoretikern verschiedener Disziplinen in Ansätzen unterschiedlicher Niveaus aufgenommen worden, die Ende der 1950er und Anfang der 1960er Jahre, also in jener Zeit des kalten

Krieges, als eine Umwälzung der kapitalistischen Verhältnisse einer sich scheinbar über immer komplexere anonyme Systeme selber steuernden hochentwickelten Industriegesellschaft den wenigsten noch wünschbar erschien, öffentlichkeitswirksam unter der Bezeichnung Strukturalismus fusioniert wurden. Es ist dabei ebenso offensichtlich wie es hier nicht diskutiert zu werden braucht, daß die strukturalistischen Interpretationen mit jenen drei Quellen oftmals, um es vorsichtig auszudrücken, sehr eigenwillig umgegangen sind. Entscheidend ist vielmehr die Art ihrer Aneignung. Auf der einen Seite hat der Strukturalismus, plakativ formuliert, *das* Denken als „Humanismus" abqualifiziert, das nach dem „Tode Gottes" dessen Attribute anstandslos für den Menschen selbst vindiziert[29] (von daher zieht er eine, abwegige, Linie von Feuerbach/Marx über Nietzsche und Kojèves Hegel zu Camus und Sartre), auf der anderen Seite gerät ihm indessen, nicht selten in eigentümlicher Nähe zu Heidegger, unter der Hand die Struktur selber zu einer Art überpersönlichen Subjekts, einem ‚Subjekt', das, so scheint es, den Strukturalismus selber hervorbringt, indem es ihn praktiziert. Dieser Mystifikation vermag sich der Strukturalismus nicht zu entwinden, denn anders könnte er einen systematischen Zusammenhang, eine begriffliche Einheit nicht denken, wäre er selber unmöglich. Man könnte nun die verschiedenen Gestalten dieses Objektivismus in den unterschiedlichen strukturalistischen Argumentationen porträtieren. Das hätte freilich den Rahmen der vorliegenden Überlegungen gesprengt, die nur auf bestimmte Aspekte aufmerksam machen, also keine aufwendige Kritik des Strukturalismus leisten wollen.
Der strukturalistische Angriff auf das „Subjekt" setzt doppelt an: er kritisiert es als verabsolutierten Begriff und damit zugleich als Begriff spekulativer Identität. Er beschränkt seine Kritik nun aber nicht auf diese idealistische Konfiguration subjektiver Souveränität eines sich selber durchsichtigen Geistes, auf die Fiktion eines sich selbst erzeugenden Subjekts der Geschichte, sondern erklärt sie zum Kern eines jeden Subjektbegriffs (wie zu dem seiner Korrelate „Anthropologie" und „Humanismus"), den er als das Trugbild eines seiner selber, seiner Intentionen, Sprache und Handlungen jedenfalls potentiell mächtigen Individuums zu durchschauen meint. D. h., er unterscheidet nicht zwischen einem geschichtsmetaphysisch *vorausgesetzten* Subjekt und einem Subjekt, das sich allererst im Verlaufe der Gattungsgeschichte, und zwar immer in einem zugleich *Intersubjektivität* konstituierenden Vergesellschaftungsprozeß, Handlungs- und Kooperationszusammenhang, herausbildet, er sieht nicht, daß nicht das Subjekt am Ende ist, sondern daß überkommene Konzepte von Subjektivität sich überlebt haben.

Methodisch haben sich die strukturalistischen Ansätze in allen Wissenschaftsbereichen, in denen sie Geltungsansprüche erhoben haben, ausdrücklich oder stillschweigend des sprachwissenschaftlichen Paradigmas befleißigt. Insofern läßt sich durchaus die, wenngleich etwas zugespitzte, These vertreten, daß sie auch die Sozialwissenschaften mit ihren Teildisziplinen auf die Semiologie zurückführen wollen – eben weil alle möglichen Objekte einer strukturalen Analyse wie eine Sprache aufgebaut sein müßten. Vorbild ist dabei freilich „Sprache" in strukturalem Verständnis. Im Unterschied zum traditionellen, das die „parole" und damit das sprechende Subjekt, die Syntagmatik und die Kontinuität betont, akzentuiert das strukturale die "langue" und damit das System, die Paradigmatik und die Diskontinuität. Das sprachliche Zeichen ist danach weder eine Sache noch ein Repräsentant und es begründet sich vollständig selber. Vereinfachend, jedoch nicht verfälschend, kann man mit V. Descombes[30] dieses Grundmuster zu drei Thesen verallgemeinern. Zum einen gehe der Signifikant dem Signifikat voraus, Sprache sei also kein Medium im Dienste eines Auszudrückenden; zum anderen gehe der Sinn aus dem Nicht-Sinn hervor, denn ansonsten reduzierte sich die Kommunikation auf die Wiederholung des umständeunabhängigen ewig Gleichen; schließlich sei das Subjekt dem Gesetz des Signifikanten unterworfen, d. h., nicht das Subjekt erzeuge den Sinn und drücke ihn dann in der Sprache aus, sondern der Sinn erscheine erst mit dem Signifikanten. Von der lateinischen Wortwurzel des Begriffs Subjekt her läßt sich diese Vorstellung auch so formulieren, daß der Signifikant den Menschen unterwerfe, „subjektiviere" also. Von daher ist, um den Gedanken wieder aufzunehmen, der „Mensch" eben nicht das Geheimnis „Gottes", vielmehr seien beide Tatbestände nur der Sprache.

Die Ähnlichkeit dieser Argumentation mit derjenigen Foucaults ist unverkennbar. Zwar hat Foucault in seinem Vorwort zur deutschen Ausgabe der „Ordnung der Dinge" auch den deutschsprachigen Leser noch einmal ausdrücklich darauf hingewiesen, daß das Etikett „Strukturalist" auf ihn gar nicht passe[31]; aber trotz solcher Betonung der Differenz zum Strukturalismus hat er ihm eine, über die Behauptung eher oberflächlicher Unterschiede hinausgehende, unmißverständliche, systematisch angelegte theoretische Absage nie erteilt. Dafür hat er gelegentlich, wenn auch pauschal, auf eine gewisse Übereinstimmung hingewiesen.[32] So treffend deshalb J. Piagets bekanntes Wort von einem „Strukturalismus ohne Strukturen"[33] auch ist, so viel läßt es gleichwohl offen; denn Foucaults Versuche erläutern mehr durch instruktive Widersprüche, als daß sie sich vorderhand als schlichte Wiederholungen abtun ließen.

Foucault schreibt an einer Stelle, daß der Strukturalismus nicht eine neue Methode sei, sondern das „erwachte und unruhige Bewußtsein des modernen Wissens"[34], und zwar deshalb, weil er nicht nur die Problematik des doppelten Verhältnisses der Beziehung des Sinns zur Form der Wahrheit und zur Form des Seins als diejenige erkenne, die das „moderne Wissen" in seinem Innersten kennzeichne, sondern weil er zugleich auf einen „Diskurs" verweise, der ebenso eine Ontologie wie eine Semantik sein solle. Die im folgenden entfaltete These ist nun, daß Foucault, indem er diese identitätsphilosophische Vorstellung unauffällig in seine Figur des „Diskurses" aufnimmt, zugleich die damit unvermeidlich verbundenen und in dem Horizont jener Vorstellung nur hin- und herschiebbaren, nicht aber zu lösenden Aporien übernimmt.

Vorderhand bestreitet Foucault natürlich nicht, daß der „Diskurs" ebenso wie die „diskursive Praxis" geschichtliche Konfigurationen seien, „durch und durch historisch", in einer „gegebenen Epoche und für eine gegebene soziale, ökonomische, geografische oder sprachliche Umgebung".[35] Es handele sich also nicht um zeitlose, ideale Materien, zu denen dann von außen noch Geschichte hinzukäme. Dem „Diskurs" seien, wie er ausdrücklich hervorhebt, weder seine Funktion, seine Rolle in „nicht-diskursiven" Zusammenhängen wie in sozialen und politischen Auseinandersetzungen äußerlich, noch seine mehr oder minder privilegierte Verfügung bzw. Aneignung als das Recht und die Kompetenz zu sprechen, zu verstehen und ihn in anderen Bereichen einzusetzen, noch die möglichen Positionen des „Verlangens (désir)"[36] zu ihm als dem Ort der Gaukelei, als Element der Symbolisierung, als Form des Verbots und als Instrument der abgeleiteten Befriedigung, sondern sie alle stellten tatsächlich den „Diskurs" bildende Elemente dar.

Auf diese Weise versucht Foucault, zweierlei zu erreichen. Zum einen will er den geschichtlichen Charakter des „Diskurses" wie dessen Eingebundenheit in einen gesellschaftlichen Zusammenhang ausdrücklich bestätigen – dessen Leugnung er J. Derrida beispielsweise zu recht ankreidet. Zum anderen versucht er, die für *seine* diskurstheoretischen Überlegungen verhängnisvollen Konsequenzen dieser Bestätigung zu neutralisieren, indem er nicht bloß, wie R. Robin meint, die verschiedenen gesellschaftlichen Lebensbereiche und Dimensionen ohne Angabe von Dominanz- und Determinierungsverhältnissen parallelisiert[37], sondern indem er sie dem „Diskurs" gleichsam einverleibt. Damit will er diesen natürlich nicht zur Realität schlechthin erklären, so daß es außerhalb der „Diskurse" nichts mehr gäbe. Vielmehr geht es ihm dabei zunächst um den theoretischen Nachweis, daß die Analyse des „Diskurses" sich auf die „diskursive Formation"[38] zu beschränken habe, weil diese alle für sie folgenreichen Momente in sich aufgenommen habe (also *nicht* von ihnen als heteronomen beeinflußt werde), ihnen deshalb Position und Potenz selber vorschreibe und eben dadurch einen „eigenen Typ von Historizität"[39] konstituiere. Auf dieselbe Weise, nur gleichsam eine Stufe höher, ist der, an T. S. Kuhns „Paradigma" erinnernde, Begriff der „Episteme" formuliert. Mit ihm bezeichnet Foucault die Gesamtheit der kognitiven Ordnungsmuster einer Epoche, die Gesamtheit der Beziehungen also, welche die Bedingungen der Möglichkeit jeglichen Wissens einer bestimmten Zeit definierten und die folglich das wissenschaftlich Qualifizierbare vom wissenschaftlich Nicht-Qualifizierbaren zu scheiden ermöglichten.[40] Die sich so zwangsläufig ergebende wie für ihn nicht beantwortbare Frage, wie denn das System eines solchen epistemologischen Raumes die spezifischen Diskursordnungen organisiere, hat Foucault dann bewogen, in seiner „Archäologie des Wissens" die Epistemekonzeption zurückzunehmen. Die zugrundeliegenden Probleme sind freilich geblieben – in Foucaults eigenen Worten: „Das Problem besteht also nicht darin, sich zu fragen, wie und warum er (i. e. der „Diskurs", R. B.) zu diesem Zeitpunkt hat auftauchen und Gestalt annehmen können. Er ist durch und durch historisch: Fragment der Geschichte, Einheit und Diskontinuität in der Geschichte selbst, und stellt das Problem seiner eigenen Grenzen, seiner Einschnitte, seiner Transformationen, der spezifischen Weisen seiner Zeitlichkeit eher als seines plötzlichen Auftauchens inmitten der Komplizitäten der Zeit."[41] Dieses, wie ich es nennen möchte, *Inkorporationstheorem* ist faktisch der Drehpunkt der Foucaultschen „Erneuerung" der Theoriegeschichte, denn von ihm aus kann er die geschlossene Architektonik seiner Konzeption errichten, ohne sich durch Widerstände des historischen Materials irritieren lassen zu müssen – nicht Foucaults Beschreibung schmiegt sich dem Gegenstand an, sondern dieser wird zur Mimikry gezwungen. Der Vorwurf seiner Kritiker, er konstruiere Geschichte, schreibe Geschichten ("Science-fiction" im Wortsinne!), er sei, wie es bei P. Sedgewick heißt, ein "self-proclaimed dealer in fictions, seemingly unconcerned with accuracy and evidence"[42], findet darin seine Berechtigung.

Foucault will mit jenem genannten Theorem einem, von ihm selber zwar so nicht formulierten, doch durch die Regieanweisungen seiner eigenen Theorie erzeugten

Problem abhelfen: wie ist das Verhältnis von Theoriengeschichte und realhistorischem Prozeß zu fassen, *wenn* jede Theorie und also jede Interpretation bzw. „Beschreibung" von Theorie durch ein je historisch spezifiziertes, vollständig aber nie begreifbares, immer schon vorgelagertes „diskursives" System begrenzt ist, das sie nur verlassen können, wenn sie anderen Platz machen, die in einem neuen, genau so spezifischen System ebenso vorgängig integriert sind. Durch diese Vorentscheidung Foucaults, mit der er gerade die wesentliche Aufgabe einer gehaltvollen Theoriengeschichte einfach von sich weist, nämlich zu untersuchen, wie, um es knapp zu sagen, Basis und Überbau zusammenhängen und aufgrund welcher gesellschaftlichen Bedingungen und Konstellationen welche Bereiche des letzteren überhaupt und in welchem Ausmaß eine relative Eigenständigkeit entfalten können, muß die bisherige Problemexposition unbefriedigend bleiben – das Inkorporationstheorem ist über die Stufe seiner schlichten Existenzbehauptung nicht hinausgelangt, ein Urteil, das auch für Foucaults, obschon minuziöse, Betrachtungen des historischen Materials gilt. Das Problem hat er mithin nur verschoben; weiterhin bleibt, unter den von ihm definierten Bedingungen, die entscheidende Aufgabe herauszusarbeiten, *wie* der „diskursive" mit dem „nicht-diskursiven" Bereich zusammenhängt, oder, in Foucaults eigenen Worten: es gehe um die „Mobilität der Diskurse, die diese im Rhythmus der Ereignisse bewegt", um den Versuch, „das Niveau freizulegen, auf dem sie ausgelöst wird – das man das Niveau der Ereignis*schaltung* (embrayage événementiel – besser wohl mit „Ereignis*kupplung*" zu übersetzen, R. B.) nennen könnte."[43] Auch in seiner „Archäologie des Wissens" hat er indessen diese Aufgabe nicht gelöst, nicht lösen können; denn durch die starre Gegenüberstellung von rein „diskursiven" und ebenso rein „nicht-diskursiven" Bereichen (die auch für Foucaults eigenes Begriffsraster nur zwanghaft, nicht zwangsläufig sich ergibt), oder dadurch, anders ausgedrückt, daß er beides will, historisch spezifische Verknüpfung und Verselbständigung des allgemeinen Begriffs, blockiert er jeden theoretischen Vermittlungsversuch. Obwohl er von „Kupplung" redet, unterstellt er insofern Inkorporation. Dieses Defizit hat er selber bemerkt, wenngleich nur die Folgen, nicht die Ursache. Daher setzen seine weiteren Überlegungen genau an diesem Punkte an. Ihr Ergebnis ist, wie zu vermuten war, nicht weniger problematisch als ihr Ausgangspunkt, denn das theoretische Niveau seiner Methode und damit diese selber bleiben unverändert.

Den systematisch vorangetriebenen Versuch der Lösung jener Aufgabe stellt Foucault mit seiner in „Überwachen und Strafen" gegebenen Antwort auf die Frage nach dem Verhältnis von „Macht (pouvoir)" und „Wissen (savoir)" vor. Dort läßt er sich dabei von der Annahme leiten, daß das Strafrecht und die Humanwissenschaften nicht zwei Geschichten hätten, die sich überschnitten und dabei wechselweise störten oder förderten, sondern daß es eine beiden gemeinsame „Matrix" gebe, daß beide einem „einzigen epistemologisch-juristischen Formierungsprozeß" angehörten. Als die beiden gemeinsame Instanz, als „Prinzip" der „Vermenschlichung der Strafe" wie als „Prinzip" der „Erkenntnis des Menschen" gilt ihm dann die „Technologie der Macht".[44]

Auf diesem Boden, den er in der angeführten Untersuchung sorgfältig zu kultivieren sucht, formuliert er die allgemeine These von der Übereinstimmung zwischen „Wissen" und „Macht", die seine Untersuchungen unter der Hand von einer Beschreibung der

Wissensordnungen in eine der universellen Machtreproduktion verwandelt. Demgemäß setzt er seiner Arbeit ein umfassendes Ziel: nunmehr beabsichtige er, wie er ganz unbescheiden erklärt, „die Geschichte der Gegenwart zu schreiben."[45]

Nach Foucault ist es unzutreffend, daß „Macht" und „Wissen" inkompatibel, daß das „Wissen" sich nur dort entfalten könne, wo „Machtverhältnisse" suspendiert seien. Vielmehr müsse man davon ausgehen, daß die „Macht" allererst das „Wissen" erzeuge und nicht, wie Foucault ausdrücklich anmerkt, bloß fördere, anwende oder ausnutze.[46] D. h., der *Stellungswechsel* seiner Argumentationslinie ist darin zu sehen, daß er die Verbindung von „diskursiver" und „nicht-diskursiver" Realität nicht mehr als Kupplungsproblem ansieht, sondern daß er jetzt davon ausgeht, daß beide durch ein einziges Netz von Kraftlinien immer schon synchronisiert seien. In dem ein Jahr nach „Überwachen und Strafen" erschienenen ersten Band seiner Untersuchung über „Sexualität und Wahrheit" führt er diese These in dem Kontext der Frage aus, wie sich derjenige „Erkenntnisbereich" organisiert habe, der mit dem Wort „Sexualität" umschrieben werde. Auch hier argumentiert er aus der Überzeugung heraus, daß die Sexualität nicht ein Trieb sei, welcher der „Macht" nur gewaltsam, also durch Unterdrückung sich füge, weil er ihr gleichsam von Natur aus fremd gegenüberstehe, sondern daß sich im Gegenteil die Sexualität als ein „positives Produkt der Macht"[47] erweise. Wenn „Macht" nun überall ist, kann es keinen Ort geben, von dem aus ihr prinzipiell Widerständiges gegenüberstehen könnte – so etwas wie, um mit Habermas zu sprechen, „Kolonialisierung der Lebenswelt" ist in Foucaults Begriffsrahmen gar nicht denkbar.

Auf die Frage, *wo* und *wie* denn die „Macht" an die „Lust" komme, wie sie es schaffe, bis in die unscheinbarsten und intimsten Verhaltensweisen vorzudringen, antwortet Foucault, daß das im „Diskurs", durch die „diskursive Praxis" geschehe.[48] „Wissen" hat Foucault schon in seiner „Archäologie des Wissens" bestimmt als eine Menge von Elementen, die von einer „diskursiven Praxis" ihren Regeln gemäß gebildet würden und von denen man in ihr sprechen könne.[49] „Wissen" ist also dem „Diskurs" immanent. „Macht" wiederum definiert Foucault in einer strukturalistischen Weise, die sie derjenigen des „Diskurses" mindestens kompatibel erscheinen läßt. Sein Ziel ist dabei ein nicht-reduktionistischer Machtbegriff. Ihm zufolge ist „Macht" allgegenwärtig, weil sie sich zu jeder Zeit und „an jedem Punkt" erzeuge – sie sei überall, weil sie von überall herkomme. Sie sei ebenso der „Gesamteffekt"[50] all dieser Beweglichkeiten, wie sie diese festzumachen suche: „Die Macht ist nicht etwas, was man erwirbt, wegnimmt, teilt, was man bewahrt oder verliert; die Macht ist etwas, was sich von unzähligen Punkten aus und im Spiel ungleicher und beweglicher Beziehungen vollzieht."[51]

Ebensowenig wie nach Foucault „Macht" mit Herrschaft identisch ist (denn sie komme „von unten", bilde sich je eigentümlich in den Familien, Gruppen usw. aus und wirke von diesen fort), könne man sie mit „Unterdrückung" gleichsetzen, denn dann faßte man sie in ein rein juristisches Begriffsmuster, stellte sie als ein Gesetz vor, das Verbote errichtete – eben wie er, Foucault, selber es in „Wahnsinn und Gesellschaft", z. T. auch noch in späteren Schriften, getan habe und wie es „in der politischen Theorie"[52] nach wie vor gang und gäbe sei. Aber einige Plausiblität habe diese Auffassung nur gehabt, solange die Feudalgesellschaft Bestand hatte; danach jedoch sei der „Macht" nur noch ein technisch-positiver Begriff adäquat (Foucault nennt sie, analog zu ihrer erwähnten „Technologie", eine „Maschinerie, die funktioniert", verfolgt eine „ „Physik" der Macht"[53]), denn sie sei eine produktive Instanz, die hervorbringe, erzeuge, verursache. Zugleich impliziere der Begriff „Unterdrückung" unvermeidlich die Existenz eines mit gleichsam souveränen Rechten ausgestatteten Individuums, das unterdrückt werde. Aber ein der „Macht" gegenüberstehendes Individuum, das erst im nachhinein von jener unterworfen würde, gebe es nicht. Im genauen Unterschied zu Hobbes habe man die Unterwerfung überhaupt erst als Subjekt*konstituierung* der von den „Machtwirkungen" durchzogenen Körper zu begreifen; indem die Individuen stets zugleich „Macht" erführen und ausübten, offenbarten sie sich als deren Schöpfung, könne jene selber nicht wiederum individueller und/oder kollektiver Subjektivität entstammen: „Das Individuum ist also nicht das Gegenüber der Macht; es ist, wie ich glaube, eine seiner ersten Wirkungen."[54] Der Reduktionismus hat seinen Preis: mit dem Subjektbegriff verzichtet Foucault auch auf jede Sozialisationstheorie; insofern vermag er gar nicht anzugeben, was eigentlich das Individuum zu einem unverwechselbaren mache, was ihm seine, wie immer prekäre, Identität verleihe.

Der Tautologie seiner Diskursdefinition entspricht zunächst der Nominalismus seiner zusammenfassenden Machtdefinition: „die Macht ist nicht eine Institution, ist nicht eine Struktur, ist nicht eine Mächtigkeit einiger Mächtiger. Die Macht ist der Name, den man einer komplexen strategischen Situation in einer Gesellschaft gibt."[55] Ebenso wie er „Diskurs" und „diskursive Praxis" ohne Bezug auf ein Subjekt bestimmt hat, definiert er die Machtbeziehungen. Indessen legt Foucault dieses Mal die Karten auf den Tisch und spricht den Machtbeziehungen als solchen Intentionalität zu, denn sie seien immer von einem „Kalkül" durchsetzt, jede „Macht" entfalte sich mit Absichten und Zielsetzungen. Unverhohlen – wenn auch nicht ausdrücklich – spricht er mithin der „Macht" Subjektcharakter zu. Da er nicht von Verselbständigung, Verdinglichung reden kann – denn solche Rede implizierte einen Subjektbezug –, bleibt ihm nur die Intention schlechthin bzw., wie er sie nennt, die den Kräfteverhältnissen immanente „Strategie"[56]. Einerseits könne man, wie er ausführt, trotz aller Bewegungen und Vernetzungen, die Logik der „Macht" zutage treten lassen und ihre Absichten offenlegen, andererseits ließen sich genügend und insofern nicht exzentrisch zum Normalfall liegende Beispiele dafür angeben, daß sie niemandem zuzurechnen sei, „daß niemand sie entworfen hat und kaum jemand sie formuliert: impliziter Charakter der großen anonymen Strategien, die, nahezu stumm, geschwätzige Taktiken koordinieren, deren „Erfinder" oder Verantwortliche oft ohne Heuchelei auskommen."[57] „Macht" ist für Foucault also nicht bloß ein, bestandsfunktionalistisch ausgedrückt, Kräfteverhältnis, das sich zu stabilisieren und zu erhalten sucht, sondern sie agiert offensiv – eben wie ein Subjekt, das sie aber nicht sein darf. Was also „Macht" ist, kann Foucault von dieser theoretischen Position aus wiederum nur tautologisch beantworten: „Die Macht bildet sich und funktioniert ausgehend von Mächten; sie errichtet sich auf Vielfältigkeiten von Machtfragen und -wirkungen."[58]

Es ist auf die Frage nach dem Verhältnis von „diskursiver" und „nicht-diskursiver" Realität zurückzukommen. Die nach dem Inkorporationstheorem verfahrende Strategie Foucaults hatte in ihrer oben dargelegten Fassung die Probleme bestenfalls verschieben können. Nunmehr versucht er sie zu differenzieren. Ihre erste, eben vorgestellte Stufe besteht in dem, was ich das *Entkonkretisierungstheorem* nennen möchte: beide, der „diskursive" und der „nicht-diskursive" Bereich, werden soweit entkonkretisiert, daß Foucault ihnen scheinbar zwanglos eine seiner Argumentation angemessene Beschaffenheit unterstellen kann, die sie ohne weiteres zusammenpassen läßt. Die zweite Stufe besteht dann darin, daß er die beiden so zugerichteten Bereiche ineinander überführt. Hatte Foucault vormals nur sehr allgemein festgestellt, daß dem „Diskurs" tendenziell alles für ihn Folgenreiche eingekuppelt sei, so will er jetzt zeigen, daß alle Bereiche gesellschaftlichen Lebens von *einem* Netz unterschiedlicher Kraftlinien durchzogen seien – von der „Macht" bzw. den „Machtbeziehungen". Mit dem Hinweis auf diese „Regel der Immanenz"[59], die man als *Ubiquitätstheorem* bezeichnen könnte, versucht er darzulegen, daß zwischen „Wissen" und „Macht", zwischen „Wissenstechniken" und „Machtstrategien" keine Äußerlichkeit bestehe. D. h., daß er zugleich den „Machtbeziehungen" in den beiden Bereichen der „diskursiven" und der „nicht-diskursiven" Realität einen bestimmenden Stellenwert zumessen muß – sowohl in dem einen wie in dem anderen haben danach die „Machtbeziehungen" immer auch konstitutive Funktion für die anderen Verhältnisse (z. B. für die ökonomischen).[60]

Aber diese Perspektive ist für Foucaults Konzeption nicht ohne Tücke: wenn „Macht" alles durchzieht, ist sie auch alles bestimmend, alles beherrschend – ein Supersubjekt. Anders freilich als B.-H. Lévy, der die „Macht" einfach zur „*Grundlage* der Gesellschaft"[61] erklärt und von daher gegen die „Jünger Michel Foucaults" – obschon er selber, was die Theorie angeht, einer der konsequentesten ist – schreibt, daß der „Diskurs" „schlichtweg *von* der Macht" abstamme, „*von der Macht erschaffen*"[62] sei, kann Foucault indessen solche Folgerungen, die, da hat Lévy in der Tat recht, auf Foucaults Argumentationsbasis nur zum Preis der Inkonsistenz zu vermeiden sind, nicht akzeptieren, denn damit müßte er den „Diskurs" analytisch auf etwas anderes hin durchsichtig machen, und das hat Foucault ja kategorisch ausgeschlossen. Zwar thematisiert er dieses Problem nicht ausdrücklich, aber seine Strategie wehrt sich implizit: zunächst geht er von der Aufeinanderbezogenheit von „Wissen" und „Macht" aus, dann läßt er beide wechselweise auseinander entstehen, behauptet deren gegenseitiges Bedingungsverhältnis. Die Antwort, die er auf die von ihm selber gestellte Frage gibt[63], wie die spezifischen „Machtbeziehungen" die spezifischen „Diskurse" ermöglichten und wie umgekehrt diese jenen als Grundlage dienten, ist mithin tautologisch. Die Tautologie, die von Bewunderern gelegentlich als „Philosophie der Relation"[64] camoufliert wird, ist also das Geheimnis des Inkorporations-, des Entkonkretisierungs- und des Ubiquitätstheorems und damit das so wohlfeile wie typische der Foucaultschen Analytik insgesamt.

Die Tautologie setzt Foucaults Verzicht auf jenen Begriff konstitutiver Subjektivität voraus, deren Möglichkeit auf gattungsgeschichtlichem Niveau überhaupt erst entstehen mußte und die dann nur das Ergebnis einer riskanten Vergesellschaftung sein kann. D. h. zunächst, daß Subjektivität und Intersubjektivität in einem wechselseitigen *lebenspraktischen* Bedingungsverhältnis stehen, man im Grunde ebensogut von konstitutiver Intersubjektivität sprechen könnte (wobei dann eben Subjektivität immer schon impliziert wäre). Des weiteren heißt das, daß auf jedem Niveau, angefangen bei der Entstehung der Gattung selber, wie G. Dux in einer eindrucksvollen Studie dargetan hat[65], über die Herausbildung der kognitiven Kompetenzen bis hin zu deren Produkten, jener Bildungsprozeß an die materielle Realität über die durch Interaktion und Kooperation kollektiv vermittelte Lebenspraxis konstitutiv gebunden ist. Schließlich heißt das, daß Subjektivität als Prozeß der Subjektwerdung, Vergesellschaftung und Individuierung zugleich, weder als im Sinne einer idealistischen Erkenntnisanthropologie ontologisch gesetztes Erstes mißzuverstehen, noch restlos auf die jeweiligen Umstände als deren bloßer Effekt reduzierbar ist – sie ist nicht ablösbar von jenem, weiter unten noch erläuterten, nicht-substantiellen Begriff von Vernunft, dessen je historisch unterstellte und zugleich *wirksame* Antizipation als Kritik an jenen Schranken sich zeigt, welche die vollständige Entfaltung von Subjektivität und also von Intersubjektivität als *herrschaftsfreie* bislang verhindert haben. Insofern ist der Begriff konstitutiver Subjektivität zugleich eine normative Projektion.

Von daher ist auf die These von der „Dezentrierung des Subjekts"[66] zurückzukommen. Schon diese Wortwahl zeigt, daß Foucault vor strukturalistischem Bühnenbild argumentiert. Nach der bisherigen Erörterung verwundert das kaum. Bemerkenswert hingegen ist, wie – um in der Metapher zu bleiben – er seine Rolle gestaltet. In einem Gespräch mit P. Caruso aus dem Jahre 1969 bemerkt er, daß im Unterschied zur „anthropologisch-humanistische(n)" Denkstruktur des 19. Jahrhunderts, welcher der Mensch Subjekt allen Wissens und Objekt möglichen Wissens gewesen sei, das die Gegenwart bestimmende „strukturalistische" Denken dadurch charakterisiert sei, daß es den Menschen auf die ihn umgebenden Strukturen reduziere, d. h. auf ein formales Ensemble von Elementen, die angebbaren Beziehungsmustern gehorchten.[67] Foucaults am Ende seiner „Ordnung der Dinge" formulierter Aphorismus des Anstoßes, nach dem durchaus davon ausgegangen werden müsse, daß eines nicht allzu fernen Tages „der Mensch verschwindet wie am Meeresufer ein Gesicht im Sand"[68], war auf die Dimension des „Diskurses" bezogen; denn „Mensch" hatte in diesem Zusammenhang natürlich keinen ontischen oder ontologischen Sinn, bezog sich nicht auf das empirische Lebewesen, nicht auf ein „Phänomen der Anschauung", sondern meinte ein erst im Verlaufe des 18. Jahrhunderts aufgetretenes „Ereignis innerhalb der Ordnung des Wissen"[69]. Gemeint ist also eine Reflexionsform, die, so Foucault, jene Leere gefüllt habe, die durch die Abdankung der *einen* Philosophie, näherhin durch den Rückzug der Sprache entstanden sei, die indessen vielleicht schon bald ihren Anspruch wieder geltend machen werde: der Signifikant sei, nachdem er aus der Analogie zum Bezeichneten herausgefallen und zum neutralen Zeichen geworden sei, in der Moderne erneut dabei, die Gewichtigkeit einer Sache zu gewinnen – auf Kosten des „Menschen". Auf diesem Niveau, wenngleich auf andere Weise, hat auch der seriöse Strukturalismus argumentiert, es sei nur an C. Lévy-Strauss' Wort erinnert, „daß das letzte Ziel der Wissenschaften vom Menschen nicht das ist, den Menschen zu konstituieren, sondern das, ihn aufzulösen."[70] Insofern bewegt sich Foucault, entgegen aller Distanzierungen, in strukturalistischem Fahrwasser. Da die Weise des Denkens, die Dimension der Theoriebildung und ihrer Geschichte nun aber bekanntlich nicht die ganze Realität sind, sind mit jenen expliziten Aussagen zugleich implizite über die anderen Bereiche der Realität und damit über diese insgesamt gefällt – und so folgerichtig wie folgenreich leugnet Foucault, wie noch zu zeigen sein wird, das empirische *Subjekt*.

Zunächst versucht er die in dem Horizont strukturalistischer – wie auch funktional-strukturelller – Theorie nur billige, weil faktisch unabweisliche Frage an deren Vertreter, wie sie denn ihre eigene Position und Arbeit verstünden, als einziger auf systematischem Niveau aufzunehmen. Wie sei, so fragt er im Vorwort zur deutschen Ausgabe der „Ordnung der Dinge", Theoriebildung bzw., allgemeiner noch, Wissensbildung möglich, ohne daß sie an kreative Subjekte gebunden sei, wie könne man von Wissenschaft sprechen ohne Bezug auf die Wissenschaftler: „Kann eine gültige Wissenschaftsgeschichte, die von Anfang bis Ende die ganze spontane Bewegung eines anonymen Wissenskorpus nachzeichnet, versucht werden?"[71] Er beantwortet diese Frage positiv, wobei es ihm nicht nur um die Anonymität des Materials geht, sondern konsequent auch um den Autor solcher Theoriengeschichte selber – ihm müsse es gelingen, seinen Namen auszustreichen und seine eigene Stimme in dem „großen anonymen Gemurmel der Diskurse"[72] aufgehen zu lassen, ein Anspruch, den nicht zufällig schon L. v. Ranke vorgetragen hat[73] und den ebensowenig zufällig Foucault weder gegenüber dem Material noch gegenüber sich selber bislang einzulösen vermocht hat.
Es gibt mindestens zum Staunen Anlaß, wenn das Subjekt des „Diskurses" in der ersten Person singular in Frage gestellt wird.[74] Wiewohl der verkürzende Zuschnitt, den Foucault dem Problem gelegentlich gibt, solche Verwunderung als angemessene Reaktion erscheinen lassen kann, wird indessen nur eine weitere Perspektive dem insgesamt differenzierter ausgestatteten Problemhaushalt Foucaults gerecht. Die Leugnung eines den „Diskurs" konstituierenden Subjekts zugunsten einer Funktion beruht dann zunächst darauf, daß Foucault ein „außer-diskursives" *Subjekt*, das seine „diskursive" Aktivität im Medium reflektierter Intersubjektivität betreibt und von daher selber im „Diskurs" bestimmend wird, nicht akzeptiert. Da er die Existenz der „nicht-diskursiven" Realität nicht bestreitet und natürlich den „Diskurs" nicht als erfahrungsfreien und handlungsentlasteten begreift, versucht er, faktisch (wie vermittelt auch immer) vorhandene Determinierungen durch das erläuterte Inkorporationstheorem zu neutralisieren.
Freilich kann Foucault sich nicht mit dieser Stufe seiner Argumentation bescheiden, weil er den „Diskurs" bzw. die „diskursive Praxis" selbst als je historische versteht. Insofern ist er mit zwei Problemen konfrontiert: zum einen weiterhin mit der nach wie vor ohne zufriedenstellende Antwort gebliebenen Frage, in welchem Verhältnis der „Diskurs" insgesamt zu der „nicht-diskursiven" Realität stehe, zum anderen mit der Frage, wie der „Diskurs" auf Geltungsansprüche bezogen sei.
Auf die erste Frage kann Foucault eine andere als die oben angeführte Antwort, nach der jeder „Diskurs", jede „diskursive Praxis" in einer bestimmten Epoche und damit in einem spezifischen sozialen, ökonomischen, geographischen, sprachlichen Milieu statthätten und von diesem als ihrem Bedingungsfeld insofern abhingen, als es ihr Entstehen je provoziere, nicht geben; denn zum einen ließe sich für ihn das Verhältnis selber nur „diskursiv" bestimmen, zum anderen gilt ihm der „Diskurs" ja als ein eigenständiges „Ereignis", dessen Autonomie durch Heteronomes nicht verfremdet werden könne.[75] Foucault vermag, trotz seiner so detaillierten wie umfangreichen theoriengeschichtlichen Studien, den Gestalt*wandel* eines „diskursiven" Feldes so wenig aus der Dimension bloßer „Mutationen"[76] herauszuholen wie T. S. Kuhn den „Paradig-

mawechsel"; denn er verzichtet bewußt auf einen materialistisch fundierten Geschichts- und Fortschrittsbegriff[77], auf jede Annahme einer Evolutionslogik der kognitiven Schemata – setzten doch beide eine „überdiskursive" Kohärenz voraus, die er, der, an G. Bachelard geschult, auf Diskontinuität setzt, gerade nicht akzeptieren kann. Statt dessen petrifiziert er die dialektische Einheit von Kontinuität und Diskontinuität zu einer ebenso starren Gegenüberstellung wie jene strukturalistische von Synchronie und Diachronie – was natürlich zur Folge hat, daß er den *Determinismus* der „Mutation" unterstellt. Damit ist er zugleich vor die Schwierigkeit gestellt anzugeben, *was* der „Wechsel", die „Transformation", der „Bruch", die „Schwelle", der „Einschnitt" eigentlich sei, was sie ausmache. Aus seiner entkonkretisierten, realitätsverdünnten Begrifflichkeit vermag er inhaltliche Kriterien nicht zu gewinnen, deren die Bestimmung des Übergangs als eines Übergangs aber bedarf.[78] Gleichfalls vermag er nicht anzugeben, wie denn seine „Ideengeschichte" sich anderer „Archive", wenn auch nur partiell, bemächtigen kann, die doch durch einen „Bruch" von ihrem eigenen getrennt sein sollen. In der Tat läßt sich Foucaults Diskontinuitätsthese überhaupt nur dann exponieren, wenn sie abstrakt bleibt, denn andernfalls würde sie alsbald von der – progressiven, aber keineswegs linearen – Kontinuität des realen Lebenszusammenhangs blamiert werden. Von daher bestätigt sich, daß Theoriengeschichte des *inhaltlichen* Bezugs auf den gesellschaftlichen Reproduktionszusammenhang, und zwar sowohl in dem allgemeinsten Sinne des gedanklichen Nachvollzugs (der zugleich antizipierend überschüssig, in sich vielfältig ist) eines immer schon vorkonstituierten, Kontinuität verbürgenden und interaktiv wie kooperativ erschlossenen materiellen Lebenszusammenhangs wie auch in dem besonderen Sinne je spezifischer gesellschaftlicher Organisationsformen, auch in der reflektierten Dimension ihrer Begriffe nur zu dem Preise leerer Tautologie entraten kann – der Begriff ist zwar different von der Sache, aber nicht so different, daß er nicht mehr Begriff dieser Sache wäre. Aber nicht nur auf die Frage nach dem Wie seiner Theoriengeschichte weiß Foucault keine zureichende Antwort zu geben, sondern er kann, wie schon bemerkt, ebensowenig plausibel dartun, warum sie eigentlich betrieben werden solle, da sie doch bestenfalls ein diskontunuierliches Hintereinander, jedoch keinen Fortschritt aufzeigen könnte und auch für einen Lernprozeß nicht taugte – seine Methode konterkariert gerade seine Absicht.

Auch die Wende des Machtbegriffs bringt über das Verhältnis „diskursiver" und „nicht-diskursiver" Realität keinen weiteren Aufschluß. Es ist, so sollte man meinen, hinlänglich bekannt, daß der Begriff der „Macht" ganz und gar aussagearm und erkenntnisschwach ist – „Macht" *ist* in der Tat überall, der Wind kann mächtig sein und ein Baum, die Ehefrau wie der Tyrann. Aber gleichwohl ist sie nicht ein erstes, sie muß selber entstehen, sich aus konkreten Zusammenhängen ergeben. Der Begriff gesellschaftlich-politischer Macht wird er durch analytische Spezifizierungen nach dem Muster: wer kann aufgrund welcher Umstände wann, wo, wie, zu welchem Zwecke usw. Macht ausüben, gehaltvoll, zugleich freilich in seiner amorphen Allgemeinheit entbehrlich: denn dann kann man jeweils sagen, um was es sich im konkreten Falle handelt und braucht sich nicht mit einer Trivialität zu bescheiden. Warum Foucault gleichwohl an einem Machtbegriff festhält, den er zur Blindheit verurteilt, indem er ihm jede Spezifizierung ausdrücklich verweigert, liegt an dem Stellenwert, den *solcher*

Begriff für seine Konzeption hat. Indem Foucault die „Geschichte der Gegenwart" durch seine spezifische „Diskusanalyse" zu schreiben versucht, muß er ebenso wie das Inkorporations- und das Entkonkretisierungs- auch das Ubiquitätstheorem behaupten – denn das „Faktum" der Macht kann er nicht leugnen. Indem er ihren Begriff abstrakt beläßt, vermag er sie dem „Diskurs" zu inkorporieren und vermeidet dadurch, daß die Diskurszentrierung seiner Theorie sich als problematisch erweist. Zwar bezweifelt Foucault nicht, daß die „Macht" – ebenso wie der „Diskurs" – in je historisch besonderen Formen auftritt; aber diese Einsicht ändert natürlich nichts an der Fragwürdigkeit seiner Machtdefinition. Nach seiner „Theorie der Macht"[79] gilt diese als ein zentrumsloses, komplexes Netz von Verhältnissen: „Unter Macht, scheint mir, ist zunächst zu verstehen: die Vielfältigkeit von Kraftverhältnissen, die ein Gebiet bevölkern und organisieren; das Spiel, das in unaufhörlichen Kämpfen und Auseinandersetzungen diese Kraftverhältnisse verwandelt, verstärkt, verkehrt; die Stützen, die diese Kraftverhältnisse aneinander finden, indem sie sich zu Systemen verketten – oder die Verschiebungen und Widersprüche, die sie gegeneinander isolieren; und schließlich die Strategien, in denen sie zur Wirkung gelangen und deren große Linien und institutionelle Kristallisierungen sich in den Staatsapparaten, in der Gesetzgebung und in den gesellschaftlichen Hegemonien verkörpern."[80] Das, zugegeben, etwas wortreiche Zitat, macht es, da es die Schwäche der Argumentation vorführt, überflüssig, an dieser Stelle a fronte ausführliche Kritik zu üben.

Durch diese Voraussetzung hat Foucault über die Antwort auf die Frage nach dem Bezug auf Geltungsansprüche entschieden. Er bestimmt „Wahrheit" als „diskursive"; d. h., daß sie historischen Charakter insofern sei, als sie nur „Wahrheit" des jeweiligen „Diskurses" sein könne. Durch diese Historisierung verspielt er, was er dadurch gewinnen könnte, daß er „Wahrheit" als „ein Ensemble von geregelten Verfahren für Produktion, Gesetz, Verteilung, Zirkulation und Wirkungsweise der Aussagen"[81] formalisiert: er verzichtet zwar vorderhand auf einen substantiellen Wahrheitsbegriff, reproduziert dessen Schwächen aber auf der Stufe seines formalen. Nun soll auf die Binnenkomplexität jener Wahrheitsdefinition nicht eingegangen werden, sie entspricht derjenigen des „Diskurses" selber. Ihre Schwächen freilich markieren diejenigen der theoretischen Konzeption Foucaults insgesamt, auf welche die folgende Kritik bezogen bleibt.

Indem Foucault den Wahrheitsbegriff von seiner Diskurstheorie her faßt, kann er ihn nicht als universalpragmatische Geltungsreflexion auf Verallgemeinerungsfähigkeit auslegen. Zum einen sind die einheitsstiftenden Leistungen kommunikativ handelnder Subjekte nicht konstitutives Moment seiner Diskurs- und also seiner Wahrheitskonzeption; da ihm der *Begriff* verständigungsorientierten, konsensuellen Handelns fehlt, ist ihm jedes Handeln, als immer schon von „Macht" durchzogen, strategischen, am zweckrational gemessenen Erfolg orientierten Charakters. Zum anderen kennt seine Theorie kein systematisches Kriterium, über das die jeweiligen „diskursiven Wahrheiten" noch selber kritisiert werden könnten, denn er kann sich, wie gezeigt, die Negation eines substantiellen Wahrheitsbegriffs nur als *relativierende* Historisierung auch des formalen vorstellen. Unter der Voraussetzung seiner Diskontinuitätsthese umgeht er die, von L. Althusser beispielsweise ebenso nachdrücklich gestellte wie problematisch beantwortete[82], Frage, wie das Wahre aus dem Falschen hervorgehen könne, indem er den Übergang leugnet und das Wahre in den Plural setzt. Ich möchte daß das *Relativismustheorem* der Foucaultschen Theorie nennen. Der bekannte Einwand gegen den Relativismus, daß er sich, wendete er sich auf sich selber an, unvermeidlich ad absurdum führte, trifft natürlich auch hier; ebenso natürlich würde Foucault ihn mit dem Argument – das er, wiederum naturgemäß, auf seine eigene Theorieproduktion nicht anwendet – zurückweisen, daß jener Einwand notwendig die Identität eines Subjekts unterstelle, eine Unterstellung, die er ja gerade destruiert habe.[83] Insofern fällt nicht ins Gewicht, daß Foucault „Richtigkeit" in Bezug auf Normen und Werte von „Wahrheit" des propositionalen Gehalts nicht unterscheidet – nach seiner Konzeption sind beide den Formen kommunikativer Rationalität nicht zugänglich.

J. Habermas hat überzeugend dargelegt[84], daß einer Negation des substantiellen Vernunftbegriffs nicht nur die Sackgassen einer ihrer Ohnmacht insgeheim bewußten Kritik der instrumentellen Vernunft oder eines gleichmütigen bis wie immer wild gewordenen Relativismus bleiben, sondern auch der Weg zu einem Wahrheitsbegriff, der an die Qualität eines Verfahrens gebunden ist. „Wahrheit" ist danach einer von vier Geltungsansprüchen (neben „Verständlichkeit", „Wahrhaftigkeit" und „Richtigkeit"), die in die allgemeinen Strukturen möglicher Kommunikation eingelassen sind und die in jeder tatsächlichen Kommunikation erhoben werden, und meint die Berechtigung eines mit Behauptungen immer schon erhobenen Geltungsanspruchs. Wird die Berechtigung bezweifelt, muß ihr Anspruch mit Argumenten eingelöst werden, wobei unter „Argument" eine Begründung verstanden wird, die den Zweifelnden veranlassen soll, den Geltungsanspruch anzuerkennen (wie auch der Zweifelnde selber seine Zweifel mit „Argumenten" vorträgt, um den Geltungsanspruch zu verneinen). Gelungen ist eine „Argumentation" (also jene Art von Rede, in der in Frage gestellte Geltungsansprüche mit „Argumenten" eingelöst bzw. kritisiert werden) aber nicht schon dann, wenn zwischen den an ihr Beteiligten ein Konsensus zustande kommt, sondern erst dann, wenn dieser Konsensus bestimmte Bedingungen erfüllt, nicht ein bloß zufälliger ist – wobei verständlicherweise diese Bedingungen nicht selber konsensueller Natur sein dürfen. Sie sorgen dafür, daß die Argumentation in einem Diskurs stattfindet, dessen durch diese Bedingungen gewährleistete formale Eigenschaften zur Folge haben, daß sich in ihm nur das im Sinne seiner Universalisierungsfähigkeit „bessere Argument" durchsetzt. Nach diesen vier Bedingungen müssen alle potentiellen Teilnehmer eines Diskurses – und potentielle Teilnehmer sind alle potentiell Betroffenen – diesen jederzeit beginnen und beständig fortführen können; müssen alle Diskursteilnehmer die gleiche Chance haben, alle Geltungsansprüche zu problematisieren, zu begründen oder zu widerlegen; müssen alle Diskursteilnehmer als Handelnde die gleichen Chancen haben, ihre Einstellungen, Gefühle und Absichten auszudrücken; müssen alle Diskursteilnehmer als Handelnde die gleiche Chance haben, zu befehlen und zu widersprechen, zu erlauben und zu verbieten usw., also regulative Sprechakte zu verwenden.

Vor dem Hintergrund *dieses*, wenn auch hier nur sehr sparsam skizzierten, Diskursverständnisses gewinnen die Mängel des Foucaultschen, gerade weil er anders gedacht ist, scharfe Konturen. Indem Foucault sich mit der Besonderheit je spezifischer „diskursiver Formationen" bescheidet, begibt er sich der Möglichkeit, auf deren Geltungsgründe selber noch reflektieren zu können. Zwar kennt die universalpragmatische Diskurstheorie keinen materialen Wahrheits- bzw., grundsätzlicher, Vernunftbegriff, der jenseits des diskursiven seinen Ort hätte – nur bringt sie die formalen Eigenschaften eines Verfahrens in Anschlag, das *jeden* Diskurs auszeichnet, der diesen Namen zu Recht trägt. Den Einwand, damit werde bestenfalls ein transzendentalpragmatischer, in jedem Falle aber ungeschichtlicher Standpunkt bezogen, fängt J. Habermas bekanntlich dadurch auf, daß er den durch die vier genannten Bedingungen charakterisierten Diskurs „ideal" in dem Sinne nennt, daß *jeder* diese vier Bedingungen kontrafaktisch als erfüllt unterstellen muß, wenn und soweit er argumentiert. In welchem Maße die kontrafaktische Unterstellung faktisch erfüllt wird, ist wiederum abhängig von dem jeweiligen Niveau der gesellschaftlichen Organisation, also gekoppelt an die Entwicklung der materiellen Basis einer Gesellschaft; kategorial, d. h. ein für alle Mal, werden sich freilich Theorie und Kritik, ‚Idee' und Schein nicht trennen lassen, sie müssen immer erneut in diskursiver Anstrengung geschieden werden.[85] Diese Verkopplung gibt dem formalen Verfahren zugleich seine jeweilige inhaltliche Besonderheit – was übrigens belegt, daß „Theoriengeschichte" nur in begrifflichem Zusammenhang mit „Geltungsreflexion" und „Sozialgeschichte" sinnvoll betrieben werden kann. Indem jeder immer schon jene Einlösung unterstellt, weil er gar nicht anders kann als zu unterstellen, bedarf diese Unterstellung selber keiner argumentativen Begründung – sie ist nicht bloßes Postulat, sondern immer schon *wirksame* Antizipation. Akzeptiert man diesen Gedankengang, der weder der naturalistic fallacy noch dem Idealismusverdikt eines prästabilierten Selbstgesprächs der Vernunft verfällt, so ist zugleich *ein* unbezweifelbarer Maßstab für *jeden* Diskurs gewonnen, der ihm nicht „von außen" herangetragen worden, sondern ihm immer schon eigentümlich ist. Freilich ist die Erfüllung jener vier Bedingungen in vergangenen wie bestehenden gesellschaftlichen Zusammenhängen eine wirksame *Antizipation*: jene herrschaftsfreie Gleichheit von Diskursteilnehmern ist nirgends verwirklicht; insofern ist sie zugleich Postulat. Einerseits ist damit, eine triviale Bemerkung, nicht gesagt, daß „Gesellschaft" ein Diskurs sei und wie dieser organisiert zu sein habe – der Diskurs ist ein Begründungsverfahren für problematisierte Geltungsansprüche, entlastet von den Bedingungen der Handlungs- und Erfahrungsempirie; d. h. zugleich, daß die Subjekte den von ihnen intersubjektiv und nicht arbiträr konstituierten Diskurs sprechen, daß sie nicht „gesprochen werden", denn sie drücken ihre Interessen und Motive in einer Kommunikation aus, welche auf diese hin immer schon perspektiviert ist (jene – wenn auch von Foucault „diskursiv", nicht ontologisch gemeinte – Gegenüberstellung von dem „Sein der Sprache (langage)" und dem „Sein des Menschen"[86] verfehlt natürlich genau diesen Zusammenhang – die Sprache des Menschen ist eine *menschliche*). Andererseits liegt es ebenso auf der Hand, daß zum einen die sukzessive Einrichtung von (Teil-)Diskursen als solche sowohl weitreichende Voraussetzungen in der wie auch nachhaltige Wirkungen auf die Gesellschaftsorganisation insgesamt hätte, daß zum anderen die in solchen Diskursen erzielten Übereinstimmungen, in denen ja nur die angemessen interpretierten verallgemeinungsfähigen Interessen und Motive potentiell aller Betroffenen zum Ausdruck kämen, natürlich für die bestehenden gesellschaftlichen und politischen Institutionsgefüge höchst folgenreich wären.

Indem Foucault auf den Begriff konstitutiver Subjektivität in seinem Diskurskonzept verzichtet, vielmehr an die Stelle des „Subjekts" variable Positionen bzw. Funktionen setzt, konstituiert in einem komplexen Beziehungsgeflecht durch eine subjektlose „Praxis", kann er „diskursive" und „nicht-diskursive" Realität nicht über wechselseitig kommunikativ geteilte bzw. akzeptierte Bedürfnisse verbunden denken. Zwar gibt es für ihn keine gesellschaftlich neutrale „Wahrheit", aber er kommt über die allgemeine Feststellung nicht hinaus, daß „jede Gesellschaft" ihre eigene Ordnung, ihre eigene „Politik der Wahrheit" habe, indem sie bestimmte „Diskurse" als „wahre Diskurse" fungieren lasse – in modernen Gesellschaften etwa den wissenschaftlichen.[87] Konkreter kann er auf der theoretischen Ebene nicht werden; er kann einen historisch konkreten Inhalt nicht mit einer ihm zugehörigen und zugleich über ihn hinausweisenden prozeduralen Form verbinden, weil er auf jeden Entwicklungs- und Fortschritts*begriff* verzichtet. Insofern muß er, da er die Kohärenz der Welt nicht leugnet, die Aufeinanderbezogenheit von Relationen und ebenso subjektlosen, gleichwohl intentionalen Strategien unterstellen, die sich beide durch leere Homogenität auszeichnen. Dann geht es nicht einmal mehr um das Abstraktum „Gesellschaft", sondern nur noch um Regeln, welche die „Macht anwendet, um Diskurse der Wahrheit zu produzieren" – *deshalb* gebe es keine „unpolitische" Wahrheit.[88]

Über diese Schranke führt, ebensowenig wie vordem der Begriff der „Episteme", der nach der ‚Machtwende' ins Spiel gebrachte Begriff des „Dispositivs". Dieses schließt nach Foucault „diskursive" und „nicht-diskursive" Elemente wie „Diskurse", Institutionen, architektonische Gegenstände u.a.m. zu Ensembles zusammen. Solche Verknüpfungen wiederum hätten eine vorwiegend „strategische" Funktion, d. h., sie entstünden zielgerichtet, um Aufgaben zu bewältigen, die für gegebene gesellschaftliche Zusammenhänge bestandsnotwendig gelöst werden müßten – so z. B. das „Wahrheitsdispositiv", das „Inhaftierungsdispositiv", das „Sexualitätsdispositiv" usw. Zusammenfassend definiert Foucault das „Dispositiv" dann als „Strategien von Kräfteverhältnissen, die Typen von Wissen stützen und von diesen gestützt werden."[89] Bis zu welcher Beliebigkeit er auch in diesem Zusammenhang die Aussagen entkonkretisiert, zeigt sich, wenn er in einem Gespräch als „Institutionen" zunächst „alles nicht-diskursive Soziale" bestimmt, dann aber auf den Einwand eines Gesprächsteilnehmers, daß „Institutionen" doch offensichtlich „diskursiver" Natur seien, nur begriffsflüchtig zu antworten weiß: „Von mir aus."[90]

Foucaults Theoriengeschichte hat für die beiden entscheidenden Nachweise der universalpragmatischen Geltungsreflexion keinen begrifflichen Raum, nämlich zum einen für den Nachweis, daß „Wahrheit" aus der kommunikativen Selbstreflexion der erkennenden Subjekte hervorgeht – „Wahrheit" besagt, was als Erkenntnis gelten *soll*; zum anderen für den Nachweis, daß „Richtigkeit" aus der kommunikativen Selbstreflexion der handelnden Subjekte hervorgeht – „Richtigkeit" besagt, was die potentiellen Diskursteilnehmer erkennen sollen *wollen*. D. h., „Richtigkeit" und „Wahrheit" werden beide als konsensuelles Ergebnis kommunikativer, kognitiver Prozesse durchsichtig gemacht. Foucault hingegen läßt „Richtigkeit" in „Wahrheit" aufgehen und reduziert diese auf je historische Objektivität von Erfahrungen – auch wenn es sich bei ihm um Erfahrungen von „Aussagesystemen" handelt –, weil er „Aussagen", „Diskurse" und

„diskursive Praktiken" nicht als Momente eines intersubjektiven, prozedurale Vernunft mindestens unterstellenden Handlungszusammenhangs erkennt, sondern sie als dem kognitiven Bewußtsein prinzipiell vorgeordnete, geschichtlich kontingente, zugleich subjektlose und wie Subjekte agierende Abstraktionen ausgibt – charakteristischerweise nennt er in seiner Inauguralvorlesung am Collège de France jene Regelzusammenhänge „diskursive „Polizei" ".[91] Der Relativismus ist nur die Folge der Forschungsstrategie Foucaults.

Das Relativismustheorem gebietet ein positivistisches Verfahren. Da Foucault Ideologiekritik gleichsam doppelt außer Kraft setzt, indem er zum einen durch das Inkorporationstheorem „diskursive" Autonomie zu belegen vorgibt, die er zum anderen durch das Ubiquitätstheorem zugleich selber aufhebt, da „Diskurse" also nicht ideologiekritisch, d. h. in Hinblick auf eine Überlagerung von Geltungsansprüchen durch Machtverhältnisse auf systematischem Niveau hinterfragt werden können, bleibt seiner Theoriengeschichte nur die Beschreibung „diskursiver" Faktizitäten. Deren Auswahl wie deren Zuschnitt wiederum gehorchen dann dem ebenso von der Gegenwart bestimmten wie diesen Umstand verleugnenden Steinbruchprinzip (Foucault nennt es „die Technik des geistigen Diebstahls"[92]), das weder Hermeneutik noch Dialektik zu kennen vorgibt – Foucaults Positivismus entspricht sein instrumentalistisches Theorieverständnis: Theorie gilt ihm als „Werkzeugkiste"[93], aus der man sich, je nach Bedarf, bedienen könne. Das verweist auf das folgenschwere Defizit, daß er Macht- und Geltungsansprüche nicht zu trennen vermag, ja naturalistisch fusioniert, denn ihm zufolge wirkt „Macht" nicht gleichsam von außen auf „Wahrheit" ein, sondern sei dieser selber immanent. Von daher bleibt nur der Pragmatismus der „Macht", der den „Diskurs" organisiert und schon deshalb das Verständnis von Theoriengeschichte als das Durchsichtigmachen eines Konstitutions- wie Geltungszusammenhangs auf historisch konkrete Interessenlagen, auf Klassenkämpfe hin, und damit zugleich als Gesellschaftskritik blockiert.[94]

Insofern ist Foucaults Begriff von Geschichte, bzw. wie er schreibt, von „Geschichtlichkeit" abstrakt. Zwar wendet er vorderhand gegen den Strukturalismus ein, daß das Paradigma für Geschichte nicht Sprache, sondern Kampf sei, aber zum einen mag er dieses selber wiederum nicht durch und auf seine gesellschaftlichen Fundierungen hin transparent zu machen und hält zum anderen – deshalb? – selber gleichwohl an dem strukturalen Paradigma implizit fest. Wohl betont er, daß Geschichte intelligibel und analysierbar sei, aber ihm fehlt der kategoriale Rahmen, *die* Geschichte anders zu behandeln als ein metaphysisches, geschichtsphilosophisches Abstraktum, nämlich sie zu erkennen als zu ihrer Einheit erst *gewordenen* durch den materiellen Lebensprozeß der sich dabei ebenso erst zu Subjekten vergesellschaftenden Individuen. Darin liegt begründet, daß Foucaults Analyseergebnis so entkonkretisiert ist (es sind Strategien und Taktiken als Verhältnisse von – wenn auch in unterschiedlichen Formen auftretender – „Macht" schlechthin), daß sein theoretischer Anspruch positivistisch unterlaufen werden muß. Auch wenn man die Untersuchung der „Macht", wie er fordert, schärfer zu fassen suchte[95], kann ein Erkenntniszuwachs daraus kaum erfolgen, denn das Erkenntnisobjekt würde auch dann nur in seiner Fetischform beschrieben werden.[96] Insofern hat H. Lefebvre recht, wenn er Foucault als Verfechter eines „neuen Eleatismus" bezeichnet, dessen Geschichtsbegriff Geschichte geradezu aufhebe.[97]

Das wird deutlich an dem, was Foucault auf theoretischer Ebene über „Widerstand" sagt. Überraschend schreibt er, wo es „Macht" gebe, gebe es auch „Widerstand"[98]; überraschend deshalb, weil – darauf hat H. Becker zutreffend hingewiesen[99] – nach Foucaults Machtverständnis für „Widerstand" in seinem kategorialen Rahmen gar kein Platz vorhanden sein dürfte. Neben seinem Machtbegriff kann der Begriff „Widerstand" nur eine bloße Verdopplung sein – denn, wie Foucault selber hervorhebt, es unterliege keinem Zweifel, „daß die Macht „immer schon da" ist; daß man niemals „draußen" ist, daß es für die Bocksprünge derjenigen, die mit ihr brechen, keine „Spielräume" gibt."[100] Entsprechend seinem nominalistischen Ansatz kann „Widerstand" nur „Macht" gegen die „Macht" sein, bzw., wenn man es wendet, „Macht" nur „Widerstand" gegen den „Widerstand". Freilich ist es genau diese Tautologie, die für Foucaults Theorie der „Macht" bestandsnotwendig ist – und die er auch gar nicht in Abrede stellt[101] –, denn die „Machtverhältnisse" könnten „nur kraft einer Vielfalt von Widerstandspunkten existieren", diese seien „in den Machtbeziehungen die andere Seite, das nicht wegzudenkende Gegenüber." Das bedeutet zugleich, daß „Widerstand" eben nicht in den Subjekten fundiert sei; vielmehr „durchkreuzen, zerschneiden, umgestalten" die „transitorischen Widerstandspunkte" die „Individuen" selber, steckten in deren „Körper" und in deren „Seele abgeschlossene Bezirke" ab. Und ebenso wie die noch so vielgestaltigen „Herrschaftsverhältnisse" und schließlich der Staat nichts anderes als „strategische" Kristallisationen der Machtbeziehungen seien, so seien „Widerstände" und letztlich „Revolutionen" Ergebnisse von „strategischen" Codierungen der Widerstandspunkte.[102] Da „Strategien", „strategische" Notwendigkeiten für Foucault, wie gezeigt, nicht in subjektbezogenen Interessenzusammenhängen eingelagert sind, kann er zwischen jenen der „Herrschaft" und jenen des „Widerstands" keine qualitative Differenz ausmachen – beides seien halt Formen der „Macht", für die gleichviel Geltung wie Widerspruch reklamiert werden könne. Diese pluralistische Unterschiedslosigkeit, die ebenso die materialen Analysen Foucaults, trotz ihres differenzierenden Detailreichtums, kennzeichnet, verleitet ihn gelegentlich dazu, deviante *Verhaltensformen* der Unterdrückten, der Aus- und Eingeschlossenen – denen Mitgefühl und Hilfe selbstverständlich gebührt – vorschnell zu billigen.[103] Er vergißt dann, daß das Beschädigte von heute auch morgen als beschädigt gelten muß.

Resümierend wird man sagen müssen, daß Foucault, um eine eingangs gestellte Frage zu beantworten, eher Spuren zu verwischen als Mißverständnissen vorzubeugen versucht hat. Sein „Erneuerungsversuch" der Theoriengeschichte gleicht der präsenilen Eidese einer längst tot geglaubten Art dieser Disziplin. Vom ursprünglichen, strukturalistisch geschulten Forschungsinteresse her bis hin zu der These von der Verknüpfung von „Macht" und „Wissen" antipositivistisch, endet er in Positivismus. Bezeichnenderweise – man ist versucht, von Ironie zu sprechen – wird der „Diskurs" von der „Macht" eingenommen, was H. Fink-Eitel treffend die „Austreibung des Geistes durch die Macht"[104] genannt hat; Parallelen zur funktional-strukturellen Systemtheorie N. Luhmanns sind da nicht zufällig.

Foucault heißt sich einmal einen „glücklichen Positivisten“[105] – beruht S. Le Bons Diktum vom „verzweifelten“[106] also auf einem Irrtum? Anders als andere will nämlich das *Subjekt* Foucault – entgegen dem *Konservatismus* seiner Theorie – nicht auf der Seite der grassierenden Reaktion stehen. Sein gesellschaftspolitisch bewußt bezogener Standpunkt liegt (wenn auch gegen den in seinen Augen durch den Stalinismus unwiderruflich diskreditierten Sozialismus bezogen und deshalb zugleich einen nicht unmaßgeblichen Stützpunkt der sogenannten „neuen Philosophie“ abgebend) auf der Seite derer, denen es an möglicher Freiheit gebricht.[107] Von ihm aus polemisiert Foucault mit einem anderen Machtbegriff, ganz unterschieden von dem entkonkretisierten seiner Theorie: „Widerstand“ ist ihm dann nicht bloß die andere Seite derselben „Macht“, sondern er ist ihm „Widerstand“ gegen nicht-produktive, wenn man so will, negative „Macht“, d. h. gegen Herrschaft: „Wir stecken nie völlig in der Falle der Macht: unter bestimmten Bedingungen und mit einer präzisen Strategie kann man immer ihren Zugriff abwenden.“[108] Jedoch, so wenig zweifelhaft sein praktisches, dieser Intention entsprechendes Engagement ist (z. B. in den 1950er Jahren zusammen mit J.-P. Sartre gegen den Algerienkrieg, in den 1970er Jahren als Mitbegründer der „Gruppe Gefängnis-Information“ und der „Gruppe Gesundheits-Information“), so kontraproduktiv erweist sich für derartige Zielsetzungen sein theoretischer Überbau, der weder ein Subjekt des „Widerstands“ noch dessen Sinn und Ziel kennt. Zwar erklärt es Foucault zu seiner Aufgabe festzustellen, von wo aus man „die Kritik an unserer Gesellschaft leisten“ könne – und er sei „optimistisch“[109] genug, ihre Lösung zu erwarten; aber wie kann ein *solcher* Optimist ein „glücklicher Positivist“ sein? So möchte er beispielsweise, wie er in Anspielung auf W. Benjamins Diktum, das herrschende Geschichtsverständnis sei dasjenige der Sieger, sagt, „gerne die Geschichte der Besiegten schreiben“, zieht aber die Verwirklichungsmöglichkeit dieses Wunsches nach „anamnetischer Solidarität“ (C. Lenhardt) sofort wieder in Zweifel mit der – indirekt dann verneinten – Frage, ob die Besiegten denn nicht selber zwangsläufig die Sprache der Sieger sprächen.[110] Entsprechend stellt er in dem bereits erwähnten Gespräch mit N. Chomsky zunächst lapidar fest, daß wir unter einem „Regime der Klassendiktatur“ lebten, und fährt dann alsbald ebenso lapidar fort, daß er aber keineswegs wisse, welche Gesellschaftsorganisation an deren Stelle treten solle.[111] In der Tat kann seine Theorie sich auch selber nicht als kritische in jenem fundamentalen, auf eine alternative Form der Vergesellschaftung zielenden Sinne mißverstehen, denn ihr zufolge ist ja Kritik nichts anderes als eine neue Strategie der „Macht“ – die gelegentlich von Foucault durchaus mit jenem radikalen Gehalt geäußerte Gesellschaftskritik setzt also ebenfalls die Nichtanwendung seiner eigenen Theorie voraus.[112]

Muß mithin nicht Foucaults Positivismus seinen Optimismus unter sich begraben? Foucault stellt sich zwar offen dieser Frage nicht[113], kann aber nicht umhin zu reagieren. Im Zusammenhang seiner „Genealogie“, die er im Zuge der Ausarbeitung seiner Machttheorie als jene Form der Konstitutionsgeschichte von Gegenstandsfeldern, von Wissen, auch von „Diskursen“ usw. formuliert, der nach der Maßgabe Nietzsches das Ursprünglichere als das Bessere gilt[114], schreibt er, daß es ihm darum gehe, den „Aufstand der einzelnen Wissensarten“[115] gegen ihre Unterwerfung durch und unter die wissenschaftlichen „Diskurse“ zu ermöglichen, um dann die solcherweise „befreiten

Wissensarten spielen"[116] zu lassen. Indem Foucault auf diese, sich freilich ausgeprägter bei P. K. Feyerabend und im linken Lacanismus F. Guattaris und G. Deleuzes sowie bei J. Derrida findende Weise die Wissenschaft schlechthin unter Anklage stellt[117], öffnet er in abstrakt antipositivistischem Affekt der Irrationalität und ihrem, to say the least, Jargon der betroffenen Befindlichkeiten die Tür – indem er das „Subjekt" eskamotiert, beraubt er die „Vernunft" ihres Fundaments. Obwohl Foucaults eigene Schriften von *solcher* Irrationalität bislang verschont blieben, sind die unübersehbaren Symptome kategorialer Hilflosigkeit ein dunkles Vorzeichen für jene aussichtslose Alternative zwischen Gewalt und Innerlichkeit.[118] Foucault ist kein glücklicher Positivist.

Nun setzt Foucault zwar als das Ziel jener Befreiung eine „neue Politik der Wahrheit"[119], wobei er „Politik" ganz allgemein eine mehr oder minder „globale Strategie" nennt, welche die „Gesamtheit der Kräfteverhältnisse" in einer gegebenen Gesellschaft zweckbezogen zu koordinieren suche[120]; aber auch fürderhin bliebe, das ist für ihn keine Frage, sowohl die „Macht" der „Wahrheit" immanent wie ihr auch von außen zirkulär verbunden. Das bestehende Feld der gesellschaftlichen Kräfteverhältnisses würde, wie es weiter heißt, durch eine neue Form der „Politisierung" durchdrungen werden, der es nicht darauf ankäme, die „Rechte" des Individuums zu bewahren bzw. wiederherzustellen – denn das Individuum ist für Foucault ja nur ein Produkt der bestehenden „Macht" –, sondern dieses zu „ent-individualisieren".[121] Zwar bleibt das eine so dunkel wie das andere, aber soviel ist unstrittig: eine Alternative zum Bestehenden, da verschlägt auch die Absage an „die Idee einer „Gesamtgesellschaft" "[122] wenig, formuliert Foucault nicht. Diese Konstellation, von D. Kamper so sachgerecht wie paradox als „nicht-positive Affirmation der Verhältnisse"[123] kommentiert, verwundert nicht, handelt es sich doch um die „Politisierung" der Absage an die Form kritischer Vernunft, an deren Ende die krude Suprematie nackter Faktizitäten steht: anstatt dem Tönen eines vorgeblichen Zeitgeistes Paroli zu bieten, macht sich Foucaults Theorie zu dessen Membran. Dem ihrer Kuratel geschuldeten Relativismus kann Foucault seinem gesellschaftspolitischen Selbstverständnis gemäß nur einen von Selbstzweifeln nicht beeinträchtigten, monologischen Ad-hoc-Praktizismus zur Seite stellen – "one makes war to win, not because it is just."[124] Dessen Ziel ist danach also ganz in das Belieben der jeweiligen einzelnen gestellt, die zwar Eigenschaften, aber keine Identität besitzen: „Ich träume von einem Intellektuellen", schreibt er, „der fortwährend seinen Ort wechselt, nicht sicher weiß, wo er morgen sein noch was er denken wird".[125] Wer eine progressive Veränderung der Gesellschaft intendiert, findet in Foucault weder einen Wegweiser noch einen zuverlässigen Bundesgenossen.

Der Ertrag seiner theoretischen Bemühungen konterkariert Foucaults eher rebellisches Selbstverständnis, wobei es gerade diese sich für den flüchtigen Leser nicht immer leicht aufzulösende Verbindung ist, die Foucault zu einem Freischärler der Reaktion werden läßt.[126] Beredter Beleg dafür ist sein Projekt einer neuen Theoriengeschichte. Es steht am Ende dort, wo es am Anfang sich schon befand. Nicht überraschend endet sein Versuch, ihre Autonomie gegenüber den Wörtern wie den Sachen, dem Subjekt wie der Logik zu deklarieren, indem er sie zu einer Beschreibung der Verlaufsformen von Systemen und deren Elementen ausdünnt, anstatt sie als Moment kollektiver und bislang zugleich entfremdeter Handlungsgeschichte zu rekonstruieren, in Beliebigkeit, bei der Willkür des vom Willen zur „Macht" und zum „Wissen getriebenen, in dem Netz eines so anonymen wie dichten „Machtgefüges" freischwebend gefangenen Individuums. Einem dieses Scheitern ansprechenden Diskussionspartner hat Foucault geantwortet: „Ich weiß noch nicht genau, wie man da herauskommt."[127] Immerhin will er heraus. Aber wo will er hin?

Anmerkungen

* Der folgende Aufsatz ist vor Michel Foucaults plötzlichem Tod am 25.6.1984 fertiggestellt worden.

1 Cf. *Michel Foucault*, Von der Subversion des Wissens. Aus dem Französischen v. Walter Seitter, München 1974 (= Reihe Hanser, 150); *Axel Honneth, Hans Joas*, Soziales Handelns und menschliche Natur. Anthropologische Grundlagen der Sozialwissenschaften, Frankfurt/M./ New York 1980, 123 sqq.

2 *Michel Foucault*, Die Ordnung der Dinge. Eine Archäologie der Humanwissenschaften. Übers. v. Ulrich Köppen, Frankfurt/M. 1971 (Paris 1966), 11.

3 Ibid., 10.

4 Zu den verschiedenen Entwicklungsstufen des Foucaultschen Werkes cf. *Hinrich Fink-Eitel*, Michel Foucaults Analytik der Macht, in: *Friedrich A. Kittler* (Hrsg.), Austreibung des Geistes aus den Geisteswissenschaften. Programme des Poststrukturalismus, Paderborn-München-Wien-Zürich 1980 (= Uni-Taschenbücher, 1054), 42.

5 *Michel Foucault*, Die Geburt der Klinik. Eine Archäologie des ärztlichen Blicks. Übers. v. Walter Seitter, München 1973 (Paris 1963) (= Anthropologie. Ullstein-Buch, 3290), 206.

6 Id., Die Archäologie des Wissens. Übers. v. Ulrich Köppen, Ffm 1973 (Paris 1969) (= Theorie), 194.

7 Cf. ibid., 146.

8 Cf. *Claudia Honegger*, Michel Foucault und die serielle Geschichte. Über die „Archäologie des Wissens", in: Merkur, 36. Jg. (1982), 513.

9 Der Foucaultsche Begriff des „Diskurses" ist nicht linguistisch, als Konstruktionssystem möglicher Sätze zu verstehen.

10 In seinem Werk „Wahnsinn und Gesellschaft" (Paris 1961) hingegen hatte Foucault, wie er selber bemerkt (cf. Michel Foucault, Die Archäologie, loc. cit., 71 sq.), genau dieses noch unterstellt.

11 Ibid., 82.

12 Ibid., 58.

13 Cf. id., Qu'est-ce qu'un auteur?, in: Bulletin de la Société française de Philosophie, t. 64 (1969), 76.

14 Ibid., 95.

15 Id., Die Archäologie, loc. cit., 72.

16 Der Titel seines gleichnamigen Werkes sei also, wie Foucault andernorts bemerkt, geradezu ironisch gemeint (cf. Michel Foucault explique son dernier livre. Propos recueillis par J. J. Brochier, in: Magazine littéraire, t. 28 (1969), 24).

17 *Michel Foucault*, Die Archäologie, loc. cit., 74.

18 Ibid., 170; cf. id., Réponse au Cercle d'épistemologie, in: Cahiers pour l'Analyse, t. 9 (1968), 28 sq.

19 Id., Die Archäologie, loc. cit., 171.

20 Ibid., 182.

21 Ibid., 184.

22 Jean-Paul Sartre répond (entretien avec Bernard Pingaud), in: L.Arc, No 30 (octobre 1966), 87; cf. Robert Kanters, Tu causes, tu causes, est-ce tout que tu sais faire?, in: Le Figaro Littéraire, No 1053 (23 juin 1966), 5.

23 *Michel Foucault*, Die Archäologie, loc. cit., 187.

24 Ibid., 187.

25 Ibid., 197.

26 Cf. *Peter Sloterdijk*, Michel Foucaults strukturale Theorie der Geschichte, in: Philosophisches Jahrbuch, Bd. 79 (1972), 161 sqq.

27 Es sei daran erinnert, daß Foucault beispielsweise (bekanntlich ganz im Gegensatz zu L. Althusser (cf. *Louis Althusser*, Für Marx, Ffm 1968 (Paris 1965) (= Theorie 2), passim)) zwischen Ricardo und Marx keine große Differenz sieht (cf. *Michel Foucault*, Die Ordnung der Dinge, loc. cit., 273) und demzufolge die Auseinandersetzungen zwischen „bürgerlicher" und „revolutionärer" Ökonomie als „Stürme im Wasserglas (tempêtes au bassin des enfants)" (ibid., 274) bezeichnet (cf. *Michael S. Roth*, Foucault's "History of the present", in: History and Theory, vol. 20 (1981), 36 sq.).

28 Cf. *Udo Bermbach*, Bemerkungen zur politischen Theoriengeschichte, in: PVS, Bd. 22 (1981), 185 sqq.
Naturgemäß würde Foucault einer solchen Auffassung vehement widersprechen, denn Historie sei weder „Erinnerung oder Wiedererkennung" noch „Erkenntnis" (Michel Foucault, Von der Subversion, loc. cit., 104).

29 Der Gedanke ist übrigens in Frankreich, wenn auch in anderem Zusammenhang, schon in den 1920er Jahren von A. Malraux exponiert worden: „Die absolute Realität war für euch zuerst einmal Gott, dann der Mensch; aber nach Gott ist *auch der Mensch gestorben*, und ängstlich fragt ihr euch, wem ihr nun seine seltsame Erbschaft anvertrauen könntet." (*André Malraux*, Lockung des Okzidents, Köln-Berlin 1966 (1926) (= Essay 8), 78).

30 Cf. *Vincent Descombes*, Das Selbe und das Andere. Fünfundvierzig Jahre Philosophie in Frankreich 1933–1978. Aus dem Französischen v. Ulrich Raulf, Ffm 1981 (Paris 1979) (= stw, 36), 114 sqq.

31 Cf. *Michel Foucault*, Die Ordnung der Dinge, loc. cit., 15; id., Réponse à une question, in: Esprit, 36 a. (mai 1968), 860; id., Lettre, in: La Pensée, No 159 (1971), 141.

32 Cf. id., Die Archäologie, loc. cit., 21, 27 sqq., 285 sqq.; id., Von der Subversion, loc. cit., 9 sq., 12 sq.; id., Dispositive der Macht. Über Sexualität, Wissen und Wahrheit, Berlin 1978 (= Internationale marxistische Diskussion, 77), 28; Michel Foucault explique, loc. cit., 25.

33 *Jean Piaget*, Le structuralisme, Paris 1972[5e] (1968) (= "Que sais-je?" Le Point des connaissances actuelles, No 1311), 108; cf. Gilles Deleuze, Un nouvel archiviste, in: Critique, 23e a., t. 26 (1970), 203 sq.

34 *Michel Foucault*, Die Ordnung der Dinge, loc. cit., 260.

35 Id., Die Archäologie, loc. cit., 170 sq.

36 Ibid., 100.

37 Cf. *Régine Robin*, Histoire et linguistique, Paris 1973, 85 sq.

38 *Michel Foucault*, Die Archäologie, loc. cit., 235.

39 Ibid.

40 Cf. id., Die Ordnung der Dinge, loc. cit., 213 sq.

41 Id., Die Archäologie, loc. cit., 170.

42 *Peter Sedgewick*, Michel Foucault: the anti-history of psychiatry, in: Psychological Medicine. A journal of research in psychiatry and the allied sciences, vol. 11 (1981), 238; cf. *Heinz Steinert*, Ist es auch wahr, Herr F.? „Überwachen und Strafen" unter der Fiktion gelesen, es handle sich dabei um eine sozialgeschichtliche Darstellung, in: Kriminalsoziologische Bibliografie, 5. Jg., H. 19–20 (1978), 37 sq.; The contented positivist. M. Foucault and the death of man, in: The Times Literary Supplement, No 3566 (2nd July 1970), 698; *Wilfried Gottschalch*, Foucaults Denken – eine Politisierung des Urschreis?, in: Literaturmagazin 9. Der neue Irrationalismus. Redaktion: Nicolas Born, Jürgen Manthey, Delf Schmidt, Reinbek bei Hamburg 1978 (= dnb, 100), 71.

43 *Michel Foucault*, Die Archäologie, loc. cit., 238.

44 Id., Überwachen und Strafen. Die Geburt des Gefängnisses. Übers. v. Walter Seitter, Ffm 1976 (Paris 1975), 34.

45 Ibid., 43.

46 Cf. ibid., 39.

47 Id., Dispositive, loc. cit., 37; cf. id., Sexualität und Wahrheit. Bd. 1. Der Wille zum Wissen. Übers. v. Ulrich Raulf u. Walter Seitter, Ffm 1977 (Paris 1976), 125.
In dem Anfang 1960 geschriebenen Vorwort zur 1. Auflage seines Werkes „Wahnsinn und Gesellschaft" hieß es noch, daß man die Geschichte „der sexuellen Verbote schreiben", von den „obstinaten Formen der Repression sprechen" müsse, um die „tragische Abtrennung der glücklichen Welt der Lust an den Tag zu bringen." (Id., Wahnsinn, loc. cit., 10) In der 2.Auflage (Paris 1972) hat Foucault dann dieses Vorwort durch ein anderes ersetzt und – wie auch andernorts – die ‚Machtwende' erläutert.

48 Cf. id., Sexualität, loc. cit., 21, 122.
49 Cf. id., Die Archäologie, loc. cit., 259 sq.
50 Id., Sexualität, loc. cit., 114.
51 Ibid., 115.
52 Id., Dispositive, loc. cit., 38; cf. ibid., 34 sq., 104 sq.
53 Id., Überwachen, loc. cit., 229; cf. ibid., 207.
54 Id., Dispositive, loc. cit., 83.
55 Id., Sexualität, loc. cit., 114.
56 Ibid., 118.
57 Ibid., 116.
58 Id., Dispositive, loc. cit., 111.
59 Id., Sexualität, loc. cit., 119.
60 Cf. id., Dispositive, loc. cit., 189, 211.
61 *Bernard-Henri Lévy,* Die Barbarei mit menschlichem Gesicht. Aus dem Französischen von Hans-Ulrich Laukat und Martin Pfeiffer, Reinbek b. Hamburg 1978 (Paris 1971) (= rororo aktuell, 4276), 27.
62 Ibid., 32.
63 Cf. *Michel Foucault,* Sexualität, loc. cit., 119.
64 *Paul Veyne,* Der Eisberg der Geschichte. Foucault revolutioniert die Historie, Berlin 1981 (= Internationale marxistische Diskussion, 98), 60.
65 Cf. *Günter Dux,* Die Logik der Weltbilder. Sinnstrukturen im Wandel der Geschichte, Ffm 1982 (= stw, 370).
66 Cf. *Michel Foucault,* Die Archäologie, loc. cit., 23 sq.
67 Cf. id., Von der Subversion, loc. cit., 16.
68 Id., Die Ordnung der Dinge, loc. cit., 462.
69 Ibid., 414; cf. id., Die Ordnung des Diskurses. Inauguralvorlesung am Collège de France – 2. Dezember 1970. Aus dem Französischen v. Walter Seitter, München 1974 (Paris 1972) (= Hanser Anthropologie), 20.
70 *Claude Lévi-Strauss,* Das wilde Denken, Ffm 1981[4] (Paris 1962) (= stw, 14), 284; cf. id., Tristes Tropiques, Paris 1955, 374.
71 *Michel Foucault,* Die Ordnung der Dinge, loc. cit., 14.
72 Deuxième entretien avec Michel Foucault. Sur les façons d'écrire l'histoire, par Raymond Bellour, in: Les Lettres Françaises, No. 1186 (15 juin 1967), 9; cf. Michel Foucault, Die Ordnung des Diskurses, loc. cit., 5.
73 In dessen 1860 geschriebener Vorrede zum 5. Buch seiner „Englischen Geschichte, vornehmlich im 17. Jahrhundert", heißt es: „Ich wünschte mich Selbst gleichsam auszulöschen und nur die Dinge reden, die mächtigen Kräfte erscheinen zu lassen" (Leopold von Ranke, Sämtliche Werke, Bd. 15, Leipzig 1870, 101).
74 Cf. *Claudia Honegger,* Überlegungen zu Michel Foucaults Entwurf einer Geschichte der Sexualität, s.l.n.d. (Diss. phil. Bremen 1980), 9.
75 Cf. *Michel Foucault,* Die Ordnung der Dinge, loc. cit., 414.
76 Ibid., 26.
Im französischen Original taucht der Begriff auch andernorts auf (cf. 192), wird aber in der deutschen Übersetzung zu „Veränderung" (228) neutralisiert.
77 Cf. id., Mikrophysik der Macht. Über Strafjustiz, Psychiatrie und Medizin, Berlin 1976 (= Internationale marxistische Diskussion 61), 43.
78 Cf. *Claudia Honegger,* Michel Foucault, loc. cit., 517 sq.
79 *Michel Foucault,* Sexualität, loc. cit., 112.
80 Ibid., 113 sq.
81 Id., Dispositive, loc. cit., 53; cf. id., Die Ordnung des Diskurses, loc. cit., 25.
82 Cf. *Louis Althusser,* Ideologie und ideologische Staatsapparate. Aufsätze zur marxistischen Theorie, Hamburg/Westberlin 1977 (= Positionen, 3).
83 Cf. *Michel Foucault,* Von der Subversion, loc. cit., 54 sqq.
84 Cf. zum folgenden insbesondere: *Jürgen Habermas,* Wahrheitstheorien, in: Helmut Fahrenbach (Hrsg.), Wirlichkeit und Reflexion. Walter Schulz zum 60. Geburtstag, Pfullingen 1973, 211–65; *Jürgen Habermas,* Theorie des kommunikativen Handelns, 2 Bde., Ffm 1981; id., Moralbewußtsein und kommunikatives Handeln, Ffm 1983 (= stw, 422).

85 Cf. id., Die Verschlingung von Mythos und Aufklärung. Bemerkungen zur Dialektik der Aufklärung – nach einer erneuten Lektüre, in: *Karl Heinz Bohrer* (Hrsg.), Mythos und Moderne. Begriff und Bild einer Rekonstruktion, Ffm 1983 (= edition suhrkamp, 1144), 429.
86 *Michel Foucault,* Die Ordnung der Dinge, loc. cit., 408; cf. ibid., 390.
87 Cf. id., Dispositive, loc. cit., 51 sq.
88 Ibid., 75; cf. ibid., 51 sq.
89 Ibid., 123.
90 Ibid., 125.
Daß Foucault andernorts „Institution" wieder anders definiert, ist nicht, wie seine Adepten meinen, ein Zeichen seiner Differenzierungsfähigkeit, sondern eine Bestätigung der genannten Beliebigkeit seiner Argumentation.
91 Id., Die Ordnung des Diskurses, loc. cit., 25.
92 Id., Mikrophysik, loc. cit., 87.
93 Id., Dispositive, loc. cit., 216; cf. id., Mikrophysik, loc. cit., 53.
So schreibt er 1970 programmatisch, daß es ihm um „ein Denken ohne Widerspruch" gehe, „ohne Dialektik, ohne Verneinung: ein Denken, das zur Divergenz ja sagt; ein affirmatives Denken, dessen Instrument die Disjunktion ist" (*Gilles Deleuze* und *Michel Foucault,* Der Faden ist gerissen. Aus dem Französischen v. Walter Seitter und Ulrich Raulf, Berlin 1977 (= Internationale marxistische Diskussion, 68), 43).
94 Folgerichtig konfrontiert E. López denn auch Foucault mit den Fragen: "¿quiénen dirigen los hospitales, las escuelas, los ejércitos, las manufacturas? ¿Quién reduta y como se manejan sus respectivos cuadros administrativos?" (*Ernesto López,* El poder disciplinario en Foucault, in: Revista mexicana de sociología, vol. 41 (1979), 1432).
95 Cf. *Michel Foucault,* Dispositive, loc. cit., 29, 196.
96 Cf. *Heide Gerstenberger* und *Bodo Voigt,* Macht und Dissens. Anmerkungen zu den Arbeiten von Michel Foucault, in: Leviathan, Bd. 7 (1979), 235 sq.
97 Cf. *Henri Lefebvre,* Au-delà du structuralisme, Paris 1971, 272 sq.
98 Cf. *Michel Foucault,* Sexualität, loc. cit., 116.
99 Cf. *Helmut Becker,* Die Logik der Strategie. Eine Diskursanalyse der politischen Philosophie Michel Foucaults, Ffm 1981 (= Materialis Thesen, MT 8. Kollektion: Philosophie, Ökonomie, Politik), 175.
100 *Michel Foucault,* Dispositive, loc. cit., 210.
101 Cf. ibid., 196.
102 Cf. ibid., 211; id., Sexualität, loc. cit., 117 sq.
Insofern ist es auch gleichgültig, ob er gelegentlich von „Klassen" spricht, die sich als Antagonisten gegenüberstünden (cf. id., Dispositive, loc. cit., 133 sq.), oder von Individuen („Wir kämpfen alle gegen alle." (Ibid., 141)) – beide sind für ihn Abstraktionen.
103 Cf. id., Von der Subversion, loc. cit., 114 sq.
104 *Hinrich Fink-Eitel,* Michel Foucaults, loc. cit., 56.
105 *Michel Foucault,* Die Archäologie, loc. cit., 182.
106 *Sylvie Le Bon,* Un positiviste désespéré: Michel Foucault, in: Les Temps modernes, Bd. 22, Nr. 248 (1967), 1299.
107 Cf. *Michel Foucault,* Über die Volksjustiz. Eine Diskussion, in: id., *Geismar, Glucksmann* u.a., Neuer Faschismus, Neue Demokratie. Über die Legalität des Faschismus im Rechtsstaat, Berlin 1972 (= Rotbuch, 43), 115 sqq.
108 *Michel Foucault,* Dispositive, loc. cit., 196; cf. id., Von der Subversion, loc. cit., 121, 130.
109 Id., Die Folter, das ist die Vernunft. Ein Gespräch mit Knut Boeser, in: Literaturmagazin 8, Reinbek bei Hamburg 1977 (= dtb, 91), 68; cf. Noam Chomsky and Michel Foucault, Human Nature: Justice versus power, in: *Fons Elders* (ed.), Reflexive Water. The Basic Concerns of Mankind, London 1974 (= Condor Book), 171.
110 *Michel Foucault,* Die Folter, loc. cit., 60.
111 Cf. *Noam Chomsky* and *Michel Foucault,* Human Nature, loc. cit., 170 sq.
112 Auf diese Konsequenz hat indirekt *K. Sontheimer* angespielt, als er schrieb, daß eine Theorie „reiner Machtbeziehungen" nur die „technische Handlangerin der Macht und der Mächtigen" bliebe, „Lieferantin von Herrschaftswissen ohne die Möglichkeit, von außerempirischen Prämissen her das empirische Geschäft der Politik kritisch in Frage zu stellen." (*Kurt Sontheimer,* Zum Begriff der Macht als Grundkategorie der politischen Wissenschaft, in: *Dieter Oberndörfer* (Hrsg.), Wissenschaftliche Politik. Eine Einführung in die Grundfragen ihrer Tradition und Theorie, Freiburg i.Br. 1966^2 (1962) (= Freiburger Studien zur Politik u. Soziologie), 209).

113 Anders der *theoretisch* nicht unähnlich – freilich recht wirr – argumentierende B.-H. Lévy; typischerweise jedoch stellt dessen Antwort nur das andere des Relativismus dar, nämlich die gelegentlich an M. Stirner erinnernde Setzung eines vorgeblich das „Testament Gottes" verkörpernden Individualismus als unbezweifelbares Letztes (cf. *Bernard-Henri Lévy*, Das Testament Gottes. Der Mensch im Kampf gegen Gewalt und Ideologie, Wien-München-Zürich-Innsbruck 1980 (Paris 1979), 167 sq.).

114 Cf. *Jürgen Habermas*, Die Verschlingung, loc. cit., 425; zur neuen französischen Rezeption Nietzsches als Machttheoretiker cf. auch: *Philipp Rippel* und *Herfried Münkler*, Der Diskurs und die Macht. Zur Nietzsche-Rezeption des Poststrukturalismus – Foucault, Lévy, Glucksmann, in: PVS, Bd. 23 (1982), 115–38; iid., Von der Emanzipation zur Repression. Die politische Dimension der Nietzsche-Renaissance in Frankreich, in: L'80, H. 23 (1982), 140–52.

115 *Michel Foucault*, Dispositive, loc. cit., 63.

116 Ibid., 65.

117 Cf. id., Mikrophysik, loc. cit., 45.

118 Cf. *Heide Gerstenberger* und *Bodo Voigt*, Macht, loc. cit., 238 sq.; *Lothar Baier*, Wer unsere Köpfe kolonisiert. Zur Frage, ob die Emanzipation von der ratio fällig ist, in: Literaturmagazin 9, loc. cit., 74 sqq.

119 *Michel Foucault*, Dispositive, loc. cit., 54.

120 Cf. ibid., 112.
Indessen arbeitet Foucault auch mit einem doppelten Politikbegriff, so wenn er in einem Gespräch mit B.-H. Lévy sagt, daß irgendwann „die Politik' durchaus verschwinden könne (ibid., 145).

121 Ibid., 230.

122 Id., Von der Subversion, loc. cit., 126.

123 *Dietmar Kamper*, Die Auflösung der Ich-Identität, in: Friedrich A. Kittler (Hrsg.) Austreibung, loc. cit., 84.

124 *Noam Chomsky* und *Michel Foucault*, Human Nature, loc. cit., 182.

125 *Michel Foucault*, Dispositive, loc. cit. 198.

126 Cf. *Jean Améry*, Archäologie des Wissens. Michel Foucault und sein Diskurs der Gegenaufklärung, in: Die Zeit, Nr. 14 (31.3.1978), 44 sq.

127 *Michel Foucault*, Dispositive, loc. cit. 140.

Legitimationen politischer Gewalt

Zur Funktion der Ideologie im italienischen Linksterrorismus der 70er Jahre

Herfried Münkler

1. Ansätze zur Erklärung des Terrorismus

Seitdem Ende der 60er Jahre kleine, konspirativ organisierte Gruppen versucht haben, mit den Mitteln der Gewalt und des Terrors die gesellschaftliche Struktur und politische Verfassung der westlichen Industriestaaten zu verändern, ist in den Disziplinen der Soziologie, Psychologie und Politikwissenschaft eine Reihe theoretischer Ansätze über die Ursachen des Terrorismus entwickelt worden. Sie sollen erklären, warum es ausgerechnet in Gesellschaften, die sich – gemessen an ihrer Geschichte – durch eine relativ breite Verteilung des gesellschaftlichen Reichtums auszeichnen und die – ebenfalls gemessen an ihrer Geschichte – relativ große politische Einflußmöglichkeiten bieten, zur Entstehung von Gruppierungen kommen konnte, die ihre politischen Ziele mit terroristischen Mitteln durchzusetzen versuchen. So unproblematisch es ist, Gründe dafür anzugeben, warum unter einer Diktatur lebende Menschen bereit sein können, die politische Veränderung auch mit gewaltsamen Mitteln zu betreiben, oder unterdrückte ethnische Minderheiten das Ziel ihrer politischen Separation durch die Bildung von Guerillagruppen und/oder Terrorkommandos[1] zu erreichen suchen, so schwierig ist es, das Aufkommen des Terrors dort zu erklären, wo es weder eine Diktatur noch unterdrückte ethnische Minderheiten gibt.

Bezogen auf die in der Bundesrepublik geführte Diskussion können die verschiedenen Ansätze zur Erklärung des Terrorismus in demokratisch verfaßten Industriestaaten in drei Blöcke unterteilt werden: Unter dem unmittelbaren Eindruck der terroristischen Aktionen dominierten zunächst Erklärungsansätze, die sich auf die *Ideologie des Terrorismus* konzentrierten: Messianische Heilserwartungen, verbunden mit der Dämonisierung des Bestehenden, wurden als Ursachen des Terrorismus benannt; verblendet von den griffigen Antithesen eines manichäischen Weltbildes, in dem sich gut und böse scharf kontrastiert gegenüberstehen, verstünden sich die Terroristen als Exekutionskommandos des Guten und bezögen daraus die Antriebe ihres Handelns und das gute Gewissen dabei.[2] Daneben wurde die Zersetzung der moralischen und politischen Verbindlichkeit des bestehenden Institutionengefüges durch „kritische Theorien" als Ursache des Terrorismus geltend gemacht. Wo alles zweifelhaft und fragwürdig geworden sei und die Legitimität der bestehenden Ordnung permanent in Zweifel gezogen werde, sei es nicht verwunderlich, wenn schließlich auch gewaltsame Mittel gegen diese Ordnung eingesetzt würden. Terrorismus, so die These, sei die Folge

eines weit verbreiteten Nihilismus, für den die verantwortlich seien, die die überkommenen Werte und Institutionen einer Fundamentalkritik unterzogen hätten.[3]
Gegen diese Erklärung des Terrorismus als Folge entweder einer bestimmten Ideologie oder einer fundamentalen Gesellschaftskritik wurde sehr bald jedoch geltend gemacht, daß sie allzusehr die gesellschaftlichen und politischen Bedingungen vernachlässige, unter denen der Terrorismus mitsamt seiner Ideologie entstanden sei. So konnte die *gesellschaftliche und politische Erklärung* des Terrorismus u. a. darauf hinweisen, daß die Staaten, in denen es seit Ende der 60er Jahre zu einem stärkeren Auftreten terroristischer Gruppierungen gekommen sei, fast alle eine faschistische Vorgeschichte hätten (Deutschland, Italien, Japan), während in den Staaten ohne faschistische Vorgeschichte (Norwegen, Schweden, Niederlande, Belgien und Frankreich) es nicht zur Bildung terroristischer Gruppen mit sozialrevolutionärer Ideologie gekommen sei. Weiterhin sei zu beachten, daß die politischen Systeme, in denen größere terroristische Gruppen entstanden waren, sich durch das gänzliche Fehlen einer starken, politisch links stehenden Partei auszeichneten, die die Unzufriedenheit mit der gesellschaftlichen und politischen Ordnung *innerhalb* des bestehenden Institutionengefüges und der Verfassung politisch erfolgversprechend hätte aufnehmen können (Bundesrepublik Deutschland), oder aber daß diese Linkspartei sich durch ein Bündnisangebot an die etablierten Kräfte zur politischen und gesellschaftlichen Modernisierung des Landes als Katalysator dieser Unzufriedenheit ausgefallen sei (Italien). Außerdem wurde darauf hingewiesen, daß die meisten Gesellschaften mit terroristischen Gruppen sich in einem ökonomischen und soziostrukturellen Umbruch befänden, bei dem es zum Zusammenstoß moderner und traditioneller gesellschaftlicher Sektoren und ihrer jeweiligen Wertvorstellungen komme. Ausdruck dessen sei ein Mangel an gesellschaftlicher und politischer Integrationsfähigkeit des politischen und gesellschaftlichen Systems.[4]
Faßt man diese Ansätze zur Erklärung des Terrorismus in ihren Hauptthesen zusammen, so hat es den Anschein, als sei hier die Debatte um die Ursachen der Französischen Revolution, wie sie im 19. Jahrhundert ausgetragen worden ist, noch einmal aufgelegt worden: auf der einen Seite diejenigen, die die Revolution als das Ergebnis der Aufklärungsphilosophie bezeichneten und die politischen und gesellschaftlichen Umwälzungen als die Folge ideengeschichtlicher Entwicklungen begriffen; auf der anderen Seite jene, für die gesellschaftliche Entwicklungen und politische Inflexibilität die Hauptursachen der Französischen Revolution waren. Auch die politischen Zuordnungen kehrten in der Diskussion über die Ursachen des Terrorismus wieder: Wurde die ideologische Ursachenzuschreibung eher von konservativen Wissenschaftlern und Autoren vorgetragen, so fand die politische und gesellschaftliche Ursachenzuschreibung vor allem bei liberalen und progressiven Wissenschaftlern Zustimmung. Selbst jene reaktionären Verschwörungstheorien, die die Französische Revolution als das Werk von Freimaurern und Illuminaten bezeichnet hatten, kehrten wieder, nur war es jetzt der revolutionäre Weltkommunismus mit seiner Moskauer Zentrale, von dem behauptet wurde, er setze die verschiedenen terroristischen Gruppen in Westeuropa als destabilisierende Faktoren zu seinen Gunsten ein.
Der Vergleich dieser theoretischen Ansätze über die Ursachen des Terrorismus mit den verschiedenen Theorien über die Entstehung der Französischen Revolution ist aber

auch in einer anderen Hinsicht aufschlußreich: Sowohl die ideologische als auch die gesellschaftlich-politische Ursachenzuschreibung stehen nämlich vor dem Problem, plausibel zu machen, warum es trotz der von ihnen jeweils geltend gemachten Faktoren in den westlichen Industriestaaten *nicht* zu einer breiten revolutionären Bewegung, sondern nur zur Bildung kleiner terroristischer Gruppen gekommen ist, die sich sehr bald einer vehementen Kritik aus dem linken Spektrum ausgesetzt sahen. Vor allem die ideologische Ursachenzuschreibung sah sich mit der Frage konfrontiert, warum exakt dieselbe Ideologie, die sie im Falle der einen Gruppe für deren Übergang zum Terrorismus verantwortlich machte, bei einer anderen Gruppe mit dem politischen Engagement im Rahmen des bestehenden Institutionengefüges und der Verfassung durchaus vereinbar war und mitunter sogar zum resignierten Rückzug aus der Politik führen konnte. In gewisser Hinsicht stellt sich dieses Problem aber auch für die gesellschaftlich-politischen Erklärungsansätze, die plausibel machen müssen, warum offensichtlich nur eine kleine Gruppe aus den aufgeführten politischen und gesellschaftlichen Entwicklungen die Konsequenz gezogen hat, in den terroristischen Untergrund zu gehen.

Nur dem Anschein nach ist der dritte Erklärungsansatz, der biographisch-psychologische Zugriff, diesem Problem enthoben. Nachdem der Versuch, die Entstehung des Terrorismus in den westlichen Industriestaaten auf psychische Erkrankungen der Terroristen zurückzuführen[5], als gescheitert bezeichnet werden darf, vermag dieser Erklärungsansatz zur Analyse des Terrorismus vor allem den Hinweis auf ihre biographischen Brüche und auf die Desintegration und Orientierungslosigkeit ihres sozialen Umfeldes beizusteuern.[6] Damit sieht er sich aber, ebenso wie die beiden anderen Erklärungsansätze, mit dem Problem konfrontiert, daß keineswegs alle, bei denen diese Phänomene beobachtbar sind, Terroristen geworden sind.

Der Überblick über die verschiedenen Erklärungsmodelle des Terrorismus in westlichen Industriestaaten zeigt, daß offensichtlich monokausale Ursachenzuschreibungen das Phänomen des Terrorismus nicht hinreichend zu fassen vermögen, sondern übergreifende Ansätze erforderlich sind, die neben den hier aufgeführten Faktoren auch biographische Zufälle in Rechnung stellen, die sich jeder stringenten Erklärung, sei sie ideologischer oder gesellschaftlich-politischer Art, entziehen. Erst dann ist es möglich, die Bedeutung, die Ideologien bei der Entstehung terroristischer Gruppen haben können, genauer zu bestimmen. Daß Ideologien, zumal bei der Legitimation terroristischer Aktionen[7], einen gewissen Stellenwert haben, wird sich schwerlich in Abrede stellen lassen, doch sollte die *Relativität* dieses Stellenwertes ebenso klar herausgehoben werden. Dies soll hier – am Beispiel des italienischen Linksterrorismus der 70er Jahre – anhand dreier Fragestellungen erfolgen:

1. Inwieweit können die *Deutungen* der gesellschaftlichen und politischen *Realität*, die von der terroristischen Ideologie angeboten werden, Plausibilität für sich beanspruchen?
2. In welchem Verhältnis stehen die *Ideologien des Terrorismus* zu verbreiteten *politischen, soziologischen und philosophischen Theorien* und inwiefern gibt es erkennbare Differenzen, an denen der hier unterstellte Unterschied zwischen *Theorie* und *Ideologie* präzisiert werden kann?

3. Inwieweit waren die terroristischen Ideologien tatsächlich *handlungsleitend* und inwieweit waren sie *nachgeschobene Rechtfertigungen,* die innerhalb des linken Spektrums den terroristischen Aktionen die Reputation eines politischen Handelns verschaffen sollten?
Dies macht es erforderlich, zunächst einen kurzen Blick auf die politische Kultur Italiens und die Geschichte des italienischen Terrorismus zu werfen, bevor zentrale Elemente aus dessen Ideologie einer eingehenderen Untersuchung unterzogen werden. Dabei sollen zugleich die Berührungspunkte und Differenzen zwischen dem italienischen und dem deutschen Terrorismus beachtet werden.

2. *Die politische Kultur Italiens und die Entwicklung des Terrorismus*

Im Gegensatz zu Deutschland gibt es in Italien eine starke Tradition des antifaschistischen Widerstands, an die die italienische Linke anknüpfen konnte, als Ende der 60er Jahre Faschisten mehrere schwere Sprengstoffanschläge verübten – offensichtlich mit dem Ziel, das psychologische Klima für einen Staatsstreich nach dem Vorbild Mussolinis zu schaffen. Allein am 12. Dezember 1969 wurden fünf Attentate gegen Banken und Nationaldenkmäler in Mailand und Rom verübt, von denen das schwerste, der Bombenanschlag auf die Mailänder Landwirtschaftsbank an der Piazza Fontana, 16 Menschenleben forderte. Polizei und Staatsanwaltschaft suchten die Verantwortlichen dieses Attentats zunächst in den Reihen der italienischen Anarchisten: Der Anarchist Pinelli starb während des Verhörs und gegen den Anarchisten Valpreda wurden ganz offensichtlich Beweise „konstruiert".[8] Erst im Februar 1979, fast zehn Jahre nach dem Attentat, wurden zwei Faschisten und ein Agent der Geheimpolizei als Verantwortliche dieses Anschlags verurteilt. Zwei Generale wurden als Mithelfer angeklagt.
Diese Attentatsserie, die zwielichtige Rolle einiger hoher Offiziere und der Versuch von Polizei und Staatsanwaltschaft, die Linke als die Verantwortliche dieser Anschläge darzustellen, trugen bei Teilen der italienischen Linken zu der Auffassung bei, mit einer neuerlichen Entwicklung zum Faschismus konfrontiert zu sein, die eine Wiederbelebung der *Resistenza* erforderlich mache. Eine der damals gebildeten Gruppen bezeichnete sich dementsprechend als *Nuova Resistenza.*
Völlig anders reagierte die italienische KP. Im Juli 1970 machte ihr Generalsekretär Enrico Berlinguer nach neuerlichen faschistischen Anschlägen und schweren Auseinandersetzungen in der Reggio Calabria den Vorschlag, Arbeiterklasse und Kapital sollten für einen begrenzten Zeitraum zusammenarbeiten, um die wirtschaftliche Modernisierung Italiens gemeinsam zustandezubringen und zusammen die Demokratie gegen die faschistische Bedrohung zu sichern.[9] Mit diesem Vorschlag eines *compromesso storico* beendete Berlinguer die von Palmiro Togliatti inaugurierte KPI-Politik nach dem Kriege, als die bereits weitgehend labouristisch ausgerichtete Politik der KP von der offiziell immer wieder beschworenen Erwartung einer bevorstehenden proletarischen Revolution verdeckt war. Mit Berlinguers Angebot einer zeitlich begrenzten Zusammenarbeit mit der *Democrazia cristiana* verlor die KPI ihren Charakter als Integrationsinstanz der italienischen Linken, und die Revolutionsperspektive, das messiani-

sche Element der marxistischen Theorie, wurde frei verfügbar für die verschiedenen, insbesondere aus der Studentenbewegung hervorgegangenen Gruppen der italienischen Linken.

Im Gegensatz zur Bundesrepublik, aber auch fast allen anderen westlichen Ländern, hatte die italienische Studentenbewegung der 60er Jahre unübersehbare Beziehungen zu den Arbeitern in den großen Fabriken Norditaliens. Ohne habitualisierte Industrieerfahrung, ohne traditionelle Bindungen an die Organisationen der italienischen Arbeiterbewegung und von diesen weitgehend ignoriert, engagierten sich viele der aus dem Süden Italiens eingewanderten Arbeiter in den von der KPI und ihrer Gewerkschaft unabhängigen Gruppen der Linken.[10]

Erst die italienische Studenten- und Jugendrebellion von 1977/78 war gekennzeichnet durch jene bürgerlich-spontaneistischen Elemente, die in den anderen westlichen Ländern bereits die Bewegungen der späten 60er Jahre geprägt hatten. Dieser Unterschied ist auch an den beiden im Zusammenhang mit den jeweiligen Studenten- und Jugendrebellionen entstandenen terroristischen Gruppierungen[11] ablesbar: Wenngleich die KPI den *Brigate rosse* (*Br*) immer wieder jeden Bezug zur italienischen Arbeiterbewegung bestritt, so lag doch deren Betätigungsfeld zu Beginn ihrer Aktionen vor allem in den Großbetrieben des industrialisierten Nordens. Über weite Strecken waren die Aktionen angelegt als flankierende gewaltsame Maßnahmen zur Unterstützung politischer und innerbetrieblicher Forderungen der Arbeiterschaft. Insofern auch standen die *Brigate rosse* zunächst der französischen *Gauche prolétarienne*[12] erheblich näher als der *Roten Armee Fraktion* in der Bundesrepublik, für die Horst Mahler zwar die enge Verbindung mit der Arbeiterschaft proklamiert hatte, in deren Strategie diese Verbindung jedoch, nicht zuletzt aufgrund der fehlenden Verankerung der Gruppe in den Betrieben, niemals eine Rolle spielte.[13]

Diese Beziehungen zur Arbeiterschaft fehlen hingegen bei der *Autonomia operaia* – sie ist in mancher Hinsicht mit den *Revolutionären Zellen* in der Bundesrepublik vergleichbar –, die aus der Studenten- und Jugendrebellion 1977 entstanden ist und deren strategisches Konzept der *violentia diffusa* eher an der subjektiven Befriedigung der Agierenden als an ihrer instrumentellen Zuordnung zur Arbeiterschaft orientiert ist. So erklärte einer ihrer Exponenten: „Wir haben es satt, immer hart und ohne Lachen oder Weinen ‚Arbeitermacht' (potere operaio) zu schreien, während die Arbeiter weiterhin ohne Macht bleiben. Deswegen sagen wir ‚dromedarische Macht' (potere dromedario): Das klingt wie ‚proletarische Macht' (potere proletario), und dabei kann man auch noch lachen. Und wenn man gemeinsam lacht, wird die Politik zum gesellschaftlichen Leben."[14]

Stärker noch als durch die auch in den anderen westlichen Ländern vorhandenen sozialen Konflikte ist die italienische Gesellschaft gekennzeichnet durch den Gegensatz zwischen industrialisiertem Norden und agrarisch strukturiertem Süden. Dieser Gegensatz zwischen Norden und Süden geht freilich weit hinaus über den zwischen den jeweils vorherrschenden Produktionssektoren, sondern hat sich zu einer gesellschaftlichen Spaltung des Landes vertieft, die von vielen als Kolonialstruktur begriffen wird – mit dem Norden als Herr und dem Süden als Knecht. An diesem Problem des Nord-Süd-Gegensatzes in Italien setzte die dritte der hier in Betracht gezogenen italienischen

Terroristengruppen an, die *Nuclei armati proletari* (*Nap*). Anknüpfend an die Thesen Fanons und Cleavers[15], avancierte für sie das städtische und ländliche Subproletariat des Mezzogiorno zum eigentlichen revolutionären Subjekt der italienischen Gesellschaft. Zugleich knüpften die *Nap* an die Tradition des süditalienischen Sozialbanditentums an, indem sie die Unterscheidung zwischen politischer und gewöhnlicher Kriminalität in Frage stellten und – mit einem zweifellos romantisierenden Einschlag – die Strafgefangenen als Gegner und Opfer der kapitalistischen Gesellschaft bezeichneten.[16]
Stießen die Aktionen der *Brigate rosse* – insbesondere solche gegen verhaßte Betriebsangehörige, vor allem Meister und Aufseher – auf eine gewisse Zustimmung bei den Arbeitern[17], so endete diese Zustimmung, als die *Br* dazu übergingen, ihre Aktionen immer weniger an den betrieblichen Konflikten zu orientieren, sondern sie als ein mit allen Waffen ausgetragenes Duell mit der Staatsmacht begriffen. Im Verlaufe dieser Entwicklung hat Renato Curcio, der führende Kopf der *Br*, auch der Arbeiterschaft das Recht abgesprochen, die kontrollierende und limitierende Instanz der *Br*-Aktionen zu sein: „Die Arbeiterklasse", so erklärte er im Dezember 1974, „ist kein Mythos. Das Urteil des ‚konditionierten Proletariats', dessen Bewußtsein manipuliert und entäußert ist, kann keine Geltung haben. Es handelt sich um ein gelenktes, ferngesteuertes Proletariat. (...) Die Vertiefung der Krise und die Entfaltung des Klassenkrieges werden auch die derzeit konditionierten Proletarier vor die Realität ihres Klasseninteresses stellen und dann wird auch ihr Urteil unverfälscht sein."[18]

Die damit vollzogene Verabsolutierung der eigenen Postion war in gewisser Hinsicht das Ergebnis der Klassen- und Staatsanalyse, die die *Br* im Mai 1974 veröffentlicht hatten. Darin heißt es: „Parallel zur Verschärfung der Krise des Regimes entwickelt sich unausweichlich ein Prozeß der Konterrevolution. Die gesamte herrschende Klasse hat sich zu dem Versuch vereint, die Kampfbewegung und das autonome und revolutionäre Organisationsniveau als deren Ergebnis zu zerstören. Während in den Betrieben die Arbeiterautonomie genügend stark und organisiert ist, um einen Zustand permanenter Insubordination herzustellen und sich einen zunehmend wachsenden Machtbereich zu erobern, ist sie hingegen außerhalb der Betriebe noch schwach, so daß sie nicht imstande ist, den Angriffen der Konterrevolution Widerstand zu leisten."[19]
Durch den „Angriff auf das Herz des Staates" wollten die *Br* die revolutionären Erfolge in den Betrieben absichern und die Krise des Systems weiter verschärfen. Im Verlaufe dieser Entwicklung gerieten sie jedoch zunehmend in Isolation und wurden schließlich weitgehend zerschlagen.

Viel stärker als die *Br* waren die *Nap* von spontaneistischen Tendenzen und einer Ethik des Minoritarismus, der Aufopferung und des Martyriums geprägt. Eine Folge dessen war die Proklamation der Strafgefangenen, Analphabeten und Marginalisierten zum revolutionären Subjekt der italienischen Gesellschaft, während zur „privilegierten" Arbeiterschaft des italienischen Nordens unverkennbar Distanz gehalten wurde[20]. Dementsprechend kamen in der politischen Linie der *Nap* auch kaum kompliziertere taktische Erwägungen zum Zuge; statt dessen waren die Gruppen ausschließlich auf die Idee des „bewaffneten Kampfes" fixiert. Doch gerade dadurch erwiesen sich die *Nap* als erheblich anfälliger für Desillusionierungen und anschließenden „Verrat", der schließlich zur Zerschlagung der Gruppen führte.

Demgegenüber hat sich die *Autonomia operaia* von vornherein geweigert, ein anderes revolutionäres Subjekt als sich selbst anzugeben. In ihren gewaltsamen Demonstrationen, Hausbesetzungen, „proletarischen Enteignungen" (Diebstählen) und Produktionsblockaden, die von ihr unter die Idee der totalen Verweigerung als des einzig legitimen Verhaltens in der kapitalistischen Gesellschaft gestellt wurden, kam eine Haltung zum Ausdruck, die das Ziel individueller Selbstverwirklichung an gewaltsame Aktionen band und darum als „bewaffneter Existenzialismus" bezeichnet werden kann. Doch gerade dieses Konzept war anfällig für Rückschläge und Enttäuschungen, in deren Verlauf der anfängliche revolutionäre Enthusiasmus bald verflog.

3. Politische Theorie und terroristische Ideologie

In den Ideologien der terroristischen Gruppierungen in Westeuropa treten durchweg drei zentrale Elemente hervor: die Idee der *Legitimität*, die gegen die *Legalität* der bestehenden politischen Ordnung ausgespielt wird, der Vorwurf, der jeweils attackierte Staat betreibe eine *imperialistische* Politik oder sei doch zumindest Mitglied eines imperialistischen Bündnissystems, und die Behauptung, dieser Staat sei nur dem Schein nach demokratisch verfaßt, tatsächlich aber *faschistisch*. Worin sich die einzelnen Gruppierungen freilich unterscheiden, ist der Stellenwert, den diese Elemente in der Ideologie der Gruppen jeweils einnehmen.

Während in der Ideologie der *Roten Armee Fraktion* jedes der drei genannten Elemente für einige Zeit eine Rolle gespielt hat – zunächst, solange sich die Gruppe als Avantgarde der proletarischen Revolution betrachtete, die Idee einer revolutionären Legitimität, dann, nach der Erfahrung zunehmender Isolation, die des Imperialismus und schließlich auch die des Faschismus[21] – hat in Italien der Imperialismusvorwurf immer nur eine untergeordnete Rolle gespielt, während der des Faschismus in verschiedenen Varianten vorgetragen wurde.

Man wird davon ausgehen können, daß es so etwas wie eine Metastruktur der terroristischen Ideologien in Westeuropa gibt, die die drei oben aufgeführten potentiellen Rechtfertigungen terroristischer Aktionen bereithält, und daß der Unterschied zwischen den jeweils vorgetragenen Ideologien der einzelnen Gruppierungen darin besteht, welches dieser Elemente in den Mittelpunkt gestellt worden ist. Orientiert an den eingangs aufgeworfenen Fragen nach dem Verhältnis der terroristischen Ideologie zu den in ihr mehr oder weniger identifizierbaren politischen Theorien und zur politischen und sozialen Realität, die diese Ideologien zu deuten beanspruchen, heißt das: Während auf der Grundlage der skizzierten Metastruktur der Transformationsprozeß von politischer Theorie in terroristische Ideologie mitsamt seinen Verwerfungen und Brüchen zu untersuchen ist, ist die Frage nach der begrenzten Plausibilität, die terroristische Ideologien als Deutungen der ökonomischen, sozialen und politischen Realität für sich beanspruchen, zu untersuchen anhand der Aufnahme bestimmter Elemente dieser Metastruktur und ihrer Ausformulierung zu einer mehr oder minder kohärenten Ideologie.

Die Idee der Legitimität ist in der Geschichte der politischen Theorien als Leitlinie und Korrektiv der Legalität ausgeprägt worden[22], wobei durchweg in Rechnung gestellt worden ist, daß Legitimität und Legalität nie gänzlich zur Deckung gelangen können, sondern in einem Spannungsverhältnis zueinander stehen. Die Feststellung, daß Recht und Gerechtigkeit nicht völlig deckungsgleich sind und wohl auch nicht sein können, hat in der Geschichte der politischen Theorien dazu geführt, daß der Nachweis von Spannungen zwischen Legitimität und Legalität niemals gleichbedeutend gewesen ist mit der Behauptung, ein Recht, das der Idee der Gerechtigkeit nicht völlig entspreche, sei Unrecht und gegen dieses Unrecht sei jede nur denkbare Form des Widerstandes erlaubt. Zweifellos hat das Widerstandsrecht seine Grundlage in der Idee der Legitimität, gleichgültig ob diese eher formal oder eher material ausgerichtet ist, doch sind gerade im Widerstandsrecht eine Reihe exakt umrissener Zwischenschritte und Vermittlungsinstanzen eingeschaltet, die die Ausübung dieses Rechts limitiert haben.[23]
Genau diese Zwischenschritte und Vermittlungsinstanzen fallen nun bei der Inanspruchnahme von Legitimität und Widerstandsrecht in der terroristischen Ideologie weg. Die Berufung auf eine wie auch immer geartete Legitimität dient hier von vornherein dazu, die Legalität des Bestehenden als Unrecht zu denunzieren, insofern sich im Rahmen der terroristischen Ideologie die Idee der Gerechtigkeit in einen Kampfbegriff gegen das positive Recht verwandelt hat. „Wir wissen nicht", erklärten die *Brigate rosse,* „was illegale Gewalt ist. Wir kennen die bourgeoise Gewalt und die Konterrevolution und den revolutionären Kampf. Daß der revolutionäre Kampf oft die Form der im Untergrund organisierten direkten Aktion annimmt, das hängt nicht so sehr von uns als vielmehr von der repressiven Organisation der Herrschenden ab."[24] Und die *Nuclei armati proletari* begründeten ihren Angriff auf die italienischen Gefängnisse so: „Unsere Gruppe ist in den Kerker eingedrungen, um die rote Fahne auf dem Dach einer der kriminellsten Einrichtungen des bürgerlichen Staates zu hissen; (...). Genossen, Proletarier, Häftlinge des ‚Lagers' von Aversa, wir fordern euch auf, uns die Namen der Personen mitzuteilen, die sich Tag für Tag dadurch auszeichnen, daß sie die Gesetze der Repression anwenden, damit wir sie mit den gleichen Waffen schlagen können."[25] Legalität und Illegalität sind hier zu beliebigen Etikettierungen im Kampf um die Macht geworden. So auch wenn die *Br* erklären: „Einige Kampfformen gefallen der Direktion nicht, die sie deshalb für illegal erklärt. (...) Illegal wären also Streiks, Streikposten, die Jagd auf die Streikbrecher oder eine während der Demonstrationen zertrümmerte Fensterscheibe. (...) Legal hingegen wäre der Akkord, die niedrigen Löhne, direkte oder verhüllte Einschüchterungen, die Strafen, gefährliche oder gesundheitsschädliche Arbeiten. (...) Gegen ihren Willen, ihre Gesetze, müssen wir unseren Willen stellen, unsere Macht."[26] Ist die bestehende Legalität mit Hilfe des zum Schlagwort gewordenen Legitimitätsbegriffs erst einmal auf die pure Repression reduziert, so wird die Illegalität zum Signum revolutionären Handelns.
Entscheidend für die skizzierte Verwandlung der Legitimität aus einem Korrektiv der Legalität in einen Kampfbegriff, der die bestehende Legalität als Repression denunziert, ist die Verbindung und Vermischung widerstandsrechtlicher Argumentationen mit der marxistischen Revolutionstheorie. Durch sie wird der Begriff der Legitimität seines *juristischen* Kontextes entkleidet und in ein – ihm ursprünglich gänzlich fremdes –

geschichtsphilosophisches Bezugssystem gestellt, in dem die von Hause aus eher *konservative* Legitimitätsidee plötzlich *revolutionären* Charakter annimmt. Dies gilt umgekehrt aber ebenso für die marxistische Revolutionstheorie, die, wie ihre Rezeption in der deutschen Vorkriegssozialdemokratie zeigt, keineswegs notwendig auf die Aufforderung zum bewaffneten Umsturz hinausläuft. Indem ihr Konzept des allmählichen Wachsens der Produktivkräfte, das zu einem bestimmten Zeitpunkt die vorhandenen Produktionsverhältnisse sprengen werde, mit der Idee der Illegitimität dieses Produktionsverhältnisses durchsetzt wird, indem also das geschichtsphilosophische Konzept durch den entrechtlichten Legitimitätsbegriff moralisch aufgefüttert wird, wird die Aufforderung unabweisbar, den Umsturz der bestehenden Verhältnisse hier und heute und mit allen verfügbaren Mitteln zu beginnen und nicht länger zweifelhaft gewordenen historischen Entwicklungen zu vertrauen.

Ohne Zweifel hat der Nord-Süd-Gegensatz der italienischen Gesellschaft diesem Amalgam aus klassischem Widerstandsrecht und marxistischer Revolutionstheorie zunächst einige Plausibilität verliehen. Angesichts der wirtschaftlichen Lage des Mezzogiorno weiterhin auf ein stetiges Wachsen der Produktivkräfte zu setzen, muß gerade denen schwergefallen sein, die sich aus moralischen Gründen – auf die Ethik des Minoritarismus wurde oben hingewiesen – mit der Arbeiterschaft solidarisch erklärt haben. Was für sie beobachtbar war, war ein fortschreitender Prozeß der Marginalisierung, der das Proletariat, den historischen Träger der Revolution in der marxistischen Theorie, in „garantierte“ und „nicht-garantierte“ Proletarier gespalten hat, also in diejenigen, die in den großen Industrien des Nordens am Wachstum der Produktivkräfte (durch Lohnsteigerungen oder individuellen Aufstieg) partizipierten, und solche, die (als Arbeitsimmigranten im Norden oder Landarbeiter im Süden) diesen Prozeß nur als Zerstörung ihrer traditionellen Lebensgrundlagen erfuhren. Vor allem die *Nap* haben daraus die Konsequenz gezogen, dem „legalen“ Proletariat des Nordens das „extralegale“ Proletariat des Südens gegenüberzustellen, das den Kampf um seine Rechte nur durch den Bruch der Legalität zu führen in der Lage sei.[27]

Demgegenüber hat die Rechtfertigung der Gewalt als Kampf gegen den Imperialismus in der Ideologie des italienischen Terrorismus eine eher untergeordnete Rolle gespielt. Nur in der These, die politische und soziale Krise Italiens werde nicht von selbst zur revolutionären Veränderung führen, da die in der Nato zusammengeschlossenen imperialistischen und konterrevolutionären Kräfte dies verhindern würden, sind Fragmenten aus Imperialismustheorien eine gewisse Bedeutung zugekommen. Hier wurde ein weiteres Argument dafür bereitgestellt, daß alle friedlichen und legalen Wege zur sozialen und politischen Veränderung versperrt seien und nur der Guerillakrieg einen Ausweg aus der Krise darstelle. Daneben hatte die in Anknüpfung an die Leninsche Imperialismustheorie aufgestellte Behauptung, die imperialistische Kette der Nato-Länder werde nicht am stärksten, sondern am schwächsten Glied brechen und dieses schwächste Glied sei Italien, mehr den Charakter einer Selbstversicherung über die Erfolgsaussichten der gewählten Strategie, als daß ihr tatsächlich eine handlungsleitende und korrigierende Funktion zugekommen wäre.

Von zentraler Bedeutung war für die Ideologie des italienischen Terrorismus dagegen die Behauptung, die demokratische Verfassung Italiens werde zunehmend durch eine schleichende Faschisierung des Staatsapparats aufgerieben. Daß es sich hierbei nicht nur um eine nachgeschobene Legitimation terroristischer Gewaltanwendung handelte, sondern dies eine der ideologisch-strategischen Leitlinien vor allem der *brigate rosse* war, zeigt sich in dem bis zur Entführung und Ermordung Aldo Moros konstatierbaren Versuch der Gruppe, den Staatsapparat dazu zu zwingen, konfus und widersprüchlich zu reagieren.[28] Nur so wird verständlich, wie die *Br* zu der Auffassung gelangen konnten, das Sichtbarmachen von Widersprüchen im Staatsapparat (beispielsweise zwischen Gerichten und Staatsanwaltschaft, Innen- und Justizministerium) bedeute nicht nur eine Schwächung der Staatsmacht, sondern sei auch eine effiziente Gegenstrategie gegen das, was die *Br* als den „Prozeß der inneren Faschisierung" bezeichneten.

Die Ursprünge dieser Überzeugung lassen sich zurückverfolgen bis zu der von Giangiacomo Feltrinelli aufgestellten Theorie der autoritären Konterrevolution in Italien. Feltrinelli war auch der erste, der daraus die Notwendigkeit terroristischer Aktionen abgeleitet hatte: „Angesichts des Angriffs der Reaktion und des Endes der Periode, in der man von der Ebene des Massenkampfes von 1969 ausgehen konnte, um den revolutionären Angriff gegen die vereinigte Rechte zu organisieren, muß man jetzt neue Formen des Kampfes entwickeln. Dieser wird nicht mehr von den Parteien geleitet werden, sondern von neuen revolutionären Avantgarden, die durch ihre Taten und ihr Beispiel den Massen wieder Vertrauen verleihen müssen, die Massen organisieren und in der Aktion mobilisieren müssen."[29] Hier deutet sich bei Feltrinelli bereits an, was später die *Br* vollendet haben: die Verquickung und Vermischung von Elementen der verschiedenen Faschismustheorien mit der Guerilladoktrin Fidel Castros und Che Guevaras, derzufolge revolutionäre Partei und Guerilla eins sein müßten. Wie die oben skizzierte Vermischung von Legitimitätsidee und marxistischer Revolutionstheorie wurde auch diese Verbindung zu einem eindringlichen Appell, den bewaffneten Kampf zu beginnen.

Im Zentrum des Faschismus-Vorwurfs, wie er von den *Brigate rosse* vorgebracht wurde, standen jedoch nicht die Anschläge, mit denen verschiedene faschistische Gruppen am Ende der 60er und zu Beginn der 70er Jahre das Klima für einen Staatsstreich von rechts zu schaffen versuchten, sondern die Organisation des Staatsapparats; man wird aber davon ausgehen dürfen, daß diese Anschläge zusammen mit der zwielichten Rolle, die hohe italienische Militärs dabei spielten, diesen Vorwurf Anfang der 70er Jahre für viele italienische Linke plausibel gemacht hat. Im September 1971 erklärten die *Br* auf die Frage, ob sie von einer Neuauflage des Faschismus überzeugt seien: „Es ist eine nicht zu leugnende Tatsache, daß sich der repressive Plan (einer autoritären Organisation der Macht, HM) ausdehnt und nicht so sehr auf die institutionelle Beseitigung des ‚demokratischen' Staates abzielt, wie es der Faschismus getan hat, als vielmehr auf die wütende Unterdrückung der revolutionären Bewegung. In Frankreich leben der ‚Staatsstreich' de Gaulles und der derzeitige ‚gaullistische Faschismus' unter dem Anschein der Demokratie."[30] Das in Italien für einige Zeit diskutierte Projekt einer Verfassungsreform, die eine Stärkung der Exekutive bewirken sollte, wurde – unter dem Begriff des ‚Neogaullismus' – als der entscheidende Schritt einer faschistischen Reorganisation des Staates dargestellt. Dementsprechend erklärten die *Br* im Mai 1974:

„Das Hauptziel der neogaullistischen Kräfte ist unweigerlich die Stärkung ihrer Kontrolle über die Knotenpunkte des Staatsapparats. Die ‚separaten Kräfte' des Staates (so die in Italien übliche Bezeichnung für alle Institutionen, die der parlamentarisch-demokratischen Kontrolle nur teilweise unterworfen sind: Armee, Geheimdienst, etc., HM), die bis heute autonom und oft im Widerspruch zueinander gehandelt haben, müssen jetzt zu einer neuen Disziplin gebracht werden. (...) Bezeichnend ist in diesem Zusammenhang der Restrukturierungsprozeß, der zur Zeit in der Justiz im Gange ist. Der Neogaullismus versucht das zu erreichen, was nicht einmal dem Faschismus gelungen war: eine präzise Identität zwischen seinen Machtinteressen und dem ‚Gesetz' zu schaffen."[31]

Unverkennbar sind in diese Formulierungen die Thesen eingegangen, die André Glucksmann 1972 – bezogen auf den französischen Gaullismus – „über die Legalität des Faschismus im Rechtstaat" vorgetragen hatte. Die Verwandlung des politikwissenschaftlichen Begriffs „Faschismus" in einen allseits einsetzbaren denunziatorischen Kampfbegriff ist von Glucksmann bereits vollzogen, wenn er schreibt: „Wenn sich die Demonstranten im Handgemenge mit der Polizei befinden, wissen sie, daß sie dem Faschismus begegnen. Ist es so schwierig zu begreifen, daß der Staat einst die Nachhut eines Faschismus sicherte, der seine autonome Streitmacht hatte (SA), während heute der Staatsapparat mit seiner Polizei die Vorposten der Faschisierung hält und die zivilen Organisationen (...) versuchen, ihm eine Nachhut zu schaffen?"[32] Nachdem Faschismus und Staatsapparat für Glucksmann nahezu synonyme Begriffe geworden sind, kann er schließlich erklären: „Der Faschismus von heute bedeutet nicht mehr die Einnahme des Innenministeriums durch rechtsextremistische Gruppen, sondern die Einnahme Frankreichs durch das Innenministerium. (...) Der neue Faschismus entsteht gegen die revoltierenden Massen, er mobilisiert den Staat und vereinigt die verschreckten Hierarchien; er kommt von oben und pflanzt sich von oben nach unten fort."[33]

Man wird den Teilen der italienischen Linken, die diese Thesen übernommen haben, zugute halten müssen, daß in der Geschichte Italiens und insofern auch in ihrer historischen Erinnerung der Faschismus etwas anderes war als der Nationalsozialismus in der deutschen Geschichte. Hatte sich der Nationalsozialismus in Konkurrenz zur „autoritären Lösung" (Brüning, Papen, Schleicher) durchgesetzt und führte seine Machtübernahme in vieler Hinsicht zu einer Desorganisation des Staatsapparats, so stellte der Faschismus in Italien selbst die „autoritäre Lösung" dar und konzentrierte sich – zumindest in den ersten Jahren seiner Herrschaft – auf die Straffung und Zentralisierung des Staatsapparats. So hat die spezifische historische Erfahrung des Faschismus in Italien den Glucksmannschen Thesen eine gewisse Plausibilität verliehen – eine Plausibilität, die jedoch zu schwinden begann, als sichtbar wurde, daß ihre Übernahme und Propagierung durch die *Br* dem Modell einer 'self-fulfilling prophecy' folgten, insofern durch die terroristischen Aktionen der Gruppe erst jene Zentralisierung des Staatsapparats provoziert und begünstigt wurde, die die *Br* als Motiv ebendieser Aktionen geltend zu machen versuchten.

4. Resümee

Zusammenfassend kann festgehalten werden, daß unterschiedliche politische Theorien (Widerstandsrecht, marxistische Revolutionstheorie, Imperalismustheorien, Faschismustheorien und lateinamerikanische Guerilladoktrinen) in der einen oder anderen Weise für die terroristische Ideologie nutzbar gemacht worden sind. Dabei legt die spezifische Rezeption dieser Theorien jedoch durchweg den Verdacht nahe, daß der Entschluß zur Gewaltanwendung bereits vor dieser Rezeption gefallen war und nunmehr nur noch nach möglichen Rechtfertigungen terroristischer Gewaltanwendung Ausschau gehalten wurde. Dafür spricht auch die eigenwillige Verquickung der unterschiedlichsten Theorieelemente in der terroristischen Ideologie. Insofern die eingangs skizzierte Erklärung des Terrorismus aus seiner Ideologie und den darin identifizierbaren politischen Theorien diese Amalgamierungen und Transformationen außer Betracht gelassen hat, ist sie zu dem falschen Ergebnis gelangt, der Terrorismus sei die „praktische" Folge „kritischer Theorien". Um dies zu beweisen, wurden die „kritischen Theorien" mitunter ebenso selektiv ausgebeutet, wie dies zuvor die terroristische Ideologie getan hatte, indem in beiden Fällen alle die Elemente der politischen Theorien, die der „praktischen Konsequenz" terroristischer Aktionen wiedersprochen hätten, beiseite geschoben oder außer Betracht gelassen wurde. Demgegenüber zeigt eine genauere Analyse, daß das Entscheidende bei der Rezeption – soweit die beschriebenen Verkürzungen und Amalgamierungen überhaupt als Rezeption zu bezeichnen sind – politischer Theorien durch die Terroristen nicht in der *Rezeption*, sondern in der *selektiven und instrumentalistischen Art dieser Rezeption* zu suchen ist. Nur wenn er dies in Betracht zieht, vermag der auf die Ideologie gerichtete Erklärungssatz des Terrorismus in Westeuropa tragfähige Ergebnisse zu erbringen.

Anmerkungen

1 Zur Unterscheidung zwischen Guerillakrieg und Terrorismus vgl. *Herfried Münkler:* Guerillakrieg und Terrorismus; in: Neue Politische Literatur, XXV. Jg., 1980, Heft 3, S. 299 ff.

2 *Hermann Lübbe:* Freiheit und Terror; in: Merkur, 1977, Heft 9, S. 819 ff., *Dolf Sternberger:* Verheißungen und Verfluchungen. Über die Natur des deutschen Terrorismus; in FAZ, 28.10. 1978; *Gerhard Schmidtchen:* Bewaffnete Heilslehren; in: Der Weg in die Gewalt. Geistige und gesellschaftliche Ursachen des Terrorismus und seine Folgen, hrsg. von *Heiner Geißler,* München 1978, S. 39 ff. sowie *Ernst Topitsch:* Die Masken des Bösen, ebd., S. 80.

3 *Manfred Hättich:* Radikale Kritik an der Demokratie; in: Der Weg in die Gewalt (Anm. 2), S. 190 ff.; *Günter Rohrmoser:* Die Frage der Gewalt am Ende des Jahrhunderts; in: Auseinandersetzung mit dem Terrorismus, hrsg. vom Bundesministerium des Innern, Stuttgart 1981, S. 125 ff.; Ders.: Ideologische Ursachen des Terrorismus; in: *Iring Fetscher/Günter Rohrmoser:* Ideologien und Strategien (= Analysen zum Terrorismus, Bd. 1), Opladen 1981, S. 274 ff.

4 *Iring Fetscher:* Terrorismus und Reaktion, Köln – Frankfurt 1977; Ders., Ausweg aus einer Verzweiflung; in: Das Parlament, 21.1.1978; *Michael Horn:* Sozialpsychologie des Terrorismus, Frankfurt – New York 1982.

5 *Ronald Grossarth-Maticek:* Revolution der Gestörten? Motivationsstrukturen, Ideologien und Konflikte bei politisch engagierten Studenten, Heidelberg 1975; zur Kritik des psychopathologischen Ansatzes vgl. *W. Rasch;* Psychological Dimensions of Political Terrorism in the Federal Republik of Germany; in: International Journal of Law and Psychiatry, Bd. 2, 1979, S. 79 ff.

6 Vgl. *Herbert Jäger/Gerhard Schmidtchen/Lieselotte Süllwold:* Lebenslaufanalysen (= Analysen zum Terrorismus, Bd. 2), Opladen 1981.
Zwischen den biographisch-psychologischen und gesellschaftlich-politischen Erklärungsansätzen angesiedelt ist die Analyse der gruppendynamischen Prozesse, durch die die jeweiligen Gruppierungen zusammengeschweißt oder auseinandergerissen worden sind; vgl. insbesondere *Friedhelm Neidhard:* Soziale Bedingungen terroristischen Handelns. Das Beispiel der ,Baader-Meinhof-Gruppe' (RAF); in: *Wanda v. Baeyer-Katte/Dieter Claessens/Hubert Feger/Friedhelm Neidhardt,* Gruppenprozesse (= Analysen zum Terrorismus, Bd. 3) Opladen 1983, S. 318 ff.; *Herfried Münkler:* Sehnsucht nach dem Ausnahmezustand. Die Faszination des Untergrunds und ihre Demontage durch die Strategie des Terrors; in: Faszination der Gewalt. Politische Strategie und Alltagserfahrung. Redaktion Reiner Steinweg, Frankfurt 1983, S. 60 ff.

7 *Iring Fetscher/Herfried Münkler/Hannelore Ludwig:* Ideologien der Terroristen in der Bundesrepublik Deutschland; in: *Fetscher/Rohrmoser:* Ideologien und Strategien (Anm. 3), S. 181 ff.

8 Vgl. Klassenkämpfe und Repression in Italien. Am Beispiel Valpreda, hrsg. vom Sozialistischen Büro, Offenbach 1973.

9 Vgl. *Helmut Richter und Günter Trautmann:* Eurokommunismus – Ein dritter Weg für Europa?, Hamburg 1979, S. 155 f.

10 Vgl. *Luciano Della Mea:* Proletari senza communismo. Lotta di classe e lotta continua, (= Manifesti della lotta di classe, Bd. 7), Verona 1972; *Guido Viale:* Die Träume liegen wieder auf der Straße, Berlin 1979.

11 Zur Geschichte des Linksterrorismus in Italien vgl. *Alessandro Silj:* Mai piû senza fucile!, Florenz 1977; engl. Übersetzung: Never again without a Rifle. The origins of italian terrorism, New York 1979; Soccorso Rosso (Hrsg.), Brigate rosse, Mailand 1976; *Vincenzo Tessandori:* Brigate rosse, Mailand 1977; *Soccorso Rosso Napoletano* (Hrsg.): I Nap. Storia politica dei Nuclei armati proletari e requisitoria del Tribunale di Napoli, Mailand 1976; *Irene Invernizzi:* Il carcere come scuola di rivoluzione, Turin 1973; einen Abriß der ideologischen Entwicklung der hier behandelten Gruppen gibt *Iring Fetscher:* Terrorismus in Italien; in: Ders., Terrorismus und Reaktion in der Bundesrepublik Deutschland und Italien, Reinbek 1981 (3. Aufl. des Bandes Terrorismus und Reaktion, s. Anm. 4), S. 107 ff.

12 Zur Ideologie und Strategie der Gauche prolétarienne vgl. Gauche Prolétarienne. Volkskrieg in Frankreich? Strategie und Taktik der proletarischen Linken, Berlin o.J. sowie Bewaffneter Kampf und Massenlinie. Beiträge der Gauche prolétarienne zur Vorbereitung des bewaffneten Aufstandes, München 1972.

13 *Fetscher/Münkler/Ludwig:* Ideologien der Terroristen in der Bundesrepublik Deutschland (Anm. 7), S. 46 ff.

14 Zit. nach *Fetscher:* Terrorismus in Italien (Anm. 11), S. 155.

15 *Frantz Fanon:* Die Verdammten dieser Erde, Reinbek 1969; Eldridge Cleavers These von der revolutionären Rolle des Subproletariats wurde in Italien bekannt gemacht durch die ausführliche Darstellung der 'Black Panther Party' in den Quaderni Piacentini, Nr. 42, November 1970. Zur Kritik an den Thesen Fanons und ihrer Übertragung auf die westeuropäischen Länder vgl. *Münkler:* Perspektiven der Befreiung. Die Philosophie der Gewalt in der Revolutionstheorie Frantz Fanons; in: Kölner Zeitschrift für Soziologie und Sozialpsychologie, 33. Jg., 1981, Heft 3, S. 437 ff.

16 Charakteristisch hierfür ist das Buch des zu lebenslänglicher Haft verurteilten Bandenführer *Sante Notarnicola:* Die Bankräuber aus der Barriera. Die Lebensgeschichte des Revolutionärs Sante Notarnicola – von ihm selbst aufgeschrieben, München 1974 (ital.: L'evasione impossibile, Mailand 1973).

17 *Tessandori:* Brigate rosse (Anm. 11), S. 60 ff.

18 Das Interview Curcios wurde auszugsweise veröffentlicht in: L'Espresso, Nr. 1, 1975.

19 Contro il neogollismo portare l'attacco al cuore dello stato; in: Giornale d'Italia, 13.5.1974.

20 Der Unterschied zwischen einem „privilegierten" und einem „nicht-privilegierten" Proletariat ist ausgearbeitet worden in dem Buch von *Alberto Asor Rosa:* Le due societá. Ipotesi sulla crisi italiana, Turin 1977.

21 *Fetscher/Münkler/Ludwig:* Ideologien der Terroristen in der Bundesrepublik Deutschland, S. 40 ff.

22 Der Begriff der Legitimität gehört zu den schillerndsten Begriffen der Rechtsphilosophie. Er wird hier weder im Sinne des monarchisch-dynastischen Prinzips (so die von Talleyrand inaugurierte Sprachregelung auf dem Wiener Kongreß) noch als Gegenbegriff zu „revolutionär" (so

der Sinn, den Max Weber der Legitimität beigelegt hat) verwandt, sondern als Inbegriff aller in der Rechtsphilosophie zusammengestellten Verpflichtungen und Begrenzungen von Legalität (vgl. *Otto Brunner:* Bemerkungen zu den Begriffen „Herrschaft" und „Legitimität"; in: ders., Neue Wege der Verfassungs- und Sozialgeschichte, Göttingen 1980, 3. Aufl., S. 64 ff.).

23 Vgl. *Arthur Kaufmann* und *Leonhard E. Backmann* (Hrsg.): Widerstandsrecht, Darmstadt 1972.

24 Brigate rosse, Nr. 1, April 1971.

25 Flugblatt der Nap vom 30.5.1975.

26 Zit. nach Sinistra proletaria, Nr. 1, Juli 1970.

27 Zit. nach Nuclei armati proletari, Quaderno Nr. 1 di Controinformazione, Mailand 1978, S. 29 ff.

28 Vgl. *Leonardo Sciascia:* Die Affäre Moro, Königstein/Ts. 1979; *Gino Doni* (Hrsg.): „Mein Blut komme über Euch". Moro und die Staatsräson. Eine Dokumentation, München 1978.

29 Interview mit *Giangiacomo Feltrinelli:* in: Potere operaio, Frühjahr 1970.

30 Zit. nach *Soccorso Rosso:* Brigate rosse, Mailand 1976.

31 Contro il neogollismo portare l'attacco al cuore dello stato; in: Giornale d'Italia, 13.5.1974.

32 *Foucault/Geismar/Glucksmann u. a.:* Neuer Faschismus, Neue Demokratie. Über die Legalität des Faschismus im Rechtsstaat, Berlin 1972, S. 11 f.

33 Ebd., S. 17.

Was war wichtig ?

Von der Identitätspräsentationsfunktion zur Inkompetenzkompensationskompetenz

Günther Nonnenmacher

Wer entscheiden will, was wichtig ist, muß über einen Maßstab verfügen. Da es um Theoriegeschichte als Teil der Politikwissenschaft geht, lautet die maßgebende Frage: welche theoriengeschichtliche Arbeiten waren für die Entwicklung der Politikwissenschaft nach dem Zweiten Weltkrieg in der Bundesrepublik wichtig?
Die Schwierigkeit, eine Antwort auf diese Frage zu geben, liegt auf der Hand: Es gibt nicht „die" westdeutsche Politikwissenschaft. Im Verlauf einer gut dreißigjährigen Existenz hat diese akademische Disziplin es nicht zu einer einheitlichen Selbstbezeichnung, geschweige denn zu einer verbindlichen Selbstdefinition gebracht. Wegen wissenschaftstheoretischer Unterschiede und methodischer Differenzen, auf Grund inhaltlich unvereinbarer Auffassungen, die nur teilweise durch zunehmende Spezialisierung und Professionalisierung zu erklären sind, als Folge von verschiedenen politischen Grundsatzpositionen, nicht zuletzt auch wegen der schnellen Abfolge der über das Fach hinwegrollenden Modewellen, existieren in der Bundesrepublik „politische Wissenschaften", unter dem Dach eines gemeinsamen Verbandes (und auch dies stimmt schon nicht mehr), die nicht viel miteinander zu tun und sich auch nicht sonderlich viel zu sagen haben.
Für diese oder jene Politische Wissenschaft ist Theoriengeschichte schlicht irrelevant oder zumindest uninteressant. Ideengeschichtler mögen sich strecken und recken, ich sehe nicht, daß sie etwas produzieren könnten, das einem Kollegen von der hartgesottenen Zunft der empirischen Sozialwissenschaftler mehr als ein Gähnen entlocken sollte. Einer jener Kollegen sagte mir einmal, meine „wissenschaftliche" Tätigkeit komme ihm wie der Versuch vor, aus im Wüstensand seit Jahren bleichenden Knochen noch einmal ein Süppchen aufzukochen. In solchen Fällen reduziert sich interdisziplinäre Kommunikation auf wechselseitige Anwürfe oder die Diskussion über Fußball.
Um gerecht zu bleiben wäre hinzuzufügen, daß sich solche Schwierigkeiten nicht nur mit „Sozialwissenschaftlern" ergeben. Manche Kollegen betreiben – in der Nachfolge von Eric Voegelin – politische Philosophie, um eine „Katharsis, eine purificatio im mystischen Sinn, mit dem persönlichen Ziel der illuminatio und der unia mystica"[1] zu erleben. Andere verfolgen einen „historisch-materialistischen Ansatz" mit solch erbitterter Konsequenz, daß sie „theoretische Reflexion über historische Realität" nur noch „als in ihren Widersprüchen von dieser Realität selbst hervorgebracht und somit ihr untrennbar zugehörend" begreifen können[2], als ob das armselige Subjekt in seiner „Ideenproduktion" dem naturwüchsigen Zwang unterliege, „seinen gesellschaftlich

bedingten Denkapparat den realen Bedingungen zur Verfügung zu stellen, auf daß sie sich in ihm und gegen ihn ‚objektiv reflektieren' "[3]. Eine Diskussion mit jenen, die Erleuchtung suchen und den anderen, die überall den „Grundwiderspruch" wittern, hat natürlich ihre Schwierigkeiten. Daß sich zudem unterscheidet, was von den einen, den anderen und dem heterogenen Rest als „wichtige Literatur" angesehen wird, bedarf keiner Erläuterung.

Angesichts dieser Lage kann der Versuch „wichtige theoriengeschichtliche Literatur" der Politikwissenschaft zu benennen, nur – wie auch immer gebändigter – Subjektivismus sein. Dies gilt umso mehr, als ein nicht unbeträchtlicher Teil von Arbeiten zur Geschichte der politischen Ideen gar nicht von Politologen, sondern von Historikern, Philosophen oder Juristen stammt. Hätte ich eine persönliche Bestenliste von grundlegender Literatur unserer Disziplin aufzustellen, so dürften Namen wie Bloch, Ritter, Riedel, Blumenberg, Griewank, Koselleck, Borkenau, Christian Meier, Finley nicht fehlen.[4] Dasselbe gilt hinsichtlich der Sekundärliteratur über die „Klassiker": wichtige Rousseau-Studien[5] oder Hobbes-Bücher[6] der letzten Jahre stammen von Nicht-Politologen.

Die folgenden Ausführungen beziehen sich auf politologische Literatur. Dennoch erborge ich – als Erkenntnis-Leitfaden – zwei Begriffe, die von den herausragenden Sprachartisten der deutschen philosophischen Szene, von Hermann Lübbe und von Odo Marquard, geprägt worden sind, um die Entwicklung der politischen Ideen- oder Theoriengeschichte in der Bundesrepublik zu charakterisieren: Von der *Identitätspräsentationsfunktion* zur *Inkompetenzkompensationskompetenz*[7]. Sie stellen gewissermaßen eine Folie bereit, auf deren Hintergrund sich die ideengeschichtliche Literatur, die für die Politikwissenschaft wichtig war, von selbst abhebt.

I.

Am Anfang steht eine als Vorwurf gemeinte Behauptung: Sie heißt, die bundesrepublikanische Politikwissenschaft habe sich in ihren Gründerjahren – etwa vom Ende der vierziger bis zum Anfang der sechziger Jahre also – hauptsächlich mit der Geschichte der politischen Ideen befaßt und deshalb über eine beträchtliche Zeit den Anschluß an die Fortschritte anderer Sozialwissenschaften – Soziologie, Ökonomie, Psychologie – verpaßt; deshalb sei sie – methodisch wie inhaltlich – zurückgeblieben. So gesehen erscheinen dann die sechziger Jahre als der Beginn einer großen Aufholjagd, in deren Verlauf die deutschen Politologen – durch Rezeption vornehmlich amerikanischer "approaches" und Theorien, aber auch durch die Wiederentdeckung des Marxismus – erst die international etablierten Standards der Wissenschaftlichkeit aufgeholt hätten[8]. Dieser Vorwurf scheint mir zumindest korrekturbedürftig. Die „Gründungsväter"[9] der Politologie in der Bundesrepublik – um nur die wichtigsten Namen zu nennen: Bergsträsser, von der Gablentz, Eschenburg, Sternberger, Kogon, Hermens, Friedrich, Voegelin, Fraenkel – haben ihrem eigenen Selbstverständnis nach (das von ihrer literarischen Produktion bestätigt wird) keineswegs vornehmlich Ideengeschichte betrieben.[10] Und bedeutende ideengeschichtliche Arbeiten (oder Studien zur politischen

Philosophie und Theorie), die zwischen 1950 und 1960 bei uns publiziert wurden – etwa Poppers „Offene Gesellschaft“[11] und Strauß' „Naturrecht und Geschichte“[12] – sind vorher im Ausland geschrieben worden und haben für die junge Politologie zunächst kaum eine Rolle gespielt.

Von den „Gründungsvätern“ gibt es einige Quellensammlungen[13]; es gibt aber keine „durchgeschriebene“ Geschichte der politischen Ideen. Noch Lehmbruch schreibt in seiner „Einführung in die Politikwissenschaft“[14], es existiere „bedauerlicherweise“ kein Lehrbuch in deutscher Sprache, das mit dem englischen Standardwerk von Sabine[15] zu vergleichen wäre.[16]

Daß Ideen- oder Theoriengeschichte dennoch intensiv betrieben wurde, läßt sich allerdings an den Arbeiten der „zweiten Generation“[17] feststellen: Von Krockow und Fijalkowski, Fetscher und Habermas, Sontheimer und Hans Maier, Hennis, Schwan und Faul haben sich mit ideengeschichtlichen Themen wissenschaftlich qualifiziert.[18] Dennoch nennt Hans-Peter Schwarz[19], selbst ein Politologe der zweiten Generation, als Schwerpunkte der neugegründeten Politikwissenschaft die Parteien-, Verbands- und Institutionenforschung, weiterhin die Zeitgeschichte mit deutlichem Schwerpunkt auf der Erforschung des Nationalsozialismus.

Indessen ist – und hier mag die These vom ideengeschichtlichen „bias“ der Anfangsjahre ihre Wurzel haben – der durchgängig gepflegte Ansatz bemerkenswert: den Gründern der Politologie ging es nicht vornehmlich, zumindest nicht ausschließlich, um das pure Funktionieren der Institutionen, sondern auch und vor allem um den „Esprit des Lois“, um den Geist und Wert, den Sinn und Zweck also, der den Elementen eines politischen Systems innewohnt. Exemplarisch hierfür ist etwa Carl-Joachim Friedrichs „Verfassungsstaat der Neuzeit“[20] – ein Werk, das im übrigen in den vierziger Jahren in Amerika geschrieben wurde. Dieses Buch verbindet Verfassungs- und Regierungslehre sowie comparative government mit historischer und theoretischer Reflexion, die souverän aus den Quellen des politischen Denkens – von Aristoteles bis Max Weber – schöpft. Ähnliches gilt für Hermens' „Verfassungslehre“, Sternbergers „Lebende Verfassung“ oder Fraenkels Studien über „Deutschland und die westlichen Demokratien“[21]. In kaum einer Arbeit fehlt der Hinweis, daß „die Wissenschaft von der Politik die älteste und zugleich die jüngste aller Wissenschaften vom Menschen“ sei[22]; angestrebt wurde eine Synthese, die das „alte“ politische Wissen mit neueren Ansätzen und Methoden, auch mit modernen Fragen und Problemen zusammenbringen sollte. Das Anknüpfen an die geistige Tradition war nicht einfach das Resultat einer Vorliebe für Ideengeschichte. Es hatte Gründe, die aus der damaligen – politischen wie akademischen – Situation verständlich sind[23].

Das politisch-pädagogische Ziel der Politologie war es, den Deutschen – nach 12 Jahren Nationalsozialismus – bei der Findung einer demokratischen *Identität* zu helfen, zum Aufbau einer demokratischen politischen Kultur beizutragen. Dazu wurde auch die – oder besser: zunächst *eine* spezifische – demokratische Tradition politischen Denkens bemüht. Der Rekurs auf politische Ideen hatte zudem eine auf das Fach selbst bezogene Funktion, die ich – im Anschluß an Lübbe – *Identitätspräsentationsfunktion* nennen will. Was heißt daß?

Identität wird erkennbar aus den zutreffenden Antworten auf die Frage, wer jemand oder was etwas ist[24]. Dazu reicht in der Regel nicht die Namensnennung aus; es bedarf weiterer Angaben – bei Personen sind dies jene Daten, die für die Lebensgeschichte entscheidend sind: Geburtstag und -ort, Ausbildung und Beruf, Wohnsitz und Familienstand. Die *Lebensgeschichte* einer Person repräsentiert ihre Identität. Dies gilt mutatis mutandis auch für Wissenschaften.

Der Rekurs auf Ideengeschichte hatte für die Politologie die Funktion ihre Identität nach außen – in Unterscheidung von anderen wissenschaftlichen Disziplinen – und nach innen – als gemeinsame theoretische Grundlegung – zu begründen. Hinzu kam, wie gesagt, die selbstgestellte – von den politischen Förderern der Politologie auch forcierte[25] – Aufgabe, dem neuen deutschen Staat, seinen Institutionen, Amtsträgern und Bürgern, Hilfestellung bei der Findung ihrer Identität zu leisten – und zwar durch die Erinnerung an demokratisch-freiheitliche Traditionsbestände.

In einer Einleitung zu Texten von „Klassikern der Staatsphilosophie"[26] heißt es explicite, es gehe um eine „Einführung in die Tradition der westlichen Staatsphilosophie". Charakteristischerweise taucht dann als einziger deutscher Autor Luther in der Sammlung auf – nicht Kant, nicht Hegel und natürlich schon gar nicht Marx. Andere Editionen[27] berücksichtigen immerhin Althusius, Kant, von Mohl, Max Weber; die als "bad guys" stigmatisierten Hegel und Marx fehlen weiterhin. Die Konzentration auf diese spezifische „westliche Tradition" erklärt Fraenkel im Vorwort zu seiner Aufsatzsammlung so:

> „Indem sich die Bundesrepublik zu diesem gemeinsamen Erbe der westlichen Demokratie bekennt, wendet sie sich nicht nur gegen Gefahren, die ihr gegenwärtig von außen durch Mächte drohen, deren Regierungssysteme andersartig strukturiert sind; sie wendet sich auch gegen Gefahren, die ihr von innen durch Kräfte drohen, die sich in der Vergangenheit für die Herrschaft eines Regierungssystems eingesetzt haben, das seinen Stolz darein setzte, das Erbe des freiheitlich-demokratischen Rechtsstaats zu verleugnen".[28]

Nach innen sollte der Rekurs auf Ideengeschichte die Ablehnung einer „wertfreien" Politischen Wissenschaft begründen. Die Gründungsväter forderten eine engagierte Wissenschaft, die Stellung nehmen solle zu der zentralen Frage, was eine gute politische Ordnung sei. Eine Politikwissenschaft, schreibt Friedrich, die

> „nicht die Aussicht böte, zu normativen Urteilen zu gelangen, wäre einer Medizin zu vergleichen, die zwar die Ursachen und den Verlauf der menschlichen Krankheiten zu schildern in der Lage wäre, dagegen weder irgendwelche Prognosen noch Hilfsmittel oder -methoden zu bieten hätte".[29]

Der Zusammenhang mit dem seither viel geschmähten „Aristotelismus" einiger Gründer der Politologie wird hier greifbar. Sehr präzis schreibt Eric Voegelin, der geistige Vater der „Münchner Schule":

> „... es handelt sich nicht um die Wiederaufnahme platonisch-aristotelischer Doktrinen im doxographischen Sinne (noch um die literarische Renaissance irgendwelcher älterer Doktrinen), sondern um die Wiederherstellung des Sinnes von Wissenschaft *(episteme)* im Gegensatz zu Meinungen *(doxai)*. Diese Unterscheidung sowie die rationale Grundlegung der *episteme* durch Analyse ist von Platon und Aristote-

les geleistet worden. Ihre Gültigkeit ist von Zeit und Ort unabhängig; ihre Wiederherstellung ist nicht das willkürliche Aufgreifen einer historisch bedingten Ansicht, sondern die theoretische *conditio sine qua non* der Politischen Wissenschaft."[30]

Hier schließt auch unmittelbar eine wissenschaftsorganisatorische Funktion von Ideengeschichte für die neuzubegründende Politikwissenschaft an. Noch 1954 klagte von der Gablentz:

„Am Anfang der europäischen Wissenschaft steht das Wort von Aristoteles, daß die politische Wissenschaft die vornehmste und grundlegende aller Wissenschaften sei. Und heute haben wir zu kämpfen, um ihr überhaupt einen Platz in der Hierarchie der Wissenschaften zu sicher."[31]

Der Politologie als newcomer an den Universitäten wurde oft vorgehalten:

„Der Historiker, der Staats- und Völkerrechtler, der Nationalökonom, der Soziologe, der Psychologe wird das, was unter seinem Gesichtspunkt zu sagen ist, besser sagen können, als ein Vertreter der ‚Politik', der darauf angewiesen ist, bei allen diesen Kollegen Anleihen zu machen und ihnen ins Handwerk zu pfuschen."[32]

Der manchmal bemüht und redundant geführte Nachweis, daß die Politologie auf eine lange Tradition zurückblicke, die ihr eine unverwechselbare Identität gebe – ausweislich einer zweitausendjährigen Geschichte des politischen Denkens – ist nicht zuletzt aus diesem Kontext zu erklären.

Diese Skizze der Lage der Ideengeschichte in den Gründerjahren sollte zweierlei deutlich machen: Erstens war die Beschäftigung mit politischen Ideen nicht – wie ein häufiger Vorwurf lautet – Eskapismus, sondern im Gegenteil eine Reaktion auf die vorgefundene politische und wissenschaftliche Situation – wie unzureichend diese Reaktion auch heute erscheinen mag. Zweitens wird aber auch klar, daß Ideengeschichte zunächst einmal nicht Gegenstand der *Forschung* war. Man beschäftigte sich mit Aristoteles oder Kant, Hobbes oder Rousseau, Hegel oder Carl Schmitt nicht um ihrer selbst willen; man rezipierte und analysierte „klassische" Texte bewußt selektiv, nicht als Objekt distanzierter Forschung, sondern als quasi-aktuelle These, die es zu verwerfen oder zu bestätigen, zu kritisieren oder zu korrigieren galt.

II.

Ideengeschichtliche *Forschung* auf breiterer Basis gab es dann, wie gesagt, im Zuge der wissenschaftlichen Qualifikation einer zweiten Politologengeneration. Und das Anwachsen dieser Forschung machte schnell klar, daß die Last, die Identität der Politologie zu präsentieren, für die Ideengeschichte zu schwer war. Gleichzeitig mit Wilhelm Hennis' Schrift „Politikwissenschaft und praktische Philosophie", die – zumal im Zusammenhang mit Hennis' Aufsatzsammlung „Politik als praktische Wissenschaft"[33] – die Orientierung der ersten Phase westdeutscher Politikwissenschaft repräsentierte[34], erschienen auch Schriften, die die viel beschworene „westliche Tradition" wie auch die Unterscheidung von „guten" und „bösen" Ahnen der Politologie in Frage stellten. Hennis' betrieb die Geschichte politischer Ideen als Wissenschaftsgeschichte mit dem methodischen wie inhaltlichen Ziel einer Neu-Aneignung verschütteter Traditionen.[35]

Diese Aneignung stand in engstem Zusammenhang mit der Frage, wie eine freie Gesellschaft regiert werden könne und solle, Regierungslehre und Ideengeschichte waren zwei Seiten einer Medaille. Jürgen Habermas' bei Wolfgang Abendroth eingereichte Habilitationsschrift „Strukturwandel der Öffentlichkeit"[36] ist dagegen das Schlüsselwerk für die Wende der Politologie zur (gesellschafts-)„kritischen Wissenschaft" – so eine später geprägte Selbstbezeichnung – die das Ziel verfolgt, das bürgerliche politische Denken auf seine materiellen – sozialen und ökonomischen – Interessen hin zu befragen bzw. die uneingelösten Forderungen dieses Denkens – die Versprechen der Freiheit, Gleichheit und Gerechtigkeit – einzuklagen.

Für diese „kritische Wende" spielen neben wissenschaftsinternen Gründen, auf die gleich noch einzugehen sein wird, natürlich auch realpolitische Faktoren eine Rolle. Der politologische Versuch, Prinzipien und Werte der repräsentativen Demokratie in der neu entstandenen Bundesrepublik – vor allem im Bewußtsein ihrer Bürger – zu verankern, führte bei den Gründern manchmal zu einer etwas idealistischen Sicht der Dinge, die den Eindruck nahelegen konnte, man wolle das gegebene Regierungssystem zur besten aller möglichen (politischen) Welten verklären. Gerade nach dem Abschluß der Aufbaujahre, nach der ersten inneren und außenpolitischen Konsolidierung der Bundesrepublik machten sich aber Anzeichen der Erstarrung und Abnutzung bemerkbar. Kritik an der Unbeweglichkeit der Adenauer-Regierung, an der „strukturellen Oppositionsrolle" zu der die SPD verdammt schien, an der „Konsumorientierung" der westdeutschen Gesellschaft – dies und vieles mehr waren Themen, die von der Politologie nicht erfunden, aber aufgegriffen und systematisiert wurden[37]. Dazu kam das Nachwachsen einer Wissenschaftlergeneration die nicht mehr unmittelbar lebensgeschichtlich von der Erfahrung des Nationalsozialismus geprägt war und die Errungenschaften der „formalen" Demokratie zunehmend skeptischer beurteilte. Die Politologie begab sich auf den Weg von einer dem neuen Staatswesen positiv gegenüberstehenden „affirmativen", zur „Oppositionswissenschaft".[38]

Ein zweites kommt hinzu. In den sechziger Jahren erweiterte sich der Interessen- und Forschungsbereich der Politologen erheblich. Nach der Etablierung der politischen Wissenschaft an den Hochschulen setzte quasi-naturgesetzlich der Gang der Differenzierung, Spezialisierung und Professionalisierung ein. Die Institutionenkunde der Gründerväter – die übrigens so schlicht, wie ihr später vorgeworfen wurde, nie war – wurde durch strukturalistische und funktionalistische Ansätze erweitert bzw. ersetzt. Durch die Rezeption des Marxismus rückten auch ökonomische Faktoren und soziale Konstellationen ins Blickfeld, die bis dahin weitgehend vernachlässigt worden waren. Hier wie da wurde der ideengeschichtlich-institutionelle Ansatz gewissermaßen überholt: man fragte nicht mehr nach dem „Geist des Gemeinwesens" oder nach dem „Wesen der politischen Institutionen", sondern nach den Regelungsmechanismen des politischen Systems oder nach der Ableitung des Staates aus dem Wertgesetz. An die Stelle der „normativen" praktischen Wissenschaft trat auf der einen Seite das neopositivistische Credo der Wertfreiheit, auf der anderen die „kritische" Intention, auf Staat und Gesellschaft Demokratisierungsdruck auszuüben.

Was Spezialisierung und „kritische Wende" zudem beförderte, läßt sich aber auch an der Binnendifferenzierung zeigen, die sich im Bereich der Ideengeschichte selbst einstellte. Dem bei den Gründern vorherrschenden eher „idealistischen" Ansatz, der – mit Herder zu reden – die „Geschichte der Meinungen" als den „Schlüssel zur Tatengeschichte" auffaßte, gesellten sich andere hinzu. Schnell war zu erkennen, daß das Sortieren in "good boys" und "bad guys" nicht problemlos sei: Gehört Platon zur Tradition des freiheitlichen politischen Denkens oder ist er ein Ahnherr des Totalitarismus?[39] Ist Hobbes – zweifellos einer der Begründer des westlichen politischen Denkens der Neuzeit – ein Apologet des autoritären Staates oder ein verkappter Liberaler?[40], Und Rousseau – war er ein linksradikaler Anwalt der „totalitären Demokratie", ein rechtsradikaler Kleinbürger mit anachronistischen politischen Idealen oder der Philosoph der Freiheit?[41]

Es zeigt sich, daß die „westliche, freiheitliche Tradition" nicht einfach zu definieren, die Namen selten eindeutig einzuordnen sind.[42] Weiter: Selbst wenn dies möglich wäre, läßt sich aus und mit dieser Tradition die repräsentative parlamentarische Regierungsweise ohne weiteres rechtfertigen? Aristoteles – ein unverdächtiger Zeuge – hat als Kennzeichen der besten Politie die Mitwirkung der Bürger, also ein hohes Maß an – so hieß es nun – „Partizipation" bezeichnet. Locke – auch er kein Kandidat für die Liste der Bösen – hat dem Volk ein Revolutionsrecht zugesprochen, wenn die Regierung das allgemeine Interesse nicht wahre. Adam Smith hat die Verquickung wirtschaftlicher Macht mit politischer Autorität kritisiert – und so weiter.[43]

Man sieht: die bürgerliche politische Theorie, die westliche Tradition besitzt in sich selbst ein „kritisches Potential"[44], das sich auch und gerade gegen die westlichen Demokratien ausspielen läßt. Genau dies ist die Grundmotivation von Habermas' Buch, welches das liberale Selbstverständnis gewissermaßen beim politischen Wort nimmt, um zu zeigen, auf welchem Weg und mit welchen Konsequenzen die herrschaftskritische Institution „Öffentlichkeit" sich zum Akklamationsinstrument von Herrschaft verkehren konnte. Gleiches gilt für einen zweiten Bestseller dieser Jahre, Macphersons "Political Theory of Possessive Individualism"[45], mit der These, die westliche Tradition sei weniger durch Streben nach Freiheit als durch Schutzsuche der Besitzenden gegenüber den Habenichtsen bestimmt.

So ergab sich denn in der Politologie als ganzer ein zunehmend differenziertes Bild: da entwickelte sich neben der alten einerseits eine „moderne" (von ihren Gegner als „szientistisch" beschimpfte) Sozialwissenschaft, hochgradig okkupiert durch Methodendiskussionen und die Verfeinerung von Forschungstechniken, sowie eine marxistisch inspirierte „kritische" Wissenschaft andererseits, die jedoch im Laufe der Zeit zunehmend zur Staatsableitungsscholastik verkümmerte – und beide wurden von einem Wechsel von approaches, issues, letzthin sogar „Paradigmen" durchgeschüttelt, der so turbulent war, daß bald niemand mehr so recht wußte, was gerade „in" sei.

Und die Ideengeschichte? Sie forschte und forscht weiter – „geistesgeschichtlich" und „materialistisch", philosophisch, historisch und politologisch, vor allem aber, wie könnte es auch anders sein: spezialistisch[46]. Ihre Ergebnisse, so interessant sie für den oder die Eingeweihten sein mögen, sind für andere Forschungsbereiche der Politikwissenschaft nicht mehr ohne weiteres fruchtbar zu machen.

„Die Schwierigkeiten und Hindernisse multiplizieren sich, wenn man Zusammenhänge sehen oder gar Einflüsse tracieren will. Wie kann man das, was faktisch gelaufen ist, wie kann man vor allem für jeden Einzelpunkt die Auswahl aus der Vielzahl der Möglichkeiten erklären? ... Es entsteht eine Art Pedanterie des Genauerwissens, die alles, was behauptet wird, zersetzen, alles Wissen in Nichtwissen auflösen kann."[47]

So aber ist halt – man kann es mögen oder nicht – Forschung, auch in der Ideengeschichte:

„Forscher, die man mit dem Auftrag, festzustellen, wie es wirklich war, ins Feld jagd, kommen nicht zurück; sie apportieren nicht, sie rapportieren nicht, sie bleiben stehen und schnuppern entzückt am Detail."[48]

Vor allem rapportieren sie nichts, was die Gesamt-Identität einer in Teildisziplinen aufgefächerten Wissenschaft zu präsentieren oder gar zu begründen vermöchte. Die Ideengeschichte macht viel eher klar, daß die Politologie – methodisch wie inhaltlich – mehrere „Wurzeln"[49], mannigfaltige Erkenntnisinteressen und keine konsensfähige Ahnengalerie hat. Damit aber wird sie an den Rand des Faches und ins Propädeutikum des Studiums gedrängt, wo sie dann gewissermaßen die Erinnerung an die Vorgeschichte der eigentlichen wissenschaftlichen Politikwissenschaft wachhalten kann, ohne daß zunächst einmal recht einzusehen wäre, wozu dies denn eigentlich gut sei.

III.

Immerhin konnten Politikwissenschaftler und Ideenhistoriker mit diesem Arrangement solange leben, wie sie – und damit sind wir bei der letzten Phase ihrer Beziehungen – aus der Gesellschaft nicht mit Fragen konfrontiert wurden, auf die die Politologie nicht vorbereitet war – sei es, weil sie im Katalog „szientistischer" Themen nicht vorgesehen waren, sei es weil eine von der Realität dementierte „kritische" Wissenschaft auf sie keine glaubhaften Antworten mehr zu geben vermochte, sei es weil sie sich dafür einfach nicht kompetent fühlte.

Genau solche Fragen sind aber in den letzten Jahren zunehmend aufgetaucht, Fragen, die in einer Gesellschaft, die bisher einfach funktionierte (nicht immer reibungslos, aber doch ohne tiefgreifende Störungen), natürlicherweise nicht aufgekommen waren. Die von ökonomischen und ökologischen Krisen verunsicherte Wohlstandsgesellschaft empfand ein neues Bedürfnis nach Normen, zumindest aber nach Methoden, Argumenten oder auch nur Fragen, die dabei helfen könnten, Normen zu begründen. Anfangs zögernd, dann aber mit der gewohnten Energie, machten sich die Politologen daran, den Zeitgeist einzuholen.

Ein frühes Symptom dafür war der Erfolg von John Rawls' „Theorie der Gerechtigkeit"[50], des schwer verdaulichen Buches eines amerikanischen Rechtsphilosophen, das auch in der Politologie (nicht nur in der deutschen) weniger deshalb Resonanz fand, weil es neue Antworten anbot, sondern vielmehr weil es eine alte Frage auf neue Bedingungen bezogen zur richtigen Zeit wieder einmal stellte. Langsam begann (auch manchen „modernen") Sozialwissenschaftlern zu dämmern, daß „Philosophisches" oder „Normatives" für die Gesellschaft, und damit auch für ihre Fächer, von Bedeutung sein könnte. Sie entdeckten, daß eine Renaissance jener „praktischen Philosophie" im Gange war[51], die sie doch nach der „kritischen" und „szientistischen" Wende, zumindest in der Politologie, zur Strecke gebracht zu haben glaubten. Es wurde vom „guten Leben" und vom „Verhältnis des Menschen zur Natur" geredet. Die „alte Politik" – in Wirklichkeit diejenige, um die sich die „moderne" Politologie einzig gekümmert hatte – werde, so hieß es, von einer „neuen", die um die Frage „Wie sollen wir leben?" zentriere, abgelöst. Daß dies die Ausgangsfrage politischen Philosophierens seit Sokrates gewesen war, übersah man bei der Etikettierung als „neu" offensichtlich. In „alternativen" Publikationen wurden alte Texte – etwa von Hannah Arendt[52] – neu aufgelegt.

Auf einmal konnten Ideenhistoriker, die die politologische Diskussion verfolgten, mit einigem Erstaunen feststellen, daß ihnen bekannte Theorien, Themen und Thesen begegneten. Im Blick auf die ökologische Krise wurde Hobbes' Leviathan beschworen oder Marxens Werk auf seine „alternative" Relevanz abgeklopft; im wirtschaftspolitischen Streit wurde Adam Smith als Kronzeuge für die supply-side-economics angeführt; als „Alternativen" zum bürokratischen Sozial- und Wohlfahrtsstaat wurden Gedanken über Selbsthilfe, Subsidiarität, Diversität und Dezentralisierung vorgetragen, denen man – wenn auch in anderer Sprache – ebenso in Humboldts „Ideen zu einem Versuch die Grenzen der Wirksamkeit des Staates zu bestimmen" begegnen konnte. Die Grünen wurden auf ihr rousseauistisches Erbe untersucht[53]; über zivilen Ungehorsam wurde – auch in Zeitungen – unter Heranziehung von Sokrates, Locke, Thoreau oder Gandhi diskutiert[54]; die Ideenhistoriker können sich inzwischen an déjà-vu-Erlebnissen delektieren, die dazu angetan sind, ihr Selbstwertgefühl zu heben. Manchmal ärgern sie sich allerdings auch darüber, daß diese Diskussionen eher auf dem Niveau des "name-dropping" geführt wurden und werden, also die Ergebnisse ernsthafter Forschung weitgehend ignorieren. Ob Freude oder Ärger – offensichtlich ist, daß die moderne Politikwissenschaft ihre Inkompetenz für einige der Fragen, die von der Gesellschaft derzeit an sie gestellt werden (oder deren sie sich glaubt annehmen zu müssen) durch Plünderung des ideengeschichtlichen „Lagerhauses"[55] zu kompensieren versucht. Die politischen Theorien der Vergangenheit haben, so scheint es, eine neue Funktion bekommen: Ideengeschichte bekommt eine *Inkompentenzkompensationkompetenz.*

Es wäre allerdings kurzsichtig, dies als süße Rache der Enterbten in der Politologie zu genießen. Zwar kann man den „eskapistischen" Ideengeschichtlern schwerlich verdenken, daß sie sich die Hände reiben, wenn ein Wissenschaftssystem, das Prämien vorwiegend auf „Innovation" setzt auf einmal feststellt, daß manches, was heute als dernier cri daherkommt, wenn schon kein alter Hut, so doch auch keine terra incognita ist. Aber sicher ist auch, daß die alten Probleme sich heute auf anderem Niveau stellen und deshalb die Ansicht, es gebe nichts Neues unter der Sonne, in die Irre führt – zumal, wenn sie mit der Anpreisung irgendwelcher Klassiker als Modellieferanten für Patentrezepte einhergeht. Sinnvoll ist es einzig, sich „klassische" Problemstellungen und -lösungen neu anzueignen; zu erwarten ist sicherlich nicht ein Königsweg, eher eine Menge von Warnschildern vor Irrwegen. Im besten Fall lassen sich – gewissermaßen qua negativer Selektion – jene Schneisen erkennen, auf denen theoretisch und/oder praktisch begehbare Pfade angelegt werden könnten[56]. Weniger metaphorisch gesprochen: Die politische Ideengeschichte mag dabei helfen, Blindstellen in der gegenwärtigen Diskussion aufzudecken und das wissenschaftliche Reflexionsniveau zu heben – für die „Produktion" von Lösungen ist sie nicht kompetent[57]; auch die Inkompetenzkompensationskompetenz ist eine zu schwere Last für sie.

IV.

Auf der Suche nach Lösungen muß sich der Blick zweifellos auf die empirischen Wissenschaften richten. Einem alten Sprichwort zufolge wird man durch Erfahrung klug; bis vor kurzem wurde man durch Empirie wissenschaftlich, was nicht dasselbe ist. Ich glaube, daß der Erfahrungsbegriff der empirischen Sozialwissenschaft sich zwischenzeitlich verhängnisvoll verengt hat. In vollständiger Verkehrung dessen, was ursprünglich einmal mit „Erfahrung" gemeint war, werden common sense, historisches Wissen und Lebensklugheit (prudentia, phronesis) aus den „streng empirischen" Wissenschaften ausgeschlossen. Ihr „Idealtypus" von Erfahrung ist das Experiment, dessen Kennzeichen die Wiederholbarkeit ist; ihre Empirie droht sich auf Daten zu reduzieren, die – neueste Entwicklung – nach dem Kriterium der Computerisierbarkeit vorselegiert werden[58]. Was dies bedeuten kann, hat vor einiger Zeit Klaus von Beyme – ein Politikwissenschaftler, den man kaum verdächtigen kann, prinzipiell Aversionen gegen sozialwissenschaftliche Forschungsmethoden zu hegen – an einem Beispiel illustriert. Ein Spaßvogel habe ausgerechnet, daß eine positive Korrelation zwischen den hohen Geburtenraten und der Anzahl der Störche in einem bestimmten Gebiet bestehe. Wissenschaftlich ist die in dieser Korrelation implizierte Hypothese nur zu widerlegen, wenn man weitere Variablen einbezieht – etwa daß traditionelle Gesellschaften weder Geburten noch Flußläufe regulieren, was einerseits zu einem Babyboom führt, andererseits den Störchen ihren natürlichen Lebensraum erhält. So kann man mit einiger Anstrengung wissenschaftlich untermauern, was der gesunde Menschenverstand von vornherein vermutet hat.

Was witzig anmutet, hat einen ernsten Kern: die Sozialwissenschaften schweben manchmal in der Gefahr mit einem elektronischen Teleskop das zu entdecken, was jeder, der nicht blind ist, beim Blick aus dem Fenster auch wahrnimmt. Resultate etwa der quantitativen Forschung führen oft kaum über Ergebnisse hinaus, die nicht auch durch "educated guesses" zu erhalten gewesen wären; die Vermutung liegt nahe, daß die entsprechenden Forscher nur durch ihren common sense davor bewahrt werden, sich im Labyrinth ihrer Datensammlungen vollständig zu verirren.

Nun weiß man allerdings auch, daß der – gerade deshalb „sogenannte" – gesunde Menschenverstand öfter trügt und deshalb nicht immer ein zuverlässiger Berater ist. Er muß auf der einen Seite kultiviert, auf der anderen aber auch kontrolliert werden. Historische Kenntnisse und ein solides Wissen in der Geschichte des politischen Denkens sind immer noch eine gute Lehre, um sich so etwas wie „politische Urteilskraft"[59] anzueignen. Das läuft – um die Forderung nach Kontrolle nicht zu vergessen – keinesfalls darauf hinaus, die empirische Forschung einzustellen oder keine Daten mehr zu erheben. Aber es müßte doch einzusehen sein, daß diese Forschung nur dann, aber auch gerade dann sinnvoll und nützlich ist, wenn sie von Urteilskraft geleitet wird, die auf sinnvolle Fragen hinweist und sich statt einer nicht erreichbaren statistischen Letztsicherheit mit plausiblen Ergebnissen begnügt[60]. Die Politologie hätte meines Erachtens keine Daseinsberechtigung mehr, wenn sie auf dem Weg zur Wissenschaft endgültig verlöre, was die ältere Politische Wissenschaft, die sich *auch* als Klugheitslehre verstanden hatte, zumindest versucht hatte zu leisten: die theoretische Durchdringung politischer Situationen durch lebenspraktische Reflexion[61].

Man mag dies nennen, wie man will: meinethalben auch Theoriengeschichte, die „gegenwartsbezogene Problem- und Konfliktkonstellationen über theoretische Konzepte auf ihre historischen Variationsmöglichkeiten" durchspielt[62]. Solange die empirische Politikwissenschaft bereit ist, solches zu lesen und als ,,Reflexionsmaterial zur Diskussion aktueller Probleme" zu akzeptieren[63], wird es auch „wichtige" ideengeschichtliche Literatur geben; solange die Theorie-Historiker sich darüber klar sind, daß ihre Ergebnisse „nicht zum Zweck ihrer praktisch-politischen Verfügbarkeit ohne weiteres instrumentalisierbar"[64] sind, können sie sich auch damit abfinden, daß sie nicht gerade im Zentrum der Politikwissenschaft stehen, sondern eher am Rande, ein bißchen belächelt, aber geduldet, weil man eines Tages wieder einmal froh sein könnte, auf die Klugheit der Älteren zurückgreifen zu können.

Anmerkungen

1 *E. Voegelin:* Anamnesis, München 1966, S. 31.
2 *R. Rothermundt:* Das Denken John Lockes, Frankfurt/New York 1976, S. 12.
3 *R. Heger:* Die Politik des Thomas Hobbes, Frankfurt/New York 1981, S. 15.
4 *E. Bloch:* Naturrecht und menschliche Würde, Frankfurt/New York, 1972; J. Ritter, Metaphysik und Politik, Frankfurt 1969; M. Riedel, Metaphysik und Metapolitik, Frankfurt 1975; *H. Blumenberg:* Die Legitimität der Neuzeit, Frankfurt 1966; *K. Griewank:* Der neuzeitliche Revolutionsbegriff, Frankfurt 1973; *R. Koselleck:* Kritik und Krise, Frankfurt 1973; *F. Borkenau:* Der Übergang vom feudalen zum bürgerlichen Weltbild, Darmstadt 1971 (Nachdruck); *Chr. Meier:* Die Entstehung des Politischen bei den Griechen, Frankfurt 1980; *M. Finley:* Antike und moderne Demokratie, Stuttgart 1980.
5 *R. Brandt:* Rousseaus Philisophie der Gesellschaft, Stuttgart 1973; *M. Forschner:* Rousseau, Freiburg 1977; *R. Spaemann:* Rousseau – Bürger ohne Vaterland, München 1980; *I. Zeil-Fahlbusch:* Wissen und Handeln. Zur Begründung der praktischen Philosophie bei Rousseau, Bonn 1979.
6 *K. M. Kodalle:* Thomas Hobbes – Logik der Herrschaft und Vernunft des Friedens, München 1972; *U. Weiß:* Das philosophische System von Thomas Hobbes, Stuttgart 1980.
7 *H. Lübbe:* Praxis der Philosophie, Praktische Philosophie, Geschichtstheorie, Stuttgart 1978, S. 97; *O. Marquard:* Abschied vom Prinzipiellen, Stuttgart 1981, S. 23.
8 Exemplarisch: *H. Kastendiek:* Die Entwicklung der westdeutskchen Politikwissenschaft, Frankfurt/New York 1977.
9 Vgl. *H. J. Arndt:* Die Besiegten von 1945, Versuch einer Politologie für Deutsche, Berlin 1978.
10 *Carl Joachim Friedrich* hat seine ideengeschichtlichen Arbeiten immer auch in Hinsicht auf die Lehre vom Government geschrieben. *Sternberger* hat zunächst hauptsächlich Regierungslehre getrieben; als Ausnahme wäre Voegelin zu nennen, der aber dem eigenen Selbstverständnis nach politischer Philosoph war. Ansonsten konnte nur ein Werk von O. H. von der Gablentz aus dem Jahr 1956 über Kants politische Philosophie ausgemacht werden.
11 *K. R. Popper:* Die offene Gesellschaft und ihre Feinde, [4]München 1975 ([1]1956).
12 *L. Strauss:* Naturrecht und Geschichte, Frankfurt 1977 (ursprünglich 1956).
13 *Bergsträsser/Oberndörfer* (Hrsg.): Klassiker der Staatsphilosophie. Ausgewählte Texte, Stuttgart 1962; *C. J. Friedrich:* Die politische Wissenschaft, Freiburg 1961.
14 *G. Lehmbruch:* Einführung in die Politikwissenschaft, Stuttgart 1968.

15 *G. Sabine:* A Historiy of Political Theory, London ³1958.

16 Inzwischen wäre u.a. hinzuweisen auf: *H. Fenske* u.a.: Geschichte der politischen Ideen, Königstein 1981; *U. Steinvorth:* Stationen der politischen Theorie, Stuttgart 1981; *K. D. Bracher:* Zeit der Ideologie. Eine Geschichte des politischen Denkens im 20. Jahrhundert, Stuttgart 1981. Immer noch wertvoll die Aufsatzsammlung von *Maier/Rausch/Denzer* (Hrsg.): Klassiker des politischen Denkens. 2 Bde, München 1968;

17 Hierzu *H. J. Arndt:* Die Besiegten von 1945, a.a.O.

18 *Chr. von Krockow:* Die Entscheidung. Eine Untersuchung über Ernst Jünger, Carl Schmitt, Martin Heidegger, Stuttgart 1958; *J. Fijalkowski:* Die Wende zum Führerstaat. Ideologische Komponenten in der Philosophie Carl Schmitts Köln/Opladen 1958; *I. Fetscher:* Rousseaus politische Philosophie, Frankfurt 1968; *J. Habermas:* Strukturwandel der Öffentlichkeit, Neuwied 1962; *K. Sontheimer:* Thomas Mann und die Deutschen, München 1961; *H. Maier:* Revolution und Kirche, München 1975 (usprünglich 1954), *W. Hennis:* Politik und praktische Philosophie, Stuttgart 1977 (ursprünglich 1959), *A. Schwan:* Die politische Philosophie im Denken Heideggers, Köln/Opladen 1965; *E. Faul:* der Moderne Macchiavellismus, Köln/Berlin 1961.

19 *H. P. Schwarz:* Probleme der Kooperation von Politikwissenschaft und Soziologie in Westdeutschland, in: *D. Oberndörfer* (Hrsg.): Wissenschaftliche Politik. Eine Einführung in die Probleme, Freiburg 1962, S. 297–333 (hier S. 319).

20 *C. J. Friedrich:* Der Verfassungsstaat der Neuzeit, Berlin 1953.

21 *F. A. Hermens:* Verfassungslehre, Frankfurt/Bonn 1964; *D. Sternberger:* Lebende Verfassung. Meisenheim 1956; *E. Fraenkel:* Deutschland und die westlichen Demokratien. Stuttgart 1964.

22 Exemplarisch: *C. J. Friedrich:* Die politische Wissenschaft, a.a.O., S. 3.

23 Vgl. *H. Maier:* Die politische Wissenschaft in Deutschland, München 1969; Kritisch dazu – wenngleich aus unterschiedlicher Perspektive – *H. J. Arndt:* Die Besiegten von 1945, a.a.O., *H. Kastendiek:* Die Entwicklung der westdeutschen Politikwissenschaft a.a.O.

24 *H. Lübbe:* Praxis der Philosophie, a.a.O., S. 99.

25 Vgl. *H. Kastendiek:* Die Entwicklung der westdeutschen Politikwissenschaft, a.a.O., und *H. J. Arndt:* Die Besiegten von 1945, a.a.O.

26 *Bergsträsser/Oberndörfer* (Hrsg.): Klassiker der Staatsphilosphie, a.a.O.

28 *E. Fraenkel:* Deutschland und die westlichen Demokratien, a.a.O.

29 *C. J. Friedrich:* Die politische Wissenschaft, a.a.O., S. 8.

30 *E. Voegelin:* Die neue Wissenschaft von der Politik, München 1954, S. 13.

31 *O. H. von der Gablentz:* Politik als Wissenschaft in: *H. Schneider* (Hrsg.): Aufgabe und Selbstverständnis der politischen Wissenschaft, Darmstadt 1967, S. 41–71 (hier S. 41).

32 *J. von Kempski:* Wie ist Theorie der Politik möglich in: *H. Schneider* (Hrsg.): Aufgabe und Selbstverständnis der politischen Wissenschaft, a.a.O., S. 433 (hier S. 434).

33 *W. Hennis:* Politkwissenschaft und praktische Philosophie, a.a.O., und *ders.*, Politik als praktische Wissenschaft, ²München 1968.

34 Das immer wieder gehörte Argument, gerade diese Variante von politischer Wissenschaft sei eher philosophisch denn „praxisgerecht", verkennt den zugrundeliegenden Begriff von Praxis, der sich am ursprünglichen griechischen Wortsinn orientiert – d.h., um es verkürzt zu sagen, eher „handlungsschulend" denn "policy"-relevant im sozialtechnischen Sinn sein sollte – vgl. *H. Arendt:* Vita activa, Stuttgart 1981 (ursprünglich 1956) und *N. Lobkowicz:* Theory and Practice, Notre Dame 1967.

35 Die einige Jahre später verfaßte Arbeit von *J. Dennert:* Die ontologisch-aristotelische Politikwissenschaft und der Rationalismus, Berlin 1970 macht gut den Unterschied deutlich. Im Vergleich zu Hennis' zupackenden Thesen wird hier ideengeschichtliche Forschung mit aller Weitschweifigkeit, die dazugehört, betrieben.

36 *J. Habermas:* Strukturwandel der Öffentlichkeit, a.a.O.

37 Als programmatische Schrift vgl. hierzu *Schäfer/Nedelmann* (Hrsg.): Der CDU-Staat, ²Frankfurt 1969.

38 *U. Bermbach:* Bemerkungen zur politischen Theoriegeschichte, in PVS 22/1981, S. 181–194.

39 *R. Maurer:* Platons ‚Staat' und die Demokratie, Berlin 1970; *K. R. Popper:* Die offene Gesellschaft und ihre Feinde, a.a.O.

40 *Koselleck/Schnur* (Hrsg.): Hobbes-Forschungen, Berlin 1969; *B. Willms:* Die Antwort des Leviathan, Neuwied 1970; *Bermbach/Kodalle* (Hrsg.): Furcht und Freiheit. Leviathan-Diskussion 300 Jahre nach Hobbes, Opladen 1982.

41 *J. L. Talmon:* Die Geschichte der totalitären Demokratie, 2 Bde, Köln/Opladen 1961/63.

42 Dies zeigt am Beispiel Lockes exemplarisch *W. Euchner:* Naturrecht und Politik bei John Locke, Frankfurt 1969.
43 *G. Nonnenmacher:* Die Ordnung der Gesellschaft. Studien zur politischen und Sozialphilosophie im 17. und 18. Jahrhundert (habil., unveröffentlicht), Wuppertal 1982.
44 Vgl. den programmatischen Aufsatz von *W. Euchner:* Demokratietheoretische Aspekte der politischen Ideengeschichte, in: *Kress/Senghass* (Hrsg.): Politikwissenschaft – eine Einführung in ihre Probleme, Frankfurt 1972, S. 37–61.
45 deutsch *C. B. Macpherson:* Die politische Theorie des Besitzindividualismus, Frankfurt 1974.
46 Eine nun wirklich willkürliche Auswahl von Arbeiten, die wenn schon nicht „wichtig" für die Politikwissenschaft, so doch interessant für Ideengeschichtler sind: *H. Medick:* Naturzustand und Naturgeschichte der bürgerlichen Gesellschaft, Göttingen 1973; *D. Sternberger:* Macchiavellis 'Principe' und der Begriff des Politischen, Wiesbaden ^{2}1975; *T. Schabert:* Gewalt und Humanität, Freiburg/München 1978; *H. D. Kittsteiner:* Naturabsicht und unsichtbare Hand, Frankfurt/Berlin/Wien 1978; *A. O. Hirschmann:* Leidenschaften und Interessen, Frankfurt 1980; *R. Saage:* Herrschaft, Toleranz, Widerstand, Frankfurt 1981; *W. Münkler:* Macchiavelli, Frankfurt 1982.
47 *N. Luhmann:* Ideengeschichte in soziologischer Perspektive, in: *J. Matthes* (Hrsg.): Lebenswelt und soziale Probleme, Frankfurt/New York 1981, S. 49–61, (hier S. 49).
48 Ebd.
49 *D. Sternberger:* Drei Wurzeln der Politik, Frankfurt 1978.
50 *J. Rawls:* Eine Theorie der Gerechtigkeit, Frankfurt 1975 (engl. 1971).
51 Vgl. dazu u. a. die von *K. O. Apel* u. a. (Hrsg.): Praktische Philosophie/Ethik. 2 Bde, Frankfurt 1980 f., für das Funkkolleg zusammengestellte Bände; für Politologen besonders wichtig *R. Spaemann:* Zur Kritik der politischen Utopie, a.a.O.
52 *H. Arendt:* Vom Sinn der Arbeit, in: Technologie und Politik 10/1978.
53 Vgl. dazu insgesamt *G. Nonnenmacher:* Die Ordnung der Gesellschaft, a.a.O.
54 So die FAZ, vom 8.12.1983.
55 *K. v. Beyme:* Politische Ideengeschichte, Tübingen 1969, S. 50.
56 *G. Nonnenmacher:* Die Ordnung der Gesellschaft, a.a.O.
57 Dies ist, richtig verstanden, wohl auch die Intention von *U. Bermbach:* Bemerkungen zur politischen Theoriegeschichte, a.a.O.
58 Das hindert natürlich nicht, daß unbeeindruckt von modischen und Methodendiskussionen eine große Menge historisch-politischer Arbeiten genau auf jener Art von „Erfahrung" basieren.
59 *E. Vollrath:* Die Rekonstruktion der politischen Urteilskraft, Stuttgart 1977.
60 *K. v. Beyme:* Once again: Do Parties Matter?, in PVS 4/1983, S. 205–210.
61 *J. Habermas:* Theorie und Praxis, Neuwied 1963.
62 *U. Bermbach:* Bemerkungen zur politischen Theoriegeschichte, a.a.O., S. 190.
63 Ebd., S. 191.
64 Ebd., S. 184.

Hat Theoriegeschichte Sinn?

Anmerkungen zum Forschungsstand einer Teildisziplin

Günter Trautmann

I. Die Krise der älteren Ideengeschichte

Klagen über den Verfall der politischen Theorie sind fast so alt wie das Fach Politische Wissenschaft in der Bundesrepublik. Mit dem Aufschwung der empirisch-analytischen Methoden in den Sozialwissenschaften nach dem Zweiten Weltkrieg war frühzeitig abzusehen, daß die einst so ruhmreiche Geistes- und Ideengeschichte Deutschlands ihren hohen nationalen und internationalen Rang nicht mehr halten konnte wie zu Zeiten G. W. F. Hegels, Robert v. Mohls, Wilhelm Diltheys und Friedrich Meineckes. Die ältere Ideengeschichte war belastet durch ein methodologisches Selbstverständnis unter dem Druck starker obrigkeitsstaatlicher Traditionen, die das sozialwissenschaftliche Interesse weglenkten von der Praxis des politischen Alltags zu der Praxisferne geschichtlicher Ideen. Dieser deutsche Sonderweg der traditionellen Geistes- und Ideengeschichte, die sich gegenüber der Marx'schen Geschichtstheorie und der modernen Sozialgeschichte ignorant versperrte, konnte spätestens nach dem Zweiten Weltkrieg nicht mehr problemlos eingeschlagen werden.

Die ältere Ideengeschichte geriet seither in eine Permanenzkrise, obwohl die staatsbürgerlichen Reedukationsnormen nach dem Zweiten Weltkrieg der Geschichte politischer Ideen einen methodologisch nicht zu begründenden Startvorsprung verschafften. Diese Bevorzugung transhistorischer Fragen, normativer Ordnungsvorstellungen und klassischer Praxismodelle in der restaurativen Adenauer-Ära artikulierte sich in den bemerkenswerten Publikationen von Arnold Brecht, Arnold Bergstraesser, Wilhelm Hennis, Hans Maier, Dieter Oberndörfer und Alexander Schwan[1].

In der sog. Freiburger Schule erreichte die ontologisch-normative Politikwissenschaft mit dem Zentrum einer enthistorisierten Ideengeschichte ihren klassischen Höhepunkt. Der methodologische Primat des Überzeitlichen markierte aber zugleich auch den entscheidenden endogenen Krisenfaktor einer Teildisziplin, die den Sinn für historische und politische Realadäquanz verliert und dabei empirisch-analytische Methoden nicht integriert, sondern als erkenntnisblinden Positivismus vorbehaltlos bekämpft. Die Krise einer so konzipierten „Ideengeschichte" im Sinn einer abstrakten „politischen Philosophie" bzw. „Sozialphilosophie" war damit vorprogrammiert. So beklagte Leo Strauss, der die „politische Philosophie" für den Kern der politischen Wissenschaften hielt, schon 1957 ihren offensichtlichen Niedergang. Als Wilhelm Hennis wenig später[2] die praktische Philosophie für die junge Politische Wissenschaft der Bundesrepublik retten wollte, mußte er trotz der bedeutenden sozialphilosophischen Vorarbeiten von Strauss, Voegelin, de Jouvenel und Dabin konstatieren, daß die praktische Philosophie in Forschung und Lehre nur eine Randexistenz führte. Der Ideenreichtum älterer Politiktheorien schien für die moderne Politikwissenschaft nur noch als Hypothesenarsenal und heuristisches Hilfsmittel brauchbar zu sein.

II. Die Theoriegeschichte im Widerstreit dreier Wissenschaftsparadigmen

Die berechtigte Frage nach der erkenntnistheoretischen Bedeutung klassischer „Denker" und dem Beitrag politischer „Ideen" zur systematischen Rekonstruktion einer modernen politischen Theorie ging im methodologischen Abgrenzungsstreit sehr unterschiedlicher Schulen während der fünfziger Jahre verloren. Bei genauerem Hinsehen ist aber der methodologische Abstand zwischen pragmatischen Normativisten und reflektierten Empiristen längst nicht so groß, wie es vereinzelte Abgrenzungspolemiken und strategisch plazierte Zitate auf den ersten Blick vermuten lassen. Der reine Empirismus[3] hat sich in der Bundesrepublik nie voll durchsetzen können. Die Anhänger der ontologisch-normativen Richtung mußten daher den wissenschaftlichen Gegner in angelsächsischen Ländern suchen[4]. Auf der anderen Seite hat die normativ orientierte Sozialphilosophie nur bei wenigen Vertretern die Extremform einer absoluten Ideenlehre angenommen[5]. Die gemäßigten Empiristen konnten somit das erkenntniskritische und heuristische Potential klassischer politischer Theorien nützen und ihnen sogar theoriebildende Konstitutions-, Komplementär- oder Korrekturfunktionen zuschreiben[6]. Illustrativ gesprochen: Die methodologischen Differenzen zwischen Eric Voegelin und Hans Albert sind zwar unüberbrückbar[7], zwischen Wilhelm Hennis und Klaus von Beyme gibt es aber durchaus Konvergenzen im Urteil über die Erkenntisleistung der Theoriegeschichte[8]. Auch neuere Darstellungen zur modernen politischen Theorie haben die negativen Überreaktionen der streng empirisch-analytischen Schule auf den ontologisierenden Mißbrauch politischer Ideen nicht mitgemacht, sondern eine kontrolliert betriebene Theoriegeschichte als Komponente systematischer Theoriebildung akzeptiert[9]. Dennoch muß rückblickend festgehalten werden, daß wegen der Fragmentierung theoriegeschichtlicher Forschungen in einen ontologisch-normativen und einen empirisch-analytischen Wissenschaftsbereich auch der Forschungsstand fragmentarisch blieb.

Soweit von einem theoriegeschichtlichen Forschungsstand im Sinne eines kumulativen Erkenntiswachstums überhaupt gesprochen werden kann, ist er seit den fünfziger Jahren gekennzeichnet durch einen unfruchtbaren Methodendisput, in dem sich drei Richtungen herausbildeten: (1) Eine ontologisch-normative Sozialphilosophie, die den Erkenntniswert der Geschichte angeblich ewiger politischer „Ideen" überbewertet und/oder den Modernitätsgrad der älteren Praxisphilosophie überschätzt; (2) eine empiristische Methodologie, die mit dem Primat empirisch kontrollierbarer Aussagensysteme ältere Theoriemodelle ignoriert oder als erkenntnisneutrale Beschäftigung mit ehrwürdigen Traditionsbeständen nur toleriert; und schließlich (3) ein reflektierter Empirismus, der sich des Zusammenhangs von Entstehungs- und Konstitutionsbedingungen politischer Theorien stets bewußt geblieben ist, normative Wertannahmen nicht dem bloßen Alltagsverstand bzw. unreflektierter Parteilichkeit überlassen will und von geschichtlichen Rückgriffen einen Erkenntnisgewinn sui generis erwartet. Diese drei Richtungen unterscheiden sich nicht nur in ihren Erkenntnisansprüchen, in den methodologischen Kernargumenten und in den Forschungsinstrumentarien. Sie haben natürlich auch eine sehr unterschiedliche Nähe oder Ferne zu den philosophischen und sozialwissenschaftlichen Nachbardisziplinen.

(1) Ontologie und Normativismus – Zur Überwertung der Theoriegeschichte

Mit weitreichenden Konsequenzen versuchte Eric Voegelin „Die neue Wissenschaft der Politik"[10] als Sozialphilosophie in der Sphäre ewiger Ideen anzusiedeln. Voegelin bildet dabei künstliche Fronten gegen einen Positivismus, der irrelevante Fakten anhäuft, relevantes Tatsachenmaterial fehlinterpretiert und wegen hoher Objektivitätsansprüche auf Werturteile grundsätzlich verzichtet. Vor allem gegen die Webersche Forderung nach einer analytischen Trennung von Werturteilen und Tatsachen setzt Voegelin den Rückgriff auf den Wissenschaftsbegriff von Plato und Aristoteles (episteme), der von Raum und Zeit unabhängig konzipiert ist. Wissenschaft wird damit zur „Suche nach der Wahrheit betreffend das Wesen der verschiedenen Seinsbereiche"; Methodik führt zur „leidenschaftslosen Schau der Seinsordnung in der theoretischen Haltung"[11].
Vor allem Sinnfragen und anthropologische Probleme stehen im Mittelpunkt einer solchen politischen Theoriegeschichte. Da aber schon Maier[12] nicht mehr über die metaphysische Seinsgewißheit E. Voegelins verfügte, wurden auch die „Klassiker des politischen Denkens"[13] mit der skeptischen Frage konfrontiert, womit denn eigentlich ihr wahrheitstheoretischer Anspruch auf überzeitliche Sinnaussagen zu begründen sei. Ähnlich defensiv formulierte selbst Nikolaus Lobkowicz[14] das Theorieverständnis der pragmatischen Normativisten. Er betonte den starken Gegensatz zwischen dem Philosophen, der dem Ewigen und Göttlichen zugewandt ist, und dem Politiker, dessen Engagement den Alltagsproblemen gilt. Aus diesem Grund stellt die politische Wissenschaft nach Aristoteles keine Wissenschaft im strengen Sinn dar, denn sie hat es nicht mit dem Ewigen, Notwendigen, Allgemeinen und Unveränderlichen zu tun. Für Lobkowicz entsteht somit die Frage, ob sich die politische Wissenschaft als bloße Instrumentalwissenschaft auf Analysen technischer Mittel konzentrieren oder grundsätzlicher nach den Formen einer alternativen politischen Praxis fragen soll. Die normentheoretische Begründung übergeordneter Zielvorstellungen schlägt in der politischen Wissenschaft daher notwendig in politische Theorie um. Deutlicher als andere Normativisten[15] markiert Lobkowicz mit kulturpessimistischen Konnotationen auch die konsensuellen Voraussetzungen einer solchen politischen Philosophie. Wo es keinen rationalen herrschaftsfreien Dialog mehr gibt, in dem Bürger sich frei über Bedürfnisse und Wünsche austauschen können, bricht der politiknotwendige Dialog zusammen. Dann aber kann die politische Wissenschaft als Wissenschaft zur theoretischen Klärung politischer Grundfragen nichts mehr beitragen.

(2) Der reine Empirismus – Zur Unterbewertung der Theoriegeschichte

Gegenüber den ahistorischen Begriffen einer ontologischen Ideenlehre, aber auch gegen den Versuch der neueren praktischen Philosophie, politisches Sein und politisches Sollen durch den Rekurs auf Vernunftsgründe oder über Theorien des kommunikativen Handelns zu vermitteln[16], hat sich der reine Empirismus methodologisch scharf abgesetzt. Für eine Geschichte der Ideen, historische Kontextanalysen oder für systematische Rekonstruktionen älterer Theorien bleibt dann kein Erkenntnisterrain mehr. So hält etwa Naschold[17] an der gängigen Unterscheidung von ontologisch-normativen, empirisch-analytischen und dialektisch-historischen Theoriebegriffen fest und konstatiert die Vorherrschaft des empirisch-analytischen Theoriebegriffs in der modernen Politikwissenschaft. Die Entstehungsgeschichte politischer Phänomene und die logische Struktur historischen Erklärens verlieren damit jegliche erkenntnistheoretische Funktion, da historische Aussagen nur noch als statistische Verallgemeinerung im Rahmen allgemeiner Quasi-Theorien Gültigkeit beanspruchen können. Der systematische Begründungszusammenhang politischer Theorien ist hier indifferent gegenüber ihrem jeweiligen politischen Entstehungszusammenhang. Die Erklärung historischer und politischer Situationen wird auf die Ebene einer bloßen Subsumption unter allgemeine Gesetze heruntergestuft. Immerhin behält der historische Ansatz aber auch für Naschold noch gewisse Korrektivfunktionen. Die ahistorische Tendenz der strukturellfunktionalen und behavioristischen Forschung, bestimmte Verhaltensweisen vorschnell als allgemeine und überzeitliche Gesetze auszugeben, kann danach über historische Kenntnisse besser kontrolliert werden.

Axel Görlitz[18] dagegen konzediert historischen Analysen und älteren Theorien nicht einmal solche Korrekturfunktionen. Das Ziel einer rationalistischen Theorie besteht nach Görlitz vielmehr darin, informative, präzise und falsifizierbare, insgesamt also erfahrungswissenschaftlich abgesicherte Aussagen über die Realität zu machen[19]. Das Prinzip der zureichenden Begründung wird hier abgelöst durch das Prinzip der kritischen Prüfung. In dem von Görlitz herausgegebenen „Handlexikon zur Politikwissenschaft"[20] existiert die Theoriegeschichte daher nicht. Unter dem Stichwort Wissenschaftslogik fragt K. Fohrbeck[21] immerhin nach der Relevanz eines Unternehmens, das den historischen Konstitutionszusammenhang von Theorie(-bildungen) vollkommen ausblendet. Gegen solche Methodenzweifel am logischen Positivismus setzt Görlitz neuerdings eine „politikwissenschaftliche Theorie" (statt einer politischen Theorie), um auf Standards eines Sonderwissens hinzuweisen, das nachvollziehbare und überprüfbare Rekonstruktionen der politischen Alltagswirklichkeit garantieren soll[22]. Politische Doktrinen, Ideensysteme, heuristische Spekulationen, historische Kontextanalysen und die Analyse von sozio-ökonomischen Konstitutionsbedingungen bleiben hier ebenso außer Betracht wie die neueren sozialwissenschaftlichen Versuche, durch Konsenstheorien der Wahrheit das bloß Faktische als einzige politische Normeninstanz zu überwinden[23].

(3) Der gemäßigte Empirismus – Zur Integration der Theoriegeschichte in die moderne politische Theorie

Eine solche methodologische Reduzierung der politischen Theoriegeschichte auf Null ist in der Bundesrepublik aus historischen, konventionellen aber auch aus erkenntniskritischen Gründen die Ausnahme geblieben. Von Beyme[24] hat schon frühzeitig gefordert, die Chancen einer modernen Ideengeschichte neu zu durchdenken. Dabei unterscheidet er zwischen einer „Ideengeschichte" und einer modernen „politischen Theorie", ohne hierbei die gemeinsamen Konstitutions- und Begründungszusammenhänge beider Erkenntnismethoden aufzugeben. Die Ideengeschichte fungiert danach als ‚Lagerhaus' politischer Probleme. Sie dient der methodischen Schulung und als Hilfsmittel für Prognosen. Ideengeschichtliche Studien und Forschungen können in dieser Perspektive nur betrieben werden durch eine interdisziplinäre Zusammenarbeit der politischen Philosophie, Geschichte, Psychologie, Soziologie und Sozialgeschichte, Philologie und Sprachanalyse. In v. Beymes „Politischen Theorien der Gegenwart"[25] spielt die Geschichte des politischen Denkens zwar keine Rolle; sie wird aber auch nicht als bloße Vorgeschichte empirischer Theoriebildung prinzipiell ausgeklammert. Statt dessen bleiben die „Verbindungen moderner Modelle zu älteren Denkansätzen" erhalten: Ein goldener Mittelweg zwischen reinem Empirismus und praxeologischem Normativismus?

Offensiver und auf eigene Untersuchungen gestützt hat Willms[26] die „weltweite Provinzialität" der positivistischen Methodologie kritisiert und auf den Erkenntnisleistungen der historischen Dialektik bestanden. Dabei sollen keineswegs „klassische" Ordnungsmodelle für die Gegenwart historistisch ausgegraben oder ideengeschichtliche Erkenntnispotentiale in antiquarischen Detailuntersuchungen verschüttet werden. Gegen die impliziten metaphysischen Annahmen angeblich klassischer Modelle bei Strauss, Bergstraesser, Maier, Oberndörfer und Weber-Schäfer[27] setzt Willms die Forderung nach einer systematischen Theoriekonstruktion mit Aktualitätsbezug und historischer Kontextanalyse. Argumentativ überprüft haben auch Lehmbruch und Narr[28] solche Erkenntnismöglichkeiten einer modernen Theoriegeschichte. Für Lehmbruch nehmen empirische Forschungen auf die Fragestellungen der klassischen Theorie durchaus Bezug. Sofern kein museales Interesse oder ontologischer Tiefsinn überwiegen, hat „politische Theorie als Theoriengeschichte"[29] eine fruchtbare Doppelfunktion. Sie liefert Kriterien für die empirische Analyse politischer Strukturen und Prozesse und sie reflektiert politische Normensysteme auf ihre impliziten Voraussetzungen, innere Konsistenz und praxeologischen Konsequenzen hin. Ähnlich fordert Narr[30] eine „‚theoretische' Ideengeschichte", die in Gegenwartsperspektiven überlieferte politische Gedankenkomplexe untersucht und durch spezifische Problemstellungen politische Lösungsmodelle an historischen Konstellationen überprüft. Zu Recht hat Schlangen aber darauf verwiesen, es genüge nicht, rein defensiv das rigide szientistische Theorieverständnis zurückzuweisen, maximalistisch in der Ideengeschichte nach einem zeitlosen Kanon politikwissenschaftlicher Grundeinsichten zu suchen bzw. minimalistisch ältere Theorien als ideologische Spiegelung gesellschaftlicher Verhältnisse zu interpretieren[31]. Welche spezifischen Fragestellungen und Erkenntnisfunktionen aber eine aktualitätsbezogene, systematisch-rekonstruktiv verfahrende, auf historische Kontextanalysen ausgerichtete und Ideologiekritik betreibende Theoriegeschichte in toto hat, wird aber auch in solchen Positionsbeschreibungen nicht deutlich.

III. Der neueste Methodendisput: Un-Sinn der Ideengeschichte oder Sinn der Theoriegeschichte?

Von der erwähnten pragmatischen Wende etlicher Normativisten und von den weitreichenden Integrationsbemühungen kritischer Empiristen hat die jüngste Diskussion über den Status der politischen Theoriegeschichte erstaunlich wenig Notiz genommen. Neuerdings spricht Lothar Kramm mit Rückgriffen auf Voegelins Bewußtseinstheorie sogar vom „Un-Sinn" einer politischen Ideengeschichte[32]. Kramm wiederholt dabei nur einige zentrale Einwände der ontologisch ansetzenden Ideenlehre gegen den älteren Empirismus aus den fünfziger Jahren. Sobald „Ideen" den Seins-Bezug verlieren, muß auch eine Geschichte der Ideen an dem szientistisch verkürzten Realitätsverständnis scheitern. Eine doxographische Verformung der platonischen Ideenlehre setzt für Kramm daher schon mit Aristoteles ein (Met. XII), der eine selbständige Existenz von Einzeldingen und somit auch die Selbständigkeit von Ideen behauptete. Plato dagegen führte die Ideenlehre bei der Suche nach den letzten Gründen des Seins von Einzeldingen ein. Der aristotelische Empirismus reißt diesen strukturellen Begründungszusammenhang von Sein und Existenz auseinander, so daß auch die „Ideen" zu bloßen Einzeldingen ohne grundlegende Seinsreferenz werden. Ideen können seitdem isoliert untersucht werden – ohne übergeordneten Seinsbezug. Bei Aristoteles wird über Dialektik und philosophische Reflexionen nicht mehr die „eminente Realität" (Kramm) gesucht und eine sinnhafte Erhellung von Realität im Sein angestrebt, vielmehr werden Ideen als selbständige analytische Kategorien in varianten historischen Situationen reflektiert. Diese erkenntnistheoretische Grundannahme, mit der auch die politische Ideengeschichte arbeitet, ist für Kramm aus einem einfachen Grunde falsch: Der aufklärerische Versuch, durch ideengeschichtliche Rekonstruktionen und mit Hilfe von historisch-genetischen Analysen weltimmanenten Sinn zu konstituieren, muß scheitern, da solchen ideengeschichtlichen Analysen die ontologische Erfahrungssubstanz fehlt. Ohne Seinsgrund aber wird Ideengeschichte für Kramm zum Un-Sinn.
Wie W. Röhrich hat neuerdings U. Bermbach[33] gegen solche Rückgriffe auf eine platonisch orientierte Ideenkritik eine „Sozialgeschichte politischer Ideen" gefordert, die keiner Geschichtsteleologie verpflichtet ist. Mit R. Ashcraft[34] lehnt er eine Reduzierung der Theoriegeschichte auf eine politische Philosophie ab, die nur überzeitliche Wesensfragen stellt. Schon Luhmann[35] hat trotz großer Vorbehalte gegenüber der traditionellen Wissenssoziologie nach nichtkausalen Korrelationen zwischen sozialstruktureller Evolution und begriffs- oder ideengeschichtlichen Veränderungen gefragt. In diesem Sinn soll eine sozialstrukturell angelegte Theoriegeschichte aufklärerische Funktion gewinnen und die Möglichkeiten gesellschaftlicher Selbstreflexion vorantreiben. Eine solche Theoriegeschichte muß nach Bermbach drei Ausgangsprämissen

erfüllen: (1) Die älteren politischen Theorien sollen im sozialgeschichtlichen Entstehungszusammenhang rekonstruiert werden, ohne daß hierbei ein vereinfachendes Basis-Überbau-Schema die Überhand gewinnt. Der naiven Abspiegelungstheorie im Sinne des historischen Materialismus wird eine solche Theoriegeschichte ebenso entgehen müssen wie einem historischen Relativismus, der keine Aktualitätsbezüge kennt. Brüche in der ideengeschichtlichen Entwicklung und Widersprüche bzw. Inkonsistenzen der Ebene historischer Modelle demonstrieren als spezielle Untersuchungsbereiche die Kontingenz einer vielfältigen und im zeitlichen Kontinuum stets veränderbaren sozialen und politischen Realität. Die Analyse überlieferter gesellschaftlicher Organisationsstrukturen und ein angemessener Begriff von ‚strukturierter Geschichte' eröffnen damit einen besonderen interpretativen Zugang zu älteren politischen Theorien, die als Indiz für Möglichkeitsspielräume verstanden werden.[36] (2) Sozialwissenschaftliche Analysen von Entstehungskontexten, Interessenzusammenhängen, Basis-Überbau-Dynamiken und legitimatorischen Funktionen politischer Theorien verändern zugleich die empirische Forschungsrichtung einer modernen Theoriegeschichte. Nicht die großen Systeme klassischer Autoren sollen im Zentrum ideengeschichtlicher Untersuchungen stehen, sondern die zeitgenössisch und wirkungsgeschichtlich relevanten Hauptströmungen politischen Denkens. (3) Damit werden zugleich neue Aktualitätsdimensionen angestrebt. Die Theoriegeschichte soll gegenwartsbezogen historische Problem- und Konfliktkonstellationen auf politische Variationsspielräume hin untersuchen. Als ‚kritische Theorie' und durch eine aktualitätsgerechte Aufarbeitung älterer Politikkonzepte aber würde eine solche sozialstrukturelle Theoriegeschichte nicht nur zu dem Prozeß gesellschaftlicher Selbstaufklärung beitragen, sondern auch die empirisch orientierte Sozialwissenschaft vor einem Rückfall in bloße Sozialtechnologie bewahren.

IV. Die erkenntnistheoretische Zielsetzung und Darstellungsstruktur der wenigen theoriegeschichtlichen Gesamtdarstellungen und Reihen in der Bundesrepublik

Trotz sporadischer Abgrenzungspolemiken zwischen Vertretern der absoluten Ideenlehre und den Anhängern einer pragmatischen Geschichte politischer Ideen blieb das erkenntnistheoretische und methodologische Selbstverständnis der politischen Theoriegeschichte seit den fünfziger Jahren ungeklärt. Die wenigen Ansätze einer Selbstklärung der Teildisziplin wurden in der Regel durch Ausgrenzung von neuen Problemfigurationen verhindert und nicht durch die Integration benachbarter sozialwissenschaftlicher Disziplinen vorangetrieben. Den klarsten – wenn auch keineswegs den plausibelsten – erkenntnistheoretischen Anspruch formulierten die exponierten Vertreter einer Ideengeschichte im ontologisch-normativen Sinn (E. Voegelin), während die jüngere Generation der pragmatischen Normativisten schon durch den impliziten Empirismus der Geschichtswissenschaft geprägt war (Maier, Lobkowicz) oder die platonischen Ideen mit dem Aristotelischen Praxisbegriff sogar auf handlungsrelevante Realebenen herunterholte (W. Hennis).

Als E. Voegelin 1968 in der von J. Gebhardt, M. Henningsen und P. J. Opitz betreuten Reihe „Geschichte des politischen Denkens" Studien zum „Politischen Denken in England im 17. Jahrhundert"[37] herausgab, suchte die ontologisch orientierte Ideengeschichte schon Kontakt mit den historischen Realien. Die Herausgeber der „Geschichte des politischen Denkens" (1968 ff.) konstatierten, daß die konventionelle Form der politischen Ideengeschichte, die im Westen angeboten werde, dem modernen Wissensstand nur unvollkommen entspreche. Die neue Reihe sollte sich daher nicht auf die klassischen Denker der westlichen Welt konzentrieren, sondern mit neuen Methoden den komplexen theoriegeschichtlichen Materialbestand der gesamten Weltgeschichte aufarbeiten.
Diesem Programm entsprechend erschienen in der List-Taschenbuchreihe folgende Bände: Politisches Denken in England im 17. Jahrhundert (E. Voegelin), Aufklärung und Materialismus im Frankreich des 18. Jahrhunderts (A. Baruzzi), Politisches Denken in Deutschland 1770–1830 (J. Gebhardt), Politisches Denken in China von der Chou-Zeit (P. J. Opitz), Von der osmanischen Imperialdoktrin zum arabischen Sozialismus (F. Büttner), Politisches Denken des orthodoxen Christentum im Mittelalter (P. v. Sivers), Klassische Politik von der Tragödie bis zu Polybios (P. Weber-Schäfer), Vom Konfuzianismus zum Kommunismus (P. J. Opitz), Englisches politisches Denken im 18. und 19. Jahrhundert (M. Henningsen), Formen und Phasen revolutionären Denkens in Frankreich 1762 bis 1794 (T. Schabert), Politisches Denken im Frankreich des 17. Jahrhunderts (T. Schabert), Die deutsche Staatslehre im 19. und 20. Jahrhundert (M. Sattler), Politisches Denken zwischen hellenistischer Tradition und christlicher Offenbarung bis zur Reichstheologie Justinians (St. Otto), Englisches politisches Denken im 20. Jahrhundert (M. Weber) und: Totalitarismus. Zur Problematik eines politischen Begriffs (M. Greiffenhagen/J. B. Müller/R. Kühnl).
Die Schwierigkeit, in einer auf ‚Klassizität' gerichteten Erkenntnisperspektive materiale Analysen zu entwickeln, wird auch an den zweibändigen „Klassikern des politischen Denkens" deutlich, die H. Maier, H. Rausch und H. Denzer Ende der sechziger Jahre herausgaben[38]. Maier konzediert, daß die Behandlung von 28 politischen Denkern in chronologischen und autorenzentrierten Monographien keineswegs schon ein politisches Ordnungsmodell konstituieren oder systematische Theorieentwürfe bieten kann. Die spezielle Kanonbildung und die jeweilige Autorenauswahl lassen sich auch hier nur formal-pragmatisch begründen – nämlich mit Hilfe des herrschenden Konsenses in renommierten Lehrbüchern wie Sabine, Strauss-Cropsey, Touchard, Bergstraesser-Oberndörfer oder in Klassiker-Reihen (Blackwell, Pléjade, ‚Klassiker der Politik'). Bei sachlichem Begründungszwang wird der usprünglich ontologische bzw. sozialphilosophische Erkenntnisanspruch also schon stark gesenkt. Von Klassikern des politischen Denkens spricht H. Maier[39] daher pragmatisch nur dann, wenn bestimmte Ideen für eine Epoche oder eine Gesellschaft repräsentativ sind und die Chance universeller Verbreitung und geschichtlicher Nachwirkungen besteht. Es gibt also keine klassischen Ideen mehr, sondern nur noch klassische Funktionen von älteren Ideen, nämlich: Grundprobleme des Politischen aus reflektierender Distanz zu erinnern und in der Wirkungsgeschichte kritisch auf Lösungsmöglichkeiten für die Moderne zu überdenken. Dies bedeutet eine philosophische Kritik der Zustände als „Verpflichtung zum Um-

denken, als Ansatz der Reform: das ist der Ursprung aller wissenschaftlichen Politik seit der sokratisch-platonischen Frage nach der Polis"[40].
Ältere ideengeschichtliche Traditionen beherrschten Mitte der sechziger Jahre auch eine bedeutende Edition, die der politikwissenschaftlichen Teildisziplin festere dokumentarische Grundlagen geben sollte. Die von F. Meinecke und H. Oncken begründete Sammlung „Klassiker der Politik" führten G. H. v. d. Gablentz, S. Landshut, D. Sternberger und A. Braunbehrens seit 1965 in einer neuen Folge weiter[41]. Mit I. Kant, N. Machiavelli, A. v. Tocqueville, J. G. Fichte wurde der gängige Klassikerkanon zwar nicht erweitert, aber doch einem breiteren universitären Publikum zugänglich gemacht. Außerdem zeigte die Aufnahme der calvinistischen Monarchomachen Beza, Brutus und Hotmann und der politischen Schriften R. von Mohls, daß ideengeschichtliche Innovationen auch in der Wiederentdeckung vergessener Autoren liegen können.
Die bloße Tatsache aber, daß zwei erfolgversprechende Editionen wie die „Klassiker der Politik" (1965–1968) und die „Geschichte des politischen Denkens" (1968–1974) nicht zu Ende geführt wurden, verdeutlicht zugleich das damalige Desinteresse an einer reinen Ideengeschichte. Der Aktualitäts- und Praxisüberhang der nach-68-er Dekade hat die ältere politische Theorie zu Anfang der siebziger Jahre noch weiter ins antiquarische Abseits gedrängt. Es war unmittelbar nach 1968 stärker vom Nachteil als vom Nutzen der Historie für das politische Leben die Rede.
Während die ontologisch, praxeologisch oder historisch konzipierten Gesamtdarstellungen und Klassiker-Reihen in den fünfziger und sechziger Jahren nur schwache wissenschaftliche Innovationsimpulse auslösten und durch geringe Auflagenhöhen ein offensichtliches Desinteresse des Publikums signalisierten, blieb die aktualitätsbezogene und sozialhistorisch ausgerichtete Theoriegeschichte durchaus lebendig. W. Theimers „Geschichte der politischen Ideen"[42] und W. Hofmanns „Ideengeschichte der sozialen Bewegung"[43] erschienen 1973/1971 in der vierten Auflage – ein Indiz für den neuen theoriegeschichtlichen Orientierungsbedarf nach 1968. B. Willms analysierte 1971 auf der Grundlage zahlreicher ideengeschichtlicher Einzelforschungen in einer systematischen Übersicht „Die politische Ideen von Hobbes bis Ho Tschi Minh"[44]. Das von F. Neumann 1974/75 herausgegebene „Handbuch politischer Theorien und Ideologien"[45] erreichte als erweiterte Taschenbuchausgabe mit steigender Absatztendenz zwischen 1977 und 1981 die Auflagenhöhe von 40 000 Exemplaren. 1979 erschien W. Röhrichs „Sozialgeschichte politischer Ideen"[46] und 1981 veröffentlichten H. Fenske, D. Mertens, W. Reinhard und K. Rosen die „Geschichte der politischen Ideen. Von Homer bis zur Gegenwart"[47]. Seit 1968 scheinen sich also neue Perspektiven für eine sozialhistorisch orientierte Theoriegeschichte zu eröffnen.
Schon Theimer hat 1955 für eine Geschichte der politischen Ideen aus moderner Sicht plädiert[48]. Er hielt eine absolut wertfreie politische Wissenschaft nicht für möglich und schrieb bewußt eine sozialethisch orientierte Geschichte der politischen Ideen vom Standpunkt einer kritischen Demokratietheorie. Theimer bestreitet dabei den objektivistischen Erkenntnisanspruch der Klassiker ebenso wie eine materialistische Reduzierung von Ideen zu reinen Epiphänomenen. Die Autonomie der Werte und Ideen ist für ihn – bei aller geschichtlichen und ideologischen Zeitgebundenheit – unbestritten. Mit ähnlichen Reaktualisierungsansprüchen versuchte Willms[49] eine

systematische Zusammenfassung politischer Ideen. Die einzelnen Autoren werden hier nicht ihrem zeitgenössischen Bedeutungsniveau entsprechend breit abgehandelt, sondern auf ihre Gegenwartsbedeutung hin analysiert, wobei auf historische Kontextanalysen nicht verzichtet wird. Einen noch entschiedeneren, wenn auch problematischen Schritt über solche ideengeschichtlichen Selektions- und Reduktionsverfahren hinaus hatte zuvor Hofmann[50] getan, indem er sich allein auf die politischen Reformideen der großen sozialen Bewegungen seit der Französischen Aufklärung konzentrierte und die Oktoberrevolution zum teleologischen Zielpunkt der Arbeiterbewegung Westeuropas zwischen der Aufklärungsepoche und dem Weltkommunismus nahm. Während andere Autoren das chronologische Darstellungsprinzip beibehielten und die Gegenwartsbezüge durch Selektionen und/oder thematische Akzentuierungen herstellten (Theimer/Willms), trieb Hoffmann das ideengeschichtliche Reduktionsprinzip durch die enge Rückkopplung an soziale Bewegungen bis auf die Ebene einer schlecht begründeten retrospektiven Parteilichkeit.
Einen komplexer begründeten, wenn auch keineswegs durchgeführten Darstellungsversuch unternahm Röhrich mit der „Sozialgeschichte politischer Ideen. Die bürgerliche Gesellschaft"[51]. Nach Marx beweist die Geschichte der Ideen, daß sich die geistige Produktion mit der materiellen umgestaltet; die herrschenden Ideen sind für ihn die Ideen der herrschenden Klassen. Diese Aussage relativiert Röhrich, indem er die älteren politischen Theorien als Reflexionskategorien im Bedingungskontext der bürgerlichen Gesellschaft analysiert. Zum zentralen Auswahlkriterium avanciert dann die Frage, ob ältere Theoretiker die sozialökonomischen Motive der bürgerlichen Gesellschaft hinreichend beachteten. Das erkenntnisleitende Interesse wird außerdem bestimmt durch die Frage nach ökonomischen, sozialen und politischen Emanzipationsspielräumen. Die Einbeziehung der jeweiligen Epochenrealität und die Rekonstruktion des epochenübergreifenden Sinns ausgewählter Reflexionskategorien soll die politische Ideengeschichte auf ein komplexeres Analyseniveau heben, ohne daß jedoch von solchen historischen Lösungsangeboten ein großer Gewinn für die Gegenwart erwartet wird. Indem Röhrich knappe Zeitschilderungen, biographische Kurznotizen und die Darlegung sozio-ökonomischer Rahmenbedingungen mit der Darstellung zufällig ausgewählter Theoriemodelle aus der frühen (Hobbes, Locke, Rousseau), mittleren (Mill, Marx, Engels) und späteren Entwicklungsphase der bürgerlichen Gesellschaft (Weber, Michels, Frankfurter Schule) nur kombiniert, nicht wirklich integriert, bleiben die vielversprechenden Zielsetzungen einer sozialstrukturell orientierten Theoriegeschichte in den Anfängen stecken.

Neuere theoriegeschichtliche Reihen

Die wenigen neueren Reihen, in denen die Geschichte politischer Theorien eine zentrale Rolle spielt, gehen über ältere geschichtsontologische oder rein historische Zielsetzungen ebenfalls hinaus. In der von A. Pelinka und H. Reinalter 1980 eröffneten Publikationsreihe „Vergleichende Gesellschaftsgeschichte und politische Ideengeschichte der Neuzeit", die Sammelbände und Monographien enthält, soll die Darstellung mentaler,

geistiger und ideologischer Strukturen sowie von Prozessen des gesellschaftlichen Wandels im Mittelpunkt stehen. Ideengeschichtliche Studien werden folgerichtig in wechselseitiger, kausaler Verknüpfung mit den sozialen und politischen Prozessen analysiert. Geschichtliche und sozialwissenschaftliche Erkenntnismethoden sind hier forschungsstrategisch integriert. Die interdisziplinäre Kooperation aller relevanten sozialwissenschaftlichen Disziplinen soll im Rahmen einer ambitiösen vergleichenden „Gesellschaftsgeschichte" zum praktischen Ausgangspunkt für die Überwindung einer auf „Ideen" reduzierten und allein von Politologen betriebenen Theoriegeschichte werden.
In dem von H. Reinalter herausgegebenen Sammelband 1 „Revolution und Gesellschaft. Zur Entwicklung des neuzeitlichen Revolutionsbegriffs"[52] werden historisch-begriffliche Untersuchungen (R. Koselleck, K.-H. Bender, H. Reinalter, E. Schmitt, W. Schmidt, M. Kossok) mit systematischen Analysen überzeugend verbunden. Der marxistisch-leninistische Revolutionsbegriff (J. Foschepoth, A. Pfabigan, W. Küttler, M. Kossok) und die moderne sozialwissenschaftliche Revolutionstheorie (G. Botz, W. W. Ernst, H. Dachs) spielen hier neben hermeneutischen Begriffsanalysen eine gleichrangige Rolle. Gemäß diesem erfolgversprechenden Analyse- und Darstellungskonzept untersucht auch der von A. Pelinka herausgegebene Band 2 „Ideologien im Bezugsfeld von Geschichte und Gesellschaft"[53] die begriffsgeschichtlichen, strukturfunktionalen und – über ausgewählte Fallstudien – die historischen und politischen Korrespondenzen von Ideologie und sozialen Bewegungen.
Bisher ebenfalls erfolgversprechend operiert das Institut für Grundlagen der Politik des Fachbereichs Politische Wissenschaft der FU Berlin, das 1978 eine neue Reihe zur „Geschichte und Theorie der Politik" veröffentlichte (Unterreihe A: Geschichte, Unterreihe B: Theorie). Die von G. Göhler, R. Kremendahl, D. Löcherbach und A. Schwan herausgegebene Reihe B wurde 1978 mit einem programmatischen Sammelband zur „Politischen Theorie" eröffnet. In die Reihe sollen insbesondere Beiträge zur politischen Philosophie und zur Geschichte politischer Theorien, moderne systematische Ansätze der Sozialwissenschaften sowie Probleme der Wissenschaftstheorie und Methodologie aufgenommen werden – eine Integration also von theoriegeschichtlichen, theoriesystematischen und wissenschaftstheoretischen Aspekten.
Die Zielsetzung, eine Konzeptualisierung empirischer Theorien durch kategoriale Analysen voranzutreiben, praxeologische Grundfragen mit den Instrumenten der politischen Philosophie zu erhellen und darüberhinaus methodologische Aspekte zu behandeln ist zunächst aber noch ein Zukunftsversprechen geblieben. Die vorliegenden Einzelbeiträge: die Methodologie normativer Ökonomie und Politik, die Dialektik bei Karl Marx, die katholische Kirche und der moderne Pluralismus sowie Fichtes „System der Freiheit" lassen bisher nur eine Reihung monographischer Theorieabhandlungen erkennen, keineswegs eine Reihe mit neuer Forschungspraxis[54]. Systematische Rekonstruktionen mit Hilfe von Längs- und Querschnitten durch heterogene Theoriematerialien sind ebensowenig zu erkennen, wie eine interdisziplinäre Kooperation, die vor Paradigmenfixierung und Analysekonventionen bewahrt.

V. Ein unübersehbares Defizit: Theoriegeschichtliche Hilfsmittel in Forschung und Lehre

Die erwähnten Gesamtdarstellungen, Reihen und auch zahlreiche Monographien machen eine fragmentierte Forschungslogik sichtbar, die in der Bundesrepublik historisch und politisch bedingt ist. Die Ablösung der traditionellen Ideengeschichte durch demokratietheoretisch nur spärlich begründete empirische Funktionsanalysen und Erklärungsmodelle mittlerer Reichweite ist aber keineswegs nur „Teil der deutschen Niederlage" und Folge einer „Ideologie der Sieger"[55]. Es handelt sich vielmehr um die Ablösung der obrigkeitsstaatlich geprägten Ideengeschichte des 19. Jahrhunderts durch eine explizite oder implizite Parteinahme für die Demokratie, die ohne den mystifizierenden Rückgriff auf ‚ewige' Ideen auskommt. So betrachtet sind die bekannten Prestigeverluste der älteren Ideengeschichte vielmehr ein Indiz für die Modernität einer Politikwissenschaft, die der Demokratie nicht nur im Geiste des „Vernunftrepublikanismus" F. Meineckes verpflichtet ist. Wie dem auch sei: Der deutsche Sonderweg und die historischen Kontinuitätsbrüche in Deutschland haben seit den fünfziger Jahren zu einer offensichtlichen Zersplitterung und Retardierung des theoriegeschichtlichen Forschungsstandes der Bundesrepublik beigetragen.

Der Befund des Fragmentarischen, Sporadischen, historisch Zufälligen oder politisch Scheinnotwendigen gilt besonders für die wissenschaftlichen Hilfsmittel der Theoriegeschichte. Klassiker-Editionen, Textsammlungen, Forschungsstandberichte, Lexika und Bibliographien sind fast durchweg unvollständig, veraltet, fragwürdig ausgewählt – oder nicht vorhanden[56]. Sie verteilen sich darüberhinaus sehr ungleichgewichtig auf einem theoriegeschichtlichen Untersuchungsfeld, das wegen der skizzierten Paradigmen einseitig erforscht wurde. Auch historische und systematische Textsammlungen wurden in der Bundesrepublik bis in die siebziger Jahre stark vernachlässigt. Im deutschsprachigen Raum gibt es nur einen kleinen Fundus älterer Sammlungen – in fast durchweg vergriffenen Auflagen. In neuester Zeit werden immerhin „Quellen zum politischen Denken der Deutschen im 19. und 20. Jahrundert"[57] zugänglich, die durch eine breite Dokumentenfülle auf brieflicher, publizistischer und wissenschaftlicher Ebene auch den historischen Kontext älterer Politiktheorien verdeutlichen sollen.

Die griechische Antike (Aristoteles, Herodot, Plato, Thukydides, die Vorsokratiker, der Hellenismus, die Stoa, Polybios) und die römische Antike (Cicero, Sallust, Seneca, Tacitus) sind durch kritische Editionen, Forschungsberichte, Lexika, Begriffsuntersuchungen und Monographien insgesamt besser erschlossen als das Mittelalter und die Neuzeit[58]. Alte Geschichte, Philosophie und Altphilologie haben ohne eine bewußte interdisziplinäre Kooperation bedeutende Forschungsergebnisse gebracht, wenn auch mit Ausnahme von P. Weber-Schäfer und der hervorragenden Darstellung Tarkiainens noch keine deutschsprachige Gesamtdarstellung der antiken Politiktheorie vorliegt[59]. Die ansonsten bahnbrechende Untersuchung von Meier[60] kann nicht als Gesamtdarstellung bezeichnet werden.

Die frühen Kirchenväter (Augustin u.a.) wurden ebenfalls gut dokumentiert und erforscht. Zur Geschichte des politischen Denkens im Mittelalter existieren aber weder Spezialbibliographien noch deutschsprachige Zusammenfassungen: ein offensichtliches

Forschungsgefälle gegenüber den zahlreichen angelsächsischen Untersuchungen, die schon früh neben der Allgemeingeschichte die politischen Ideen (political ideas, political thought) des Mittelalters thematisiert haben[61]. Für die frühe Neuzeit vom italienischen Humanismus bis zur Französischen Revolution gibt es dagegen sogar eine Spezialbibliographie und es erscheinen renommierte Fachzeitschriften für diesen Zeitraum. Eine theoriegeschichtliche Gesamtdarstellung für die Periode existiert im deutschsprachigen Raum jedoch nicht[62].
Erstaunlicherweise sind selbst einige epochal bedeutende Politiktheoretiker der frühen Neuzeit wegen fehlender Neuausgaben oder nur auszugweiser Übersetzungen in Deutschland erschwert zugänglich. So liegt eine kritische Gesamtausgabe von N. Machiavelli nicht einmal in italienischer Sprache vor. Die Neuausgabe der Werke des Erasmus von Rotterdam wurde bisher noch nicht vollständig ediert. Thomas Morus' Schriften sind nur zu geringem Teil ins Deutsche übersetzt. Dagegen wird Bodin inzwischen neu ediert[63]. Trotz des neueren Interesses an der älteren Politiktheorie Englands[64] ist auch die radikaldemokratische Gruppe der sog. Leveller in deutschsprachigen Texten nicht zugänglich. Selbst der mit theoriegeschichtlichen Filigranforschungen überhäufte Thomas Hobbes[65] hat auch in England bisher noch keinen kritischen Gesamtherausgeber gefunden. Für Deutschland liegt eine Übersetzung aller politischen Schriften Hobbes' aus dem Jahre 1926 vor, die ein halbes Jahrhundert später (1976) neugedruckt werden mußten.
Diese Serie editorischer Fehlanzeigen läßt sich für Frankreich weiterführen. Es bestehen nur ältere Gesamtausgaben von Montesquieu, dafür aber zahlreiche Übersetzungen der Zentralschrift „Vom Geist der Gesetze". Auch Voltaire ist für deutsche Leser nur in Textauswahlen zugänglich. Rousseau dagegen liegt in einer kritischen französischen Gesamtausgabe vor und eine Spezialzeitschrift widmet sich dem bisher überzeugendsten Theoretiker der direkten Demokratie. Auf Rousseau hat sich auch in der Bundesrepublik das stärkste editorische Interesse des letzten Jahrzehnts gerichtet[66]. Die auffällige Tatsache nur weniger kritischer Gesamtausgaben, kommentierter Editionen, neuerer Gesamtübersetzungen oder Auswahlsammlungen betrifft mehr oder weniger auch die wichtigen Schriften von Sieyès, Malthus, Mill, Robespierre und Burke, dessen „Betrachtungen über die Französische Revolution" 1967 im Neudruck der ersten deutschen Übersetzung durch F. Gentz aus dem Jahre 1793 erschienen. Eine der wenigen hervorstehenden Gegenbeispiele sind die Constant- und die Tocqueville-Gesamtausgaben, die auswahlweise auch ins Deutsche übertragen wurden.
Diese sehr unvollständige Kurzübersicht zum Editionsstand einiger bedeutender Autoren im geschichtlichen Längsschnitt soll nur einen Befund illustrieren, der sich auch ohne theoriegeschichtliche Breitenkompetenz auf einem hohen Plausibilitätsniveau gefahrlos formulieren läßt: Die Theoriegeschichte der Bundesrepublik muß die sachlichen Voraussetzungen der Disziplin in Forschung und Lehre entscheidend verbessern, wenn sie einen soliden Versuch machen will, neue methodische Wege zu gehen und die politische Theoriegeschichte mit dem Wissenschaftsverständnis des kritischen Empirismus glaubhaft zu vermitteln.

VI. Autorenzentrierte und systematische Monographien

(1) Untersuchungen einzelner Theoretiker

Weit besser steht es in der Theoriegeschichte um autorenzentrierte Untersuchungen zum 19./20. Jahrhundert. Das von konservativer Seite aufgeworfene Problem der „Unregierbarkeit" und die Staatsdiskussion der siebziger Jahre haben neuerdings zu einer Hobbes-Renaissance und zur Wiederentdeckung von N. Machiavelli beigetragen. Der Staat wurde zuvor entweder als sterbend beklagt oder als omnipotent kritisiert. Gegen die älteren Machiavelli-Interpretationen v. Martins und R. Königs[67], die den radikalen Souveränitätsbegriff des Florentiners als Symptom historischer Dekadenz deuteten, stellt neuerdings Münkler[68] einen doppelten Paradigmenwechsel bei Machiavelli fest: den Übergang von der klassischen Sozialphilosophie zur neuzeitlichen Politiktheorie und den Primat der Verantwortungs- vor der Gesinnungsethik. Der Machiavellismus[69] ist danach ein grandioses Mißverständnis Machiavellis. Machiavelli ist kein „Ästhet der Gewaltsamkeit" (König), sondern ein an der modernen Staatsräson orientierter Realpolitiker, der brutale Methoden der Machtanwendung nur als äußerstes Mittel staatlicher Selbstbehauptung empfiehlt. Die rein transzendent begründeten Normen des Mittelalters werden hier abgelöst durch die Autonomie und Eigenrationalität einer politischen Sphäre, die gegenüber Moralsystemen indifferent bleibt. Diese säkulare technizistische Wende der neuzeitlichen Politiktheorie wird aber nur aus den politischen und ökonomischen Krisen der Republik Florenz verständlich, die neue Politikformen induzierten. Durch sozio-ökonomische Rekonstruktionen einer modernen Theoriegeschichte können solche Entstehungszusammenhänge der reinen Machttheorie des Staates aufgehellt werden.

Zufall oder historische Kontingenz? Die politiktheoretische Entdeckung der ‚Unregierbarkeit' fiel mit dem 300. Todestag von Hobbes zusammen, der eine uneingeschränkte staatliche Souveränität gegen den politischen, gesellschaftlichen und religiösen Pluralismus setzen wollte. Zwei Hobbes-Symposien widmeten sich daher Ende der siebziger Jahre jener widersprüchlichen Dialektik von Furcht und Freiheit[70] sowie der Anthropologie und Staatsphilosophie bei Hobbes[71]. Die ältere Forschung verstand den Leviathan noch als Antwort der Vernunft auf die konfessionelle Pluralisierung[72], betonte die implizite Logik des „Besitz-Individualismus" im Politikmodell von Hobbes[73] oder hob kritisch die Unvereinbarkeit von omnipotentem Souverän und individueller Freiheit[74] hervor. Solche Problempunkte werden jetzt wieder aufgegriffen, ohne daß die mittlerweile exzellent dokumentierten Hobbes-Forschungen[75] zu abschließenden Ergebnissen führten.

Zum Aspekt der inneren Kohärenz des Gesamtwerks unterbreitete U. Weiß[76] die systemtheoretisch inspirierte These von der Einheit des Hobbes'schen Denkens. Während noch Strauss[77] deutlich zwischen der politischen Theorie und der mathematischen Methode Hobbes' einen Trennungsstrich zog und Macpherson[78] die inneren Widersprüche nur durch den Nachweis impliziter, kohärenzstiftender Prämissen löste, stellt Weiß die Anthropologie als Philosophia Prima in den Mittelpunkt und rekonstruiert von daher das Hobbes'sche Systemprogramm. Eine solche kritische Ausein-

andersetzung mit der politischen Theorie des Besitzindividualismus (Macpherson) überwiegt neuerdings auch bei Willms, der ursprünglich auf den sozio-ökonomischen Kontext und das Konzept des autonomen Subjekts in der frühbürgerlichen Gesellschaft großen Wert legt, nunmehr aber stärker die Ordnungsfunktionen des neuzeitlichen Staates bei Hobbes betont.[79] Daß der Einzelne ohne den Staat nicht denkbar sei, ist auch ein Zentralgedanke der Einführung in die Staatslehre von Willms[80].
Die theoriegeschichtliche Untersuchungsmethode Macphersons verliert aber durch die systemtheoretische[81] oder rein sozialphilosophische Optik[82] keinesweg ihre erkenntnistheoretische Plausibilität. Macphersons Hinweise auf Harrington wurden neuerdings aufgenommen[83] und am Beispiel des Naturzustands von S. Pufendorf, J. Locke und A. Smith legte Medick[84] in einer beispielgebenden Untersuchungsstrategie dar, daß es sich hier um ein normatives Konzept handelt, das nur als logische Abstraktion aus den Strukturen der frühbürgerlichen Gesellschaft verstanden werden kann. Einen methodischen Schritt weiter in der geschichtsanalytischen Erhellung theoriesystematischer Begründungszusammenhänge geht auch Saage[85], indem er an den Kategorien Herrschaft, Toleranz und Widerstand zur Zeit der Niederländischen und Englischen Revolution demonstriert, daß die klassischen ‚Hochtheorien' nicht allein über Immanenzanalysen erschlossen werden können. Vielmehr sind die durch soziale und politische Konflikte in der Pamphletliteratur geprägten oder neugebildeten Politikbegriffe im historischen Kontext zu rekonstruieren, um ihre volle begriffliche Substanz erschließen zu können. Wie beim Naturrechtsdenken[86] zeigt sich dann auch für die zentralen Begriffe Herrschaft, Toleranz und Widerstand eine kontextvariable Begriffsstrategie, die erst aus dem historischen Prozeß heraus in ihrer vollen politischen und ideologischen Funktion transparent gemacht werden kann. Saage geht mit der Kombination von historischen und sozialphilosophischen Fragestellungen neue Wege, die auch für die theoriegeschichtliche Erforschung des 18.–20. Jahrhunderts zukunftweisend sind. Dabei zeigt sich, daß ein undogmatischer Marxismus[87] und sozialhistorisch orientierte Theorieanalysen eine erkenntnistheoretisch durchaus fruchtbare Verbindung miteinander eingehen können.
Solche kontext- und funktionsanalytischen Zugriffe auf ältere Politiktheorien spielen in der neueren Aufklärungs- und Rousseauforschung ebenfalls eine produktive Rolle. Auch DDR-Wissenschaftler[88] haben inzwischen wichtige Beiträge zur sozio-ökonomischen Analyse der Naturwissenschaft, Literatur, Philosophie und Politiktheorie in der französischen Aufklärung vorgelegt und dabei stärker als westliche Forscher die realen Bedingungen für kulturelle Produktion untersucht. Während die deutsche Aufklärung von der Theoriegeschichte weiterhin vernachlässigt wurde und auf Kant eingeschränkt blieb[89], verstärken die neuesten Auseinandersetzungen um die Sozialbindung des Eigentums in der Bundesrepublik und den gesellschaftlichen Demokratisierungsbegriff[90] das Interesse an J.-J. Rousseau. So liegt inzwischen eine kommentierte und systematisch ausgewählte Textsammlung der Eigentumstheorien von Grotius, Cumberland, Locke, Hume, Rousseau und Kant vor[91], und eine Spezialstudie widmet sich der Rousseauschen Eigentumskonzeption[92]. Solche Untersuchungen gibt es bisher leider nur ausnahmsweise für das deutsche 19./20. Jahrhundert, in dem sich bei den Konservativen (Wagener, Schäffle), Liberalen (Mill, Naumann, Weber, Rathe-

nau) und auch bei den Sozialisten (Frühsozialismus, Marxismus, Reformismus) der Eigentumsbegriff ebenfalls fundamental wandelte.
Die politischen Schriften Rousseaus – inzwischen neu herausgegeben[93] – dürfen mittlerweile als gut erforscht gelten, so daß sich künftige Untersuchungen auf andere Gebiete mit weißen Flecken richten können. Die überholte Frage, ob Rousseau ein totalitärer Denker[94] oder vielmehr ein Theoretiker des Individualismus ist[95], hat schon Fetscher[96] plausibel beantwortet: als Moralphilosoph habe der Anhänger des Identitätstheorems die egalitäre Demokratie gefordert, als politischer Diagnostiker sei er aber Pessimist geblieben und habe nicht an eine demokratische Revolution geglaubt. Neuere Analysen zeigen außerdem, daß Rousseau vor allem die soziale und politische Explosivkraft der Eigentumsproblematik unterschätzte[97]. Die Ambivalenz in Rousseaus Politik- und Eigentumstheorie spiegelt sich auch in der Wirkungsgeschichte seiner Ideen, die von bürgerlichen Liberalen ebenso rezipiert wurden wie von radikalen Demokraten. Rousseau war aber rückwärtsgewandt an den bedrohten kleinbürgerlichen Schichten orientiert[98].
Während die englischen und französischen Klassiker des 17./18. Jahrhunderts stark beachtet wurden, blieb die Politiktheorie Deutschlands in den Jahrzehnten vor und nach der Französischen Revolution weitgehend die Domäne der (Sozial-)Philosophie. Die deutsche Politiktheorie dieser Zeit, die bisher keine zusammenfassende neuere Darstellung gefunden hat, ist ein Stiefkind der Forschung. Immerhin sind die Beziehungen von Ethik und Herrschaftsordnung[99] sowie die Grenzen des Freiheitsanspruchs in der Philosophie Kants[100] inzwischen weiter aufgehellt. Hegels Theorie der bürgerlichen Gesellschaft wurde aus materialistischer Sicht kritisiert[101], seine Lehre vom Monarchen, der wirklicher Macht entkleidet ist, als ironisch interpretiert[102] und außerdem der Versuch gemacht, die Rechtsphilosphie als wichtigen Beitrag zur westlichen Demokratiediskussion zu verstehen[103] oder für eine kritische Theorie des sozialen Wandels fruchtbar zu machen[104]. Daß Hegels Theorie der bürgerlichen Gesellschaft noch kontroverser aufgenommen wurde als Rousseaus Identitätslehre, verdeutlichen neuerliche Materialien zu Hegels Rechtsphilosophie.
Dem relativ großen Interesse an der Rechtsphilosophie Hegels und seiner Theorie der bürgerlichen Gesellschaft steht ein offensichtliches Desinteresse an Gesamtdarstellungen oder begriffssystematischen Längsschnittanalysen der deutschen Politiktheorie in der nachrevolutionären Epoche seit 1789 gegenüber. Die starke Konzentration auf einzelne Klassiker der Moderne fällt besonders mit dem Blick auf die große Zahl an Marx-Publikationen ins Auge. Die Politikrelevanz von Marx schlägt überproportional in spezielle Forschungsinteressen um. Die Standardthemen der älteren Forschung: Hegel und Marx, die Rolle der dialektischen Erkenntnismethode, die Revolutionstheorie bei Marx und die Aporien seiner Vermittlung von Theorie und Praxis haben nach 1968 auf zuweilen subtilerem Analyseniveau überlebt. Die Ergebnisse dieser neuerlichen Mühen sind aber sehr unterschiedlich. Gegen Reichelt, Schnädelbach, Henrich, Rohrmoser und Becker, die u.a. über Hegel zur Marx-Kritik kommen, setzt Wolf[106] die Notwendigkeit, Hegels Philosophie von Marx' Kapital her zu lesen. Cöster[107] untersucht vergleichend die Wirklichkeits- und Interessenbegriffe bei Hegel und Marx. Andere Marx-zentrierte Analysen zeigen einen „Zwiespalt" in seiner Emanzipationstheorie[108]

oder die Schwierigkeit, Theorie und Praxis zu vermitteln[109]. Marx-Biographien, die vor dem 100. Todestag in der Bundesrepublik zahlreich erschienen[110], können solche praxeologischen Grundprobleme aus den Lebenszusammenhängen von K. Marx noch weniger verständlich machen als die klassische politische Biographie von Nicolaevsky/ Maenchen-Helfen[111].

Ob subtile Untersuchungen zur Reduktion der Dialektik durch Marx[112], eine Reaktivierung der Ideologiekritik[113] oder solide Begriffsanalysen der klassenlosen Gesellschaft[114] zur Lösung aporetischer Theoriestrukturen beitragen, bleibt abzuwarten. Zu hoffen ist jedenfalls, daß darüberhinaus der erfolgversprechende Versuch unternommen wird, auf der Grundlage zeitgenössischer Kommentare von Karl Marx und Friedrich Engels zur nationalen und internationalen Politik die Transformationstheorie auch an historischen, nicht nur an begriffssystematischen Kategorien zu untersuchen.

Sieht man nur flüchtig auf den skizzierten Publikationsstand, so scheint es in der Theoriegeschichte nach Kant, Hegel und Marx kaum nennenswerte Autoren zu geben. Nur Max Weber findet regelmäßig Interpreten, wobei neuerdings der Vergleich Marx/ Weber[115], die marxistische Rezeption Webers[116] und institutionelle Konsequenzen seines handlungstheoretischen Programms[117] stärker ausgeleuchtet werden. Mit wenigen Ausnahmen klafft also in der deutschen Theoriegeschichte zwischen Marx und Marcuse eine Lücke, die auch durch neuere Darstellungen zur Geschichte und Forschungsprogrammatik der sog. Frankfurter Schule nicht geschlossen wird[118]. Wichtige Theorievertreter konservativer, liberaler und sozialistischer Strömungen in Deutschland werden auch in neueren Untersuchungen wegen einer überstarken Orientierung an ‚großen' Politiktheorien oder aufgrund eines verkürzten Aktualitätsverständnis in Gesamtdarstellungen oder Einzelforschungen zu Unrecht vergessen.

(2) Epochenbegriffe – Imperialismus, Faschismus

Während sich die Mehrzahl der politiktheoretischen Untersuchungen auf ‚klassische' Autoren konzentriert und begriffsanalytische Untersuchungen in historischen Quer- oder Längsschnitten[119] eine Ausnahme bilden, wurden die zentralen Epochenbegriffe „Imperialismus" und „Faschismus" durch eine gelungene Kombination von Begriffsgeschichte und -analyse, Ideologiekritik, Wirtschafts- und Sozialgeschichte und politischer Soziologie gut erforscht. Die Einzeluntersuchungen zum historischen und theoretischen Phänomen des Imperialismus/Faschismus sind inzwischen bibliographisch breit erfaßt[120]. Systematische Forschungsstandanalysen[121] bieten außerdem einen vorzüglichen Einblick in die theoretischen und empirischen Kernprobleme dieser sehr kontrovers diskutierten Epochenbegriffe.

Historische Rückblicke auf den deutschen und europäischen Imperialismus[122] erhellen den sozio-ökonomischen und politischen Kontext, in dem die sozialistischen Topoi (Unterkonsumtion, Expansion, antagonistische Widersprüche, Bestechungsthese, Klassenkampfgedanke) vor dem Ersten Weltkrieg formuliert wurden[123]. Dabei hat sich der rein ökonomische Erklärungsansatz als problematisch herausgestellt[124], wenn auch in der neuesten Forschung nicht bestritten wird, daß die älteren Theoriemodelle als grundlegendes Rahmenkonzept noch die heutige Diskussion bestimmen[125]. Kritisiert wird jedoch der europozentrische Zuschnitt und das unzureichende analytische Instrumentarium zur Analyse des „informellen Imperialismus“ (Mommsen), außerdem die analytische Notwendigkeit hervorgehoben, die Hierarchisierung der internationalen Gesellschaft und strukturelle Metropole-Peripherie-Dependenzen neu zu fassen in einem erweiterten Imperialismus-Begriff, der das bipolare Deutungsschema des internationalen Systems überwindet und die ökonomische sowie politische Rolle der USA auch gegenüber dem sozialistischen Staatensystem globaltheoretisch komplexer bestimmt[126]. Zu diesem weltgesellschaftlichen Konzeptualisierungsprogramm könnte eine Theoriegeschichte, die bisher nur einen einzigen umfassenden Beitrag zur Analyse des internationalen Systems in älteren Theorien vorgelegt hat[127], künftig mit historischen Längschnittuntersuchungen zur Idee der Weltgesellschaft, des Friedens, des internationalen Staatenverkehrs, internationaler Dependenzen und Kriegsursachenanalysen beitragen.

Noch stärker als auf dem Imperialismusproblem lastet auf der Faschismuskategorie ein politischer Aktualitätsdruck, der zu einer starken Forschungsspezialisierung und einer weitgehenden Überprüfung empirischer Erklärungsmodelle zur Entstehung, Struktur und Funktion des Faschismus geführt hat. Als Form bürgerlicher Herrschaft wird der mögliche Umschlag des liberalen Systems in eine faschistische Herrschaft mittlerweile stark thematisiert[128]. Inzwischen sind auch die strategischen Überlegungen der Kommunistischen Internationale detailliert untersucht und ex post kritisiert worden[129]. Die begriffsanalytischen und methodologischen Aspekte des Faschismusbegriffs[130] und die Abgrenzungsproblematik von Konservatismus und Faschismus[131] spielen dabei eine aktualitätsbezogene Rolle. Es gibt mittlerweile nicht nur plausible Typologisierungsversuche der zahlreichen Faschismustheorien[132], sondern auch historisch-empirisch gesättigte Untersuchungen zum Verhältnis von Herrschaftseliten und Faschismus[133], die zu einfache Antworten auf die Frage, wer Hitler zur Macht verhalf[134], nicht mehr zulassen. Auf solider sekundäranalytischer Grundlage wird vielmehr ein vielschichtiger Strukturzusammenhang von großindustriellen Interessen und nationalsozialistischer Herrschaft in der Entstehungs- und Konsolidierungsphase des deutschen Faschismus sichtbar. Monokausale oder bloß normativ-deskriptive Totalitarismusmodelle, deutsche Sonderwegstheorien oder der Marxismus-Leninismus büßen damit ihre einlinearen Erklärungsansprüche stark ein, ohne daß sich beim jetzigen Stand empirischer Forschungen schon durch den Rekurs auf die Marxsche Bonapartismusthese eine überzeugende Alternativtheorie formulieren ließe[135]. Am ehesten sind auch für die theoretische Funktionsbestimmung des Faschismus neue Ergebnisse aus einer vergleichenden Faschismusforschung zu erwarten, die sich aber erst in den Anfängen befindet[136].

(3) Politiktheorien sozialer Bewegungen: der Konservatismus

Um die Konservativen und ihre Theorien blieb es nach dem Zweiten Weltkrieg zunächst still. In Deutschland war der Konservatismus durch den Nationalsozialismus historisch diskreditiert, als politische und theoretische Position marginalisiert oder christdemokratisch integriert. Die überraschenden Wahlerfolge der NPD und auch die neue Linke provozierten dann aber zu Ende der sechziger Jahre Versuche einer Rekonstruktion des Konservatismus[137] und theoriegeschichtliche Analysen zum Dilemma des Konservativismus in Deutschland[138]. Die bewußte Reaktivierung einer konservativen Geistesgeschichte durch Hans-Joachim Schoeps und Gerd-Klaus Kaltenbrunner[139] wurde von einer intensiven publizistischen Öffentlichkeitsarbeit begleitet. Die „Gesellschaft für konservative Publizistik" gab die Zweimonatszeitschrift „konservativ-heute" (1970–1979) heraus. Die politiktheoretisch weit niveauvollere, von Caspar v. Schrenck-Notzing geleitete „Criticon" (seit 1970/71, 1981 mit „konservativ-heute" vereinigt) warb ebenfalls für den konservativen Gedanken in der Bundesrepublik. Ähnliche Ziele hatte die „freiheitlich-konservative" Monatsschrift „Epoche" seit 1976, in der u.a. Peter R. Hofstätter, K. Hornung, R. Krämer-Badoni, W. Leonhard, N. Lobkowicz, G. Rohrmoser, H. Schelsky, E. K. Scheuch und H. Schoeck Beiträge veröffentlichten.

De Maistre bemerkte schon im 19. Jahrhundert, der Konservatismus sei einst eine Angelegenheit des Instinkts gewesen, heute aber eine Sache der Wissenschaft. Mit diesem Aperçu trat in den siebziger Jahren besonders Gerd-Klaus Kaltenbrunner dafür ein[140], eine konservative Theorie für die Gegenwart zu entwickeln. Die konservative „Patristik", die Kaltenbrunner für den modernen Konservatismus als reflexive und historische Erfahrung retten will, zerfällt in eine Gruppe der Essayisten (Burke, Rivarol, de Tocqueville, Burckhardt, Cochin, Santayana) und konservativer Systematiker (de Bonald, Donoso Cortés, Julius Stahl, K. L. v. Haller, O. Spann und Ch. Maurras). Interessanterweise wird aus dieser geistesgeschichtlichen Ahnenreihe der historisch und theoretisch äußerst bedeutsame Sozialkonservatismus (Wagener, Schäffle, Schmoller u.a.) vollkommen ausgeblendet. Derart stützt sich die von Kaltenbrunner avisierte Geschichte des konservativen Denkens, aus der Methoden, Ansätze und Perspektiven für eine theoretische Durchdringung der Gegenwart gewonnen werden sollen[141], auf einseitige Rekonstruktionslinien.

Diese neueren Rekonstruktionsversuche und die konservative Kritik am Sozialstaat[142] haben nicht nur gegenwartsbezogene Antikritiken ausgelöst[143]. Nunmehr wurden auch theoriegeschichtliche Untersuchungen zum organizistischen Staats- und Gesellschaftsbegriff der deutschen Romantik[144] und zu den Aporien des Weimarer Konservatismus in der Krise[145] aktuell. Weit darüberhinaus ging der Versuch Greiffenhagens[146], theoretische Grundkonstanten des deutschen Konservatismus anhand der Themenkomplexe Aufklärungskritik, Krisenbewußtsein, Tradition, Autorität, Institution, Organologie und Dialektik zu rekonstruieren. Dieser äußerst produktive systematische Zugriff auf ältere Theoretiker wie Adam Müller, F. J. Stahl, F. von Baader, van den Bruck, H. Freyer, Arnold Gehlen u.a., die als Ideenlieferanten für das gesuchte historisch invariante Grundmodell des deutschen Konservatismus dienen, gelingt aber nur durch eine radikale Enthistorisierung und Aspektreduzierung des weit komplexeren Phänomens Konservatismus. Während in der gängigen Literatur sehr plausibel zwischen Konservatismus, Restauration und Reaktion unterschieden wird, und auch Epstein in der klassischen Studie über die Ursprünge des Konservatismus in Deutsch-

land Reformkonservative, Status-quo-Konservative und Reaktionäre auseinanderhält[147], ebnet Greiffenhagen solche historischen, politischen und theoretischen Differenzen ein. Hier bleibt daher für den bisher kaum erforschten Sozialkonservatismus ebenfalls kein Platz. Da Greiffenhagen den historischen und sozio-ökonomischen Kontext konservativer Theorieproduktion ausblendet, wird auch die Frage nach den historisch-politischen Funktionen konservativen Denkens nicht gestellt. Die Theoriegeschichte kann damit abstrakt-systematische Erkenntnisgewinne verbuchen; sie fällt mit einer so weitreichenden Enthistorisierung aber hinter die neueren Methodengrundsätze einer sozialhistorisch orientierten Theoriegeschichte zurück[148].
Das wissenschaftliche Interesse an (neo-)konservativen Theorien erhielt in der Bundesrepublik seit Mitte der siebziger Jahre zwei weitere Impulse: (1) In Frankreich formierte sich eine „Neue Rechte" politisch und ideologisch gegen den Pariser Mai sowie gegen die Reformpolitik der sozialistischen Regierung seit 1981. (2) Nach der Weltwirtschaftskrise 1973/74 wurden außerdem die neo-konservativen Angriffe auf den modernen Sozialstaat radikalisiert und eine neu Synthese von Staatskonservatismus und Wirtschaftsliberalismus angestrebt. Diese ideologischen und theoretischen Entwicklungen griffen Konservative[149] ebenso auf wie ihre Kritiker[150], ohne daß es jedoch zu einer systematisch vergleichenden Analyse konservativer Theorien in der Bundesrepublik, Frankreich und in den USA kam. Die gängige Behauptung, der Konservatismus entziehe sich einer systematischen Kategorisierung ebenso wie dem internationalen Vergleich, hat leider in den fehlenden komparativen Perspektiven offensichtliche Spuren hinterlassen.

Liberalismus/Pluralismus-Theorie

Nicht nur die neo-konservativen Theoriedebatten wurden durch sehr aktuelle Probleme ausgelöst. Auch neuere Untersuchungen zum Liberalismus spiegeln manifeste Aktualitätsbezüge wider. In den historischen Untersuchungen von Albertin, Gall, Grab, Gralher, Häufig, Hirschmann, Holl, Holl/List, Langewiesche, Neumüller und Winkler werden in nationalen und internationalen Grundsatzfragen Traditionslinien eines sozialen Liberalismus sichtbar, der sich politisch und programmatisch schon im deutschen Vormärz – und dann mit immer stärker werdender Tendenz seit 1848/49 – von den rechtsliberalen Parteien und Gruppierungen bis hin zur organisatorischen Spaltung unterscheidet[151]. Diese innere Spaltung des Liberalismus beim Durchbruch der industriekapitalistischen Gesellschaft wird in der Politiktheorie des englischen Klassikers Mill[152] ebenso sichtbar wie im deutschen Liberalismus[153]. Besonders in den revolutionären Phasen des 19./20. Jahrhunderts brach diese aporetische Struktur des politischen und theoretischen Liberalismus durch[154]. A. de Tocqueville, der als exponierter Repräsentant rechtsliberaler Strömungen die individuelle Freiheit durch die aufkommende demokratische Gesellschaft stark gefährdet sah und in der gegenwärtigen Sozialstaatskrise daher sehr aktuell wurde[155], macht im Vergleich zu Mill[156], Schulze-Delitzsch[157] oder Naumann[158] das Gefälle zwischen dem Links- und dem Rechtsliberalismus in Theorie und Praxis besonders deutlich, zumal es schon im 19. Jahrhundert einen politischen Elitenkompromiß zwischen Konservativen und Nationalliberalen gab[159].

Mit Rochaus wenig beachteten „Grundsätzen der Realpolitik“ und Baumgartens liberaler Selbstkritik[160] hat der politiktheoretisch bisher kaum erforschte deutsche Liberalismus schon im 19. Jahrhundert den Weg zur attentistischen Hinnahme des sozialen und politischen Status quo angetreten. Mit guten Gründen kann Müller[161] typologisierend vier liberale Ideenkreise und politische Strömungen im europäischen Liberalismus unterscheiden: die interventionistische Elitendemokratie, das marktwirtschaftliche Demokratiekonzept, die marktwirtschaftliche Elitendemokratie und das interventionistische Demokratiekonzept (Sozialliberalismus).
Solche unterschiedlichen politischen Grundsatzpositionen sind auch in der neueren Liberalismus- und Pluralismusdiskussion wiederzufinden, die in theoriegeschichtlicher Perspektive (Humboldt – von Mise – Hayek – Schulze – Naumann – Weber – Rathenau – Flach) bisher ebensowenig aufgearbeitet wurde wie der Ordo-Liberalismus. Während liberale Keynsianer trotz neuerer Bedenken durchaus gemäßigte sozialstaatliche Interventionen vertreten[162], sehen Rechtsliberale die Freiheit schon durch progressive Steuersätze sozialistisch bedroht[163]. Mit subtilen Abschwächungen wird auch in pluralismus-theoretischen Diskussionen sichtbar, daß sich die Konzepte des gesellschaftlichen, politischen und ideologischen Pluralismus mit dem Konservatismus ebenso verbinden lassen wie mit dem Sozialismus[164]. Die Ränder des politischen Liberalismus und theoretischen Pluralismus bleiben wie schon im 19. Jahrhundert nach rechts und links geöffnet.

Sozialliberalismus/Reformismus

In der Konservatismus- und Liberalismusdebatte der Bundesrepublik seit 1968 zeigte sich, daß verkürzte politische Aktualitätsbezüge die Theoriegeschichte mit der Gefahr konfrontieren, ältere Autoren allein für tagespolitische Zielsetzungen zu reaktivieren, Normmodelle kontextfrei und apologetisch aus der älteren Zeit in die Moderne zu übertragen und die Relevanz – bzw. Selektionskriterien von Untersuchungen zu stark den Tagesnotwendigkeiten parteilicher Legitimationsbedürfnisse anzupassen. Vor dieser Gefahr stehen auch Untersuchungen zum Sozialliberalismus und Reformismus, unabhängig davon, ob sie den sozialliberalen Gedanken mit zu hohem ideologiekritischen Aufwand in die Geschichte projizieren[165] oder durch sorgfältige Materialaufbereitungen[166] nur einige historische Wurzeln eines linksliberalen Programms freilegen, das in Deutschland jahrzehntelang unerforscht blieb. Immerhin ist es dabei gelungen, von den deutschen Jakobinern[167] über die Liberaldemokraten des 19. Jahrhunderts bis hin zum Linksliberalismus in der Weimarer Republik[168] die demokratische Alternativgeschichte der Deutschen transparent zu machen.
In der historischen und auch in aktueller Perspektive haben sich dabei starke Konvergenzen zwischen dem Liberalismus und dem Sozialismus gezeigt. So war die Entstehung des Pluralismusgedankens eng an die englische Gewerkschaftsbewegung gebunden[169]. Mit systematischen theoriegeschichtlichen Rückgriffen kritisiert Eisfeld[170] daher den älteren Liberalismus als Klassentheorie und plädiert für die Aufhebung des Liberalismus in einem sozialistischen Pluralismus. Eine solche bewußte Rückgewinnung

älterer Politiktheorien für neuere Reformmodelle wird mit direktem Praxisbezug auch in der Revisionsmus- und Reformismusdebatte versucht[171]. Schon die Historiker hatten starke reformistische Trends der deutschen Sozialdemokratie vor dem Ersten Weltkrieg ausgemacht[172]. Dieser Widerspruch von revolutionärer Theorie und reformistischer Praxis wurde in der Weimarer Republik nicht aufgelöst[173] und spiegelt sich auch in der Nach-Godesberger SPD im rhetorischen Kampf um den Sozialismusbegriff[174]. Durch die Neue Linke seit 1968 herausgefordert, versuchte man, mit Rückgriffen auf Poppers kritischen Rationalismus[175] und durch eine aktive Bernstein-Renaissance[176] die Godesberger SPD vor allem auf universitärer Ebene aus den ideologischen Defensivpositionen herauszuholen. Die Kritik an den Theoriedefiziten des Reformismus/Revisionismus[177], die theoriegeschichtliche Wiederbelebung Bernsteins[178], die Entgegenstellung von Kautsky – Lenin[179] und auch der wenig überzeugende Versuch, ein theoretisch geschlossenes Konzept des Demokratischen Sozialismus zu entwickeln[180] haben zu SPD-internen Selbstklärungsprozessen fraglos beigetragen und darüberhinaus ein neues Interesse für ältere Politiktheorien geweckt. Dabei ist aber nicht zu verkennen, daß solche durchaus berechtigten Rückgriffe auf ältere Theoriematerialien eine erkenntnistheoretisch breiter ansetzende, begriffsgeschichtliche Diskontinuitäten und Aporien nicht aussparende Theoriegeschichte auf komplexem Darstellungsniveau zwar anreichern, aber keinesfalls ersetzen können.

Marxismus/Eurokommunismus/Sozialismus/Öko-Sozialismus

In der unüberschaubaren Publikationsfülle zu den vielfältigen theoretischen Richtungen des westeuropäischen Sozialismus sind einige thematische Konzentrationen auszumachen, die Forschungstrends ebenso indizieren wie ein Prinzip Hoffnung der sog. Eurolinken. Eine methodisch und materialiter bahnbrechende Untersuchung zum französischen Frühsozialismus liegt neuerdings vor[181]. Es dominieren aber die Kritik am bürgerlichen Staat und Staatsfunktionsanalysen in sehr unterschiedlichen Varianten. Zu finden sind systematische Rekonstruktionen des Marx'schen Staatsbegriffs[182], theoretische Fortschreibungen des Marx'schen Ansatzes[183], empirische Funktionsanalysen[184], eine sozialistische Staatskritik und Legitimationstheorie[185] sowie Anti-Kritiken des neo-marxistischen Staatsbegriffs[186].
Um die politische und ideologische Polarisierung zwischen dem Marxismus-Leninismus und dem Reformismus zu überwinden, setzte in Ost und West eine Suche nach „dritten Wegen" ein[187]. In einigen südeuropäischen Ländern suchten Eurokommunisten nach einem dritten Weg zwischen den Blöcken[188]. Zahlreiche Beobachter standen einem solchen Prozeß skeptisch gegenüber[189]. In Frankreich provozierte die erstarkende Linke sogar äußerst scharfe Angriffe der Neuen Philosophie auf den Kommunismus und die Stalinistische Praxis, die mit dem Sowjetmodell gleichgesetzt wurde[190]. In der Bundesrepublik bilden solche theoriegeschichtlich unkontrollierten Polemiken bisher eine Ausnahme[191].
Eine massive Herausforderung für den westeuropäischen Marxismus und Sozialismus entstand nicht nur durch die Krise des sowjetischen Modells[192], sondern auch mit den

neuen sozialen Bewegungen seit 1968. Die Arbeiterbewegung und vereinzelte Theoretiker reagierten auf solche Prozesse auch in der Bundesrepublik integrativ mit ökosozialistischen Konzeptionen[193], nachdem Frankreich schon früher vom klassischen Proletariat Abschied genommen hatte[194].

Der Breite politisch inspirierter Publikationen zur neueren Krise des westeuropäischen Sozialismus entspricht kein wissenschaftlicher Forschungsstand im traditionellen Sinn. Geschichten des Sozialismus oder der sozialistischen Internationale[195] sind ebenso schwer zu finden wie Gesamtdarstellungen zur sozialistischen Theorie in Westeuropa. Zwischen Sowjetmarxismus und Reformismus kamen bisher vor allem die Theoretiker linkssozialistischer Strömungen in Europa äußerst selten zu Wort, obwohl in zwei hervorragenden Gesamtdarstellungen[196] mittlerweile sehr gute Übersichten vorliegen und auch jüngere Vertreter eines undogmatischen Sozialismus stärkere Beachtung gefunden haben[197]. Ein neueres Handbuch signalisiert[198] außerdem, daß ein universitäres Interesse am Sozialismus nicht von einer politisch bedingten Bernstein-Renaissance oder vom Eurokommunismus-Boom abhängig ist.

VII. Ein kurzer Rückblick und Ausblick

In den hier skizzierten Gesamtdarstellungen, Einzeluntersuchungen, Texteditionen und Reihen werden sehr unterschiedliche erkenntnistheoretische und forschungsstrategische Positionen vertreten, die sich trotz vielfacher produktiver Überschneidungen folgendermaßen typologisieren lassen:

(1) Ontologisch-normative Positionen[199]; (2) sozialphilosophisch-praxeologische Positionen[200]; (3) begriffsgeschichtlich-hermeneutische Positionen[201]; (4) wissenssoziologisch-ideologiekritische Positionen[202]; (5) empirisch-analytische Positionen[203]; (6) sozialhistorisch-strukturalistische Positionen[204]; (7) historisch-materialistische Positionen[205] und (8) struktur-funktionalistische Positionen[206].

Während ontologische Positionen in der Theoriegeschichte heute kaum noch vertreten werden und der Versuch Luhmanns, politische Ideen im Kontext der funktionalen Ausdifferenzierung moderner Gesellschaften fundamental neu zu interpretieren, die methodischen und finanziellen Möglichkeiten der politischen Theoriegeschichte auch in Zukunft bei weitem übersteigen wird, haben sich neuere Forschungen mit Erfolg darum bemüht, durch eine produktive Kombination von sozialphilosophischen Problemstellungen (Hermeneutik, Begriffsgeschichte, Normentheorie) und empirisch-sozialwissenschaftlichen Untersuchungsmethoden (Sozialgeschichte, Wissenssoziologie, Ideologiekritik) neue Wege für eine moderne Theoriegeschichte zu eröffnen, die dem älteren Historismus ebenso entgeht wie dem neueren Aktualismus. Durch reflektierte Rückgriffe auf überlieferte Politiktheorien können so auch künftig systematische Beiträge zu der stets neuen Frage nach dem Sinn sozialen und politischen Handelns geleistet werden.

Anmerkungen

1 *Arnold Brecht:* Politische Theorie. Die Grundlagen des politischen Denkens im 20. Jahrhundert, Tübingen 1961; *Arnold Bergstraesser/Dieter Oberndörfer/Wolfgang Jäger (Hrsg.):* Klassiker der Staatsphilosophie, 2 Bde., Stuttgart 1961 (^{2}1971); *Wilhelm Hennis:* Politik und praktische Philosophie. Schriften zur politischen Theorie, München/Stuttgart 1963 (^{2}1977); *Hans Maier:* Die ältere deutsche Staats- und Verwaltungslehre, München ^{2}1980; *Dieter Oberndörfer:* Politik als praktische Wissenschaft in: *D. Oberndörfer (Hrsg.):* Wissenschaftliche Politik. Eine Einführung in Grundfragen ihrer Tradition und Theorie, Freiburg/Br. 1962 (^{2}1966), S. 9–58; *Alexander Schwan:* Die Staatsphilosophie im Verhältnis zur Politik als Wissenschaft, in: *D. Oberndörfer (Hrsg.):* Wissenschaftliche Politik, a.a.O., S. 153–195.

2 *Wilhelm Hennis:* Politik und praktische Philosophie, a.a.O.

3 *Axel Görlitz:* Politikwissenschaftliche Propädeutik, Reinbek 1972; *ders.:* Politikwissenschaftliche Theorie Stuttgart/Berlin/Köln/Mainz 1980; *Frieder Naschold:* Politische Wissenschaft, Entstehung, Begründung und gesellschaftliche Einwirkung, München 1970.

4 *Eric Voegelin:* Die neue Wissenschaft der Politik, München 1959, *ders.:* Anamnesis, München 1966.

5 *ders.:* Wissenschaft, Politik und Gnosis, München 1959.

6 *Hans Albert:* Traktat über kritische Vernunft, Tübingen 1968; *Gerhard Lehmbruch:* Einführung in die Politikwissenschaft, Stuttgart/Berlin/Köln/Mainz ^{2}1970; *Klaus v. Beyme:* Die politische Theorie der Gegenwart. Eine Einführung, München 1976.

7 *Eric Voegelin:* Wissenschaft, Politik und Gnosis, a.a.O.; *Hans Albert:* Traktat über kritische Vernunft, a.a.O.

8 *Wilhelm Hennis:* Politik und praktische Philosophie, a.a.O.; *Klaus von Beyme:* Die politischen Theorien der Gegenwart, a.a.O., *ders.:* Politische Ideengeschichte, Probleme eines interdisziplinären Forschungsprogramms, Tübingen 1969.

9 *W. D. Narr/F. Naschold:* Einführung in die moderne politische Theorie, 3 Bd., Stuttgart/ Berlin/Köln/Mainz 1969 ff.

10 *Eric Voegelin:* Die neue Wissenschaft, Politik und Gnosis, a.a.O.

11 ebda.

12 *Hans Maier:* Politische Wissenschaft in Deutschland, München 1969, *ders.:* Die ältere deutsche Staats- und Verwaltungslehre, a.a.O.

13 *Denzer/Maier/Rausch (Hrsg.):* Klassiker des politischen Denkens, 2 Bd., München 1968.

14 *Nikolaus Lobkowicz:* Theorie und Praxis in: *Leonhard Reinisch (Hrsg.):* Politische Wissenschaft heute, zwölf Beiträge, München 1971, S. 15–25.

15 *Arnold Bergsträsser:* Politik in Wissenschaft und Bildung, Freiburg/Br. ^{2}1966; *Dieter Oberndörfer:* Politik als praktische Wissenschaft, a.a.O.

16 *Jürgen Habermas:* Theorie des kommunikativen Handelns, 2 Bde., Frankfurt/Main 1981.

17 *Frieder Naschold:* Politische Wissenschaft, a.a.O.

18 *Axel Görlitz (Hrsg.):* Politikwissenschaftliche Propädentik, a.a.O.

19 ebda, S. 51.

20 *Axel Görlitz (Hrsg.):* Handlexikon zur Politikwissenschaft, München 1972.

21 ebda, S. 504.

22 *ders.:* Politikwissenschaftliche Theorien, a.a.O., S. 76.

23 *Willi Oelmüller (Hrsg.):* Materialien zur Normendiskussion. Bd. 2: Normenbegründung – Normendurchsetzung, Bd. 3: Normen und Geschichte, Paderborn/München/Wien/Zürich 1978 f.

24 *Klaus von Beyme:* Politische Ideengeschichte. Probleme eines interdisziplinären Forschungsbereichs, a.a.O.

25 *Klaus von Beyme:* Die politischen Theorien der Gegenwart, a.a.O.

26 *Bernard Willms:* Die politischen Ideen von Hobbes bis Ho Tschi Minh, Stuttgart/Berlin/Köln/ Mainz 1971.

27 *Leo Strauss:* Naturrecht und Geschichte, Stuttgart 1956; *ders.:* Political Philosophy. Six essays by Leo Strauss. Edit. by H. Gildin, Indianapolis/N.Y. 1975. *Arnold Bergstraesser:* Politik in Wissenschaft und Bildung, a.a.O.; Die ältere deutsche Staats- und Verwaltungslehre, a.a.O.; *Dieser Oberndörfer:* Politik als praktische Wissenschaft, a.a.O.; *Peter Weber-Schäfer:* Einführung in die antike politische Philosophie, 2 Bde., Darmstadt 1976.

28 *Gerhard Lehmbruch:* Einführung in die Politikwissenschaft, a.a.O.; *W. D. Narr:* Theoriebegriffe und Systemtheorie (= Bd. 1 *Narr/Naschold:* Einführung in die moderne politische Theorie, a.a.O.).
29 *G. Lehmbruch:* a.a.O., S. 106.
30 *W.-D. Narr:* a.a.O.
31 *Walter Schlangen:* Theorie der Politik. Einführung in Geschichte und Grundprobleme der Politikwissenschaft, Stuttgart/Berlin/Köln/Mainz 1974, S. 84.
32 *Lothar Kramm:* Vom Un-Sinn einer politischen Ideengeschichte, in: PVS 2/1981, S. 168–180.
33 *Udo Bermbach:* Bemerkungen zur politischen Theoriengeschichte, in: PVS 2/1981, S. 181–194.
34 *Richard Ashcraft:* Political Theory and the Problem of Ideologie, in: The Journal of Politics 42/1980, S. 687–705.
35 *Niklas Luhmann:* Gesellschaftsstruktur und Semantik. Studien zur Wissenssoziologie der modernen Gesellschaft, 2 Bd., Frankfurt/Main 1980.
36 *Jürgen Habermas:* Zur Rekonstruktion des Historischen Materialismus, Frankfurt/Main 1976.
37 *Eric Voegelin:* Politisches Denken in England im 17. Jahrhundert, München 1968.
38 *Maier/Rausch/Denzer (Hrsg.):* Klassiker des politischen Denkens, a.a.O.
39 ebda, S. X.
40 ebda, S. XI.
41 *v. d. Gablentz/Landshut/Sternberger (Hrsg.):* Klassiker der Politik, Opladen 1965 ff.
42 *Walter Theimer:* Geschichte der politischen Ideen, Bern/München ^{4}1973 (^{1}1955).
43 *Werner Hofmann:* Ideengeschichte der sozialen Bewegung des 19. und 20. Jahrhunderts, Berlin/New York ^{4}1971 (^{1}1962).
44 *Bernard Willms:* Die politischen Ideen von Hobbes bis Ho Tschi Minh, a.a.O.
45 *Franz Neumann (Hrsg.):* Handbuch politischer Theorien und Ideologien, Reinbek 1979.
46 *Wilfried Röhrich:* Sozialgeschichte politischer Ideen. Die bürgerliche Gesellschaft, Reinbek 1979.
47 *Fenske/Mertens/Reinhard/Rosen:* Geschichte der politischen Ideen. Von Homer bis zur Gegenwart, Königstein/Ts. 1981.
48 *Walter Theimer:* Geschichte der politischen Ideen, a.a.O., S. 5.
49 *Bernhard Willms:* a.a.O.
50 *Werner Hofmann:* Ideengeschichte der sozialen Bewegung, a.a.O.
51 *Wilfried Röhrich:* a.a.O.
52 *H. Reinalter (Hrsg.):* Revolution und Gesellschaft. Zur Entwicklung des neuzeitlichen Revolutionsbegriffs, Innsbruck 1980.
53 *Anton Pelinka (Hrsg.):* Ideologien im Bezugsfeld Geschichte und Gesellschaft, Innsbruck 1981.
54 *Manfred Hinz:* Fichtes „System der Freiheit". Analyse eines widersprüchlichen Begriffs, Stuttgart 1981; *G. Göhler:* Die Reduktion der Dialektik durch Marx: Strukturveränderungen der dialektischen Entwicklung in der Kritik der politischen Ökonomie, Stuttgart 1980; *G. Lindgens:* Katholische Kirche und moderner Pluralismus: Der neue Zugang zur Politik bei den Päpsten Johannes XXIII und Paul VI und dem Zweiten Vatikanischen Konzil, Stuttgart 1980; *E. Wesche:* Tauschprinzip, Mehrheitsprinzip, Gesamtinteresse: Zur Methodologie in normativer Ökonomie und Politik, Stuttgart 1979.
55 *Bernhard Willms:* Der Weg des Leviathan. Die Hobbes-Forschung von 1968–1978, in: Der Staat (Beiheft 3), Berlin 1979, S. 9.
56 *Fenske et al.:* Geschichte der politischen Ideen, a.a.O., S. 477 ff.
57 *Rudolf Buchner/Winfried Baumgart (Hrsg.):* Quellen zum politischen Denken der Deutschen im 19. und 20. Jahrhundert, Bd. II–VI, Darmstadt 1976 ff.
58 *Fenske et al.:* a.a.O., S. 478 ff.
59 *Peter Weber-Schäfer:* Einführung in die antike Politische Theorie, 2 Bde., Darmstadt 1976; *Tutu Tarkiainen:* Die athenische Demokratie, Zürich/Stuttgart 1966.
60 *Christian Meier:* Die Entstehung des Politischen bei den Griechen, Frankfurt/Main 1980.
61 *Fenske et al.:* a.a.O., S. 490 f.
62 ebda., S. 497 ff.
63 *H. P. Mayer-Tasch:* Jean Bodin. Sechs Bücher über die Republik, Buch I–III, München 1981.
64 *Günter Nonnenmacher:* Theorie und Geschichte: Studien zu den politischen Ideen James Harringtons, Meisenheim 1977.

65 *Bernhard Willms:* Der Weg des Leviathan, a.a.O.
66 *Ludwig Schmidt (Hrsg.):* Jean-Jacques Rousseau. Politische Schriften, Bd. I, Paderborn 1977.
67 *René König:* Niccolo Machiavelli – Zur Krisenanalyse einer Zeitenwende, Zürich 1941 (^{2}1979); *Alfred von Martin:* Peripetien in der seelischen Entwicklung der Renaissance. Petrarca und Machiavelli, in: Deutsche Vierteljahresschrift für Literaturwissenschaft und Geistesgeschichte, Bd. IV (1927).
68 *Herfried Münkler:* Machiavelli. Die Begründung des politischen Denkens der Neuzeit aus der Krise der Republik Florenz, Frankfurt/Main 1982.
69 *Erwin Faul:* Der moderne Machiavellismus, Köln/Berlin 1961.
70 *Udo Bermbach/K. M. Kodalle (Hrsg.):* Furcht und Freiheit. Leviathan. Diskussion 300 Jahre nach Hobbes, Opladen 1982.
71 *Otfried Höffe (Hrsg.):* Thomas Hobbes. Anthropologie und Staatsphilosophie, Fribourg 1981.
72 *Reinhard Koselleck:* Kritik und Krise. Ein Beitrag zur Pathogenese der bürgerlichen Welt, Frankfurt/Main 1973.
73 *Crawford B. Macpherson:* Die politische Theorie des Besitzindividualismus, Frankfurt/Main 1967.
74 *Malte Dießelhorst:* Ursprünge des modernen Systemdenkens bei Hobbes, Stuttgart/Berlin/Köln/Mainz 1968.
75 *Bernhard Willms:* Der Weg des Leviathan, a.a.O.
76 *Ulrich Weiß:* Das philosophische System von Thomas Hobbes, Stuttgart/Bad Cannstadt 1980.
77 *Leo Strauss:* Hobbes' politische Wissenschaft, Neuwied/Berlin 1965.
78 *C. B. Macpherson:* Die politische Theorie des Besitzindividualismus, a.a.O.
79 *Bernhard Willms:* Der Weg des Leviathan, a.a.O.; ders., Die Antwort des Leviathan, Neuwied/Berlin 1970.
80 ders., Einführung in die Staatslehre, Paderborn 1979.
81 *Ulrich Weiß:* Das philosophische System von Thomas Hobbes, Stuttgart/Bad Cannstadt 1980.
82 *Bernhard Willms:* Einführung in die Staatslehre, a.a.O.
83 *Günter Nonnenmacher:* Theorie und Geschichte, a.a.O.
84 *Hans Medick:* Naturzustand und Naturgeschichte der bürgerlichen Gesellschaft, Göttingen 1973; *Rainer Rotermundt:* Das Denken John Lockes. Zur Logik bürgerlichen Bewußtseins, Frankfurt/New York 1976.
85 *Richard Saage:* Herrschaft, Toleranz, Widerstand. Studien zur politischen Theorie der Niederländischen und Englischen Revolution, Ffrankfurt/Main 1981.
86 *Hans Medick:* Naturzustand und Naturgeschichte, a.a.O.
87 *Fritz Borkenau:* Der Übergang vom feudalen zum bürgerlichen Weltbild, Darmstadt 1971 (^{1}1934); *Leo Kofler:* Zur Geschichte der bürgerlichen Gesellschaft. Versuch einer verstehenden Deutung der Neuzeit, Neuwied/Berlin ^{4}1971.
88 *Winfried Schröder et al.:* Französische Aufklärung. Bürgerliche Emanzipation, Literatur und Beuwßtseinbildung, Leipzig 1974.
89 *Georg Geismann:* Ethik und Herrschaftsordnung. Ein Beitrag zum Problem der Legitimation, Tübingen 1974; *Heinrich Böckerstette:* Aporien der Freiheit und der Aufklärung durch Kant, Stuttgart/Bad Cannstadt 1982.
90 *Axel Schulte:* Demokratisierung. Interpretation des Begriffs in der politischen Bildung und geschichtlichen Spezifizierung, Frankfurt 1979; *Wilhelm Hennis:* Demokratisierung – Zur Problematik eines Begriffs, Köln/Opladen 1970.
91 *Reinhardt Brandt:* Eigentumstheorien von Grotius bis Kant, Stuttgart/Bad Cannstadt 1974.
92 *Klaus Dieter Schulz:* Eigentumskonzeption. Eine Studie zur Entwicklung der bürgerlichen Staatstheorie, Frankfurt/New York 1980.
93 *Schmidt:* (1977), s. Anmerkung 66.
94 *J. L. Talmon:* Die Ursprünge der totalitären Demokratie, 2 Bde., Opladen 1961 und 1963.
95 *John William Chapman:* Rousseau – toalitarian or liberal, New York 1956.
96 *Iring Fetscher:* Rousseaus politische Philosophie, Frankfurt ^{2}1978.
97 *Klaus Dieter Schulz:* Eigentumskonzeption, a.a.O.
98 *Claus Süßenberger:* Rousseau im Urteil der deutschen Publizistik bis zum Ende der französischen Revolution. Ein Beitrag zur Rezeptionsgeschichte, Frankfurt 1974.
99 *Georg Geismann:* Ethik und Herrschaftsordnung, a.a.O.

100 *Heinrich Böckerstette:* Aporien der Freiheit, a.a.O.
101 *Dieter Wolf:* Hegels Theorie der bürgerlichen Gesellschaft. Eine materialistische Kritik, Hamburg 1980.
102 *Shlomo Avineri:* Hegels Theorie des modernen Staates, Frankfurt/Main 1976.
103 *R. Albrecht:* Hegel und die Demokratie, Bonn 1978.
104 *Michael Haller:* System und Gesellschaft. Krise und Kritik der politischen Philosophie Hegels, Stuttgart 1981.
105 *Manfred Riedel (Hrsg.):* Materialien zu Hegels Rechtsphilosophie, 2. Bde., Frankfurt/Main 1975.
106 *Dieter Wolf:* Hegel und Marx. Zur Bewegungsstruktur des absoluten Geistes und des Kapitals, Hamburg 1979.
107 *Cöster* (1983): Hegel und Marx, Struktur und Modalität ihrer Begriffe politische-sozialer Vernunft, Bonn 1983.
108 *Thomas Meyer:* Der Zwiespalt in der Marxschen Emanzipationstheorie. Studie zur Rolle des proletarischen Subjekts, Kronberg/Ts. 1973.
109 *Helmut Richter:* Zum Problem der Einheit von Theorie und Praxis bei Karl Marx, Frankfurt/New York 1978.
110 *Walter Euchner:* Karl Marx, München 1982; *Richard Friedenthal:* Karl Marx, München 1981; *Fritz J. Raddatz:* Karl Marx – eine politische Biographie, Hamburg 1975.
111 *Nicolaevsky/Maenchen-Helfen:* Karl Marx. Eine Biographie, Hannover 1963.
112 *G. Göhler:* Die Reduktion der Dialektik durch Marx, a.a.O.
113 *Michael Ewert:* Die problematische Kritik der Ideologie. Spekulativer Schein (Kant, Fichte, Hegel, Marx) und seine politische Auflösung, Frankfurt/Main 1982.
114 *Peter Ludes:* Der Begriff der klassenlosen Gesellschaft bei Marx, Frankurt/Main 1979.
115 *Michael Bader et al.:* Einführung in die Gesellschaftstheorie. Gesellschaft und Staat bei Marx und Weber, Frankfurt/Main 1980.
116 *Johnannes Weiss:* Das Werk Max Webers in der marxistischen Rezeption und Kritik, Opladen 1981.
117 *Rainer Prewo:* Das Wissenschaftsprogramm Max Webers. Versuch einer methodologischen Neuerschließung, Frankfurt/Main 1979.
118 *Thomas Mirbach:* Kritik der Herrschaft. Zum Verhältnis von Geschichtsphilosophie, Ideologiekritik und Methodenreflexion in der Gesellschaftstheorie Adornos, Frankfurt/New York 1979; *René Görtzen:* Jürgen Habermas. Eine Bibliographie seiner Schriften und der Sekundärliteratur, 1952–1981, Frankfurt/Main 1982.
119 Etwa: *Richard Saage:* Herrschaft, Toleranz, Widerstand, a.a.O.; *Ulrich Steinvorth:* Stationen der politischen Theorie. Stuttgart 1981.
120 *Hans-Ulrich Wehler (Hrsg.):* Bibliographie zum Imperialismus, Göttingen 1977; *Peter Hüttenberger:* Bibliographie zum Nationalsozialismus, Göttingen 1980.
121 *Richard Saage:* Faschismustheorie. Eine Einführung, München ^{3}1981; *Wolfgang J. Mommsen:* Imperialismustheorien, Göttingen ^{2}1980.
122 *H. A. Winkeler (Hrsg.):* Organisierter Kapitalismus. Voraussetzungen und Anfänge, Göttingen 1974; *Georg Lichtheim:* Imperialismus, München 1972.
123 *Hans Christoph Schröder:* Sozialistische Imperialismusdeutung, Göttingen 1973.
124 *Peter Hampe:* Die ‚ökonomische Imperialismustheorie'. Kritische Untersuchungen, München 1976; *P. Alter:* Der Imperialismus. Grundlage, Probleme, Theorien, Stuttgart 1979.
125 So *Wolfgang J. Mommsen:* Imperialismustheorien, a.a.O.
126 *Dieter Senghaas (Hrsg.):* Imperialismus und strukturelle Gewalt, Frankfurt/Main 1972; *Klaus Jürgen Gantzel:* Herrschaft und Befreiung in der Weltgesellschaft, Frankfurt/Main 1975.
127 *Heinz Gollwitzer:* Geschichte des weltpolitischen Denkens, Göttingen 1982.
128 *Ernst Nolte (Hrsg.):* Theorien über den Faschismus, Köln/Berlin 1967; *Reinhard Kühnl (Hrsg.):* Texte zur Faschismusdiskussion, 2 Bde., Reinbek 1974.
129 *Wolfgang Wippermann:* Faschismustheorien, Zum Stand der gegenwärtigen Diskussion, Darmstadt 1972; *Nicos Poulantzas:* Faschismus und Diktatur. Die Kommunistische Internationale und der Faschismus, München 1975.
130 *Wilhelm Alff:* Der Begriff des Faschismus und andere Aufsätze zur Zeitgeschichte, Frankfurt/Main 1971.
131 *Helga Grebing:* Aktuelle Theorien über Faschismus und Konservatismus. Eine Kritik, Stuttgart 1974.

132 *Axel Kuhn:* Das faschistische Herrschaftssystem und die moderne Gesellschaft, Hamburg 1973.
133 *Henry Ashby Turner, Jr.:* Faschismus und Kapitalismus, Göttingen 1972.
134 *Eberhard Czichon:* Wer verhalf Hitler zur Macht? Zum Anteil der deutschen Industrie an der Zerstörung der Weimarer Republik, Köln 1972.
135 *Richard Saage:* Faschismustheorien, a.a.O.
136 *Wolfgang Wippermann:* Faschismustheorien. Zum Stand der gegenwärtigen Diskussion, Darmstadt [2]1975.
137 *Gerd-Klaus Kaltenbrunner (Hrsg.):* Rekonstruktion des Konservatismus, Freiburg/Br. 1972.
138 *Martin Greiffenhagen:* Das Dilemma des Konservatismus in Deutschland, München 1971 ([2]1977).
139 *Hans-Joachim Schoeps:* Deutsche Geistesgeschichte der Neuzeit. Ein Abriß in fünf Bänden, Bd. IV: Die Formung der politischen Ideen im 19. Jahrhundert, Mainz 1979; *Gerd-Klaus Kaltenbrunner (Hrsg.):* Rekonstruktion des Konservatismus, a.a.O.; ders., Der schwierige Konservatismus. Definition, Theorie, Porträts, Herford/Berlin 1975.
140 *Kaltenbrunner:* Der schwierige Konservatismus, a.a.O., S. 81 ff.
141 ebda., S. 87.
142 *Ernst Forsthoff:* Der Staat in der Industriegesellschaft, München 1971; *Helmut Schelsky:* Systemüberwindung, Demokratisierung und Gewaltenteilung, München 1973.
143 *Iring Fetscher (Hrsg.):* Neokonservative und „Neue Rechte", München 1983; *Helga Grebing:* Konservative gegen die Demokratie. Konservative Kritik an der Demokratie in der Bundesrepublik seit 1945, Frankfurt/Main 1971; *Frank Grube/Gerhard Richter (Hrsg.):* Die Utopie der Konservativen, München 1974; *Eike Hennig/Richard Saage (Hrsg.):* Konservatismus. Eine Gefahr für die Freiheit?, München 1983.
144 *Ulrich Scheuner:* Der Beitrag der deutschen Romantik zur politischen Theorie, Opladen 1980; *Volker Stanslowski:* Natur und Staat. Zur politischen Theorie der deutschen Romantik, Opladen 1979.
145 *Klaus Fritsche:* Politische Romantik und Gegenrevolution. Fluchtwege in der Krise der bürgerlichen Gesellschaft: das Beispiel des „Tat"-Kreises, Frankfurt/Main 1976.
146 *Martin Greiffenhagen:* Das Dilemma des Konservatismus, a.a.O.
147 *Klaus Ebstein:* Die Ursprünge des Konservatismus in Deutschland. Frankfurt/Wien/Berlin 1973.
148 Vgl. u.a. *Iring Fetscher:* Rousseaus politische Philosophie, a.a.O.; *Richard Saage:* Herrschaft, Toleranz, Widerstand, a.a.O.; *Herfried Münkler:* Machiavelli, a.a.O.; *Hans Medick:* Naturzustand und Naturgeschichte, a.a.O.
149 *Armin Mohler:* Tendenzwende für Fortgeschrittene, München 1978.
150 *Iring Fetscher:* Neokonservative und „Neue Rechte", a.a.O.; *Hennig/Saage (Hrsg.):* Konservatismus, a.a.O.; *Jakob Schissler:* Neokonservatismus in den USA, Opladen 1983.
151 *Lothar Albertin:* Liberalismus und Demokratie am Anfang der Weimarer Republik. Eine vergleichende Analyse der DDP und der DVP, Düsseldorf 1972; *Lothar Gall (Hrsg.):* Liberalismus, Köln 1976; *Walter Grab:* Norddeutsche Jakobiner. Demokratische Bestrebungen zur Zeit der Französischen Revolution, Frankfurt/Main 1967; *Karl Holl (Hrsg.):* Wirtschaftskrise und liberale Demokratie. Das Ende das Weimarer Republik und die gegenwärtige Situation. Göttingen 1978; *Dieter Langewiesche:* Liberalismus und Demokratie in Württemberg zwischen Revolution und Reichsgründung, Düsseldorf 1974; *Holl/List (Hrsg.):* Liberalismus und imperialistischer Staat. Der Imperialismus als Problem liberaler Parteien in Deutschland 1890–1914, Göttingen 1975; *Michael Neumüller:* Liberalismus und Antiliberalismus. Studien zur politischen Sozialgeschichte des 19. und 20. Jahrhunderts, Göttingen 1980; Martin Gralher: Demokratie und Repräsentation in der englischen Revolution, Meisenheim am Glan 1973; *Heinrich Häufle:* Aufklärung und Ökonomie. Zur Position der Physiokraten im siècle des lumières, München; *Albert O. Hirschman:* Leidenschaften und Interessen. Politische Begründungen des Kapitalismus vor seinem Sieg, Frankfurt/Main 1980.
152 *Volker Bartsch:* Liberalismus und arbeitende Klassen. Zur Gesellschaftstheorie John Stuart Mills, Opladen 1982; *Henning Wasmus:* Ethik und gesellschaftliche Ordnungstheorie. Kritik des Liberalismus als Lebensform einer entwickelten Gesellschaft, Meisenheim 1973.
153 *Günter Trautmann:* Zwischen Fortschritt und Restauration. Liberale Doktrin und Parteientwicklung in Deutschland 1861–1933, Hamburg 1975.
154 *Michael Neumüller:* Liberalismus und Revolution, a.a.O.

155 *Michael Hereth/Jutta Höffken (Hrsg.):* Alexis de Tocqueville. Zur Politik in der Demokratie, Baden-Baden 1981; *Ute Uhde:* Politik und Religion. Zum Verhältnis von Demokratie und Christentum bei Alexis de Tocqueville, Berlin 1978.

156 *Volker Bartsch:* Liberalismus und arbeitende Klassen, a.a.O.

157 *Rita Aldenhoff:* H. Schulze-Delitzsch. Ein Beitrag zur Geschichte des Liberalismus zwischen Revolution und Reichsgründung, Baden-Baden, 1984.

158 *Peter Theiner:* Sozialer Liberalismus und deutsche Weltpolitik. Friedrich Naumann im Wilheliminischen Deutschland 1860–1919, Baden-Baden 1983.

159 *Kurtz Klotzbach:* Das Elitenproblem im politischen Liberalismus des 19. Jahrhundert, Köln/Opladen 1966.

160 *Adolf M. Birke (Hrsg.):* Hermann Baumgarten. Der deutsche Liberalismus, Frankfurt/Wien/Berlin 1974.

161 *Johnann Baptist Müller:* Liberalismus und Demokratie. Studien zum Verhältnis von Politik und Wirtschaft im Liberalismus, Stuttgart 1978.

162 *Ralf Dahrendorf:* Die Chancen der Krise. Über die Zukunft des Liberalismus, Stuttgart ²1983.

163 *F. A. von Hayek:* Liberalismus, Tübingen 1979.

164 *Heinrich Oberreuter (Hrsg.):* Pluralismus. Grundlegung und Diskussion, Opladen 1980; *Winfried Steffani:* Pluralistische Demokratie. Studien zur Theorie und Praxis, Opladen 1980; *Ernst Fraenkel:* Reformismus und Pluralismus, hrsg. von Esche/Grube, Hamburg 1973; *Peter Massing:* Interesse und Konsensus. Zur Rekonstruktion und Begründung normativ-kritischer Elemente neopluralistischer Demokratietheorie, Opladen 1979; *Hannelore Gudrich/Stefan Fett:* Die pluralistische Gesellschaftstheorie. Grundpositionen und Kritik, Stuttgart 1974.

165 So *Richard Opitz:* Der deutsche Sozialliberalismus 1917–1933, Köln 1973.

166 Vgl. *Dieter Düding:* Der nationalsoziale Verein 1896–1903. Der gescheiterte Versuch einer parteipolitischen Synthese von Nationalismus und Liberalismus München/Wien 1972, sowie *Peter Gilg:* Die Erneuerung des demokratischen Denkens im Wilhelminischen Deutschland. Eine ideengeschichtliche Studie zur Wende des 19. und 20. Jahrhunderts, Wiesbaden 1965.

167 Vgl. *Walter Grab:* Norddeutsche Jakobiner, a.a.O.

168 *Lothar Albertin:* Liberalismus und Demokratie am Anfang der Weimarer Republik, a.a.O.

169 Vgl. *Adolf M. Birke:* Pluralismus und Gewerkschaftsautonomie in England. Entstehungsgeschichte einer politischen Theorie, Stuttgart 1978.

170 *Rainer Eisfeld:* Pluralismus zwischen Liberalismus und Sozialismus, Stuttgart 1972.

171 So *Helga Grebing:* Der Revisionismus – Von Bernstein bis zum ‚Prager Frühling', München 1977; *Detlef Lehnert:* Sozialdemokratie zwischen Protestbewegung und Regierungspartei 1848–1980, Frankfurt/Main 1983; *Sven Papcke:* Der Revisionsmusstreit und die politische Theorie der Reform, Stuttgart 1979.

172 Vgl. *Dieter Groh:* Negative Integration und revolutionärer Attentismus – Die deutsche Sozialdemokratie am Vorabend des 1. Weltkrieges, Frankfurt/Berlin/Wien 1973 und *Hans-Josef Steinberg:* Sozialismus und deutsche Sozialdemokratie. Zur Ideologie der Partei vor dem 1. Weltkrieg, Bonn ²1972.

173 *Joachim Blau:* Sozialdemokratische Staatsrechtslehre in der Weimarer Republik, Marburg 1980; *Helga Grebing:* Der Revisionismus, a.a.O.; *Stephan Albrecht:* Hermann Hellers Staats- und Demokratieauffassung, Frankfurt/Main 1983.

174 *Christian Fenner:* Demokratischer Sozialismus und Sozialdemokratie. Realität und Rhetorik der Sozialmusdiskussion in Deutschland, Frankfurt/New York 1977.

175 *Georg Lührs et al.:* Kritischer Rationalismus und Sozialdemokratie, Berlin/Bonn-Bad Godesberg ²1975.

176 *Michael Scholing/Franz Walter:* Bernstein-Renaissance in der Sozialdemokratie – Interpretation und Analyse der Gegen-Revisionismus-Diskussion, Göttingen 1979.

177 Vgl. *Horst Heimann:* Theoriediskussion in der SPD, Köln 1975, sowie *ders.:* Theorie ohne Praxis, Köln 1977.

178 Vgl. *Thomas Meyer:* Bernsteins konstruktiver Sozialismus, Bonn 1977 und *Horst Heimann/Thomas Meyer:* Eduard Bernstein und der demokratische Sozialismus, Bonn 1978.

179 So der Titel von *Peter Lübbe (Hrsg.):* Kautsky gegen Lenin, Bonn 1982.

180 Vgl. *Thomas Meyer (Hrsg.):* Demokratischer Sozialismus – Geistige Grundlagen und Wege in die Zukunft, München 1980.

181 *Ralf Bambach:* Der französische Frühsozialismus, Opladen 1984.

182 So *Max Adler:* Die Staatsauffassung des Marxismus. Ein Beitrag zur Unterscheidung von soziologischer und juristischer Methode, Köln 1974 (Reprint); *Claudia von Braunmühl et al.:* Probleme einer materialistischen Staatstheorie, Frankfurt/Main 1973; *Eike Hennig et al.:* Karl Marx/Friedrich Engels, Staatstheorie. Materialien zur Rekonstruktion der marxistischen Staatstheorie, Frankfurt/Berlin/Wien 1974.

183 *Lelio Basso:* Gesellschaftsformation und Staatsform, Frankfurt 1975, sowie *Nicos Poulantzas:* Politische Macht und gesellschaftliche Klassen, Frankfurt/Main ²1975 und *Josef Esser:* Einführung in die materialistische Staatsanalyse, Frankfurt/Main 1975.

184 So *Rolf Ebbighausen (Hrsg.):* Bürgerlicher Staat und politische Legitimation, Frankfurt/Main 1976 und *Rudolf Goldscheid/Josef Schumpeter:* Die Finanzkrise des Steuerstaates. Beiträge zur politischen Ökonomie der Staatsfinanzen, Frankfurt/Main 1976 sowie *Ralf Miliband:* Der Staat in der kapitalistischen Gesellschaft. Eine Analyse des westlichen Machtsystems, Frankfurt/Main 1972 und *György Konrad/Iván Szélenyi:* Die Intelligenz auf dem Wege zur Klassenmacht, Frankfurt/Main 1978.

185 Vgl. *Michael Th. Greven et al.:* Krise des Staates? Zur Funktionsbestimmung des Staats im Spätkapitalismus, Darmstadt/Neuwied 1975; *Jürgen Habermas:* Legitimationsprobleme im Spätkapitalismus, Frankfurt/Main 1976; *Claus Offe:* Strukturprobleme des kapitalistischen Staates, Frankfurt/Main 1972.

186 *Bernd Guggenberger:* Die Neubestimmung des subjektiven Faktors im Neomarxismus. Eine Analyse des voluntaristischen Geschichtsverständnisses der Neuen Linken, Freiburg 1973; *ders.:* Wem nützt der Staat? Kritik der neomarxistischen Staatstheorie, Stuttgart 1974; *Ernst Wolf:* Gibt es eine marxistische Wissenschaft? Kritik und Grundlagen des dialektischen Materialismus, München 1980.

187 *Ota Sik:* Der dritte Weg. Die marxistisch-leninistische Theorie und die moderne Industriegesellschaft, Hamburg 1972; *ders.:* Humane Wirtschaftsdemokratie. Ein dritter Weg, Hamburg 1979; *Udo Bermbach/Franz Nuscheler:* Sozialistischer Pluralismus, Hamburg 1973.

188 *Wolfgang Leonhard:* Eurokommunismus – Herausforderung für Ost und West, München 1978; *Helmut Richter/Günter Trautmann (Hrsg.):* Eurokommunismus – Ein dritter Weg für Europa?, Hamburg 1979.

189 So *Angelika Senge:* Marxismus als atheistische Weltanschauung, Paderborn 1983; *Manfred Spieker (Hrsg.):* Der Eurokommunismus – Demokratie oder Diktatur? Stuttgart 1979.

190 Vgl. *André Glucksmann:* Köchin und Menschenfresser. Über die Beziehung zwischen Staat, Marxismus und Konzentrationslager, Berlin 1976; *Bernhard-Henri Levy:* Die Barbarei mit menschlichem Antlitz, Reinbek 1978 und *Johannes Thomas;* Engel und Leviathan. Neue Philosophie in Frankreich als nachmarxistische Politik und Kulturpolitik, München 1979.

191 Beispielhaft *Konrad Löw:* Der Marxismus, 4 Bde., Köln 1983.

192 *Rudolf Bahro:* Die Alternative. Zur Kritik des real existierenden Sozialismus, Frankfurt/Main 1979; *Ferenc Fehér/Agnes Heller:* Diktatur über die Bedürfnisse. Sozialistische Kritik osteuropäischer Gesellschaftsformationen, Hamburg 1979.

193 So *Iring Fetscher:* Überlebensbedingungen der Menschheit, München 1980; *Johano Strasser/Klaus Traube:* Die Zukunft des Fortschritts. Der Sozialismus und die Krise des Industrialismus, Bonn ²1981 und *Wolfgang Harich:* Kommunismus ohne Wachstum? Babeuf und der ,Club of Rome', Reinbek 1975.

194 So der Titel von *André Gorz:* Abschied vom Proletariat, Frankfurt/Main 1980.

195 *George Lichtheim:* Kurze Geschichte des Sozialismus, Köln ²1972.

196 *Leszek Kolakowski:* Die Hauptströmungen des Marxismus. Entstehung, Entwicklung, Zufall, 3 Bde., München 1976 ff. und *Peredrag Vranicki:* Geschichte des Marxismus, 2 Bde., Frankfurt/Main 1983 (Neuauflage).

197 *Ossip K. Flechtheim:* Von Marx bis Kolakowski: Sozialismus oder Barbarei? Frankfurt/Main 1978.

198 *Claus D. Kernig:* Sozialismus – Ein Handbuch, Bd. 1, Stuttgart/Berlin 1979.

199 *Leo Strauss:* Naturrecht und Geschichte, a.a.O.; *ders.*, Political Philosophy, a.a.O., *Eric Voegelin:* Wissenschaft, Politik und Gnosis, a.a.O.

200 *Wilhelm Hennis:* Politik und Praktische Philosophie, a.a.O.; *Otfried Höffe:* Ethik und Politik. Grundmodelle und -probleme der praktischen Philosophie, Frankfurt/Main 1979; *Willi Oelmüller (Hrsg.):* Materialien zur Normdiskussion, a.a.O.; *Dolf Sternberger:* Drei Wurzeln der Politik, a.a.O.

201 *Hans-Gerog Gadamer:* Wahrheit und Methode. Grundzüge einer philosophischen Hermeneutik, Tübingen [4]1975; *Reinhart Koselleck (Hrsg.):* Historische Semantik und Begriffsgeschichte, Stuttgart 1978; *Jörn Rüsen:* Für eine erneuerte Historik. Studien zur Geschichtswissenschaft, Stuttgart/Bad Cannstadt 1976.

202 *Johan Galtung:* Methodologie und Ideologie. Aufsätze zur Methodologie, Bd. 1, Frankfurt/Main 1978; *Thomas S. Kuhn:* Die Struktur wissenschaftlicher Revolution, Frankfurt/Main 1962; *Kurt Lenk (Hrsg.):* Ideologie. Ideologiekritik und Wissenssoziologie, Neuwied [6]1972; *Jürgen Ritsert:* Inhaltsanalyse und Ideologiekritik. Ein Versuch über kritische Sozialforschung, Frankfurt/Main 1972.

203 *Klaus von Beyme:* Die politischen Theorien der Gegenwart, a.a.O.; *Gerhard Lehmbruch:* Einführung in die Politikwissenschaft, a.a.O.; *Frieder Naschold:* Politische Wissenschaft, a.a.O.

204 *Dieter Groh:* Kritische Geschichtswissenschaft in emanzipatorischer Absicht, Stuttgart/Berlin/Köln/Mainz 1973; *Jürgen Kocka:* Zur jüngeren marxistischen Sozialgeschichte. Eine kritische Analyse unter besonderer Berücksichtigung sozialgeschichtlicher Aufsätze in der DDR, in: *Peter Chr. Ludz (Hrsg.):* Soziologie und Sozialgeschichte, DZgSS (Sonderheft) 16/1973, S. 491 ff.; *Richard Saage:* Herrschaft, Toleranz, Widerstand, a.a.O.; *Herfried Münkler:* Machiavelli, a.a.O.; *Wilfried Röhrich:* Sozialgeschichte politischer Ideen, a.a.O.; *Hans-Ulrich Wehler (Hrsg.):* Moderne deutsche Sozialgeschichte, Köln/Berlin [2]1968.

205 *Winfried Schröder (Hrsg.):* Französische Aufklärung, a.a.O.; *Perry Anderson:* Considerations on Western Marxism, London 1976; *Leo Kofler:* Zur Geschichte der bürgerlichen Gesellschaft, a.a.O.; *Alfred Schmidt:* Die kritische Theorie als Geschichtsphilosophie, München/Wien 1967; *Hans-Jörg Sandkühler/Rafael de la Veqa:* Marxismus und Ethik. Texte zum neukantianischen Sozialismus, Frankfurt/Main 1974; *Michael Vester:* Die Entstehung des Proletariats als Lernprozeß, Frankfurt/Main 1970; *Friedrich Tomberg:* Basis und Überbau. Sozialphilosophische Studien, Berlin/Neuwied 1969.

206 *Urs Jaeggi:* Ordnung und Chaos. Strukturalismus als Methode und Mode, Frankfurt/Main 1970; *Niklas Luhmann:* Gesellschaftsstruktur und Semantik, a.a.O.

Autorenverzeichnis

Dr. Ralf Bambach, Institut für Politische Wissenschaft, Universität Hamburg

Prof. Dr. Udo Bermbach, Institut für Politische Wissenschaft, Universität Hamburg

Prof. Dr. Klaus von Beyme, Institut für Politische Wissenschaft, Universität Heidelberg

Prof. Dr. Jürgen Gebhardt, Institut für Politische Wissenschaft, Universität Erlangen – Nürnberg

Prof. Dr. Heide Gerstenberger, Universität Bremen

Prof. Dr. Rudolf zur Lippe, Universität Oldenburg

Prof. Dr. Niklas Luhmann, Fakultät für Soziologie, Universität Bielefeld

Dr. Herfried Münkler, Fachbereich Gesellschaftswissenschaften, Universität Frankfurt

Dr. Günther Nonnenmacher, Redaktion ‚Frankfurter Allgemeine Zeitung', Frankfurt/M.

Prof. Dr. Günter Trautmann, Institut für Politische Wissenschaft, Universität Hamburg

Dr. Otto Ullrich, Fachbereich Gesellschafts- und Planungswissenschaften, Technische Universität Berlin

Prof. Dr. Bernard Willms, Zentrales sozialwissenschaftliches Seminar, Universität Bochum

